D1620290

Predigtstudien

Predigtstudien

Herausgegeben
von Birgit Weyel (Geschäftsführung),
Johann Hinrich Claussen, Wilfried Engemann,
Doris Hiller, Christopher Spehr,
Christian Stäblein und Manuel Stetter

Im Jahr erscheinen zwei Halbbände

Predigtstudien

für das Kirchenjahr 2024/2025

Perikopenreihe I – Erster Halbband

Herausgegeben
von Birgit Weyel (Geschäftsführung),
Johann Hinrich Claussen, Wilfried Engemann,
Doris Hiller, Christopher Spehr,
Christian Stäblein und Manuel Stetter

Redaktion: Fritz Röcker

Darstellungsschema

A-Teil: Texthermeneutik

I Eröffnung

Was veranlasst zu einer Predigt mit diesem Text?

II Erschließung des Textes

Welche Überzeugung vertritt der Verfasser des Textes? Welche existenziellen Erfahrungen ruft der Text auf? Wie *verstehe* ich heute den Text?

III Impulse

Was folgt aus meiner Textinterpretation für das Thema und die Intention der Predigt? Vorschläge für Predigt und Gottesdienst!

B-Teil: Situationshermeneutik

IV Entgegnung

Wo ich A *nicht* folgen kann! Was leuchtet mir ein? Was sehe ich kritisch?

V Zur homiletischen Situation

Welche existenziellen Erfahrungen und exemplarischen Situationen habe ich bei meiner Predigt mit diesem Text im Blick?

VI Predigtschritte

Was folgt aus meiner Interpretation der Situation für das Thema und die Intention der Predigt? Vorschläge für Predigt und Gottesdienst!

MIX
Papier | Fördert gute Waldnutzung
FSC
www.fsc.org   FSC® C014496

© Verlag Kreuz in der Verlag Herder GmbH, Freiburg 2024
Alle Rechte vorbehalten
www.kreuz-verlag.de

Umschlagkonzeption und -gestaltung: wunderlichundweigand, Schwabisch Hall
Satz: Arnold & Domnick GbR, Leipzig
Druck und Bindung: GGP Media GmbH, Pößneck

Printed in Germany

ISSN 0079-4961
ISBN 978-3-451-60136-1

Inhalt

Einladung
Die Predigt alttestamentlicher Texte
Homiletischer Online-Workshop

Liebe Leser:innen der Predigtstudien,

mit der Revision der Perikopenordnung hat sich die Anzahl der alttestamentlichen Texte erhöht. Predigende stehen in ihrem beruflichen Alltag häufiger vor der Aufgabe, eine christliche Rede auf Grundlage eines Textes auszuarbeiten, der lebendiger Teil auch der jüdischen Tradition ist. Die hermeneutischen Fragen, die sich damit stellen, wurden in der Homiletik immer wieder bedacht, gewinnen unter den aktuellen Bedingungen allerdings nochmals an Brisanz. Wer heute Texte aus dem Alten Testament öffentlich auslegt, tut dies in einem gesellschaftlichen Umfeld, in dem Antisemitismus neu greifbar wird und in Kunst, Politik und Popkultur über den Krieg in Gaza und um eine angemessene Haltung gegenüber Israel gestritten wird.

Vor diesem Hintergrund laden wir herzlich zu einem homiletischen Workshop am **13. November 2024** ein. Er findet von **17:00 bis 19:00 Uhr online** statt. Ziel ist, die homiletischen und hermeneutischen Fragen, die sich aktuell mit der Predigt alttestamentlicher Texte stellen, konkret am Beispiel von zwei Perikopen zu besprechen:
- Psalm 90,1–14 (Reihe VI, Totensonntag, 24.11.24)
- Jesaja 9,1–6 (Reihe I, Christvesper, 24.12.24)

Der Workshop bietet damit auch die Gelegenheit, zwei wichtige Predigtanlässe der anstehenden Wochen gemeinsam zu bedenken und vorzubereiten.

Wenn Sie Interesse haben, melden Sie sich bitte bis zum **1. November 2024** unter **redaktion@kreuz-verlag.de** an. Sie erhalten dann alle weiteren Informationen und den Zoom-Link zur Veranstaltung.

Mit herzlichen Grüßen im Namen des Herausgeberteams der Predigtstudien und in Vorfreude auf den Workshop,

Dr. Johann Hinrich Claussen, Prof. Dr. Manuel Stetter,
Prof. Dr. Birgit Weyel

Predigterarbeitung und Künstliche Intelligenz

Christian Stäblein

Dass man eine Predigt mit ChatGPT, BingCopilot oder anderen Programmen aus dem Bereich Künstlicher Intelligenz schreiben lassen kann, weiß inzwischen praktisch jede/r. Nicht wenige haben es auch ausprobiert – nicht als erstes, um das Ergebnis dann im homiletischen Akt zu verwenden, womöglich eher, um zu testen, was auf diese Weise entsteht. Mancher wird das Instrument auch als Ideenpool benutzt haben – für das Abfassen der eigenen Predigt, oder als »schlechtes Beispiel«, wie man es jedenfalls nicht machen will. Vielleicht aber auch schon mal als Vorlage für einen Predigtauftritt, zu dessen Vorbereitung nicht viel Zeit war. In dieser Möglichkeit unterscheidet sich die Zuhilfenahme von KI nicht von anderen homiletischen Hilfsmitteln, seien es fertige Predigten – in Druckerzeugnissen oder als Angebote im Internet –, sei es die gute, auch mit den Predigtstudien vorliegende Predigthilfeliteratur, die als Meditation oder als Exegese in homiletischer Absicht oder als Dialog die Vorbereitung unterstützt. Hilfsmittel bleibt Hilfsmittel – wenn auch die Geschwindigkeit bei der Verfügbarkeit sowie die mundgerechte Fertigkeit erheblich differieren. Jenseits davon scheint mir, dass sich die Programme Künstlicher Intelligenz nicht nur graduell, sondern eben auch kategorial von den bisherigen Hilfsmitteln auf dem Markt abheben. Das sagt sich gewiss schneller als es sich belegen lässt. Ich versuche es, gleichsam tastend, mit zwei verschiedenen Zugängen:

Der erste Zugang: Zu den konstitutiven Bedingungen einer Predigt gehört – klassisch – das homiletische Dreieck, etwas verkürzt formuliert: Text/Botschaft – Hörende – Predigender/Predigende.

Wenn ich also etwa BingCopilot bitte, eine Predigt zu Gen 15 – Bundesverheißung an Abraham – zu formulieren, kann das Chatprogramm das spielend, in wenigen Sekunden. Dabei bleibt allerdings unkenntlich, mit welchen Informationsquellen das Programm im Blick auf Gen 15 »gefüttert« wurde. Die exegetisch-, systematisch- und praktisch-theologisch geleitete hermeneutische Arbeit am Text hat in diesem Fall nicht mehr das Gegenüber des Textes selbst, ja hat nicht mal mehr das vertraute Gegenüber von verschiedenen Kommentaren oder zumindest einer Bearbeiterin oder Vorarbeiterin dieses wichtigen Schrittes, die sich in ihrer Verfasserschaft kenntlich gemacht hat. Vielmehr hat das Programm das alles – aber was genau?! – bereits rezipiert und verarbeitet. Nun, selbstverständlich lassen sich die Programme selbst programmieren, also es ließe sich eine homiletisch-hermeneutische Richtung bestellen bzw anlegen: mehr evangelikal, mehr liberal, mehr katholisch, mehr evangelisch, mehr interreligiös, mehr feministisch, usw – was immer sich hinter diesen Ausrichtungen dann genau verbirgt. Schwieriger als die hermeneutische Ausrichtung ist, den Verarbeitungsprozess selbst zumindest im Ansatz kenntlich zu machen, zumal er sich nicht mehr mit einer Autorin/einem Autor in Verbindung bringen lässt. Gleichwohl: Im von außen eines KI-Laien betrachteten weitgehend opaken Raum der Programmierung entsprechender Software, die an diesem wie allen weiteren Punkten ja nicht im Modus des Algorithmus, also der Problemabarbeitung nach eingegebener Teilschrittfolge arbeitet, sondern als Simulation eines neuronalen Netzwerkes, das in extrem kurzer Zeit extrem viele Möglichkeiten testet, auswertet und auf diese Weise auch generiert, ist die Erstellung einer wie auch immer gewonnenen und profilierten Texthermeneutik noch der am leichtesten nachvollziehbare Schritt.

Wenn ich BingCopilot hingegen weiterhin bitte, eine Predigt zu Gen 15 für eine Gemeinde in der Metropole Berlin oder aber für eine ländliche Gemeinde in Brandenburg zu entwerfen – in getrennten Schritten –, wird noch viel schwerer zu entschlüsseln sein, woher die Informationen zu den verschiedenen Kontexten genommen wurden. Das Einfangen einer empirischen Adressat:innen-Wahrnehmung oder gar der homiletischen Großwetterlage, wie der zentrale Schritt einst bei Ernst Lange noch hieß, also das Wahrnehmen und Aufnehmen dessen, was jetzt ist und was an der Zeit ist, ist ein Momentum, in dem sich unendlich viel mehr Möglichkeiten vorfinden, als es Schachzüge oder Go-Züge gibt – beides sind Spiele, die, wegen ihrer schier Menschenvermögen übersteigenden Zahl an Zugoptionen inzwischen von Apparaten Künstlicher Intelligenz besser gespielt und beherrscht werden als von den jeweiligen Welt- oder Großmeistern. Eine homiletische Situation in ihrer Konkretion ist auf ihre Weise nur auf dem Weg fast unbegrenzter, aber notwendiger Komplexitätsreduktion zu gewinnen. Natürlich kann auf die Nachvollziehbarkeit dessen hier – wie bei der homiletischen Texthermeneutik – vollständig verzichtet werden, überlässt man diese der KI. Es bedeutet allerdings, auch auf jedwede Form der Zurechenbarkeit zu verzichten. Geschenkt? Am Ende, wie immer bei der Nutzung von KI, liegt ja die Verantwortung im Sinne dieser Zurechenbarkeit bei dem Nutzer/der Nutzerin, sprich den Predigenden.

Gleichwohl kulminiert die angedeutete Problematik, wenn (und weil) der zentrale Dreh- und Angelpunkt im homiletischen Prozess das Ich des/der Predigenden ist. Hier liegt der Schlüssel zur Verarbeitung, also zur Erstellung von rekursiven, wechselseitigen, im günstigen Fall ständig hin- und her laufenden Prozessen zwischen Situations- und Textwahrnehmung, ein unabschließbarer Prozess, dessen Anfangspunkt im Grunde nicht auszumachen ist. Die homiletische Vorbereitung läuft bekanntlich nicht eindimensional vom Text über die Situation zur Predigtformulierung, sondern mindestens so sehr von der Situation zum Text, insofern ich die Situation ja im Text vorfinde. Diese Schleifen werden wiederholt durch das Ich gleichsam hindurchgetrieben – und zwar in jenem für die Vorstellung des evangelischen Glaubens fundamentalen Sinn, dass nur der konkrete, beispielhafte Aneignungs- und Vermittlungsprozess des immer neuen Zum-Glauben-Kommens angemessenes Predigtzeugnis ist. Was aber geschieht an diesem Punkt im Programm Künstlicher Intelligenz?

Die Frage, ob diese ein Bewusstsein – also eine wie auch immer geartete Form von »Ich« – hat bzw haben kann, wird seit Jahren viel diskutiert. Und ist natürlich eine tief anthropologische Frage: Stelle ich mir letztlich jedes Ich als eine Menge unendlich vieler Kombinationsmöglichkeiten einzelner neuronaler Prozesse vor? Oder gibt es ein überschießendes Mehr über diese Kombinationsreproduktionen hinaus, das wir Seele, Geist, inwendiger Mensch oder auch Identität nennen; individuell also, unverwechselbar, unteilbar, womöglich inspiriert? Dieses Mehr wird sichtbar in einem unverwechselbaren, individuellen Predigterarbeitungsprozess, zu dessen Gelingen eben eine aus einem Geistesblitz oder einem wie auch immer gestalteten Kreativprozess entstandene Idee hervorgegangen ist, ein Moment der Verdichtung, über das die Vermittlung von Text und Situation geschieht. Und selbst wenn es so ist, dass die KI überaus kreative Prozesse selbst gestaltet, gerade weil sie als Simulation neuronaler Zusammenhänge unendlich viel mehr Rekombinationsmöglichkeiten der verschiedenen Zutaten zur homiletischen Aufgabe in viel kürzerer Zeit durchspielen kann, ist sie – Stichwort anthropologische und pneumatologische Grundfrage – nicht in der Lage, diese in Gestalt und Bewusstsein eines unverwechselbaren Subjekts hervorzubringen, das dieses alles aus einer Gottesbeziehung heraus tut. Theologisch ist vermutlich dies der entscheidende Punkt: die Gottesbeziehung. Meine These ist deshalb: Das Defizit Künstlicher Intelligenz wird sichtbar an den fehlenden Störungen der ausgearbeiteten (und vorgetragenen!) Predigt. Die Predigtanalysen im Kontext von Klinischer Seelsorgeausbildung haben zu Tage gefördert, dass Predighörende vor allem da einhaken, wo die Predigt in ihrer Sprache oder ihren Bildern missverständlich oder verstörend ist. Und dass es genau diese Verstörungen sind, die in der Regel – im durchaus produktiven Sinne – eine Arbeit an der Gottesbeziehung bzw – nota bene! – deren Irritation für die Hörenden neue Zugänge ermöglicht. Wie aber könnte ein KI-Programm das generieren? Oder schlichter gesagt: Noch schwieriger als die Simulation individueller Kreativität dürfte die Simulation von individuell unverwechselbaren Brüchen oder Irritationen in der Beziehung zu Gott sein.

Es wird also erkennbar, woraus sich nun relativ leicht homiletisch-pastoralethische Normen aufstellen lassen, die im Endeffekt das einst von einem Praktischen Theologen ausgesprochene Internetverbot für Predigteinsteiger:innen auf ein KI-Verbot für den Predigterarbeitungsprozess ausweiten würden. Denn auch die beste KI-generierte Predigt – und es mögen ja auf diesem Weg handwerklich bessere entstehen als die unter Bedingungen von Zeitdruck, Konzentrationsmangel, Erschöpfung und Amtsmüdigkeit erstellten – erfüllt nicht ihre Aufgabe, ja kann es gar nicht!

Zurecht mag man einwenden: Dieses Ergebnis war absehbar. Weshalb ich zu meinem *zweiten Zugang* komme, der vermutlich sehr viel realistischer und für die KI-Arbeitsweise zutreffender ist. Die Erstellung einer Predigt durch ein KI-Programm vollzieht sich im Zweifel nicht über den komplexen Weg des Abschreitens des homiletischen Dreiecks, sondern durch Generierung einer neuen Predigt aus einem für uns kaum überschaubaren Reservoir von bestehenden Predigten, mit denen das Programm »gefüttert« wurde bzw auf das es zugreifen kann – im Internet und darüber hinaus. Freundlicherweise gibt der BingCopilot bisweilen sogar andere Predigten als Quellen an, die er zur Erstellung genutzt hat. (Indirekt lässt sich die KI auch stets nach ihren verwendeten Quellen fragen.) Im Blick auf das im oben beschriebenen Prozess vor allem fehlende Subjekt des/der Predigenden lässt sich natürlich relativ leicht ein Zustand herstellen, in dem das KI-Programm mit den bzw. allen Predigten (m)einer Person »gefüttert« wurde. Mit anderen Worten: Das KI-Programm generiert einfach, schnell und verlässlich aus vielen meiner Predigten eine neue Predigt – durch Rekombination von Motiven, Sprache, Inhalten und Ausrichtungen. Man wird das nur so lange für verwerflich halten, bis man darüber nachdenkt, wie oft wohl diese Form der Predigterstellung auch bei Menschen stattfindet – also wie oft neue Predigten in vielen Teilen eine weitgehende Rekombination bisheriger, eigener Motive, das Zitieren oder Wiederverwenden von eigenen Ideen oder Ähnlichem ist. Zumal die Rekonstruktion eines persönlichkeitsspezifischen homiletischen Credos – leicht zu gewinnen durch die Analyse der letzten eigenen zehn bis zwanzig Predigten – zeigt, dass es – wir sind Menschen mit unseren Grenzen – einen bestimmten Sound, eine bestimmte Ausrichtung, eine bestimmte und in dieser Bestimmung immer auch begrenzte Botschaft gibt, für die Menschen stehen. Jede psychologische oder psychoanalytische Typenlehre von Predigenden führt das Spektrum vor. Das KI-Programm wäre also auf seine Weise eine Art persönlicher Referent, im digitalen Sprachgebrauch wohl der allseits beschworene persönliche Avatar. Bei diesem Zugang zum Weg der Predigterstellung durch KI stellt sich weniger die Frage nach dem Ich und dessen Gottesbeziehung, dafür umso mehr die nach der Möglichkeit von Neuem, also nach einer Predigt, die nicht nur rezeptiv, sondern in sich produktiv, auf Zukunft angelegt ist. Fehlt im ersten Zugang die religiöse Person, fehlt hier die Möglichkeit zur kreativen Vision!

Man wird also festhalten können: Das KI-Programm ist bei beiden Zugängen ein homiletisches Mängelwesen. Fairerweise wird man an-

13

fügen dürfen: Die festgestellten Mängel erlauben auch eine unverstellte Sicht auf die Mängel etlicher Predigten – jedenfalls dann, wenn das Subjekt sich dem mühevollen Predigterarbeitungsprozess nicht unterzogen hat. Oder die Kraft nur für die Rekombination von bereits Vorhandenem ausgereicht hat. In diesen Fällen werden die Möglichkeiten der Programme der KI zur Konkurrenz, womöglich sogar zur alsbald homiletisch-handwerklichen überlegenen Konkurrenz. So oder so können sie zur Anfechtung werden. Weshalb ich so schließen will: Ich möchte lieber eine handwerklich womöglich durch Zeitdruck nicht so ausgefeilte, aber durch das Ich des/der Predigenden und dessen Gottesbeziehung glaubwürdig gestaltete Predigt erbaut, gestört, irritiert und in all dem zum Glauben gereizt werden als durch noch so gute vorgefertigte Kost. Ein Programm, womöglich der beste persönliche Avatar, kann nie mehr als eine Hilfe auf dem Weg sein. Die Aufgabe der eigenen Predigterstellung ist prinzipiell nicht ersetzbar. Weshalb ich viel Spaß bei der Lektüre der Predigtstudien wünsche. Sie haben exakt diesen Vorbereitungsprozess vollzogen – exemplarisch, um jeden und jede so gut wie möglich auf ihren eigenen Predigtprozess zu bringen und dort im besten Fall zu inspirieren und zu begleiten.

Matthäus 21,1–11

Sanftmütigkeit ist sein Gefährt

Friedrich Wilhelm Horn

I Eröffnung: Der rote Teppich

Der rote Teppich wird ausgerollt – in Cannes bei den Filmfestspielen, in Berlin bei dem Besuch eines hohen ausländischen Staatsgastes gleich auf dem Flugplatz. Ist es ein Empfang mit militärischen Ehren, so folgt man einem präzisen Protokoll, zu dem auch das Abspielen der Nationalhymnen gehört. Seit der Antike kennt man diesen Brauch des roten Teppichs, um bestimmte Personen besonders zu empfangen und zu ehren. Rot gilt als die kostbarste Farbe und die Länge des Teppichs kann schon mal, wie bei dem Teppich der deutschen Bundesregierung, 65 Meter betragen.

Der Teppich, auf dem Jesus in Jerusalem einreitet, besteht aus Kleidern und Baumzweigen. Protokollarisch ist hier nichts geregelt. Eine Eselin und ihr Fohlen müssen zunächst »arrangiert« werden. Zweige werden schnell abgeschlagen. Dem Reittier werden Kleider als Sattel aufgelegt. Der Hosianna-Ruf begleitet den in die Stadt wie ein König einziehenden Jesus. Erkennt man hier beim Volk auf der einen Seite begeisternde Zustimmung, so auf der anderen Seite in der Stadt Jerusalem Verwirrung, ja erschrockene Erregung (so auch V.15). Wer ist dieser auf einem Esel in die Stadt Einziehende? Das Empfangsprotokoll besteht also in einer Frage! Seitdem dieser Text Mt 21,1–11 bereits in der Alten Kirche Einzug in die Adventsfrömmigkeit genommen hat und Lesungstext am 1. Adventssonntag wurde, wird die Frage an jeden Einzelnen gerichtet, wie sie und er dem einziehenden Jesus begegnet. Martin Luther hat seine Auslegung unter den Satz »Dein König kommt zu Dir« gestellt und geschrieben: »Es gibt keinen anderen Anfang, als daß dein König zu dir komme und fange in dir an.« (Luther 692) Die Adventslieder sind getränkt von dieser Begegnung. »Wie soll ich dich empfangen …« (EG 11). Ich möchte fragen, wie eine zeitgemäße Auslegung und Gestaltung dieser Begegnung aussehen kann, die nicht beim unbeteiligten Rezitieren der Lieder stehen bleibt und auch nicht in eine süße Jesusfrömmigkeit zurückfällt. Was sagt mir der Predigttext über diesen Messias und König, der Anfang meines Christseins sein soll?

II Erschließung des Textes: Jubel und Erschütterung

Der Bericht vom Einzug Jesu in Betfage, einem Vorort der Stadt Jerusalem in der Nähe des Ölbergs, leitet eine Reihe letzter großer Auseinandersetzungen mit den Führern Israels ein (Mt 21,1–24,2). Exegetisch bietet der Text einige schwierige Aussagen, deren Klärung vielleicht mühsam, aber doch lohnend ist. In V.5 setzt Matthäus ein Mischzitat aus Jes 62,11 und Sach 9,9, dessen Herkunft er einfach als Prophetenrede anzeigt. Gegenüber der Fassung der LXX entfällt aus Sach 9,9 »ein Gerechter und ein Retter ist er«. Sacharja mag in seiner Zeit mit 9,9 und 10(!) möglicherweise an Judas Makkabäus und die politischen Erwartungen der Makkabäer gedacht haben. Die weitere Rezeption von Sach 9,9, neben Mt 21,5 etwa in Joh 12,15 und in der rabbinischen Literatur (Bill. I, 842–844), zeigt an, dass dieser Vers in jüdisch-christlicher Literatur messianisch gedeutet wurde. Da aber der das messianische Reich ausmalende Vers aus Sach 9,10 (Vernichtung der Feinde und Aufrichtung des Friedens) nicht Bestandteil des Mischzitats bei Matthäus ist, rückt als Eigenschaft des Messias einzig *praus* (sanftmütig) in den Blick – eine Eigenschaft also, die Matthäus bereits in den Makarismen (5,5) und im Heilandsruf (11,29) angezeigt hat.

Die Eselin und ihr Fohlen waren Ausgangspunkt manch allegorischer Interpretation. Dass es sich um ein Eselsfohlen handelt, wird nur derjenige lesen, der den Sprachgebrauch der LXX kennt, die *pōlos* immer als Eselsfohlen kennt (deutlich Joh 12,15). *Pōlos* bezeichnet im Griechischen allgemein das Fohlen. An eine Eselin und nicht an einen Esel zu denken, lag für die Übersetzer wohl wegen des Fohlens nahe. Das Reiten Jesu gleichzeitig auf beiden Tieren hat Spekulationen begünstigt, in beiden Tieren Symbole für die Juden- und Heidenwelt zu sehen, was natürlich völlig abwegig ist. In der Parallele Mk 11,2 ist von nur einem Tier die Rede. Erst durch die Verdopplung der Tiere im Sacharja-Zitat, der sich Matthäus anschließt, entsteht das Verwirrspiel. In V.7 wird man auch lesen müssen, dass Jesus sich auf die (auf den Eseln liegenden) Kleider und nicht gleichzeitig auf Eselin und Fohlen setzt. LXX-Deutsch liest explikativ: »auf ein Lasttier, und zwar auf ein Füllen«, räumt aber ein, dass Matthäus zwei Tiere im Blick hat. Man darf den Esel als Reittier nicht gegenüber dem Pferd abwerten (vgl. 2 Sam 16,2; Ri 5,5), auch wenn Pferde das adäquatere Herrscherreittier sind.

Der Einzug Jesu in die Stadt wird begleitet von Volksmengen, die – durchaus typisch für Introitus- oder Adventusszenen – ihm vorangehen und ihm folgen und dabei Huldigungen und Gesänge ausrufen. Das Psalmwort (Ps 117,26[LXX]) wurde ursprünglich den zum Tempel wallfahrenden Pilgern von Priestern zugerufen. Dessen Rahmung durch den Hosianna-Ruf gilt nun jedoch Jesus, dem Sohn Davids, und es schließt die himmlischen Engel in der Höhe mit ein. Hosianna ist in neutestamentlicher Zeit ein allgemeiner, etwas unspezifischer Freudenruf geworden.

Die Spaltung zwischen dem Jesus begleitenden Volk und der Stadt Jerusalem nimmt nach dem Betreten der Stadt Jerusalem sogleich dramatische Begleiterscheinungen an, denn die ganze Stadt wird erschüttert. So jedenfalls deutet es das Verb *seiō* an, das im eigentlichen Sinn für ein Erdbeben verwendet wird. Die Frage »wer ist dieser« spiegelt daher die tiefe Bestürzung und Verunsicherung der Stadt wider. Man wird an die Geburtsgeschichte zurückdenken (Mt 2,3), gemäß der die Stadt Jerusalem bereits aufgrund der Geburt des Kindes erschüttert wurde. Die Auskunft der Jesusbegleiter »Das ist der Prophet Jesus aus Nazareth in Galiläa« bleibt im Rahmen der erzählten Jesusgeschichte und bietet keine weitergehende christologische Belehrung.

Im Blick auf die Gesamtperikope möchte ich festhalten, dass nur ein einziges Attribut des einziehenden Herrschers genannt wird: Er ist sanftmütig. Manche Lexika übersetzen *praus* auch mit freundlich, milde, gnädig, liebevoll. Diese Reduktion herrscherlicher Attribute (gerade auch im Verhältnis zu Sach 9,9 und 10[LXX]) ist auffällig, aber eben auch konsequent, da die Sanftmut bereits in den Makarismen (Mt 5,5) und im Heilandsruf (Mt 11,29) und nur hier als Signatur der Herrschaft Jesu genannt wurde. Der Sinn der Sendung Jesu gilt nach dem Mischzitat und nach Jes 62,11 der Tochter Zion, also der heiligen Stadt Jerusalem. Wie wird sie auf die Ankunft des Messias Jesus reagieren?

III Impulse: Der sanftmütige Herrscher

Es bestehen vielfältige Resonanzen des Predigttextes in Adventsliedern. »Er ist gerecht, ein Helfer wert, Sanftmütigkeit ist sein Gefährt [...] Sein Zepter ist Barmherzigkeit« (EG 1,2). »Er kommt zu uns geritten auf einem Eselein« (EG 9,2). »Dein Zion streut dir Palmen und grüne Zweige hin, und ich will dir in Psalmen ermuntern meinen Sinn« (EG 11,2). »Tochter Zion, freue dich« (EG 13,1). »Hosianna, Davids Sohn, sei gegrüßet, König mild« (EG 13,3). »Dein König kommt in niedern Hüllen, ihn trägt der lastbarn Eselin Füllen« (EG 14,1). Und wir dürfen noch einen Schritt weitergehen. Innerhalb des Kirchenjahres stellen die Adventslieder nach wie vor einen wesentlichen Resonanzboden »spätmoderner Frömmigkeit« (Fechtner) dar. Diese vertrauten Melodien bringen die »kirchenjahresspezifische Gestimmtheit des Gemüts zum Ausdruck«. (Fechtner, 90) Die Adventszeit rührt an in einer Bewegung nach innen. Der Einzelne steht vielleicht von Ferne, aber doch angerührt vor dem Kommen Christi und fragt mit Hilfe der vertrauten Lieder: Wie kann ich dich empfangen? Oder bittet: Komm, o mein Heiland Jesu Christ, meins Herzens Tür dir offen ist.

Die Reaktionen innerhalb Israels sind unterschiedlich. Die Volksmenge, gedacht ist wohl an Jesus begleitende Festpilger, erkennen in diesem, dem Propheten aus Nazareth, den sanftmütigen Messias seines Volks. Die Stadt Jerusalem aber tritt ihm erneut skeptisch gegenüber, was an späterer Stelle im Evangelium dezidiert zur Anklage des Prophetenmords hin verschärft wird (Mt 23,37–39).

Mich bewegt bei diesem Predigttext der Blick auf den Messias, dessen einziges Attribut die Sanftmut ist. Dieses fällt umso mehr auf, wenn man messianische Erwartungen anschaut, die etwa in Sach 9,10 oder in weiteren jüdisch-nationalen Texten kursierten. Erwartet wurde die militärische Beseitigung der Feinde, das Vernichten aller Widersacher als Voraussetzung für Frieden. Ebenso unterscheidet sich dieser sanftmütige Herrscher von Machthabern und Autokraten, deren herzlose und skrupellose Regierung uns heute oftmals fassungslos macht. Demgegenüber lautet die christologische Tonart, die im Advent als Alternative angestimmt wird,»Sanftmütigkeit ist sein Gefährt« (EG 1,2). Es ist nicht angezeigt, jetzt gleich in einem Atemzug zu benennen, was Christen tun sollen, wo sie für Frieden eintreten sollen, wenn sie sich zu diesem sanftmütigen Messias bekennen. »Es gibt keinen anderen Anfang, als daß dein König zu dir komme und fange in dir an.« (Luther, 692) Daher gilt es als Antwort zu loben und zu preisen und dankbar dafür zu sein, dass der Messias, dem wir vertrauen, sanftmütig ist, oder, wie andere Übersetzungen sagen, freundlich, milde, gnädig, liebevoll.

Literatur: *Ulrich Luz*, Das Evangelium nach Matthäus (Mt 18–25), EKK I/3, Neukirchen-Vluyn u. a. 1997; *Kristian Fechtner*, Mild religiös. Erkundungen spätmoderner Frömmigkeit, Stuttgart 2023; *Wolfgang Kraus/Martin Karrer (Hg.)*, Septuaginta Deutsch. Das griechische Alte Testament in deutscher Übersetzung, Stuttgart 2009; *Martin Luther*, Evangelien-Auslegung II (hg. von Erwin Mühlhaupt), Göttingen ³1960.

Sebastian Feydt

IV Entgegnung: Roter Teppich oder doch mehr ein rotes Tuch?

Geht es um den roten Teppich oder nicht doch eher um ein rotes Tuch? Beim Blick auf den von Mt erzählten Einzug Jesu in Jerusalem ist die spannungsgeladene Atmosphäre mit Händen zu greifen: Da sind die Pilger aus Galiläa, die Jesus jubelschreiend voraus und hinterher laufen und in Betfage, am Fuß des Ölbergs, auf die dortigen Dorfbewohner stoßen. In der Stadt werden sie dann gemeinsam auf die Städter, auf die Menschenmenge in Jerusalem treffen. Was für eine demonstrative und zugleich konfliktreiche Szene, die sich hier eröffnet, die auch nicht frei von populistischen Zügen ist. Es sind viele, die da den Weg bereiten und die in einen sehnsüchtigen Hilfe- und Freudenruf einstimmen: Menschen aus dem Norden, die sich auf ihrer Pilgerreise Jesus und seinem engeren

Kreis angeschlossen haben, weil sie in ihm ihren Propheten aus Nazareth in Galiläa sehen und das allen kundtun müssen. Sie erleben, ebenso wie Jesus und die Seinen, dass sie in Jerusalem überhaupt nicht euphorisch begrüßt werden, man dort vielmehr regelrecht bestürzt reagiert. Eine Stadt in Aufruhr. Viele sind erschüttert, verunsichert, durcheinander, hin- und hergerissen. Das gesellschaftspolitische Gefüge scheint zum Bersten angespannt zu sein. Was für ein Kontrast: Während die pilgernden Massen jubelschreiend Jesus begleiten und einziehen, sind die Menschen vor Ort konsterniert und aufgebracht.

Offenbart sich hier eine gespaltene Gesellschaft der damaligen Zeit? Und begibt sich Jesus nicht mit den Insignien der ihm gegebenen Vollmacht mitten hinein in diese aufgeheizte, politisch wie religiös angespannte Situation?

Am ersten Sonntag im Advent 2024 liegt der 5. November, der Tag der Präsidentenwahl in den USA, erst wenige Wochen zurück und die traditionelle Amtseinführung am 20. Januar 2025 wirft schon ihre Schatten voraus. Weltweit werden Menschen an diesem Einzug eines Mannes in eines der, wenn nicht gar das einflussreichste politische Amt Anteil teilnehmen. Und es wird sich eine zerrissene Weltgemeinschaft und eine gespaltene US-Gesellschaft zeigen. Vermutlich freudige Jubelgesänge bei den einen, Erschütterung, Verzweiflung auf der anderen Seite. Unter Umständen gar erneut der Versuch, das rechtsstaatliche System zum Einsturz zu bringen.

Wie lässt sich angesichts dieser höchst angespannten Weltlage Jesu Advent predigen, noch dazu inmitten der Verunsicherung, die die Landtagswahl in den drei ostdeutschen Bundesländern dort und im gesamten Bundesgebiet seit Herbst hinterlassen haben werden? Gewiss nicht als absolute Alternative zu den aktuellen Ereignissen. Mt 21,1 ff. stellt uns ja nicht kommentarlos als stille Beobachter/innen an den Weg Jesu von Betfage nach Jerusalem. Umgekehrt heißt das: Wir stehen heute auch nicht hilflos am Rand des Einzugs neuer Machtverhältnisse. Weder in den USA noch in Europa. Am Anfang des Advents dieses Jahres verweben sich aber die Ebenen, verschränken sich biblische Botschaft und meine gegenwärtige Erfahrung. Dabei eröffnet sich die Chance, dass meine Wahrnehmung der tagespolitischen Ereignisse begleitet und bestimmt wird von dem Blick auf den Mann auf dem Esel beim Einzug in Jerusalem einst.

V Zur homiletischen Situation: Kommt die Sanftmut an?

A hat, angelehnt an Martin Luther, stark herausgearbeitet, dass es eine Frage an jede und jeden Einzelnen ist, wie der einziehende Jesus bei ihr oder ihm ankommt. Ganz in dem umgangssprachlich gebrauchten Wortsinn: Wie kommt Jesus hier und jetzt bei mir an? Wie kommt Jesus mit der ihm eigenen Sanftmut bei mir an? Was fange ich damit an? Lass ich mich von diesem, um des Friedens Willens engagierten Mann orientieren? Gehe ich mit wie die pilgernde Menge aus Galiläa? Tief in uns ist das Grundvertrauen angelegt, dass mehr möglich ist, als gerade möglich scheint. In diesem Vertrauen stehen wir mit an der Straße der Sehnsucht, von der Mt so eindrücklich zu erzählen weiß: »Eine sehr große Menge steht dort. Sie breiten ihre Kleider aus, andere hauen Zweige von den Bäumen und streuen sie auf den Weg« (Mt 21,8). Grüne Zeichen der Hoffnung an der Straße der Sehnsucht. Wer sich umschaut, wird erstaunt sein, wer alles in dieser Menschenmenge zu sehen ist. Nicht sofort die Leute mit den bekannten Namen. Nicht ein einziger Name wird im Evangelium erwähnt. Es sind vielmehr Leute an der Straße, die sind wie du und ich. Vorn stehen die kleinen Leute. Und weiter hinten einige von denen, die meinen, größer zu sein; weil sie größere Verantwortung tragen, größere Lasten schultern müssen als die anderen. Gemeinsam ist allen in dieser Menschenmenge an der Straße der Sehnsucht die Hoffnung, Heil und Hilfe zu finden. Hosanna rufen alle: »O Herr, hilf doch!«

Gewissheit und Sicherheit hören sich anders an. Und doch schwingt in den Rufen die große Hoffnung mit, dass Abhilfe geschaffen werden kann, dass sich im Lauf der Welt etwas verändern kann. Und gleichzeitig fällt auf: Je genauer wir hinschauen, umso größer werden die Zweifel. Ungereimtheiten tun sich auf. Kann es wirklich sein, dass der, auf den alle so sehnsüchtig warten, auf einem Esel daherkommt? Hat sich der neue Hoffnungsträger tatsächlich das störrischste unter den Lasttieren gesucht, um mir entgegen zu kommen, um bei mir anzukommen? Er hat! Er kommt genau so! Er kommt nur so. Anders ist es ihm nicht möglich. Das ist die Entscheidung, die ein für alle Mal gefällt ist: Jesus kommt so auf Menschen zu, wie es beim Propheten Sacharja festgeschrieben steht. Siehe, dein König kommt zu dir: Sanftmütig und reitet auf einem Esel (vgl. Sach 9,10). Deshalb: Stoßen wir uns nicht an diesem Esel! Achten wir vielmehr auf ihn! Der Esel ist der Schlüssel, um zu verstehen, wer Jesus für die Menschen ist. Der Esel ist der Garant, dass hier niemand getäuscht wird. Ein Esel ist es, der nach der Schrift die Verheißung trägt. Mehr noch: Ein Esel trägt den, der die Verheißung erfüllt.

Würden wir das nicht wissen, hätten uns nicht die Propheten genau dafür den Blick geschärft, viele würden an der Straße der Sehnsucht an einem wie Jesus von Nazareth, auf einem Esel sitzend, glattweg vorbeischauen. So aber lässt dieses Evangelium den Einzug Jesu in Jerusalem bis heute zu einer anspruchsvollen Orientierung werden. Denn längst setzen viel zu viele wieder auf einen, der hoch zu Ross daherkommt, am besten auch mächtig gewaltig. Stärker als in der Vergangenheit verbinden Menschen in unserem unmittelbaren Umfeld Veränderungen nur mit Stärke, nicht mit Demut. Veränderte Verhältnisse, die herbeigesehnt werden, verlangen nach der harten Hand, dem Mann mit Mut, aber keinesfalls nach Sanftmut. Man setzt zuerst auf Vergeltung und macht das Angebot der Vergebung lächerlich.

Der Mann, der da auf einem Esel die Straße der Sehnsucht auf Menschen zukommt, lehrt anderes. Mit Jesus von Nazareth vor Augen kann das eigene Denken und damit auch die eigene Lebensgestaltung eine andere Ausrichtung aufnehmen: Nachhaltige Veränderung ist von dem zu erwarten, der auf die Leute zugeht, der die Armut angeht und um Ausgleich bemüht ist. Das ist der Weg, den Jesus auf dem Esel geht. Seine Art, die Not der Menschen zu sehen, sich ihnen zuzuwenden, sein Verständnis für die Situation in der Mitte der Gesellschaft ebenso wie an ihrem Rand, offenbart allen die Grundhaltung Gottes zu uns Menschen. Gottes Freundlichkeit ist in Jesus von Nazareth Mensch geworden, hat der Menschenfreundlichkeit Gottes Gestalt gegeben.

Voraussetzung für diese umwälzende Kraft ist die Sanftmut. In dieser Haltung kommt Jesus auf die Menschen zu. Siehe, dein König kommt zu dir: Sanftmütig und reitet auf einem Esel. Friedfertigkeit, Bescheidenheit und Sanftmut sind eine starke Trias im Advent. Dabei ist die Sanftmut wohl die große Schwester der Friedfertigkeit. Und sie geht im Einklang mit der Milde.

VI Predigtschritte: Einzug in die Stadt oder den Ort

Der erste Sonntag im Advent wird vielerorts mit einem Festgottesdienst gefeiert. Das Evangelium Mt 21,1–11 hat leider nicht den Bekanntheitsgrad, wie ihn Evangeliumstexte an den folgenden hohen kirchlichen Feiertagen im Kirchenjahr besitzen. Und doch gehört der Einzug Jesu in Jerusalem zum Kernbestand bekannter biblischer Texte; nicht zuletzt auch durch die doppelte Aufnahme des Ereignisses, sowohl an Palmarum als auch am Ersten Advent.

Vor diesem Hintergrund braucht es zu Beginn der Predigt keine hinführenden oder einordnenden Passagen, zumal davon auszugehen ist, dass die oben erwähnte Aktualisierung viele Gottesdienstbesucher mehr als umtreiben wird. Es kann gut sein, dass eine seelsorglich angelegte Predigt, die die Befürchtungen und das Erschrecken der Menschen aufgreift und ins Wort bringt, angezeigt ist. Die Folgen der auseinanderdriftenden Gesellschaft, bis tief hinein in die vielfältigen Formen von Gemeinschaft heute, auch hinein in die Kirchgemeinden, stehen gleichsam als Spiegelbild der Einzugs-Erzählung im Raum; sie wurden ggf. noch durch die Assoziationen, die Mt 21 aktuell weckt, befördert.

Der entscheidende Perspektivwechsel, zu dem die Predigt am ersten Adventssonntag verführen darf, gelingt, wenn nicht der Umstand im Mittelpunkt steht, dass Jesus in Jerusalem einzieht, sondern wie es geschieht. Wie auf diesem Weg Menschen in ganz unterschiedlichen Lebensumständen und Haltungen erreicht werden, um die Frage zu vertiefen und zu beantworten: Was kommt da auf mich zu, wenn ich mich diesem Einzug stelle? Was fange ich dann mit der Sanftmut an? Gelingt es, sie greifbar und vermittelbar zu machen, kontextualisiert in den Gegebenheiten unmittelbar vor Ort?

Das wäre eine neue Ausrichtung von Mt 21. Wenn mit Hilfe dieser biblischen Botschaft konkret wird, wie die Sanftmut in unseren Ort, in meine Stadt, in meiner Straße einziehen kann. Wenn das keine sozialraumorientierte und das Gemeinwohl im Blick haltende Botschaft am 1. Dezember, am 1. Advent wird.

2. Advent – 08.12.2024

Jesaja 35,3–10

Woher kommen Kraft und Courage, wenn der Boden wankt?

Sara Egger

I Eröffnung: Kratzen am äußeren Anstrich

»Stärkt die müden Hände und macht fest die wankenden Knie!« (V.3). Klar und deutlich dringen die Imperative des ersten Satzes der Perikope für den Zweiten Advent auf die Hörenden ein. Und mit weiteren Imperativen geht es in den folgenden Versen zunächst auch weiter. Der nicht näher bestimmte Sprecher scheint eindeutig zu wissen, wie die Lage sich präsentiert und was zu tun ist. Weil exegetisch kaum Gründe auszumachen sind, weswegen die ersten beiden Verse des Kapitels nicht mit in die Predigt einfließen sollten, kann vermutet werden: Möglicherweise wurden die ab V.3 auftretenden Imperative als Ausdruck spürbarer Zuversicht für die Zeit des Wartens auf die Geburt Jesu als passend angesehen und der Beginn des Predigttextes in der Perikopenordnung deswegen hier vorgesehen. Wo allerdings mit überschießendem Nachdruck eine Wahrnehmung als Realität behauptet wird, ist stets Vorsicht angebracht und der äußere Anstrich dieser Behauptung mit ein paar Kratzproben zu überprüfen: Kann es sein, dass sowohl die Zuversicht des protojesajanischen Textes als auch jene des Advents das sprichwörtliche Pfeifen im Dunkeln sind? Trotz des heraufbeschworenen lieben Friedens im Advent ist für viele gerade diese Zeit geprägt von aufwühlenden Gleichzeitigkeiten: Traditionen und Konventionen gegenüber gegenwärtigen Bedürfnissen; weihnachtlicher Kommerz und Geschenkeflut gegen Besinnung auf das Eigentliche oder Ebbe im Portemonnaie; das Ideal der einträchtigen Familienfeier gegenüber den komplizierten, oft konflikt-reichen Realitäten oder der drückenden Einsamkeit für viele. Gerade für jene, die in diesem Jahr einen wichtigen Menschen verloren haben, wird die entstandene Lücke in der Advents- und Weihnachtszeit besonders fühlbar. Der Totensonntag liegt zwei Wochen zurück. Doch die damit verbundenen Verluste sind damit ja noch nicht überwunden. So stehen wir kurz nach dem Übergang ins neue Kirchenjahr in einer Spannung zwischen Tod, Trauer und Verlust auf der einen Seite und der frohen Erwartung neuen Lebens auf der anderen Seite. Advent also eine Zeit der Gleichzeitigkeiten. Findet sich davon auch etwas im fünfunddreißigsten Kapitel des Jesajabuches wieder?

II Erschließung des Textes: Überschießende Lebenskraft am Ort der Geborgenheit

Der Predigttext entwirft die Vision eines zukünftigen Geschehens (vgl. die vielen Imperfekt-Formen im hebräischen Text, welche noch nicht abgeschlossene Handlungen zum Ausdruck bringen und deswegen als Futur gelesen werden können). In dieser Vision sprudelt das Gute geradezu über: Wasser fließt in Sturzbächen an Orten, wo zuvor alles vertrocknet war. Menschen, die kaum gehen konnten, springen wie Hirsche durch die Landschaft. Die Landschaft selbst jubelt und jauchzt über ihre Transformation. Und Menschen, die sprachlos waren, finden nicht einfach nur die Sprache wieder – sie frohlocken. Ein Festzug wird sich auf dem Weg der Gerechtigkeit aufmachen in Richtung Zion. Die personifizierte, unbegrenzte Freude führt diesen lautstark feiernden Zug an, und Schmerz und Seufzen werden in die Flucht geschlagen. Es scheint, als wäre dies alles zu gut, um wahr werden zu können. Utopisch – ein unmögliches Geschehen. Neben der unbändigen Lebenskraft sind im Text auch scheinbar gegenläufige Tendenzen zur Ordnung auszumachen. Es gibt einen klar erkennbaren Weg, der gegangen werden kann. Und es ist eindeutig, wer ihn gehen darf und wer nicht. Diese klare Ordnung bietet ebenso Sicherheit wie die Tatsache, dass es keine wilden Tiere mehr geben wird, die die Menschen auf diesem Weg bedrohen könnten.

Jes 35 erzählt von der Rückkehr der Exilierten zum Zion. Die Entstehungszeit und damit der historische Kontext, aus dem heraus und in den hinein der Text geschrieben wurde, ist jedoch später anzusetzen. Die meisten Exegeten vermuten das 4. Jahrhundert v.Chr. als möglichen Zeitraum, in dem der Text entstanden sein könnte. (vgl. Beuken, 336; Steck, 80) Das 4. Jahrhundert war ein sehr wechselhaftes Jahrhundert für Israel/Palästina: Ab der Wende zum 4. Jahrhundert und der Befreiung Ägyptens von der persischen Herrschaft war die Gegend immer wieder Durchzugsort von Truppen Ägyptens und des persischen Reiches. Etwas Stabilität erlebte Israel/Palästina dann ab der makedonischen Eroberung durch Alexander den Großen 332 v.Chr., bevor nach seinem Tod im Jahr

323 v.Chr. in den Diadochenkämpfen Israel/Palästina erneut Gegenstand und Schauplatz von Auseinandersetzungen war. (vgl. Knauf/Niemann, 459–382) Wenn auch nicht genau festgelegt werden kann, welche dieser wechselhaften Zeiten den Kontext von Jes 35 bildet, so wird doch deutlich: Der Text spricht in eine Situation hinein, die durch Verunsicherung, Entbehrungen und drohende Gefahr geprägt ist. Darauf weisen auch die möglicherweise vor Angst schlotternden Knie und vor Schreck kraftlosen Hände hin, die in V.3 wieder fest und stark gemacht werden sollen. Den verunsicherten, orientierungslosen und entkräfteten Menschen wird das Kommen Gottes verkündigt. Gott wird sie retten und erlösen und die so dringend benötigte Lebenskraft, Sicherheit und Ordnung mit sich bringen. Es besteht kein Grund mehr, sich zu fürchten!

Nahezu paradiesische Zeiten werden erhofft. Auf den ersten Blick wird diese Idylle jedoch von der in Aussicht gestellten Rache (V.4b) gebrochen. Im evangelischen Kontext, in dem Vergebung zu oft höher gewichtet wird als Anerkennung von Schuld und deren angemessene Sanktion (vgl. die Ergebnisse der erst kürzlich publizierten ForuM-Studie zu sexualisierter Gewalt und Missbrauch in der Evangelischen Kirche und Diakonie in Deutschland), kann Rache nur schwerlich als Teil einer Vision von paradiesischen Zuständen gedacht werden. Doch in Jes 35 ist das Versprechen, dass Unrecht nicht vergessen, sondern vergolten wird, Teil der Heilsvision: Es wird Rache durch Gott in Aussicht gestellt. Damit werden die Angesprochenen davon abgehalten und entlastet, selbst Rache zu üben. Zugleich wird aber auch beteuert: Bei Gott geht nicht vergessen, was nicht wieder gut zu machen ist.

Ex negativo kann aufgrund der überschießenden Affirmationen in der Perikope also vermutet werden, dass die Vision in eine Situation hineingesprochen wurde, in der große Bedrängnis herrschte. Daraus ergibt sich für die in Jes 35 entworfene Vision die Gleichzeitigkeit mit einer ihr gegenläufigen Realität, in die hinein und zu der sie spricht. Die Heilsvision könnte so eine ähnliche Funktion erfüllt haben, wofür heute die Imaginationsübung des »inneren Ortes der Geborgenheit« (Reddemann, 45 f.) bei Menschen mit Traumafolgestörungen genutzt wird: In Momenten der überwältigenden Angst und des Kontrollverlustes mittels Vorstellungskraft an einen Andersort zu gehen, an dem erlebte Sicherheit, Ordnung und Zuversicht genügend Kraft und Hoffnung entstehen lassen, um eine überfordernde (Lebens-)Situation dennoch bewältigen zu können. Das Plus des protojesajanischen inneren Ortes der Geborgenheit besteht dabei gegenüber der reinen Imaginationsübung darin, dass er als prophetische Heilsankündigung nicht nur Kraftquelle im Moment ist, sondern die Hoffnung in sich trägt, irgendwann Realität zu werden. Eben dies soll Gott garantieren: »Seid getrost, fürchtet euch nicht! Seht, da ist euer Gott!« (V.4)

»Seht, da ist euer Gott!« – auf diesen Ruf läuft auch die Adventszeit zu. Er verleitet dazu, im Brustton der Überzeugung von Hoffnung zu sprechen. Im Bewusstsein um die Gleichzeitigkeiten im Advent wie auch in Jes 35 bietet es sich aber an, eine Form der Predigt zu wählen, die Zwischentöne und Spannungen zulässt und aushält. Dazu könnte es gehören, von Menschen zu erzählen, die für sich einen (guten) Umgang mit solch spannungsvollen Situationen gefunden haben: Woraus haben Menschen in leidvollen und schwierigen Situationen Hoffnung schöpfen können? Welche Vorstellungen haben ihnen die Kraft gegeben, ihre Situation auszuhalten? Welche imaginären Orte der Geborgenheit haben sie sich gesucht, wenn die Realität nicht mehr auszuhalten war? Wo haben sie für sich Spielräume entdeckt, sich die Situation zu erleichtern? Als Beispiele können bekannte Persönlichkeiten aus Vergangenheit und Gegenwart herangezogen werden (beispielsweise: Dietrich Bonhoeffer, Martin Luther King Junior oder Malala Yousafzai). Vielleicht sind es aber auch ganz gewöhnliche Menschen, die einem etwas von ihrem Erleben anvertraut haben und uns als Inspiration geblieben sind. Indem die Predigt solche Erfahrungen zur Sprache bringt, kann sie das Gefühl der Gleichzeitigkeit enttabuisieren. Hemmungen, sich mit belastenden und problembeladenen Gedanken in der Weihnachtszeit anderen anzuvertrauen, können so vielleicht fallen und die Einsamkeit, die sie verursachen, etwas gelindert werden. Über die Auswahl der Gemeindelieder können weitere Visionen von Orten der Geborgenheit angeboten werden, während die nach dem Perikopenbuch vorgeschlagenen Textlesungen die Gleichzeitigkeiten aufnehmen. So werden die schlotternden Knie und schlaffen Hände durch den Imperativ »Seid getrost, fürchtet euch nicht!« nicht verleugnet, sondern hoffentlich tatsächlich gestärkt.

Literatur: *Ulrich Berges*, Jesaja. Der Prophet und das Buch (BG 22), Leipzig 2010; *Willem A. M. Beuken*, Jesaja 28–39 (HThKAT), Freiburg i.B. 2010; *Ernst Axel Knauf/Hermann Michael Niemann*, Geschichte Israels und Judas im Altertum, Berlin/Boston 2021; *Luise Reddemann,* Imagination als heilsame Kraft, Stuttgart, 2001; *Andreas Schüle*, Das Jesajabuch heute lesen, Zürich 2023; *Odil Hannes Steck*, Bereitete Heimkehr. Jesaja 35 als redaktionelle Brücke zwischen dem Ersten und dem Zweiten Jesaja (SBS 121), Stuttgart 1985.

Internet: *Forschungsverbund ForuM*, Abschlussbericht und Zusammenfassung der Ergebnisse, Hannover u. a. 2024 unter https://www.forum-studie.de/ (zuletzt abgerufen am 22.03.2024).

David Plüss

IV Entgegnung

Es stimmt, die Perikope beginnt mit einem Imperativ. Dennoch höre ich den ersten Vers nicht imperativisch, nicht als Befehl, sondern als Ermutigung und Beauftragung, als Aussendung in den »Alltag der Welt« (Käsemann). Dies liegt wohl daran, dass ich, wenn ich Gottesdienste leite, die Verse 3 und 4 regelmäßig als Sendungswort vor dem aaronitischen Segen spreche, allerdings mit einer gewichtigen Auslassung: *Stärkt die müden Hände und macht fest die wankenden Knie! Sagt den verzagten Herzen:* »*Seid getrost, fürchtet euch nicht! Seht, da ist euer Gott! Er kommt [...] und wird euch helfen.*« – Die Auslassung habe ich nicht selbst vorgenommen. Sie entspricht der liturgischen Vorlage und war mir bisher nicht bewusst. Ausgelassen wird die Rache. Dies scheint mir für den Sendungsteil angemessen. Ohne die göttliche Rache dominieren Aufforderung und Ermutigung, der göttliche Anspruch vor dem Zuspruch des Segens, die inhaltlich aufeinander bezogen und ineinander verwoben sind. Ich erlebe die Verse, wenn ich sie am Ende des Gottesdienstes, verbunden mit dem Segen, höre oder zuspreche, als Vitalisierung, als Schwungräder für das Aufstehen und Hinausgehen und couragierte Anpacken dessen, was ansteht, was mir anzupacken und ins Werk zu setzen aufgetragen ist.

Weil ich die Verse so höre, scheint es mir angemessen, den Predigttext in dieser Weise zuzuschneiden und mit V.3 zu beginnen. Es empfiehlt sich, sie dann auch als Sendungswort zu verwenden.

V Zur homiletischen Situation

A weist trefflich auf die Ambivalenz der Adventszeit hin, die sich auf die Perikope beziehen und im Gespräch mit ihr in befreiender und tröstlicher Weise reflektieren lässt. Ich würde den Horizont der homiletischen Situation jedoch gerne noch etwas weiter aufspannen und die krisenvolle Weltlage, in der wir stecken, in den Blick nehmen. Wenn ich diese Zeilen schreibe, tobt der Gaza-Krieg, eine schwere Atom-Katastrophe in Saporischschja in der Südostukraine und eine Eskalation des Konflikts zwischen Israel und dem Iran drohen. Die Situation, in die die Worte unseres Bibeltextes heute fallen, ist die der müden Hände und der wankenden Knie, der Furcht vor sehr konkreten und medial täglich ins Wohnzimmer gespülten Krisen und Kriegen. Und ja, es ist leider auch die Zeit der Blinden und der Tauben, der Lahmen und der Stummen. Es ist auch die Zeit jener, die wegschauen und die Ohren zuhalten, weil sie das Grauen ringsum – verständlicherweise! – nicht mehr aushalten, nicht mehr sehen und hören können oder wollen. Die Worte fallen in eine Situation der wachsenden Wüsten und sich ausbreitenden Trockenheit, der Weg- und Ratlosigkeit, der Ruchlosen und der Toren, der Löwen und reißenden Tiere. Die Metaphorik des Textes lässt sich beklemmend mühelos auf unsere Gegenwart übertragen.

In eine solche Situation fielen die Worte damals und fallen sie heute – und stellen göttliche Rache und göttliches Heil in Aussicht. Gott wird, so wird verblüffend frohgemut verkündet, das Blatt wenden und Unrecht vergelten. Nicht wir, sondern der Ewige selbst wird es tun. Interessant ist, wie Er dies tut. Zunächst dadurch, dass die Hände seiner Leute stark werden und ihre Knie fest; dass sie wieder hinsehen können und verworrene Situationen im persönlichen oder gesellschaftlichen Umfeld durchschauen; dass sie ihre In-Ear-Kopfhörer aus den Ohrmuscheln ziehen und hören können: auf die Kakophonien und die Harmonien der Stimmen um sie herum, das Lärmen der Großen, das Schreien der Flüchtenden, aber auch auf die belebenden und ermutigenden Worte der Ewigen. Die göttliche Aufforderung und Vitalisierung soll die Angesprochenen so in die Lage versetzen, die Krisen und Abgründe ihrer Gegenwart ungeschönt zu sehen und zu hören, Unrecht zu benennen und denen beizustehen, die unter die Räder geraten. Rache und Wiederherstellung von Recht und Gerechtigkeit ist, wenn wir der Aussagerichtung des Textes folgen, nicht menschlicher Vergeltungssucht geschuldet, sondern Gottes Wille und in Aussicht gestelltes Tun. Recht und Gerechtigkeit sollen sein. Wo Unrecht ist, soll Recht werden. Dass das Vergelten und Rechtschaffen Gottes Sache ist, wird im vorangehenden Kapitel, wo über das südlich angesiedelte Nachbarvolk Edom das göttliche Gericht ergeht, in drastischer Weise deutlich.

Die Herausforderung der Predigt sehe ich wie A vor allem darin, einerseits die Krisen und Abgründe der Gegenwart möglichst ungeschminkt ins Auge zu fassen und andererseits Gottes in Aussicht gestellte Vergeltung und Aufrichtung von Recht und Gerechtigkeit glaubhaft und tröstlich zum Ausdruck zu bringen. Dies kann meines Erachtens am besten in den Sprechakten der Klage und der Bitte geschehen, indem Gott angerufen und an seine in Aussicht gestelltes Reich erinnert wird. Dazu gehört allerdings auch die Bereitschaft, dass, wenn und sobald Gottes Geist die Hände stärkt und die Knie festigt, die Menschen sich senden und segnen lassen, um ihre »Steine zu tragen aufs Baugerüst« (EG 254/RG 811).

VI Predigtschritte

Falls der Gemeinde die ersten beiden Verse der Perikope als Sendungswort bekannt sind, könnte mit einem Hinweis darauf begonnen werden. Der:die Pediger:in könnte davon erzählen, wie er:sie selbst diese Worte am Schluss des Gottesdienstes in Verbindung mit dem Segen hört und erlebt.

Für die Zuhörenden von Interesse dürfte indes auch die Auslassung des Rachemotivs bei der Verwendung als Sendung sein. Damit könnte zum insgesamt düsteren Kontext der Perikope – das Exil, die verwüstete Heimat, die Rache Gottes an Edom – und der Gegenwart übergeleitet und dieser ausgeführt werden: möglichst exemplarisch, konkret und präzis (statt allgemein und mit Stichworten).

Dabei sollte meines Erachtens deutlich werden, dass die Krisenhaftigkeit unsere Gegenwart so sehr prägt, dass eine grundsätzliche und kurzfristige Überwindung derselben nicht in Aussicht steht, sondern vielmehr ein krisenbewusster *modus vivendi* zu suchen und zu kultivieren ist (vgl. Reckwitz 2023) – allerdings ein solcher »im Licht der Verheißung« (Lange, 27).

Die Verbindung weltpolitischer, gesellschaftlicher und ökologischer Krisen mit persönlichen und kollektiven Traumata, auf welche A hinweist, eröffnet die Chance, dass die Krisenhaftigkeit nicht ausschließlich distanziert und global, sondern auch persönlich wahrgenommen, reflektiert und bearbeitet werden kann.

Hier ist davon zu sprechen, dass und inwiefern Rache und Vergeltung nicht Sache von uns Menschen, sondern Gottes ist und wie sich unser Handeln und unsere Verantwortung, unsere hoffentlich immer wieder gestärkten Hände und festen Knie dazu verhalten. Und es ist vom Heil zu reden, von Bildern und Klängen und Ritualen, die Schutzräume bieten, Zeit zum Atmen und Regenerieren gewähren, Orientierung geben. Aber es ist so davon zu reden, dass die Hoffnungsbilder nicht als fromme Luftschlösser daherkommen, die von kritischen Zeitgenoss:innen als naiv belächelt und abgewehrt werden müssen. Die Hoffnung des Evangeliums überschießt zwar das Menschenmögliche bei weitem, aber sie verbindet sich mit diesem immer wieder. Und vor allem: Sie kommt uns von außen und vorne entgegen – wie das leuchtende Angesicht des Ewigen beim Segen. Advent eben.

Literatur: *Ernst Käsemann*, Gottesdienst im Alltag der Welt. Zu Römer 12, in *ders.*, Exegetische Versuche und Besinnungen Bd. 2, Göttingen ²1965, 198–204; *Ernst Lange*, Zur Theorie und Praxis der Predigtarbeit, in: *ders.*, Predigen als Beruf. Aufsätze zu Homiletik, Liturgie und Pfarramt, München ²1987, 9–51; *Andreas Reckwitz*, Krisen und Katastrophen. Das Ende ist ziemlich nah, in: DIE ZEIT Nr. 13/2023 (26.03.2023).

Römer 15,4–13

Irgendwas, das bleibt

Roland M. Lehmann

I Eröffnung

Ich sehe viele Menschen auf dem Adventsmarkt an den Buden stehen, Glühwein trinken oder eine Kartoffel mit geschmolzenem Käse essen. Ein Laser projiziert an den Kirchturm einen tanzenden Weihnachtsmann. Am Stehtisch werde ich wegen des Gedränges ständig von hinten angestupst. Die Musik plärrt über den Marktplatz. Vielleicht liegt es ja an mir. Doch es fällt mir zunehmend schwerer, in die Adventsstimmung zu kommen. Die Wochen vor Weihnachten werden für mich zu einer Zeit der Aufforderungen:»Machen Sie Wünsche wahr!«»Lassen Sie Kinderaugen leuchten!«,»Überraschen Sie ihre Liebsten!«. Advent – ein Fest der Ablenkungen und immer weniger eine Zeit der inneren Konzentration? Dabei sind gerade diese Tage des Jahres besonders geprägt von der »Sehnsucht nach dem ganz anderen«, wie es Max Horkheimer formuliert hat – nicht nur bei Christen, sondern bei allen Menschen.

Die Brücke zum Text sehe ich in den Worten »Geduld«, »Trost« und »Hoffnung«. Advent als Zeit des geduldigen und hoffenden Wartens auf die Ankunft (*adventus*) Jesu Christi. Die ersten drei Verse erzeugen in mir eine positive Resonanz. Aus der Trias »Geduld«, »Trost« und »Hoffnung« erwächst »Eintracht« und »Einmütigkeit«. Dies führt zur Aufforderung, einander anzunehmen. Danach wird für mich der Text spröde. Was bedeutet es, dass Jesus »ein Diener der Beschneidung« geworden ist? Es folgen vier weihnachtlich anmutende Schriftbeweise und der paulinische Wunsch, sich von Freude und Frieden erfüllen zu lassen, damit die Hoffnung wächst.

II Erschließung des Textes

Im 15. Kapitel des Römerbriefes erweitert sich das Thema »Die Starken und Schwachen« zum Thema »Heidenchristen und Judenchristen«. Bis etwa 100 n.Chr. stellten Judenchristen die Mehrheit des Urchristentums dar. Eine innerjüdische Sondergruppe, die Jesus nachfolgte, aber an der jüdischen Tradition (Speisegesetze, Schabbat und Beschneidung) festhielten. Dies führte zu Konflikten mit Christen nichtjüdischer Herkunft, auch in Rom. Im Hintergrund steht die Frage: Wie universalistisch ist die Botschaft Jesu? Gilt sie allen Menschen? Wie sehr hängt das Christentum an alten Lebensformen? Ist das Christentum eine Religion der Freiheit?

Im V.4 formuliert Paulus sein Schriftverständnis. Die hebräische Bibel ist für Paulus nicht hinfällig geworden, sondern dient der Belehrung. Schriftauslegung bedeutet Gegenwartsorientierung im Lichte der Botschaft Jesu. Die Begriffe »Geduld«, »Trost« und »Hoffnung« stehen dabei nicht parallel nebeneinander, sondern besitzen je nach Lesart eine gewisse Stufigkeit. Insofern könnte man den Vers folgendermaßen interpretieren: Wir sollen Geduld mitbringen, die Schrift wird uns Trost geben und durch diese Kombination wird neue Hoffnung entstehen.

Der V.5 enthält einen liturgisch geprägten Gebetswunsch. Nun werden die Begriffe »Geduld« und »Trost« auf Gott bezogen. Handelt es sich hier um Gaben, die Gott den Menschen schenkt oder um Eigenschaften, die auf Gott zu beziehen sind? Ist er ein Gott, der uns beides schenkt, oder der geduldig und tröstend ist? Ich denke, beides ist möglich. Die Aufforderung zur Einmütigkeit im Loben Gottes aus einem Mund könnte darauf hinweisen, dass sich die judenchristliche Gruppe aus rituellen Gründen vom allgemeinen Gottesdienst absonderte. Der Imperativ »Nehmt einander an, wie Christus euch angenommen hat« klingt danach, einen neuen Anfang zu wagen.

Der Ausdruck »Diener der Beschneidung« oder wörtlicher »Diakon der Beschnittenheit« (*diakonos peritomēs*) kann in diesem Kontext als *pars pro toto* für das Judentum verstanden werden. Dann wäre der Ausdruck wohl bewusst im ambivalenten Sinn gemeint. Zum einen steht Jesus in der jüdischen Tradition und ist ihr Diener, zum anderen dient er der Beschneidung, indem er diese überwindet. Man denke dabei auch an die paulinische Rede über die »Beschneidung des Herzens« (Röm 2,29).

Es folgt eine Zitatenkollektion. Die Auswahl repräsentiert den gesamten Tenach mit seinen drei alttestamentlichen Schriftgattungen Weisung (Thora), Propheten (Nebiim) und Schriften (Ketubim). Alle Zitate enthalten die Worte »Heiden« (*ethnē*) oder »Völker« (*laoi*). Es geht dabei um die Entschränkung des Christentums zu einer universellen Religion. Im Aufbau kann man eine Steigerung erkennen und vor allem einen Wechsel der Angesprochenen: Zuerst das von einem Juden vollzogene Gotteslob unter den Heiden, dann die Aufforderung an die Heiden zur Freude, gefolgt von der Betonung, dass alle Völker Gott loben sollen, und schließlich die messianische Hoffnung auf den Spross aus der Wurzel Isais.

Die Perikope mündet in einem feierlichen Gebetswunsch mit einer kettenartigen Aneinanderreihung großer Begriffe (Hoffnung, Freude, Frieden, Glauben, Kraft). Wie in V.5 sehe ich hier wieder die Hoffnung in einer doppelten Bedeutung als Eigenschaft Gottes und als Gottes Werk an uns Menschen.

III Impulse

Aufgrund der Vielfalt des Textes würde ich mich bei der Predigt auf die V.4–7 konzentrieren. Ich sehe darin drei Ratschläge, die Paulus auch uns mit auf den Weg gibt. Dabei frage ich mich, ob das Aufbringen von Geduld des ersten Ratschlags – nicht nur im Bibellesen – ein immer schwierigeres Unterfangen in der heutigen temporeichen Gesellschaft wird. Wir leben in einer Zeit der technischen Beschleunigung, der Beschleunigung des sozialen Wandels und der Beschleunigung des eigenen Lebenstempos, wie es Hartmut Rosa unterscheidet. (Rosa, 16) Vor diesem Hintergrund lohnt es sich über »Geduld« nachzudenken. In diesem Wort erblicke ich auch die Bedeutung »dulden«. Manches geht halt nicht so schnell, wie ich es üblicherweise gewohnt bin. Geduld kommt von Dulden, von einer Toleranz demgegenüber, was einem nicht sofort präsent ist. Ungeduld wäre dann eine Form der Intoleranz gegenüber anderen und gegenüber sich selbst. Ohne Geduld, kein Advent.

Wie verhält es sich mit dem zweiten Ratschlag, dem zur Eintracht und Einmütigkeit? Für mich bedeutet Einmütigkeit gerade nicht, dass alle einer einzigen Meinung sein müssen. In der Eintracht lebt die Vielfalt. Damit ist kein Kompromiss gemeint, auf den man sich notgedrungen einigt und bei dem man die eigenen Bedenken gewaltsam zurückdrängt. Vielmehr geht es darum, aus verschiedenen Stimmen eine Harmonie zu erzeugen – Dissonanzen eingeschlossen, denn sie machen den Akkord erst interessant.

Der dritte Ratschlag lautet: Nehmt einander an, wie Christus euch angenommen hat. Also nicht: »Nimm den anderen an, dann wirst du auch angenommen«, sondern umgekehrt »Du bist bereits angenommen, darum nimm andere an«. Du bist angenommen, geliebt, getröstet und nur deswegen kannst du etwas davon weitergeben. Für mich ist dieser Vers der biblische Topos der berühmten Formulierung Paul Tillichs, mit der er das Rechtfertigungserlebnis paraphrasiert. Rechtfertigung bedeutet: »Annehmen, dass ich angenommen bin« (accepting acceptance). (Tillich, 233) Die Adventszeit ist für mich eine Einladung, sich wieder auf diese Erkenntnis zu konzentrieren: »Ich bin von Gott angenommen!« So, wie ich bin, bin ich von Gott »recht« geschaffen, »recht« gefertigt. Mir kommt dabei der Song »Irgendwas bleibt« von Silbermond ins Gedächtnis. Für mich drückt sich im Refrain auf ganz intime Weise das Rechtfertigungsgeschehen aus. Hier einmal nicht, wie sonst gewöhnlich in der forensisch-imputativen Lesart, in Form eines juridischen einmaligen Gnadenaktes Gottes, verbunden mit der Reflexion über die eigene Schuldigkeit und Sündhaftigkeit. Stattdessen wird die Rechtfertigung viel zärtlicher und sehnsüchtiger zum Ausdruck gebracht:

> »Gib mir ein kleines bisschen Sicherheit / in einer Welt, in der nichts sicher scheint. / Gib mir in dieser schnellen Zeit / irgendwas, das

bleibt. Gib mir einfach nur ein bisschen Halt. / Wieg mich einfach nur in Sicherheit. / Hol mich aus dieser schnellen Zeit. / Nimm mir ein bisschen Geschwindigkeit. / Gib mir was, irgendwas das bleibt.« (Silbermond, 162–164)

Vielleicht sollte ich so eingestimmt noch einmal den Adventsmarkt besuchen. Mich weniger von den Laserstrahlen des tanzenden Weihnachtsmanns ablenken lassen, bewusst die Gesichter der Menschen wahrnehmen. Dann könnte ich vielleicht ein kleines Mädchen entdecken, wie es an den Mantel der Mutter zupft, zur ihr nach oben schaut und mit dem Finger auf ein Lebkuchenherz zeigt. Irgendwie süß! Oder ich nehme den einen älteren Mann wahr, wie er an mir vorbeigeht und dabei leise das Weihnachtslied, das aus den Lautsprechern erklingt, mitsummt.

Literatur: *Max Horkheimer*, Die Sehnsucht nach dem ganz Anderen. Ein Interview mit Kommentar von Helmut Gumnior, Berlin 1970; *Hartmut Rosa*: Beschleunigung. Die Veränderung der Zeitstrukturen in der Moderne, Frankfurt/M. [12]2020; *Paul Tillich*, Offenbarung und Glaube. Schriften zur Theologie, Bd. 2 (GW 8) Stuttgart 1970; Silbermond, Das Liederbuch 2004–2010, o.O. 2010.

 Georg Raatz

IV Entgegnung: Ja, aber doch mehr

Ja, A, bis V.7 geht der Text runter wie Öl; danach wird er abständig. Jedoch begründet Paulus gerade in den V.8–12 die Gebetswünsche, so A, aus V.5 f. und die paränetische Konsequenz in V.7. A bezieht die in V.8–12 im Hintergrund stehende konkrete Konfliktsituation in Rom zwischen den sogenannten Juden- und Heidenchristen sogleich und einleuchtend auf große Fragen: nach der Universalität der Botschaft Jesu, ihrem Geltungsbereich, nach der Traditionalität des Christentums und schließlich nach dem Freiheitscharakter dieser Religion. Hier hake ich ein und nehme die Anregung von A auf. Und diese homiletische Aufwertung des Mittelteils hat auch Rückwirkungen auf die Schwerpunktsetzung in den Rahmenstücken. Für sich genommen bliebe man gewiss bei den schönen Worten Geduld, Trost, Hoffnung, Freude und Frieden hängen. Vom Mittelteil her gelesen rückt nun aber stärker des Paulus Ermahnung zur Eintracht, Einmütigkeit in den Fokus und vor allem zur wechselseitigen Annahme.»*Darum nehmt einander an, wie Christus euch angenommen hat zu Gottes Ehre*« (V.7). Darauf richtet auch A (III) sein besonderes Augenmerk und deutet diesen Aspekt im Anschluss an Paul Tillich und

Silbermond mit »zärtlicheren« rechtfertigungstheologischen Figuren. Hier will ich weiterdenken und über eine rechtfertigungstheologische Anverwandlung hinausgehen.

V Zur homiletischen Situation: Immanente Transzendenz

Annahme – Angenommensein – wechselseitige Anerkennung. Im Dezember geht ein Wahljahr zu Ende, das von politischen Debatten um unsere verfassungsrechtliche Grundordnung geprägt war. Im Dezember geht ein Jahr zu Ende, in dem wir den 300. Geburtstag von Immanuel Kant begangen haben. Im Dezember 2024 geht ein Jahr zu Ende, in dem wir an die Verabschiedung des Grundgesetzes der Bundesrepublik Deutschland vor 75 Jahren erinnert haben. Alle drei Ereignisse koinzidieren in der Idee der Würde des Menschen. Kurzfassung: Sie gehört konstitutiv zur freiheitlich-demokratischen Grundordnung; und in Art. 1 des Grundgesetzes wird in der Kommentierung und höchstrichterlichen Rechtssprechung auf Kants Konzept der Menschenwürde zurückgegriffen. – Aber was hat das nun mit unserer Perikope zu tun? Ich will drei Perspektiven miteinander verschränken: 1. Jesus als Verkündiger der Menschenwürde, 2. die universelle Geltung der Menschenwürde als Analogon zur Universalität des Christentums im Sinne einer Religion der Freiheit (so A) und 3. die wechselseitige Anerkennung bzw Achtung der Menschenwürde als eine (christliche) Religion der Moderne.

Zu 1.: Adolf von Harnack hat in seiner Abhandlung »Wesen des Christentums« (1899, noch ein Jubiläum!) das Wesen der Verkündigung Jesu in der Formel zusammengefasst: »Gott der Vater und der unendliche Wert der Menschenseele«. (Harnack, 43–47) Bereits in seinem Verhalten vermittelt Jesus eine ungeheure Wertschätzung des Menschen, die unabhängig von allen Bedingungen erfolgt, also unbedingt. Auch in seiner Verkündigung habe Jesus »*das Höchste in Bezug auf den Menschen gesagt, indem er gesprochen hat: Was hülfe es dem Menschen, so er die ganze Welt gewönne und nähme doch Schaden an seiner Seele?* [Mt 16,26]«. Harnack begründet diese Umwertung so: »*Wer zu dem Wesen, das Himmel und Erde regiert, mein Vater sagen darf, der ist damit über Himmel und Erde erhoben und hat selbst einen Wert, der höher ist als das Gefüge der Welt.*« »*Ihr seid Kinder des lebendigen Gottes und [...] wertvoller als die ganze Welt.*« (Harnack, 46 f.) Der Wert des Menschen ist unbedingt, so dass alles andere nur relative Bedeutung hat und in Bezug auf den Menschen zu bestimmen ist; sogar altehrwürdige religiöse Regeln wie das Sabbatgebot. Diese Würdebestimmung des Menschen bringt Jesus auch ethisch zur Geltung: Denn nicht nur ich, sondern jedes Individuum hat einen unendlichen Wert. Jesus bringt seine Ethik auf den Begriff der Liebe. Der Würde als Selbstzwecklichkeit des Menschen korrespondiert die Selbstzwecklichkeit der Liebe: Ihr Zweck soll in nichts anderem liegen als in der Anerkennung und Förderung des unendlichen Werts nicht nur bei sich selbst, sondern auch im Anderen.

Zu 2.: »*Handle so, dass du die Menschheit sowohl in deiner Person, als in der Person eines jeden anderen jederzeit zugleich als Zweck, niemals bloß als Mittel brauchest.*« (Kant, 429) Der Mensch, der »*Zweck an sich selbst sein kann, hat nicht bloß einen relativen Wert [...], sondern einen inneren Wert, d.i. Würde.*« (Kant, 435) So Kants Verständnis der Menschenwürde. Hätte Jesus Kant gekannt, hätte er vielleicht seine Ethik auf folgenden Nenner gebracht: *Liebe deinen Nächsten so, dass du deine und jede andere Person als unendlich wertvoll, d. h. frei, anerkennst und förderst und niemals nur als Mittel gebrauchst.* Der Mehrwert bei Jesu über Kant hinaus dürfte deutlich sein: Ihm geht es nicht nur um ein Abwehrrecht, um eine Einschränkung, sondern auch um eine positive Förderung: Der je andere soll nicht nur nicht funktionalisiert werden, sondern ich selbst soll mich immer auch als Funktion seiner Freiheit und Individualität verstehen. Was bei Kant die Form der *Pflicht* hat, bekommt bei Jesus die Form einer christlichen *Tugend.* Beide waren sich darin einig: Die neue Religion der Freiheit, Liebe und wechselseitigen Anerkennung wie auch das Ethos der Autonomie und Würde des Menschen lassen alle partikularen, ethnischen, kulturellen Grenzen hinter sich und gelten universal. Auch wenn es noch nicht Wirklichkeit ist und wir immer wieder angefochten werden, können wir auf unseren »*Gott der Geduld und des Trostes*« (V.5a) hoffen.

Zu 3.: Allen Unkenrufen zunehmender Säkularisierung und Religionsabstinenz zum Trotz – oder zum »Trost« (V.4 f.)? – hat sich Jesu unendliche Wertschätzung des Menschen zu einem gesellschaftsweit anerkannten Menschenrecht, zur Pflicht oder gar Tugend gemausert, ja man könnte mit Falk Wagner sagen: In der Menschenwürde manifestiert sich eine »*immanente Transzendenz sozialer Freiheitsverhältnisse*« (Wagner, 178) oder gar: die Moderne der Religion. Meint: Erst in der Moderne kommt die Religion im tiefsten Sinne zu sich selbst. Denn hier geht es nun nicht mehr nur um die historisch kontingente Konfliktbearbeitung zwischen sog. Juden- und Heidenchristen, die Paulus beschäftigt. Wenn im Grundgesetz die Menschenwürde als »unantastbar« (Art. 1 Abs. 1 GG) verstanden wird, der Wesensgehalt von Grundrechten nicht »angetastet« (Art. 19 Abs. 2 GG), diese nicht »berührt« werden (Art. 79 Abs. 3 GG) dürfen, dann scheint hier im Immanenten in der Tat die religiöse Dimension der Unbedingtheit, der Transzendenz, ja: der Heiligkeit auf. Aber, so Kant ausdrücklich, das Menschenwürdegebot gilt nicht, weil der Heilige sein Absender ist, sondern es gilt *als* heilig/göttlich aufgrund seines – auch unabhängig von theistischen Glaubensformen – empfundenen Unbedingtheits- und Heiligkeitscharakters. Der Mensch ist gleichsam für jedweden nur instrumentellen Zugriff tabuisiert. Er ist heilig (*qādasch*), ausgesondert. Und nun zurück zu Paulus: Der Mensch und die Gemeinschaft sind der neue Tempel Gottes, also der

Ort des Heiligen und Unantastbaren. Und weil dieses Projekt der Moderne der Religion im Werden ist, in dem Partikularitäten und Endlichkeiten im Großen wie im Kleinen so oft steckenzubleiben drohen, ruft uns der Apostel am Ende zu: »*Der Gott der Hoffnung aber erfülle euch mit aller Freude und Frieden im Glauben, dass ihr immer reicher werdet an Hoffnung durch die Kraft des Heiligen Geistes*« (V.15). Die Heiligkeit und Unantastbarkeit sind uns geschenkt. Damit sie auch Wirklichkeit in uns, für uns und andere werden, damit wir dies nicht nur wissen, sondern auch aneignen, verinnerlichen. Dafür steht bei Paulus (und auch bei Luther) der Heilige Geist und der Heilige von Nazareth, dessen Bild wir vor Augen gemalt bekommen: »*Darum nehmt einander an, wie Christus euch angenommen hat zu Gottes Ehre*« (V.7).

VI Predigtschritte

Die gewiss abstrakten Gedanken können in der Predigt im Mittelteil aufgenommen werden, wenn sie am Anfang und am Ende adventlich eingerahmt werden. Der thematische Grundton oder vielmehr der Dreiklang des 3. Advents – Wende/Umkehr, Trost und Offenbarwerden Gottes für alle – kann am Anfang entlang der Lesungen intoniert und auch im homiletischen Finale wieder aufgenommen werden: Vor dem Hintergrund von Jes 40 steht die Umkehr Jahwes gegenüber seinem Volk; dies tröstet, macht getrost. Im Evangelium Lk 1 (Benedictus) weiß sich Zacharias getröstet, da sich Gott ihm zuwendet; zugleich wird die Geburt Johannes des Täufers angekündigt, der dem Volk mit seiner Umkehr-Predigt den Gottes Willen zuwendet. Geschmackssache, ja beinahe allegorisch wäre es, den Schluss des Lobgesangs des Zacharias auf Kant als Aufklärer zu beziehen; die Signalwörter aus V.78 f. wären: Finsternis und Licht. Zulaufen könnte die Intonation durch einen Fokus auf Jes 40,5: »*die Herrlichkeit des Herrn soll offenbart werden, und alles Fleisch miteinander wird es sehen.*« Hier geht es um die Eröffnung einer Heilsperspektive über das Volk Israel hinaus; in diese Universalisierung hakt der Mittelteil ein.

Dieser gedanklich zentrale Part könnte zudem charmant an EG 17,2 anknüpfen: »*Wir sagen euch an den lieben Advent. Sehet, die zweite Kerze brennt! So nehmet euch eins um das andere an, wie auch der Herr an uns getan. [...] Schon ist nahe der Herr.*« – Schade, dass die Lieddichterin (Maria Ferschl) die fast wörtliche Übernahme von Röm 15,7 nicht in der Strophe zum dritten Advent platziert hat. Die zeitliche Logik und thematischen Fokussierungen der Adventszeit können jedoch getrost durchbrochen werden. Hier aber geht es um das Ewige, das in die Zeit einbricht.

Literatur: *Adolf von Harnack*, Das Wesen des Christentums [1899/1900], hg. v. C.D. Osthövener, Tübingen 2005; *Immanuel Kant*, Grundlegung zur Metaphysik der Sitten, 1785 (zitiert nach der Akademieausgabe); *Falk Wagner*, Metamorphosen des modernen Protestantismus, Tübingen 1999.

Lukas 1,(26–38)39–56

In der Zwischenposition

Andreas Kubik-Boltres

I Eröffnung

Der erste Gedanke geht raus an die gefühlt 85 Predigten und Anspiele, die Pfarrpersonen für den Heiligabend schreiben müssen. Dürfen! Es ist ja schön, wenn die regelmäßigen Gottesdienstbesucher:innen (regelmäßig = einmal pro Jahr) auch einen Hauch vom Ewigen verspüren. Nur, wer hat da noch Muße für eine Predigt zwei Tage zuvor? Zugleich ist der 4. Advent auch ein Angebot, sich nicht völlig verschlingen zu lassen, sondern einen – bestimmt kürzeren, bestimmt fokussierteren – frischen Blick in einen bekannten biblischen Text zu werfen.

Beim Lesen eines biblischen Kommentars bleibe ich zunächst – vor allen Einzelheiten – an einem Stichwort hängen: Der Text habe eine narrative »Zwischenposition« (Wolter, 96) zwischen den Ankündigungen des Engels und den Geburten. Dieses Stichwort spricht mich sehr an. Denn es passt zum Kasus des 4. Advents. Vieles vom Advent ist schon beinahe abgehakt und doch ist das Fest noch nicht da. So könnte dieser Sonntag vielleicht noch mal eine Gelegenheit, in sich zu gehen, sein – ein Tag des Atemholens.

Von daher schlage ich vor, einmal nicht den wunderschönen Song der Maria in den Mittelpunkt zu stellen – Möglichkeiten, ihn sonst im Gottesdienst vorkommen zu lassen, gibt es ja genug: als Psalm, als Lied, als Lutherlesung –, sondern sich auf die Beziehung von Maria und Elisabeth in ihrer Zwischenposition zu konzentrieren: schwangere Frauen in der Subjektsposition, mit gemischten Gefühlen zwischen Hoffen und Bangen (auch darüber, wer ihnen wie zur Seite stehen wird), der Erwartung eines ganz neuen Lebensabschnitts, Frauen als Dichterinnen, solidarische Frauen.

II Erschließung des Textes

Im ersten Kapitel des Lukasevangeliums ist alles voller innerbiblischer Motiv-Verknüpfungen: Die Verheißung an die Unfruchtbare, ein Kind zu gebären, gehört ebenso dazu wie die Idee der Umkehrung der Verhältnisse. Lukas knüpft hier besonders intensiv an das Alte Testament an. Es ist derselbe Gott, der handelt; und er handelt so wie früher und doch noch einmal auf ganz andere Weise.

Traditionsgeschichtlich steht insbesondere die Geschichte von Hanna, der Mutter Samuels, im Hintergrund (1Sam 1–2), die ebenfalls in einem fulminanten Lied ausmündet. Man kann beinahe sagen, dass der heutige Text jene Hanna-Geschichte gleichsam in zwei Stränge aufspaltet: Im Motiv der schwangeren Unfruchtbaren ist sie näher bei Elisabeth, im Lied näher bei Maria.

Neben dem Umstand, dass Lukas 1 voller Gesang ist – gleich drei umfangreiche Gesänge werden notiert (wenn man sich V.42–45 auch als eine Art Lied denkt) –, ist es auch ein theologisch stark aufgeladenes Kapitel. Es ist keineswegs nur Vorgeschichte, sondern enthält viel Evangelium an sich selbst: Gott nimmt die Schmach (V.25), sie begnadet (V.28), macht selig die Glaubenden (V.45), sieht die Niedrigen an (V.48). Gott schickt sich ferner an, den Heilsplan zu vollenden: Dass Marias Sohn »ewig« (V.33) über das Haus David herrschen wird, geht weit über die bisher bekannten Messias-Vorstellungen hinaus: Für diesen Davididen gibt es keinen Nachfolger, denn er ist, geistlich betrachtet, der »Sohn des Höchsten« (V.32), was hier noch nicht binitarisch gelesen werden muss, sondern wiederum an alttestamentliche Sprache für die Nachfahren Davids anknüpft (Ps 2,7; 2Sam 7,11b–14).

Zugleich weist das erste Kapitel auch interessante Parallelen zu Lk 24 auf: »In beiden Kapiteln machen sich Frauen auf den Weg, aus einer Leidsituation heraus, und beginnen zu handeln. Sie verharren nicht in Resignation und Ohnmacht, sondern glauben an die Botschaft Gottes, die sie weitertragen.« (Janssen, 9)

Doch während sich diese Zusammenhänge eher im *setting* einer Bibelarbeit o. ä. erklären, lassen sich die Bilder, die um die »Zwischenposition« herum angeboten werden, leicht ausmalen. Das meint hier vor allem: Maria und Elisabeth in ihrem jeweiligen Schicksal, aber auch ihre Beziehung zueinander; den ungewöhnlichen und beschwerlichen Gang von Maria; das offenbar für beide schöne und hilfreiche Treffen (das Strampeln des kleinen Johannes ist »Ausdruck eschatischen Jubels«; Wolter, 97), ihr mehrmonatiges Beisammensein, überhaupt die Beziehung der beiden Frauen zueinander. Zu den Motiven und Gründen für Marias Reise sagt Lukas gar nichts, was Raum für die Fantasie lässt. Wer die Möglichkeit dazu hat, könnte in Luthers Evangelienauslegung blättern, der sehr schön ausmalt, wie Maria »auf eigenen Füßen zu ihr mehr als 3 Tagreisen weit [reist]; sie kam nicht gefahren noch geritten« (Luther, 91), um ihre Verwandte zu unterstützen: Sie »bringt ihr ein Süpplein, macht Johannes ein Bad« (aaO., 102; zum Kontext aaO., 88–102; Luther geht offenbar davon aus, dass Maria auch nach der Geburt von Johannes noch da bleibt).

Es gibt eine recht intensive und altehrwürdige exegetische Diskussion darum, wer das Magnificat eigentlich singt; manche Textzeugen schreiben es Elisabeth zu (im Apparat zu V.46 im NTG leicht zu sehen).

Obwohl dies textkritisch letztlich nicht überzeugend ist, könnte man für diese Predigt ihre Beziehung und Freundschaft in den Mittelpunkt stellen und die schöne Vorstellung entwickeln, dass sie es *gemeinsam* singen, dass es ihrer beider Worte sind oder zumindest ihre gemeinsame Stimmung ausdrückt – vielleicht lässt man ein Magnificat von zwei Frauenstimmen im Gottesdienst singen:»Meine Seele erhebt den Herren«; das Verb *megalynō* heißt so viel wie »groß machen«, »erheben«, »preisen«; durch die gemeinsam geteilte Freude wird Gott in gewisser Weise groß gemacht »und im Herzen [ge]halten.« (Luther, 103)

Eine Seitenbemerkung aus aktuellem Anlass: Es gibt auch eine alte, jetzt aber kürzlich wieder angefachte Diskussion darum, ob das Substantiv *tapeinōsis* (»Niedrigkeit«, V.48) auch in den Bereich sexualisierter Gewalt hinüberspielt (griffige und umsichtige Informationen dazu auf dem Instagram-Account von Nathalie Eleyth, @natheology). Diese Diskussion kann sinnvoll geführt werden. Wenn man diese Überlegung jedoch in der Predigt thematisiert, muss man ganz dabei bleiben; M. E. darf man es nicht kurz anreißen und dann kurze Zeit später wieder in das Lob-Fahrwasser zurückkehren.

III Impulse

Als Leitfaden in der Predigt stelle ich mir die »Zwischenposition« vor: Etwas Großes ist mir passiert – ich kann noch nicht absehen, was es bedeutet – ich habe den Wunsch, mit jemandem zusammen zu sein, der mich kennt, der das vielleicht in Ansätzen auch nachvollziehen kann, und der gut zu mir ist. Wir können uns besprechen, aber wir können auch einfach nur beisammen sein und uns gegenseitig stützen.

Man spricht in der Religionstheorie davon, dass Religion Mittel zur Kontingenzbearbeitung zur Verfügung stellt. Meist denkt man dabei an negative Kontingenzen wie Krankheiten, Unfälle oder biographisches Scheitern. An dieser Geschichte kann man gut deutlich machen, dass es aber auch für positive Kontingenzen gilt (wobei das Wort »Kontingenz« in der Predigt nicht fallen sollte!): Auch das, was mir an Großem und Schönem begegnet, kann mich überwältigen und beinahe ängstigen: ein neuer Job, eine neue Lebensphase, ein erwünschter Umzug oder eben eine Schwangerschaft. Das Lob Gottes und die Bitte darum, der positiven Kontingenz gerecht zu werden, liegt sehr nahe.

Dabei bietet es sich für die Predigt an festzuhalten, dass dies an der *Begegnung zweier Frauen* und ihrer Gemeinschaft erzählt werden kann. Es kommt ja in der Bibel nicht so sehr oft vor, dass eine Story sich ganz auf die Interaktion von Frauen konzentriert. Zur Illustration und als Ausgangspunkt könnte ein Bild der beiden Frauen gewählt werden; mir stand das Bild »Jump for Joy« vor Augen. Es ist einem Ausschnitt aus dem Film »The nativity story« nachempfunden, der an sich nicht sehr viel taugt, aber doch hier und da seine Momente hat. Vielleicht könnte man das Bild im Gottesdienst benutzen oder verteilen. Wie es scheint, braucht der Mann Zeit, um die Nachricht erst mal zu verdauen. Die Frau hingegen will zur anderen Frau, um sich besprechen zu können. Dabei ist die Schwangerschaft für Elisabeth erst mal eine Freude; bei Maria imaginiere ich gemischte Gefühle. Dabei betrachte ich auch den sozialen Ort: Es geht um die Gemeinschaft zweier Frauen im Patriarchat, um zwei Schwangere in undeutlichen Verhältnissen, um zwei Verwandte, die im familialen Verband ihre Individualität suchen und behaupten – und sich dabei unterstützen! Ich denke mir, dass man die Geschichte unter diesem Gesichtspunkt nacherzählen und ausmalen könnte. Von dort bietet es sich an zu verallgemeinern auf die anderen Zwischenpositionen in unserem Leben: zwischen zwei Lebensabschnitten, vor etwas Großem, aber auch etwa zwischen Versöhnung und Beharren im Streit. (Vielleicht kann man dies sogar konkret auf das Weihnachtsfest beziehen, das ja immer als etwas Großes und Wunderbares imaginiert wird und sich dann oft als so schwierig herausstellt.) Wer ist bei uns, wenn wir in der Zwischenposition sind? Was wünschen wir uns von ihr oder ihm? Wem können wir zur Seite stehen? Und über allem der Zuspruch: Gerade in der Zwischenposition will Gott bei uns sein. Die Frau – in diesem Fall: Elisabeth – ist wie so oft im Neuen Testament die erste, die das versteht: So teilen sie die gemeinsame (Vor-)Freude, die das gläubige Empfangen zu geben mag.

Ein Gedanke begleitet mich in der ganzen Vorbereitung, obwohl ich ihn hier noch nicht erwähnt habe: dass es mit beiden Kindern, äußerlich betrachtet, nicht gut ausgehen wird. Ob man diesen Gedanken in die Predigt mit aufnehmen möchte? Es ist vielleicht eine Überfrachtung. Aber ein Stachel bleibt zurück: Die Schwangerschaft ist etwas Großes und Erfreuliches für beide – und doch bleibt der Aspekt, dass man nie weiß, was draus wird. Dieser Stachel könnte verhindern, dass die Predigt in eine allzu glatte Fantasie über gelingendes Leben abgleitet.

Literatur: *Martin Luthers* Evangelien-Auslegung, Bd. 1, Göttingen 1938; *Michael Wolter*, Das Lukasevangelium (HNT 5), Tübingen 2008.

Internet: *Claudia Janssen*, Maria und Elisabeth singen. Exegetische Ausführungen zu der Begegnung der beiden Frauen. In: Arbeitshilfe Frauensonntag 18. September 2016, 9–12 (www.ekiba.de); Jump for Joy: https://www.pinterest.at/pin/793196553114217962/; The Nativity Story: https://www.youtube.com/watch?v=sAtO9nt7Xnc; (alle zuletzt abgerufen am 27.04.2024).

Martin Zerrath

IV Entgegnung

Ich greife die Grundgedanken von A gerne auf: Lk 1,26–56 nimmt erzählerisch eine Zwischenposition ein, angesiedelt zwischen zwei Lebensabschnitten Marias. Es ist eine Zeit, die es in sich hat! Sie ist nicht nur erfüllt vom finalen Lobgesang im Magnificat, sondern auch von manchem Zwischenton, der eher nach Moll klingt: Marias Erschrecken, ihr Zweifel, die – resignative? zuversichtliche? – Einwilligung. In der Begegnung mit Elisabeth ändern sich dann die Vorzeichen. Mit der Begrüßung und Freude, dem Geistesblitz und dem Gesang der beiden Frauen wird die Geschichte heller. All diese Töne und Klänge in Moll und Dur sind homiletisch wertvoll. Denn an sie schließt sich (implizit oder explizit) das Zwiegespräch mit den Hörerinnen und Hörern an: Kennt Ihr das auch, den Übergang zwischen zwei Lebensphasen? Kennt Ihr das Gemisch darin aus Erschrecken, Zweifel und Zuversicht? Wer oder was hat euch in eurer Zwischenposition gestärkt und geholfen?

Dagegen vermisse ich bei A einen Vorschlag, wie mit dem patriarchalischen Frauenbild umzugehen sei, das dieser doppelten Kindesverheißungserzählung offensichtlich zugrunde liegt. Es geht hier ja um zwei Frauen, deren Ruhm und Ehre darin besteht, dass sie gebären (werden). Elisabeth bringt das drohende bzw überwundene soziale Stigma auf den Begriff: Gott habe sie aus ihrer »Schmach« (V.25) gerettet und sie in den Stand der Mutterschaft erhoben.

Möglicherweise reagiere ich an dieser Stelle übersensibel. Die Gleichung von Glück und Gebären ist heutzutage ja weniger eindeutig. Sie wird kritisch hinterfragt und ist v.a. an die autonome Entscheidung von Frauen gebunden. Gleichwohl: Geht nicht auch gegenwärtig das Thema Mutterschaft vielerorts mit gesellschaftlichen Rollenerwartungen einher, denen gegenüber Frauen ihr eigenes Standing zu finden haben? Stehen Frauen (und Männer) ohne eigene Kinder nicht auch heute noch unter einem – meistens wohl unausgesprochenen – Rechtfertigungsdruck, wenn sie von anderen »oft bedauert und manchmal beneidet« (Auster, 87) werden? Jedenfalls bedarf das Thema Mutterschaft (wie Elternschaft) eines sensiblen und klugen Umgangs.

Das gilt insbesondere für die Predigt am 4. Advent, wo dieses Thema gleich zweimal auftaucht. Die Frage lautet hier: Was hat die Erzählung von Marias und Elisabeths Kinderglück jenen mitzuteilen, die (persönlich) dieses Glück für sich nicht haben wollen bzw haben können? Kann von Lk 1,26–56 erzählt werden, ohne manche zu beschämen?

V Zur homiletischen Situation

Die Emanzipation der Frau hat sich rechtlich durchgesetzt und ist gesellschaftlicher common sense. Oder? Frauen sehen sich auch heute noch oftmals einem Erwartungsdruck ausgesetzt, in dem normative Zuschreibungen vergangener Tage gegenwärtig sind. Etwa, wenn es um die Vereinbarkeit von Kindern und Karriere geht. Wird es bei Männern oft als normal empfunden, wenn das Familienleben gegenüber der beruflichen Zielverfolgung das Nachsehen hat, wird Frauen hier gerne der Egoismusvorwurf gemacht.

Lk 1,26–56 (v.a. V.39–56) ist in dieser Hinsicht von janusköpfiger Gestalt: Einerseits ist das patriarchale Setting, in dem der Wert einer Frau über ihre Fruchtbarkeit ausgehandelt wird, klar gesetzt. Andererseits bieten die V.39–56 etwas, was Seltenheitswert in der Bibel hat (so auch schon der Hinweis von A): einen Raum ohne Männer.

Das klingt bedeutsam. Gleichwohl sollte mit den homiletischen Möglichkeiten dieses Raums behutsam umgegangen werden. Elisabeth und Maria sind keine Vorreiterinnen des Feminismus, das gibt die Geschichte M. E. nicht her. Doch geht von diesem Raum eine Kraft aus. Die Jüngere sucht in ihrer überfordernden Situation die Ältere auf, die Ältere bestärkt die Jüngere für deren weiteren Weg und steckt sie an mit ihrer Freude.

Die kraftvolle Energie dieses Raums ist bei näherem Hinsehen der Geist, der in ihm wirkt. Erst wird Elisabeth von Geistkraft erfüllt (V.41), dann springt der Funken auf Maria über (V.46). Ein schöner Gedanke, der hier narrativ entfaltet wird: Der göttliche Geist schenkt Perspektiven! Er kann das »Wohin nur mit mir?« in ein »Hineni!« wenden, ja mehr noch: in ein »Magnificat«.

Der Rede vom göttlichen Geist wohnt ja gelegentlich eine gewisse Abstraktheit inne. Im Raum der Begegnung von Maria und Elisabeth ist der Geist mit Händen zu greifen. Er ist die seelsorgerische Kraft, die sich hier zwischen zwei Menschen entlädt. Kein Wunder also, dass Maria ihren finalen Gesang mit den Worten »Meine Seele« (V.46) eröffnet: Dort hin zielt diese Begegnung in der Zwischenposition, dort liegt ihr Empowerment.

Und die verheißenen Kinder? Um sie wird es ja schon bald gehen – um das eine (in der Logik der Erzählung) in wenigen Tagen, wenn Elisabeth gebären wird; um das andere (in der Logik des Kirchenjahres) übermorgen, wenn über das Kind in der Krippe gepredigt wird. Der Raum von Maria und Elisabeth hat aus meiner Sicht ein anderes Thema: die Geistkraft, die zwischen Menschen wirkt und ihre Seele aufrichtet.

Damit ist eine Elternschaft berührt, die tatsächlich *alle* Menschen angeht. Gemeint ist die Elternschaft zur eigenen Seele, die der Psalter benennt: »Wie ein kleines Kind bei seiner Mutter, wie ein kleines Kind, so

41

ist meine Seele in mir« (Ps 132,2). Ist dies nicht ein Band, das uns – über alle geschlechtlichen und gesellschaftlichen Unterschiede, alle garstigen Gräben hinweg – mit dem Raum von Maria und Elisabeth verbindet?

VI Predigtschritte

Eine kurze Predigt sollte es sein; da stimme ich A zu. Für die lange und ereignisreiche Geschichte, die in Lk 1,26–56 erzählt wird, möchte ich mir im Gottesdienst dagegen Zeit nehmen. Dazu gehört als erstes die grundlegende Entscheidung, den Text *in toto* zu lesen – eine lohnende Wegstrecke voller gehaltvoller Töne und Klänge in Moll und Dur! Auf der Inszenierungsebene mache ich folgenden Vorschlag: Zunächst werden V.26–38 (die von der Engelerscheinung bis hin zu Marias Einwilligung erzählen) gelesen. Darauf folgt ein Moment der Stille, nicht zu kurz, an den sich die einzelne Lesung von V.39 (Maria macht sich auf) anschließt. Danach singen alle »Maria durch den Dornwald ging«. Im direkten Anschluss folgt die Lesung der V.40–56, auf die wiederum das gesungene Magnificat (nach Taizé) folgt.

Und dann kommt die Predigt. In ihrem Mittelpunkt steht der gemeinsame Raum von Maria und Elisabeth – mit einem kritischen Seitenblick auf das patriarchalische Setting, das diesen Raum umgibt. Wichtiger aber noch ist zweierlei: zum einen die Erinnerung an Marias Zwischentöne auf dem Weg zu ihrer Verwandten; zum anderen das stärkende Band der Geistkraft.

Die Predigt lädt ein zum imaginären Eintritt in diesen geisterfüllten Raum – sei es als Frau, sei es als Mann, sei es als jemand, der sich selbst jenseits der Binarität von »männlich« und »weiblich« versteht. Grundlegender als die eigene geschlechtliche Identität sind die Fragen, die in diesem Raum (an deine Seele als das Kind in dir) gestellt werden: Welche Sorge bewegt dich, welche Freude erhebt dich? Welches Leid klagst du, welche Zuversicht trägt dich? Und dann die Aufmerksamkeit auf die verheißungsvollen Klänge in der Luft: »Meine Seele erhebt den Herrn, denn er hat Großes an mir getan.«

Literatur: *Paul Auster*, Baumgartner, Hamburg 2023; *Jürgen Becker*, Maria – Mutter Jesu und erwählte Jungfrau (BG 4), Leipzig 2013.

Jesaja 9,1–6

Das mit dem Kind

Wiebke Köhler

I Eröffnung: Konsequenzen der Machtpolitik – Im Finstern wandeln

Am 24.12.1989 stehe ich um 18:00 Uhr mit vielen anderen unter der Empore im übervollen Kirchenschiff: Christvesper in einer Kleinstadt. Es duftet nach festlich gekleideten Menschen und Tannennadeln. Ein prächtiger Baum, auch mit dem warmen Licht einiger Wachskerzen. Bei »*Wunderrat, Gottheld, Ewig-Vater, Friedefürst*« (EG 20,6) kommen mir die Tränen. Ich bin mitten im ersten theologischen Examen und gerade wanken die Weltordnungen. Das rumänische Präsidentenpaar wird durch die letzten 24 Stunden ihrer Existenz *geschleift*, in Bukarest herrscht eine unklare Situation, der groteske Präsidenten-Palast ist voller wütender Menschen – ein Volk befreit sich von kommunistischem Personenkult und Diktatoren-Protz. Auf wessen *Schultern* wird die Zukunft *ruhen*? Weihnachten, das heimelige und kommerzielle Familienvolksfest, fand im »Wende-Jahr« im Sturm der Veränderungen statt. Die vergangenen Monate waren voller Unglaublichkeiten gewesen. Es gibt plötzlich diese Nächte, Zeiten, in denen Menschen fassungslos versuchen hinterherzukommen. Es kommt zu gewissermaßen hyperrealen Horizonterweiterungen. Eine gegenseitige »Horizontverschmelzung« nach Hans Georg Gadamer (Gadamer, 312), mit der ich mich theoretisch in der Examensvorbereitung auseinandersetze, muss noch über Jahrzehnte in neuer Gemeinsamkeit gewonnen werden. Aber jetzt erinnern sich alle an den *lauten Jubel* der Menschen, die durch die Grenzanlagen laufen.

35 Jahre später: Der »Sitz im Leben« von prophetischen Worten wird durch die immer wieder neue historische Situation definiert. Wir hören in ihnen die vergangenen Erfüllungssituationen genauso wie die je aktuellen Anknüpfungspunkte. Dass die Worte Jesajas in die Christvesper gehören, schenkt ihnen immer wieder neue Aufmerksamkeit. Dort entfalten sie ihre Bedeutung als Stichwortgeber: Wo bleibt das *große Licht*? Wer tröstet diejenigen, deren Liebste in den Kriegen der Gegenwart sterben? Wann kann das *Joch* eines aufgezwungenen Konflikts abgeworfen werden? Jedes Jahr zerbricht im Bild der *dröhnenden Stiefel* und der *blutigen Soldatenmäntel* die Illusion, man könne an Heiligabend mal ganz unter sich bleiben in heimisch-familiärer Idylle. Die Bewohner *finsterer Lande* drängen ins *Licht*, wollen ernst genommen werden. Die

Frage nach *Recht und Gerechtigkeit* kann nicht verdrängt werden, sie hat *Ewigkeit*swert.

Gibt es ein Recht auf Hoffnung? Wie feiert sich der Heilige Abend in ungewissen Zeiten? Auf welche Schwierigkeiten gehen die heutigen Kinder zu, die in Zukunft das Joch der Probleme tragen müssen? Vor fünfzig Jahren starb Ernst Lange vor dem Hintergrund des »Ensembles« seiner Enttäuschungen. Er wollte mit denen, die ihm als Prediger zugehört haben, »über ihr Leben reden«. Er nahm als Homilet sensibel und engagiert die »Homiletische Großwetterlage« genauso ernst, wie die »Lage vor Ort«. Das Konzept der Predigtstudien setzt auf Dialog und intensive Textwahrname. Jesaja 9 ermöglicht der weihnachtlichen Gemeinde, mit Ernst Lange gesprochen, dem »Ensemble der Opfer« zu gedenken und gleichzeitig die eigenen Bezugspunkte zu ihm wahrzunehmen.

II Erschließung des Textes: Der Wunder-Planer

Den thematischen Ausgangspunkt für das Dank-und-Königslied in Jes 9,1–6 liefert Jes 8,23a. Dort geht es um eine existentielle, angstvolle Dunkelheit, wahrscheinlich historisch im Zusammenhang einer militärischen Aktion des assyrischen Herrschers Tiglat-Pileser III, 733 v.Chr.

Jes 9,1–4 hat zunächst in den V.1 f. Elemente eines Dankliedes voller positiver Emotionen, denn die Dunkelheit der kriegerischen Bedrohung weicht dem Licht. Gott selbst stiftet den Jubel, der von Erleichterung bestimmt ist, angesichts einer Befreiung aus der kriegerischen Situation. Und in diesem Kontext von Licht und Freude kann Gott selbst wieder direkt angesprochen werden: »Du machst groß die Freude« (9,2). Der dankbare Jubel wird durch Bilder unterstrichen; Erntefeste stehen vor Augen oder auch das Verteilen von Kriegsbeute zeigen den Überschwang der siegreich-glücklichen Gefühle gegenüber Gott. Jes 9,3 f. liefern die überwundenen negativen Bilder: ein Sklaventreiber wie damals in Ägypten, ein namenloser Unterdrücker und dessen Waffen und Attribute, die Jochstange mit dem Joch und den Stecken des Treibers, die assyrischen dröhnenden Soldatenstiefel, der blutgetränkte Soldaten-Mantel. Aber all das wird aus der Perspektive des Sieges gesehen, in Anknüpfung an den Sieg über die Midianiter durch Gideon (Ri 7). Denn die Ausrüstung und die Waffen sind schon zerstört und verbrannt.

So ist der Blick in die Zukunft wirklich hell und verheißungsvoll. Noch lebendiger wird die Hoffnung auf eine gerechte und offene Zukunft durch ein Kind. Es setzt die davidische Herrscher-Dynastie fort. Bekenntnishaft und in hohem Ton eines *passivum divinum* »uns geboren, … uns gegeben« (Beuken, 250), wird von diesem Kind gesprochen, im Hintergrund klingt auch die Immanuel-Prophetie (Jes 7,14), an. Seine Thronbesteigung bietet den Rahmen für eine Ausrufung seiner Thronnamen. Für diese Form der Investitur gibt es ägyptische Parallelen. Die Namen sind hier eindeutig Funktionstitel, sie beschreiben die anspruchsvollen, von Gott gesegneten und vom Volk erhofften Anforderungen an einen König und sie zeigen,»wie Gott in der Regierung des Königs wirksam wird«. (Beuken, 254) Luther übersetzt:»Wunderrat«, gemeint ist die gezielte Hoffnung und die Reaktion auf Gottes wunderbare Taten: Er ist der»Wunder-Planer«.

»Gott-Held«, dieser Name ruft die schon geschehenen, einzigartigen Taten Gottes in Erinnerung, von der Schöpfung an bis in die Gegenwart mit einer Hoffnungsperspektive für die Zukunft.»Ewigvater«: Hier geht es um die Treue und väterliche Sorge Gottes für sein Volk durch alle Zeiten, die vergangenen und die kommenden. Der vierte Name,»Fürst des Friedens«, qualifiziert die herrscherliche Aufgabe des erwarteten Königs in der politisch bedrohten Situation Israels. (vgl. zu den Thronnamen, Beuken, 251 f.)

In 9,6, den man formgeschichtlich als Königs-Orakel bezeichnen kann, wird ein Regierungsprogramm und der Anspruch des Herrschers formuliert. Recht und Gerechtigkeit sollen im Königreich und auf dem Thron Davids herrschen:»Zion wird durch Recht erlöst werden und wer dorthin umkehrt, durch Gerechtigkeit« (Jes 1,27). So formuliert Jesaja am Beginn die Arbeitshypothese seiner Prophetie. Dem jungen Erben des David-Throns verspricht Gott Frieden und eine stabile Herrschaft auf der Grundlage von Recht und Gerechtigkeit. Der»Eifer des Herrn Zebaoth« steht als Verheißung am Ende. Sie öffnet die»Wir-Gruppe« der ursprünglichen Adressaten des Propheten in die Zukunft. Der Davids-Sohn-Titel Jesu schließt am Ende auch uns Christen ein. Auf den Eifer des Herrn Zebaoth sind alle Generationen angewiesen. Denn Recht und Gerechtigkeit in den Händen der Menschen sind immer rare Güter geblieben.

III Impulse: The Prince of Peace, für euch komponiert

Der»Messias« von Händel wird aufgeführt. Monate vorher hatte die Kantorin die Grundschulen besucht. Sie hatte mit den Kindern über Händel gesprochen, dass er in London war, dass er das»Halleluja« komponiert hat und wie es sich anhört. Und dass man es auch selbst schmettern kann. Und dass es eine extra Aufführung nur für die Kinder der Grundschulen gibt,»die Kantorei und ein echtes Orchester singen und spielen nur für euch!« 250 Kinder kommen in die Kirche. Eine Musikpädagogin führt kindgerecht durch die Aufführung. Das Orchester und seine Instrumente werden vorgestellt. Die Chorsänger und die SolistInnen begrüßen die Kinder. Dann beginnt das Oratorium. Alles ein bisschen kürzer und zum Mitmachen.»For unto us a Child is born«,»das ist für euch komponiert!«, sagt die Moderatorin,»wir haben eure Plakate, die ihr gemalt habt, die könnt ihr immer hochhalten, wenn euer Text kommt. Wir haben»Wonderful« und»Prince of Peace«! Wer von euch kann mir sagen, was »Prince of Peace« bedeutet? Alle wissen es und ein Kind ruft es dann: »Das heißt Friedensprinz, weil es immer so viele Kriege gibt!« Und dann sagt es noch ins Mikro der Moderatorin: »Wie Weihnachten, das mit dem Kind.«

Literatur: *Willem A. M. Beuken*, Jesaja 1–12 (HThK.AT), Freiburg i.Br, 2003.; *Hans Georg Gadamer*, Hermeneutik I: Wahrheit und Methode. Grundzüge einer philosophischen Hermeneutik (GW 1), Tübingen ⁵1986.

Cornelia Coenen-Marx

IV Entgegnung: Das Mädchen auf den Trümmern

Vielleicht liegt es daran, dass die Worte regelmäßig im Weihnachtsgottesdienst gelesen werden. Ich kenne sie seit meiner Kindheit, die noch im Schatten des Zweiten Weltkriegs stand. Ich konnte die Stiefel hören, die mit Gedröhn die Straße herunterkamen. Und den langen schwarzen Ledermantel sehen, der voller Blut war. Auf Fotos aus der Verlobungszeit meiner Eltern kannte ich solche Uniformmäntel – umgearbeitet zu ziviler Mode. Und viele Erwachsene konnten erzählen, wie es war, wenn eine Truppe durch den Ort zog. So hat, was Jahr für Jahr im Weihnachtsgottesdienst gelesen wurde, ganz schnell mein Herz erreicht: »Jeder Stiefel, der mit Gedröhn daher geht, und jeder Mantel, durch Blut geschleift, wird verbrannt und vom Feuer verzehrt« (V.4). Das wünschten wir uns doch alle, dass dem schrecklichen Kriegsschauspiel ein für alle Mal ein Ende gesetzt würde. Mit einem großen Feuer. Wie man Grünabfälle im Frühjahr verbrennt, wenn endlich das Winterdunkel endet, so soll alles untergehen, was mit der Finsternis zu tun hat, mit Hass, Gewalt und Krieg. Damit das Kind, von dem hier die Rede ist, eine Zukunft hat. Mit seiner Geburt soll etwas Neues anfangen. Eine Welt soll entstehen, in der alle ohne Angst leben können (V.5 f.).

Die alten Bilder, die starken Verheißungsworte aus den Weihnachtsgottesdiensten, haben sich tief in meinem Gedächtnis verankert. Sie gehören zu diesem Fest und sie wirken noch immer, während uns jeden Tag unendlich viele ähnliche Bilder überfluten. Das Haus in Charkiw vor mir, dem eine ganze Wand fehlt – das Haus mit der gelben Küche, in der die Äpfel noch in der Schale liegen. Das zerstörte Theater von Mariupol, in dem Hunderte Menschen umkamen – so viele Kinder. Aber auch die Kinder auf den Wandbildern von Banksy, die über Nacht in den Kriegsruinen entstanden. Das Mädchen, das auf den Trümmern einen Handstand macht. Und der kleine Junge, der Putin mit Karate zu Boden streckt.

Nächtliche Träume von einer Welt unter anderen Vorzeichen. Die Schlüsselworte dazu finden sich in unserem Text. Ich kenne sie auswendig wie eine geheimnisvolle Formel: Gott- Held. Wunder-Rat. Ewig-Vater. Friede-Fürst. Sie waren mir immer ein Rätsel – und sind es eigentlich bis heute. Poetische Worte, die man gerade nicht erklären kann und muss. Nur so viel habe ich immer geahnt: In diesen Doppelworten verbindet sich das Himmlische mit dem Irdischen. Gott, Wunder, Friede und Ewigkeit – werden zusammen gedacht mit menschlichen Ratgebern, Fürsten und Helden. Was das heißen könnte, zeigt sich vor allem an einem: dem Friedensfürsten. Das ist uns vertraut. Einen Friedenskanzler wünschen sich alle, gerade in diesen Zeiten:»Ohne Gerechtigkeit gibt es keinen Frieden«, sagt der in der Ostukraine geborene Friedenspreisträger des Deutschen Buchhandels Serhij Zhadan in seiner Dankesrede. Es gibt verschiedene Formen eines eingefrorenen Konflikts, es gibt Zeitbomben, getarnt als politische Kompromisse, aber Frieden, echten Frieden, einen Frieden, der Sicherheit und Perspektive bietet, gibt es leider nicht.« Frieden braucht Recht und Gerechtigkeit.

Auch A beschreibt vor dem Hintergrund der eigenen Lebensgeschichte, wie politische Krisen und Wendeerfahrungen den Text immer neu ins Licht rücken. Aber davon ist gerade wenig zu sehen.»Sehen Sie Licht am Ende des Tunnels?«, wurde kürzlich ein Politiker gefragt.»Ich sehe ja nicht mal den Tunnel«, sagte der. So war es auch Israel gegangen. Wahrscheinlich nach einer»Spezialaktion« von Tiglat-Pileser (A) war eine lange Finsternis hereingebrochen – so eine, in der man die Orientierung verliert. Wohl nach dem Sieg über die Midianiter (A) wird plötzlich das Licht am Ende des Tunnels sichtbar. Das Volk wird von der Fremdherrschaft erlöst, die Unterdrückung hat ein Ende und ein neuer Tag bricht an. Und Jesaja schreibt ein Danklied, ein Festlied!

»Das war mir zu wenig Licht«, sagte mir vor Jahren ein Besucher – ein vernichtendes Urteil nach einer Christvesper. Denn danach sehnen wir uns an Weihnachten, das erwarten unsere Gottesdienstteilnehmer: dass etwas sichtbar wird von dem Licht, auf das wir zugehen. Dass etwas spürbar wird von dem Frieden, den Gott versprochen hat. Dass die Hoffnung Raum bekommt. Auch wenn die Illusion, wir lebten schon jetzt im »ewigen Frieden«, wieder einmal zerbrochen ist (A) – wir wollen etwas hören von dem Jubel, von dem Jesaja erzählt (V.1 f.). Wenn der Schrecken endlich ein Ende hat.

V Zur homiletischen Situation: Die Wundernacht, in der die Angst vergeht

Ein bekanntes Instrument im systemischen Coaching ist Steve de Shazers Wunderfrage. Es geht darum, mir vorzustellen, wie das Leben sein könnte, wenn das Problem, das mich beschäftigt, wie durch ein Wunder verschwände.»Angenommen, es würde in der kommenden Nacht ein

Wunder geschehen. Und morgen früh wäre Ihr Problem gelöst. Woran würden Sie das zuerst bemerken? Und wer außer Ihnen würde erkennen, dass das Wunder geschehen ist?« (de Shazer, 38) Fast immer wird deutlich: Wenn das ersehnte Wunder geschähe, würden wir uns selbst anders verhalten. Die neue Wirklichkeit würde etwas bei uns in Bewegung setzen. Es würde nicht weitergehen wie gehabt. Die Zukunft, die in der »Wundernacht« begonnen hat, setzt unser Leben in ein neues Licht. Wir können in Frieden und Freiheit leben, auch wenn es um uns noch dunkel ist. So wie Alexej Nawalnys Anhänger bei seiner Beisetzung. Sie waren da, gingen mit – trotz Verboten, Kameras und Sicherheitskräften, trotz drohender Verfolgung. Sie warfen Blumen auf seinen Sarg und skandierten »Wir fürchten uns nicht«. Ein Wunder, sagten viele; tatsächlich lebten sie in diesem Augenblick in der Zukunft.

Wo die neue Wirklichkeit sich Bahn bricht, ist die Angst vergessen. Und Jubel brandet auf. Neulich habe ich auf einem Video gesehen, wie im Gazastreifen ein Lebensmittelpaket abgeworfen wurde. Das Video zeigte Männer, Frauen, vor allem junge Leute, die dort hinrannten. Ich habe die Jubelschreie gehört und verstand unmittelbar, »wie man sich freut in der Ernte« (V.2). Das alles geschah in Verfolgung, Armut und Hunger – in diesem Augenblick zählte nichts anderes als die Freude, satt werden zu können. Aber im Jubel lag noch mehr: eine große Zukunftshoffnung. Wenn wir Weihnachten feiern, geschieht genau das: Für einen Augenblick sind wir in der neuen Wirklichkeit. Wir leben in dem Frieden, den Gott schenkt. Wird man uns das anmerken? Auch wenn das Fest vorbei ist?

VI Predigtschritte: Heb in den Himmel dein Gesicht

Im österreichischen Pavillon der Biennale 60 wurde Tschaikowskis »Schwanensee« getanzt. Für die russische Dissidentin Anna Jermolaewa ist es das Symbol für einen Herrschaftswechsel in der Sowjetunion, später in Russland – bei jedem Umsturz lief das Ballett im Fernsehen. »Und jetzt üben wir schon einmal«, sagt sie. Überall im Pavillon hatte sie Blumen aufgestellt. Rote Nelken aus Portugal, die an die Revolution vor 50 Jahren erinnerten. Georgische Rosen von der Revolution 2003, tunesischen Jasmin als Erinnerung an 2010 und Orangen aus der Ukraine. Lebendige Erinnerungen an die Kraft der Hoffnung, die Regime stürzen kann. Es ist verblüffend, sich klar zu machen, dass diese kleinen, verletzlichen und vergänglichen Blüten zum Symbol für die große Kraft der politischen Umstürze wurden – immer und immer wieder. Auch wenn viele Blütenträume längst verwelkt sind. Mich erinnert das an das alte Weihnachtslied von der duftenden kleinen Blume, deren heller Schein die Finsternis vertreibt (EG 31). Ein Bild für das verletzliche Kind, von dem schon Jesaja erzählt. Ich stelle mir vor, dass wir am Anfang des Gottesdienstes Blüten verteilen – am liebsten Christrosen. Dann kann die Predigt mit einer kleinen Meditation und der Biennale (Blütengeschichte) beginnen. Daran lässt sich deutlich machen, wie zart und bedroht, wie schön und leuchtend der Friede ist.

Wie oft haben wir im letzten Jahr über die Möglichkeit eines Herrschaftswechsels in Russland gesprochen. Darf oder muss der Westen darauf hinarbeiten? Ist eine Absetzung Putins vorstellbar? Und wäre ein Neubeginn überhaupt noch möglich, nachdem die gesamte Opposition eingesperrt, ermordet, geflohen ist? Gott beendet die brutale Machtausübung der Sklaventreiber – ja, deren Macht ist schon gebrochen. Was das bedeutet, konnten Nawalnys Anhänger noch wenige Tage vor seinem Tod hören, als er, der sich gegen manchen Spott als Christ bezeichnete, aus der Gefängniszelle scherzte und seinen Leuten Mut zusprach. Daran haben sie sich festgehalten, als die Todesnachricht verbreitet wurde.

Das Neue hat längst begonnen; es ist nur eine Frage der Zeit. Schon richten die Unterdrückten sich auf. Mitten in der Gewaltherrschaft ist der Friede lebendig. Aber dieser Friede ist ein Kind – ein kleines, verletzliches Kind. Wir hielten ihn lange Zeit für einen starken, erwachsenen Mann, für eine Gestalt, auf die wir uns verlassen können. Jahrzehntelang haben wir uns kaum noch um ihn gekümmert, so selbstverständlich erschien er uns. Jetzt aber wissen wir: Der Friede ist ein Säugling, der auf unsere Hilfe angewiesen ist. (Bockentin, 160) Eine kostbare Pflanze, die unsere Pflege braucht. Aber wenn wir auf ihn achten, wenn wir ihm Raum geben, wird er wachsen.

Davon erzählen die Weihnachtsgeschichten – auch die von Simeon und Hanna im Tempel, die ich als Lesung in den Gottesdienst nehme. Wie Simeon in diesem fremden Kind den verheißenen Messias sieht – ganz so wie die Hirten und die Weisen vor ihm. Wie er in dem unscheinbaren Kleinen, das ihm auf dem Arm seiner Mutter begegnet, die Zukunft entdeckt. Er hat lange gewartet, aber jetzt weiß er: Die Zukunft ist schon geboren. So kann die Aussichtslosigkeit einer neuen Perspektive weichen. Am Ende des Tunnels scheint schon das Licht. Wir müssen uns nur darauf einlassen wie auf das nächtliche Wunder. Und die Augen nicht schließen, sondern hinschauen. Dann erkennen wir auch, wie der Tunnel aussieht.»Das Volk, das noch im Finstern wandelt, bald sieht es Licht, ein großes Licht. Heb in den Himmel dein Gesicht und steh und lausche, weil Gott handelt« (EG 20,1).

Literatur: *Barbara Bockentin,* Vom Frieden, in: Frauenkirchenkalender »Friedensstifterinnen« 2024; *Steve de Shazer/Yvonne Dolan,* Mehr als ein Wunder. Die Kunst der lösungsorientierten Kurztherapie, Heidelberg 2015 (⁹2024).

Internet: Serhij Zhadan, Dankesrede: https://www.bpb.de/themen/europa/ukraine-analysen/nr-274/515020/dokumentation-dankesrede-von-serhij-zhadan-zur-verleihung-des-friedenspreises-2022/ (zuletzt abgerufen am 28.04.2024).

1Timotheus 3,16

Raum für Mehr

Manuel Stetter

I Eröffnung: Das Thema ist klar, seine Bedeutung nicht

Das Thema einer Predigt am 24. Dezember ist klar. Der Kasus legt die Deutungsaufgabe einer religiösen Rede an Heiligabend fest. Es geht um: Weihnachten. Dass das Christentum eine Kultur der Predigt hervorgebracht hat, in der nicht freihändig, sondern im Gespräch mit überkommenen Texten – mithin *verschiedenen* Texten – das richtige Wort zu finden ist, kann freilich deutlich machen, dass die Bedeutung des allzu Klaren – Weihnachten – bereits aufseiten der Tradition alles andere als selbstverständlich ist. Was wir Weihnachten nennen und in eingeübten Formeln wie von der Menschwerdung Gottes, den vertrauten Erzählungen von Maria und Josef und dem Kind in der Krippe und weithin verbreiteten Symbolen wie Engeln, Tannenbäumen oder Weihnachtssternen kulturell präsent halten, versteht sich nicht von selbst, war von Beginn an auszulegen, auf unterschiedliche Begriffe zu bringen. Kurzum: Das Thema einer Predigt am 24. Dezember ist klar, seine Bedeutung nicht. In welche »Richtung« (Ricoeur 1970, 103) weist der Predigttext dieses Jahres seine Erschließung?

II Erschließung des Textes: Poetische Pointen

Der Predigttext umfasst lediglich einen Vers und dürfte damit dem Bedürfnis vieler, die sich aus den familiären Festzusammenhängen nochmals aufgemacht haben, zu späterer Stunde einen Gottesdienst zu besuchen, entsprechen, nicht in eine allzu komplexe neue Textwelt abseits der bekannten Weihnachtsgeschichte eintauchen zu müssen.

(1) Im Zentrum des Verses aus dem ersten Timotheusbrief steht ein Christushymnus. Formal deutlich vom Kontext abgehoben und womöglich bewusst als Zitat markiert, umfasst V.16b ein fein komponiertes, stilistisch geschlossenes Stück liturgischer Poesie. Wenn Jürgen Roloff dabei kaum »Merkmale des Bekenntnisses […] im engeren Sinne« ausmachen kann und insbesondere das Fehlen einer »rational ordnende[n] Aufzählung der fundamentalen Heilsereignisse« oder einer »polemische[n] Abgrenzung« gegenüber Häresien herausstellt, um schließlich die »Merkmale hymnischer Sprache« zu unterstreichen (Roloff, 192),

scheint mir mit dieser dezidiert ästhetischen Darstellungsweise ein maßgeblicher Aspekt unseres ›Weihnachtstextes‹ im Blick zu sein. Der Hymnus verdichtet nicht nur basale Glaubensaussagen – etwa um sie leichter memorierbar oder als Ausdruck eines christlichen Gemeinsinns nutzbar zu machen. Vielmehr *fasst* er das Christusgeschehen *poetisch* und bringt es damit in eine Form, die eigene symbolische Möglichkeiten besitzt.

Im Eingang seiner *Ars Poetica* hat Roger Caillois diese Eigenart einer kunstvollen Sprache mit einer schönen Geschichte illustriert.»Auf der Brooklyn-Bridge in New York stand einmal, so erzählt man, ein blinder Bettler. Eines Tages fragte ihn jemand, wieviel ihm die Passanten am Tag durchschnittlich gäben. Der Unglückliche antwortete, daß die Summe nur selten zwei Dollar betrage. Der Unbekannte nahm das Schild, das der Bettler auf der Brust trug und auf dem sein Gebrechen zu lesen stand, drehte es um und schrieb einige Worte auf die Rückseite. Dann gab er es dem Bettler zurück und sagte: ›Ich habe auf Ihr Schild einen Satz geschrieben, der Ihre Einnahmen merklich erhöhen wird. In einem Monat komme ich wieder, und Sie werden mir sagen, wie das Ergebnis ausgefallen ist.‹ Und nach Verlauf eines Monats: ›Sir‹, sagte der Bettler, ›wie soll ich Ihnen danken? Ich nehme jetzt zehn und manchmal bis zu fünfzehn Dollar am Tag ein. Es ist das reinste Wunder. Wie lautet denn der Satz, den Sie auf mein Schild geschrieben haben und der mir so viele Almosen einbringt?‹ – ›Ganz einfach‹, erwiderte der Mann, ›Auf Ihrem Schild stand *Blind von Geburt*; ich habe statt dessen geschrieben *Der Frühling wird kommen, und ich werde ihn nicht sehen.*«* (Caillois, 15 [Hervorheb. i. Orig.])

Es liegt auf der Hand, dass der biblische Hymnus die Anschaulichkeitsanmutung der poetischen Neubeschreibung des Mannes aus der Geschichte nicht erreicht. Und doch vermag das Beispiel von Caillois deutlich zu machen, worin die Spezifik der hier gewählten Redeweise liegt. Mit ihrer dichterischen Form in Klang, Struktur und Rhythmik wird *mehr* ausgesagt, als es ein rein berichtender und bezeichnender Gebrauch von Sprache zu tun vermochte. Sätze wie ›Gott wird Mensch‹ oder ›Christus ist geboren‹ bleiben wie der Satz ›Blind von Geburt‹»Aufschrift[en]«, wie Caillois formuliert: Sie sind »exakt, zutreffend«, doch »ohne Macht über die Einbildungskraft, die Sinne und das Gefühl«; sie »pack[en]« einen nicht. Kurzum: Sie lassen das »Wunder« nicht geschehen, dass mir ›Christus‹, das »Geheimnis des Glaubens« (V.16a) – Weihnachten –, zu Herzen geht, nahekommt. (Caillois, 15 f.)

(2) Dass es genau darum auch auf semantischer Ebene des Predigttextes geht, zeigt eine Analyse seiner Struktur. Tatsächlich lässt sich 1Tim 3,16 auf den weihnachtlichen Kasus nicht nur über die erste Zeile des Hymnus beziehen (»offenbart im Fleisch«); es ist seine Gesamtstruktur, die etwas von dem Geheimnis anzeigt, das wir an Weihnachten begehen. Und tatsächlich zielt der Text nicht nur auf eine inhaltliche Bestimmung

dieses Geheimnisses; vielmehr ist es die Dynamik, in der es *erscheint*, *mitgeteilt* und subjektiv *angeeignet* wird, die hier besungen wird.

Der Hymnus besteht aus sechs Zeilen à drei Strophen, die ihrerseits eine chiastische Struktur ausbilden:

Strophe 1:	a	Fleisch (irdisch)
	b	Geist (himmlisch);
Strophe 2:	a	Engel (himmlisch)
	b	Heiden (irdisch);
Strophe 3:	a	Welt (irdisch)
	b	Herrlichkeit (himmlisch).

Die kunstvolle Komposition bringt »ein himmlisches und ein irdisches Geschehen« in eine »unauflösliche[-] Wechselbeziehung«. (Roloff, 192.195) Ja, im sprachlichen Spiel werden Himmel und Erde geradezu verknotet. Die Pointe von Weihnachten wird poetisch zur Geltung gebracht!

Demgegenüber verweisen die Verbformen auf die dynamische Struktur dieser Pointe. Allesamt der »Offenbarungs- und Verkündigungsterminologie« zugehörig (Roloff, 195) zeigen sie das eigentliche Ziel des mit Weihnachten anhebenden Christusgeschehens an. Vielleicht kann man es so formulieren: Gott kommt nicht nur *in die Welt* der Menschen, er will *ihre Herzen* erreichen. Jesu ›Offenbarung im Fleisch‹, die Geschichten von Maria und Josef und dem Kind in der Krippe, die Formel von der Menschwerdung Gottes kommen dort ans Ziel, wo wir davon berührt werden, das Verkündete, Erzählte und Formulierte zum ›Geheimnis *des Glaubens*‹ avanciert. Es ist wie bei allem, das uns wichtig ist, das wir besingen, feiern und begehen: Hier genügt es nicht, den Sinn zu bestimmen und seinen Gehalt begrifflich zu erschließen; zur Bedeutung des Bedeutenden gehört, dass es uns tangiert und innerlich berührt.

III Impulse: Ein Blick, der mehr sieht, hofft und wagt

Vor diesem Hintergrund würde ich meine Predigt über die Idee des Poetischen organisieren. Ein möglicher Gang sähe wie folgt aus. Weihnachten ist eine Zeit des Musizierens, des Singens, der stimmungsvollen Darstellung und des ästhetischen Ausdrucks – auch der Gottesdienst übersteigt die gewöhnlichen Sprachen des Berichtens und Bezeichnens. – So auch der Predigttext. In kurzen (!) Strichen wäre zu plausibilisieren, dass die Perikope weniger direkt, denn über die poetische Form die Pointe von Weihnachten zur Darstellung bringt. Die Eigenart dieser Form wäre daraufhin über das Beispiel von Caillois zu veranschaulichen. So vorbereitet könnte man in einer letzten Wendung dann auch den religiösen Sinn des Kasus über die Idee des Poetischen anvisieren: Eröffnet Weihnachten nicht einen Blick auf die Welt, der sich zu den üblichen Wirklichkeitserfahrungen genauso verhält wie die poetische Neubeschreibung des Mannes zu dem Satz des Bettlers? Einen Blick, der in der Geburt irgendeines Kindes der Geschichte des Schöpfers ansichtig wird? Der im Walten eines blinden Schicksals die Spur eines letzten ihn:sie tragenden Sinns erspürt? Der in den Wirren einer Zeit, in der Kriege, Verunsicherung, Resignation das Gemüt mit Nachdruck ergreifen, noch einmal festhält an einem »bedingungslose[n] Vertrauen«, das hofft trotz [...] allem«? (Ricoeur 1977, 154) Der den Sprachen des Faktischen, Vorfindlichen und Geschlossenen, den Möglichkeitssinn einer ›himmlischen‹ Welt abringt? Vielleicht ist ja das die Bedeutung von Weihnachten und was mit den ersten Texten, die sich an ihrer Bestimmung versuchen, in der Welt ist: ein Blick, der *mehr* sieht, hofft und wagt, als es unsere Wirklichkeitserfahrung *prima facie* nahelegt.

Literatur: *Roger Caillois*, Ars poetica, München 1968; *Jürgen Roloff*, Der erste Brief an Timotheus (EKK XV), Zürich 1988; *Paul Ricoeur*, Gott nennen (1977), in: *ders.*, Vom Text zur Person. Hermeneutische Aufsätze (1970–1999), Hamburg 2005, 153–182; *ders.*, Was ist ein Text? (1970), in: aaO., 79–108.

Christian Stäblein

IV Entgegnung: Mehr, mehr davon

Es gibt ein Mehr in dieser Nacht, das in symbolischer Ordnung dargestellt wird, über die Form hinaus, aber auch durch die Formsprache: ihre Poesie. So kommt das Geheimnis des Glaubens – und des Lebens – in dieser Nacht zur Sprache, ja zur Welt, wobei es – diese Dialektik ist vertraut – gelüftet und zugleich verhüllt wird. Es ist und bleibt ein Mehr, ebenso wie die Geschichte von Roger Caillois, die A erzählt.

A nähert sich so der Herausforderung, dass das Thema der Predigt am 24. Dezember zwar klar ist, die Bedeutung aber nicht. Daran kann ich gut anknüpfen. Das Geheimnis des Glaubens, sagt 1Tim 3,16, ist groß – und nimmt so in der Christnacht die mit kirchlicher Praxis Vertrauten in die liturgischen Formeln der Abendmahlseinsetzung hinein. Wir sind also in der Christnacht mitten in der Verwandlung, könnte man sagen. Für viele, gerade auch Kirchenfernere, ist es womöglich deshalb der Höhepunkt eines gottesdienstlichen Festzugangs. Es bleibt Raum für das Mehr, das bis dahin in aller festlichen Geschäftigkeit und Routine zu kurz zu kommen drohte. Chor, Stille, Stimmung – ästhetischer Hochgenuss, soweit möglich, kulminieren in der Nacht. Das Verknoten von Himmel und Erde hat hier seinen Ort – wann, wenn nicht jetzt?! Auch da kann ich A gut folgen.

Die mir liebe Konzentration auf Poesie und ihr Mehr hat ihre Rückseite: Wo bleibt der gesellschaftliche, kritische, die Ordnung der Welt
befragende, ja umstürzende Anspruch von Gottes Kommen in die Welt?
Bezeichnenderweise hat sich der Schreiber des Pastoralbriefes bis hier-
hin vor allem mit dem Verhalten und dem Zustand kirchlicher Gemeinschaft befasst. Damit geht es auch nach dem Einschub des für die Predigt
vorgesehenen Verses weiter. Die Welt ist alles andere als in Ordnung.
Zum Weihnachtsfest gibt es Aufrufe zur Verbesserung; der Spenden-
möglichkeiten sind reichlich. Die Sehnsucht nach Frieden in einer Welt
voller Kriege gehört zum Fest wie das bundespräsidiale Recht, Begnadi-
gungen und vorzeitige Haftentlassung auszusprechen. Wie Gott in Jesus
uns und diese Welt neu zurecht bringt, das ist nicht auszuklammern in
dieser Nacht. Ja, es stellt sich immer wieder die Frage: Stabilisiert das
Fest mit seiner Ästhetik und seinen Formeln – bleibt aber am Ende nur
der andere Ort inmitten des Alltags, sowie der V.16b fett und abgegrenzt
im Grau des restlichen Briefes? Oder verwandelt die Verwandlung dieser
Nacht, ja bricht mit dem Offenbarwerden des großen Geheimnisses etwas auf? Finden wir darin gerade die von vielen immer wieder ersehnte
Weltformel? Sehen wir den Bettler aus der Geschichte Caillois' bei A nur
anders an Weihnachten? Oder sieht die Welt etwas gänzlich Neues? Und
der Bettler – auch?

V Zur homiletischen Situation: Alles in allem ein Wort. Weihnachten ein Gedicht

Mit 1Tim 3,16 als Zugang zur Festpredigt kommen wir zunächst über die
Form in die komplexen Zusammenhänge der Weihnachtswirklichkeit
2024. Ich betrachte dieses Ineinander von Text und Gegenwart zunächst
über die naheliegenden Formbetrachtungen: Formel (a) und Gedicht (b).
a) Weihnachten fühlt sich oft an wie eine Formel. Ein Ritual, reduziert auf immer wiederkehrende Zitate. Das beginnt mit der Musik – ob
Weihnachtsoratorium oder »Last Christmas, I gave you my heart« –, jeder kann auf seine Weise mitsingen. Fast alles ist immer schon Zitat – das
traditionelle Essen ebenso wie die über Jahre eingeübten und vertrauten
Abläufe. So wird Heimat im Chaos von Zeit und Zeiten(wenden). Die
Frage bleibt, ob die Formeln des Festes – auch die zwischenmenschlichen:»schön, dass ihr gekommen seid« / »ich liebe dich« / »ist das schön
heute, Kinder« – tragen oder eher dem Weihnachtsmann ähneln. Auch
er eine Formel, allerdings mit geringem Sinngehalt, symbolisierend allenfalls die existentielle Erfahrung, dass Entscheidendes geschenkt ist
im Leben und deshalb immer neu erwartet werden will. Die Ambivalenz
des Formelhaften changiert zwischen guter Merkbarkeit einerseits – ein
Anker, an den man sich stets erinnern kann; so gesehen ist das Fest nie zu
Ende, sondern lebt in Erinnerung und Vorfreude – und Leere andererseits – das Geheimnis bleibt gerade so verschlossen, alles nur Zitat (wenn

nicht sogar im Sinne des A-capella-Schlagers: »alles nur geklaut« [Die Prinzen, 1993], Weihnachten zwischen Coca Cola und 19. Jahrhundert-Ritualen wie dem Tannenbaum).

Diese Ambivalenz kann auch für 1Tim 3,16b gelten: ein 22-Worte Zitat (im Deutschen), in dem alles enthalten ist: Weihnachtsgeschehen, Weltmission, Himmelfahrt, Rechtfertigung, Engelsglück, Glaubenswelt. Kann man gut vor Anker gehen in dieser Nacht, hat geradezu etwas kosmisch Rundes in sich wie eine Kugel am Christbaum, in der sich alles spiegeln darf. Kann aber auch leer und verschlossen bleiben und – packt man es etwas zu fest an, wie die Christbaumkugel – zerspringt die schöne Formel womöglich. Was etwa meint eigentlich: Erschienen den Engeln? Erscheinen die nicht uns? Dass es hier um eine jüdisch-mystische Tradition geht, nach der die Engel gegen das Auftreten Henochs im Himmel protestiert haben, Gott aber seine Gerechtigkeit und Vollkommenheit hervorgehoben habe – und dieses eben auch für Jesus um so mehr gilt, hier also gleichmal festgehalten ist, dass Jesus in der Konkurrenz zu den Engeln nicht zurück, sondern voransteht, ist ein sicher sperriger Gedanke, der allerdings auch eine Menge aufbrechen könnte in dieser Nacht, in der die Putten den Blick auf das Geheimnis bisweilen verstellen können. Das Geheimnis nämlich, dass nicht im ätherisch-luftigen, Erdenschwere enthebenden Engelsflug Gottes Rettung liegt, sondern im Zur-Welt-Kommen im Krippendreck und Stallmatsch des Lebens. Mit anderen Worten: Die Predigt muss die Formel womöglich auch zerspringen lassen, damit das Geheimnis aufblitzen kann.

b) Das Fest ist im besten Sinne ein Gedicht. Nicht zufällig ist es auch der einzige Nachmittag oder Abend im Jahr, an dem es zum Ritual gehört(e), ein Gedicht aufzusagen. Warum eigentlich? Um zu zeigen, dass an diesem Tag die Welt sich reimt? Die Kinder die anzueignende Moral begriffen haben? Die Geschenke verdient haben? Das Fest ein Gedicht. Und das vermutlich bis heute hierzu Bekannteste beginnt mit den Worten: *Von drauß', vom Walde komm ich her; ich muss euch sagen, es weihnachtet sehr.* (Der Anfang dieser Ballade von Theodor Storm ist eigentlich ein anderer, vorgeschalteter, der allerdings so wenig vertraut ist wie das Wechselspiel zwischen »Vater« und »Ruprecht«, das sich an das Gedicht in Reimform anschließt.) Die Formulierung »weihnachtet sehr« trägt in ihrer ganzen Sonderbarkeit mit sich, dass sich das also steigern lässt, worum sich dieses Fest in klassischer bürgerlicher Reflexion dreht: die Steigerung von Welterleben und Selbstvergewisserung als notwendiger Haltepunkt auf dem Weg zu durch das Ritual geborgener Lebenserneuerung. Den weiteren Verlauf des Gedichts kennen vermutlich nur die Wenigeren. Knecht Ruprecht spielt hier ausdrücklich eine Art Vorbote zum Christkind, das er schon gesehen hat – wie eine Art Johannes der Täufer bereitet der Knecht dem kommenden Christkind durch Prüfen der Menschen/Kinder den Weg. Übrig geblieben von diesem Geheimnis scheint vielfach nur die erste Zeile: die Hoffnung, dass in dieser Nacht etwas »von Draußen« aufbricht, »von Außen« kommt und Gutes verkündet. Die Rezeptionsumstände der Gegenwart bevorzugen sozusagen ein kurzes Gedicht. Eine Zeile anklingen lassen genügt – notfalls in der Loriotschen Brechung bei Hoppenstedts Weihnachtsfeier »Zicke zacke ...« (Loriot, Folge 6, Erstausstrahlung Dezember 1978). Wie Weihnachten schief gehen kann, weiß auch jeder. Eine Zeile – oder sechs Miniverse –, aus mehr besteht auch 1Tim 3,16b nicht. Man könnte sie leicht auswendig lernen. Sie reimen sich nicht, dennoch bilden sie den wahren Reim des Lebens: zwischen Fleisch und Geist, zwischen Engeln und Heiden, zwischen Welt und Herrlichkeit. So wird unser Leben offenbar in dieser Nacht. Und dass es dazwischen nicht verloren ist, sondern eben mit ihm und darin gerechtfertigt. Auch wir erscheinen so den Engeln und werden durch ihn aufgehoben in Herrlichkeit. Es ist die Nacht, in der Gottes Kind zur Welt kommt, und wir entdecken, alle Kinder Gottes zu sein. Ein Gedicht, das alles – weil mehr – mehr als wir je hoffen oder ahnen oder wissen konnten. Allein: Auch das, auch das schönste Gedicht gerinnt und zerrinnt uns schnell zur leeren Formel. Das ist das Risiko einer jeden Predigt in dieser Nacht.

Weil – und das ist die unter allem liegende Ambivalenz dieser Nacht – Weihnachten alles in allem ist. 1Tim 3,16 legt ja den großen Bogen von der Inkarnation bis zur Erhöhung, zugleich von der Rechtfertigung bis zum Glauben in der Welt. Es entspricht damit jenem Fest, das zum Fest der Feste avanciert ist, für viele der einzige Berührungspunkt mit Religion oder gar christlichem Glauben im Jahreslauf. Wie willst du das auffangen in der Nacht? 1Tim 3,16b macht gewissermaßen ein Angebot. Alles in 22 Worten. Und womöglich ist das doch zu viel: Alles in einem Wort könnte das Motto der Predigt sein. Bis ein Wort aufgeht: »Fleisch« etwa. Im Gegenüber zum Geist. Fleisch – und die Frage nach dem ganzen toten Menschenfleisch auf den Kriegsschlachtfeldern. Und der Geist, der da nicht mehr herausfindet. Fleisch – und die tiefe Frage unserer Zeit, wie wir uns noch spüren in diesem Leben von Reizüberflutungen und digitalem Entschwinden. Tattoos deshalb, ästhetisch anspruchsvoll, damit ich mich spüre im Fleisch. Das zerfällt in Krankheit und Krebs. Die Schwester kommt dieses Jahr nicht, weil der Krebs zurückgekommen ist. – Fleisch. In dieses »Zerfallsprodukt« kommt Gott. Nimmt uns an und so auf in die Herrlichkeit eines Geistes, der die Brüche aushält. Ist das Weihnachten? Die Verwandlung dieser Nacht? Oder nur eine ordentlich unordentliche Gedankenreihe zur Vorbereitung, die gerade ihr Genus zur Predigt überschritten hat? Aber ist das nicht der Punkt in dieser Nacht? Dass es ordentlich unordentlich werden darf, weil in Jesus die Ordnung eines Gut-Miteinander-Sein und Gut-Mit-Mir-Sein wieder hergestellt ist? Ordentlich unordentlich sind Weihnachtsabende, wenn es gut geht, weil sie anders beginnen – meist etwas angespannt, steif – als sie enden: im Glück leerer Teller und Köpfen voller Geschichten. Dann scheint alles offenbar und doch verborgen, ist die Kugel zersprungen und in den Splittern der Weihnachtsnacht hat sich ein Mehr gefunden. Mehr geht ja nicht.

VI Predigtschritte: Brot und Rosen

A hat einen überzeugenden Predigtaufbau skizziert und eine wundervolle Weihnachtsgeschichte dazu gelegt. Bei der ich dann doch an jene vielfach tradierte Geschichte von Rainer Maria Rilke denken muss, die irgendwie die Erzählung von A kommentiert, vielleicht auch konterkariert. Es heißt, Rilke sei in seiner Pariser Zeit jeden Tag mit einer Begleiterin an einer Bettlerin vorbeigekommen, habe aber anders als die Begleitung nie etwas gegeben. Als diese ihn fragte, warum nicht, habe er geantwortet: Man müsste ihrem Herzen geben, nicht ihrer Hand. Ein paar Tage später habe Rilke schließlich eine aufgeblühte, weiße Rose in die offene Hand der Bettlerin gelegt, die sich daraufhin erhoben habe und gegangen sei. Eine Woche sei die Bettlerin nicht an ihrem Platz gewesen, danach wieder – und wieder so starr wie zuvor an ihrem Platz. Als die Begleiterin Rilke gefragt habe, wovon die Frau die Tage gelebt habe, habe dieser geantwortet: Von der Rose ... – Es ist eine in ihrem impliziten Gefälle schwer erträgliche Geschichte, die Rollen- und Geschlechterverteilung ist problematisch, ja ärgerlich. Und provozierend weltfremd gegenüber realer Armut kommt – freundlich formuliert – die Pointe daher. Ich weiß also nicht, ob ich die Geschichte einer Weihnachtspredigt empfehlen mag, denn wer sie verwenden will, muss sich gegen ihre eigenen Bilder abgrenzen. Andererseits: Die Erzählung hat etwas von diesem Mehr, das in der Erinnerung dieser Nacht sich ereignet. Wir leben nicht ohne Brot. Aber: Die Weltformel, die Gott uns, mir Bettler in die Hand legt, kommt in Poesie daher: Gerechtfertigt im Geist. Erschienen den Engeln. Aufgenommen in Herrlichkeit. Darauf lässt sich hoffen. Leben. Und also Brot für die Welt geben. In dieser Nacht unbedingt: Brot für die Welt. Ganz real. Und Rosen? Wer mag – die Poetin unter den Zierpflanzen. Eine Rose ist eine Rose ist eine Rose. Oder: Es ist, was es ist, sagt ... – schon klar.

Internet: *Theodor Storm*, Knecht Ruprecht, https://www.staff.uni-mainz.de/pommeren/Gedichte/Storm/ruprecht.htm (zuletzt abgerufen am 09.05.2024).

Johannes 1,1–5.9–14(16–18)

»Du höchstes Licht, du ewger Schein« (EG 441)

Frank Thomas Brinkmann

I Eröffnung: »Aber …«

Dass am Anfang »etwas« war – etwas Besonderes nämlich, das den sphärischen Nebeln des Tohuwabohu mit göttlichem Ruach die gewünschten Konturen hat geben und somit aus dem Chaos den Kosmos hat gestaltformen können – gehört zu den unverzichtbaren Glaubensmodulen nicht nur der christlichen Welt- und Sinndeutung, sondern auch ihrer ursprungsverwandten monotheistischen Religionen; die jüdisch-christliche Tradition entfaltet diese Glaubenswissensmenge bekanntlich in einer Erzählung, die die kreativen Aktivitäten der Schöpfermacht als eine Art Sprachgeschehen identifiziert: Alles wird und entsteht in dem einzigartigen Momentum, da es von der ersten und höchsten Instanz (aus-) gesprochen wird. Welten, Gezeiten und Lebewesen erhalten ihr Dasein, ihr Sosein und ihre Besonderheiten; im Augenblick ihrer Schöpfung ist der Umstand gesichert, dass alles gut ist.

Daran übrigens glaubt weiterhin, sofern man den aktuellen Umfragen Bedeutung beimessen will, nicht allein eine erlesene Teilmenge des kirchentreuen Fähnleins institutionell Umzäunter und Verbliebener, sondern auch noch eine beachtliche Schar von weitgehend unbeachtet gebliebenen Auswärtigen – obschon sich deren entsprechendes Credo oftmals nur in einer alltagssprachlich formatierten Parole mit spannungsbelastetem Restrisiko zum Ausdruck bringen lässt: »Ich möchte ja gern irgendwie noch mehr an eine höhere Macht glauben, aber …«

In der Tat, es ist dieses relativierende »aber«, das uns zu schaffen macht, freilich auch in unserem theologischen Fortschrittsdenken weiterhelfen könnte (abgesehen vielleicht von den agnostisch hartimprägnierten Thesen, die auf reduktionistisch-naturalistischem Nährboden gedeihen): Bringt nicht die hilflose Einschränkung der Einen (»Schöpfung ja, aber doch nicht in sechs oder sieben Tagen?«) ziemlich gescheit das Problem auf den Punkt, dass die poetische Erzählung der Genesis niemals als naturwissenschaftlich gesicherte Tatsachendokumentation missverstanden werden darf, und macht nicht die bekannte Rückfrage der Anderen (»Gute Absichten hinter der Schöpfung, ja gewiss, aber war auch wirklich alles gut? Und ist denn alles gut geblieben?«) ehrlicherweise und mit erfahrungsbezogenen Argumenten geltend, dass man dem naiven Optimismus der ersten Schöpfungserzählung ziemlich umstandslos die gegenwärtigen Zeitläufte und ihre Dramatiken entgegenhalten kann? Fürwahr, die Sorge um den Zustand und die Zukunft des grünen Planeten und seiner Bewohner:innen – übrigens gänzlich unabhängig von der Frage, ob es sich in biblischem Sinne um Schöpfung handelt oder nicht – ist kein Privileg von Klimaaktivist:innen und Friedensforscher:innen, sondern eine Angelegenheit des gesunden Menschenverstandes (was auch immer das heißt). Gerade die realen Vorkommnisse in der jüngeren und jüngsten Weltgeschichte erzwingen doch den Zweifel daran, dass wirklich »alles gut« ist. (Nur als Ironie der Gegenwartskultur lässt sich ertragen, wenn Menschen unbedacht einem Trend folgen und immer häufiger ihre Befindlichkeit mit einem hektischen »alles gut, alles gut« indizieren. Aber das ist eine andere Geschichte.)

Der Schöpfungsglaube – bzw die Zuversicht allerlei halbstarker Subjekte, selbst und persönlich ein (Lieblings-)Geschöpf Gottes und sich durchweg seines Beistands sicher zu sein – wurde in der klassischen Theologie noch vor wenigen Jahrzehnten über die ambiguen dogmatischen Lehrstücke von der *creatio originans* und der *creatio continua* entwickelt und reflektiert, zugleich aber in einer sorgfältigen Hamartiologie relativiert. Wer noch eine lutherische Dogmatik des letzten Jahrhunderts zur Hand nehmen kann, wird dort lesen dürfen, dass Gott die Welt zwar geschaffen hat und durch steten Eingriff bewahrt, aber in dem sündigen, selbstverliebten Menschen einen ernstzunehmenden Gegner finden musste; dieser nämlich ist wesentlich damit beschäftigt, seine eigenen Interessen gegen den Welterhaltungswillen und die weisheitlichen Weisungen der ordnungsmächtigen Gottheit auszuspielen. Bis zur bitteren Neige. Nicht einmal der letztinstanzliche Versuch der Schöpfermacht, sein Plan von Leben als Licht in diese Dunkelheit hineinzutragen, indem es sich mit einer repräsentativ fleischlichen Version seiner Wort-Identität in die Schöpfung hineinbegibt, scheint sich als wirkmächtig zu erweisen; zwar scheint dieses lebendige Licht hell strahlend in der tiefsten Dunkelheit, jedoch – die Finsternis hat's nicht identifiziert. Nicht begriffen, und schon gar nicht ergriffen. Womit wir endlich bei dem Text angekommen sind, den es in der Predigt auszulegen gilt – aber den maßgeblichen Kerngedanken womöglich schon vorweg bespielt haben.

II Erschließung des Textes: »Licht«

Über das »Wort«, welches von Anfang an gewesen ist, das nicht nur einfach »bei Gott«, sondern mit ihm und seinem Schöpfungswort-Sprachgeschehen identisch war, sind schon jede Menge Spekulationen vorgetragen worden. Als Logos findet es sich im Johannesevangelium (und wohl sinngemäß auch in den Denkspuren des weiteren sog. johanneischen Schrifttums) installiert, und es hat als Allerweltswort – heute würde man es als Containerbegriff identifizieren – ein beachtliches Bedeutungs- und Auslegungsspektrum. Goethes Faust bspw. hat sich daran die intellektuellen Zähne ausgebissen und verzweifelt räsoniert, ob es nicht bestmöglich mit Sinn, Kraft oder Tat übersetzt werden könne, um der Intention des biblischen Vordenkers gerecht zu werden, und auch in der zweiten Dekade des 21. Jahrhunderts wird wohl noch strittig bleiben, ob eher bei den griechischen Philosophen, den orientalischen Mystikern oder der hebräischen Weisheitsliteratur angesetzt, vielleicht auch eine eigenständige Lesart favorisiert werden müsste. Immerhin wird doch im Prolog des Johannesevangeliums weitaus weniger philosophisch spekuliert als anderorts, und vieles spricht dafür, dass hier in einem brillanten rhetorischen Kabinettstückchen nichts Geringeres geleistet werden will als ein Bekenntnis zu Jesus, dem Christus, freilich in einer radikal alternativlosen Variante: Geradezu unbedeutend, weil ins Leere führend sind die Fragen nach den Umständen und Augenblicken seiner Geburt oder nach den Beteiligten seiner Zeugung (Mt 1,18 ff./Lk 1,26 ff.), eine adoptionistische Erklärung (Mk 1,9–11) steht gar nicht zur Debatte. Sein Verhältnis zu Gott, zu jener Schöpfermacht, die Himmel und Erde gemacht hat, erschließt sich niemals in einem schlichten Verwandtschaftsbegriff; nicht ohne Sinn relativiert die im Johannesevangelium prominent aufgestellte Selbstaussage Jesu »Ich und der Vater sind eins« (Joh 10,30) sämtliche Konzeptionen, die darauf hinauslaufen, dass man sich Jesus irgendwie als geistgezeugten Nachkommen oder als Filius Dei vorzustellen hat. So funktioniert es weder im Johannesprolog noch im gesamten übrigen Evangelium; immer ist Jesus der ganze Logos, genauer noch: Die einmalige Inkarnation des einzigartigen Wortes, das der Höchste schon vor Ewigkeiten hauchte, als er mit diesem Worthauch im Modus des Sprechens alles erschuf. Dieser Jesus ist nicht nur präexistent, sondern super- und transexistent, es gibt ihn vor, über und nach aller Zeit!

Eine stolze Aussage, in der Tat, aber man muss sie eben verstehen als ein Bekenntnis. Die exegetischen Spitzfindigkeiten, die nach einzelnen literarischen Schichten oder Bearbeitungsphasen fragen, sind gewiss hochinteressant, aber sie führen vor diesem Hintergrund ins Leere. Zwar mögen Bildungsbürger:innen – wie wohl manche Theolog:innen auch – Gefallen daran finden, aber Gemeindeglieder und Predigthörer:innen dürften die Qualitäten exegetischer Seziermesser nur begrenzt zu schätzen wissen. Eher will es sie interessieren, was es bedeutet, wenn man glaubt, (a) dass Gott sich mit seinem Wort/Logos (Joh 1) und seiner Schöpfung (Gen 1; Joh 1,3) identifiziert, (b) dass Gott sich in Jesus dem Logos als helles Licht und wahres Leben offenbaren will (Joh 1,4 f.) sowie (c), dass es in einer Welt, die den Logos nicht erkennt (Joh 1,10) und aufnimmt (Joh 1,11), durchaus noch Sinn ergibt, sich zu Gottes Kindern machen zu lassen (Joh 1,12) und konsequent als solche aufzuführen. Mit allen Konsequenzen, über die nun zu reden bleibt.

III Impulse: »Nachfolge«

Ob sich eine Passage aus Goethes Faust für einen Weihnachtsgottesdienst empfiehlt, ist abzuwägen.

> Geschrieben steht: »Im Anfang war das Wort!«
> Hier stock ich schon! Wer hilft mir weiter fort?
> Ich kann das Wort so hoch unmöglich schätzen,
> Ich muss es anders übersetzen,
> Wenn ich vom Geiste recht erleuchtet bin.
> Geschrieben steht: Im Anfang war der Sinn.
> Bedenke wohl die erste Zeile,
> Dass deine Feder sich nicht übereile!
> Ist es der Sinn, der alles wirkt und schafft?
> Es sollte steh'n: Im Anfang war die Kraft!
> Doch auch indem ich dieses niederschreibe,
> Schon warnt mich was, dass ich dabei nicht bleibe.
> Mir hilft der Geist! Auf einmal seh' ich Rat
> Und schreib' getrost: Im Anfang war die Tat!

Aber welche Tat? Die Inkarnationstat Gottes etwa, oder nicht im Anschluss daran auch die Taten, mit denen sich die Kinder Gottes in ihrem Bekenntnis zum Christus-Logos in dieser dunklen Welt bemerkbar machen? Wer an die Epistel des Tages (Tit 3,4–7) anknüpft, dürfte über die »Freundlichkeit und Menschenliebe Gottes« sprechen können, die in den Taten seiner Kinder sichtbar werden will, und mit der AT-Lesung des Tages (Jes 52,7–10) wäre eine Option gegeben, über die Aufgabe der Freudenboten nachzudenken, »die da Frieden und Heil verkündigen, Gutes predigen« und Gott die Ehre geben.

Internet: *Anni Hentschel*, Art.: Logos, WibiLex 2015; https://bibelwissenschaft.de/stichwort/51968/ (zuletzt abgerufen am 08.03.2024).

Hans-Martin Gutmann

IV Impulse: Das Wort

Das ist ein toller Aufschlag von A. Klug, umfassend, differenziert. Ich fühle mich sehr beschenkt und bin so frei, seiner inhaltlichen Einteilung in meinen Überlegungen zu folgen. Das Wort. Logos – das Wort, die Weisheit, die Vernunft: Von allem Anfang war all dies dabei. Mehr noch: Das Johannesevangelium steigert die Nähe zwischen Gott und dem Logos bis zur Identifizierung: »Das Wort war bei Gott, und Gott war das Wort.« Von allem Anfang an. Es bleibt aber nicht allein bei Gott. Gott ist nicht selbstgenügsam. Gott will und braucht und liebt den Kontakt mit seinem Anderen. Theologie-Philosophen seit der Alten Kirche haben über diese Dinge in profunder Weise weiter nachgedacht. Gott erweitert seine innere Beziehung zwischen den drei Personen der Trinität in einer Bewegung zur geschöpflichen Welt hin. Der Gottessohn geht seinen Weg in die Fremde. Die Menschen werden in den Verkehr mit Gott einbezogen. Ein Überströmen, ein Über-Sich-Hinausgehen Gottes zu den Menschen und der geschöpflichen Welt insgesamt. Im Ereignis des Glaubens wird der Mensch in Beziehung Gottes in sich selbst einbezogen.

Gott ist in seinem Wort präsent, in seinem Wort macht er sich und seine Beziehung zu den Menschen anschaulich anhörbar wirksam. Beides ist in diesem Verständnis des Wortes miteinander verbunden: Das Unsagbare des Subjektseins Gottes, das das Spiel der Zeichen, das Wechselspiel von Signifikanten und Signifikaten schlechterdings übersteigt; und die grammatisch und semiotisch geregelte, im Stil individuellen Sprechens in jedem Falle von Menschen gestaltete Weise der Vermittlung dieses Wortes. Gottes Wort ist beides in untrennbar verbundener Weise: Ruach, Geist, Hauch, machtvolle, raumfüllende energetische Strömung; und die zeichenhaft gebundene, regelgeleitete, in jeindividuellem Sprechen in ihrer Regelhaftigkeit wiederum gebrochene Gestalt. Das Wort ist zugleich Kraft und Bedeutung, raumfüllender machtvoll-energetischer Strom und gestalteter Sprechakt. In performatorischen Sprechakten alltagssprachlicher Situationen (z.B. Liebeserklärung, Gerichtsurteil) wird diese Machtkonstellation durch die Akzeptanz der personalen Wahrhaftigkeit bzw die institutionellen Kontextbedingungen garantiert; im Wort der Verheißung durch die Präsenz einer heiligen und heilsamen Atmosphäre, die sich im Verheißungswort Raum schafft.

»Alle Dinge«. »Das Leben«. Alles, was es gibt, ist in diesen Prozess einbezogen. Alles, was kreucht und fleucht und atmet und sich regt und sich aufrichtet und die Erde mit Leben füllt – leider, und darum geht es auch in unserem Predigttext, auch mit allem Möglichen, was Leben zerstört:»... und die Welt erkannte es nicht.«»Und die Seinen nahmen ihn nicht auf.«

Es geht Johannes um die Christusgeschichte, um die Ver-gegnung zwischen den Menschen und dem Christus, der von allem Anfang bei Gott war und der in die Welt kommt zu uns, zu den Menschen, das Licht und das Leben. Und obwohl alle Menschen mit Logos begabt sind, mit Vernunft, mit Weisheit, mit Einsichtsfähigkeit, erkennen sie nicht, wenn ihnen ihr Eigenstes begegnet. Tragisch. Fatal. Zerstörerisch. Eigentlich haben alle Menschen die Kapazität zu erkennen. Auch in all den Krisen, die gegenwärtig alles Leben bedrohen.

Eigentlich kann das jede:r wissen: Die explodierende Verbreitung zerstörerischer Armut der vielen bei gleichzeitig explodierendem perversem Reichtum bei ganz wenigen wird nicht nur den Zusammenhalt von Gesellschaften, in unserem Land und vor allem im globalen Süden, sondern jegliche Lebensmöglichkeit zerstören. Eigentlich können das alle wissen. Und viele wissen es auch. Es müsste umgesteuert werden. Neue Wege. Neues, Anderes wagen. Nur: Das passiert nicht.»Und die Seinen nahmen ihn nicht auf.«

Eigentlich kann das jede:r wissen: Kriegerische Gewalt bringt nur Zerstörung. Keinen Frieden, keinen Sieg. Jeder Krieg wird in der Phantasie geführt, durch die zerstörerische Bosheit des Gegners herausgefordert und gerechtfertigt. Immer führt die Phantasie, das Böse endgültig zu zerstören, nur zu neuer Gewalt und zu neuem Krieg. Es müsste umgesteuert werden. Neue Wege. Neues, Anderes wagen. Nur: Das passiert nicht.»Und die Seinen nahmen ihn nicht auf.«

Eigentlich kann das jede:r wissen: Die menschengemachte, alles Leben auf unserem gemeinsamen Planeten bedrohende ökologische Katastrophe droht nicht erst. Sie ist längst da, und vor allem diejenigen Weltgegenden sind am stärksten bedroht, die am wenigsten zu dieser Katastrophe beigetragen haben. Es müsste umgesteuert werden. Neue Wege. Neues, Anderes wagen. Nur: Das passiert nicht.»Und die Seinen nahmen ihn nicht auf.«

Johannes rechnet damit: Es ist keinesfalls so, dass die Menschen zu wenig *logos* haben, um zu kapieren, was nötig ist. Nur: Der Schritt von der richtigen Einsicht zum richtigen Handeln – er wird nicht gegangen. Es wirkt wie eine massenhafte mental-sensorische Blockade. Die Bibel hat ein Wort dafür: verstockt. Die Masse der Menschen und vor allem die wirtschaftlichen und politischen Eliten: Sie sind verstockt. Die Menschheit verliert sich in kosmischer Dunkelheit.

V Zur homiletischen Situation: Das Licht

»Und das Licht scheint in der Finsternis, und die Finsternis hat's nicht ergriffen.« So ist es. Tragisch. Fatal. Zerstörerisch.

Aber: Das Licht scheint. Das Licht ist da. Es ist nicht totzukriegen. Es hat eine Quelle, die nicht zuzuschütten ist. Diese Quelle ist bei Gott, der Himmel und Erde gemacht hat. Bei dem Gott, in dem unsere Hilfe steht. Johannes redet übrigens auch nicht davon, dass das Licht flackert, oder funzelt, oder zu verlöschen droht. Nein, keineswegs. Das Licht hat Kraft wie am Anfang aller Zeit. »Das war das wahre Licht, das alle Menschen erleuchtet.« Okay. Es gibt jede Möglichkeit, das Licht nicht zu sehen.

Gefangensein in Echokammern, in denen Fakenews verhindern, die Wirklichkeit zu sehen, und stattdessen irre Verblödungstheorien verzapft werden. »Umvolkung«. »Klimakrise ist Bullshit«. »Remigration« und ähnlicher Firlefanz.

Oder: Verzweiflung über nicht gelebtes Leben. Über verlorene Liebe und verfehlte Verantwortung.

Oder: Das Gefühl, entwertet, unwichtig, in der eigenen Lebensleistung nicht gesehen zu werden. Anlass für die Suche nach Sündenböcken. Im schlimmsten Fall Anlass für Hass.

Die grundlegende Frage ist: Wie gelingt es, die Augen aufzubekommen? Wenigstens einen Spaltbreit? Wenigstens für ein Blinzeln? Um wenigstens einen Hauch des Lichts in die Dunkelheit zu lassen?

Ein Anfang wäre gemacht.

Ein Anfang, der alles verändern würde.

Ein Anfang, der neues Leben ermöglichen würde.

Die »Nachfolge« (A). Wie kommt es zum Blinzeln? – Johannes gibt zwei Antworten. Die zweite erscheint mir wichtiger. »Wie viele ihn (Christus) aber aufnahmen, denen gab er Macht, Gottes Kinder zu werden.«

Hier sind Menschen die Subjekte ihrer Befreiung. Die Menschen sind es, die offen werden können, die aufnehmen können, die bereit sind für neue Wege, die zum Leben führen.

Keine Frage: Das ist nötig. Ohne das geht es nicht.

Aber: »... die nicht aus menschlichem Geblüt noch aus dem Willen des Fleisches noch aus dem Willen eines Mannes, sondern aus Gott geboren sind.«

Hier, in dieser zweiten Antwort, ist Gott Subjekt der Befreiung. Menschliche Wege und oft Zufälligkeiten wie: zufällig nicht in der ökologisch zerstörten Armutswelt geboren zu sein, sondern z.B. in einem reichen Haus in einem reichen Viertel im reichen Hamburg. Solche Zufälligkeiten zählen genauso wenig wie – das können wir, denke ich, ergänzen: hervorragende Bildung, Karriere, Eintritt in die politischen und wirtschaftlichen Eliten. Erst recht nicht selbstgewählte »Erleuchtung«, die Menschen im harmlosen Falle zu nervenden Besserwissern, im schlimmsten Fall zu Fundamentalisten macht.

Nein.

VI Predigtschritte: Es geht sehr wohl um Erleuchtung

Es geht um Kontakt zwischen dem Licht des Lebens und den Menschen in Dunkelheit. Es geht darum, die Augen für ein erstes Blinzeln zu öffnen und die Menschen für das Licht, für die Einsicht in Wirklichkeit, für das Tun des Nötigen aufzuschließen. Und, keine Frage, das geht nicht, wenn die Menschen dicht machen. Insofern sind Menschen als Subjekte ihrer Befreiung immer als Subjekte mit im Spiel. Aber: Eigentliches Subjekt der Befreiung ist Gott. Das verhindert menschliche Größenphantasien. Das verhindert Selbstgefälligkeit, Besserwisserei und im schlimmsten Fall Fundamentalismus.

Wir haben, was das Leben zum Leben macht, nicht aus uns selbst.

Was das Leben zum Leben macht, ist Geschenk Gottes. Sein Wort, das unsere Ohren öffnet und unsere Herzen erreicht. Sein Licht, das Klarheit bringt – und Mut, den Weg in das Leben zu gehen.

2. Weihnachtstag (Christfest II) – 26.12.2024

Römer 1,1–7

Weihnachten erwachsen

Christof Jaeger

I Eröffnung: Gestatten Sie, mein Name ist Paulus!

Der Heilige Abend mit den vollen Gottesdiensten und dem Bemühen für unterschiedliche Zielgruppen passende Feiern zu gestalten, liegt zwei Tage zurück. Ein Feiertag bot schon Gelegenheit, etwas Kraft zu schöpfen. Am zweiten Feiertag versammeln sich vorwiegend Teile der Kerngemeinde zusammen mit einzelnen, die vielleicht bewusst dem Trubel des Heiligabends ferngeblieben sind und jetzt in Ruhe einen weihnachtlichen Gottesdienst besuchen wollen. Dabei kann die Aufgeschlossenheit für einen anderen Predigttext als die bekannte Weihnachtsgeschichte aus dem Lukasevangelium vorausgesetzt werden. Gerade die regelmäßigen Gottesdienstbesucher erwarten eine vertiefende Auseinandersetzung mit dem Weihnachtswunder. Diese Erwartung erfüllt der Beginn des Römerbriefs auf ganz eigene Weise. Er bietet in wenigen Sätzen eine hoch verdichtete Zusammenfassung wichtiger Themen des ganzen Briefes und daneben eine Selbstvorstellung seines Autors. Damit verdoppelt sich die Perspektive der klassischen Weihnachtsbotschaft: Neben der wunderbaren Geburt des Menschen Jesus und der Frage, was es mit dieser besonderen Person auf sich hat, kommt ein weiterer Mensch – Paulus – in den Blick, der sich selbst zum Thema macht und exemplarisch zeigt, welche Bedeutung Jesus für ihn gewonnen hat. Die Predigtsituation ergänzt noch eine weitere Ebene, die für die Gemeinde sicher die entscheidende sein wird: Welche Bedeutung hat dieser Jesus, der Paulus so stark geprägt hat, für mich heute? Kann das Beispiel des Paulus dabei helfen, mein eigenes Selbstverständnis unter Bezugnahme auf Jesus Christus zu beschreiben?

II Erschließung des Textes: Paulus in Stichworten

Die erhaltenen Briefe des Apostel Paulus richten sich bis auf eine Ausnahme immer an Gemeinden, die Paulus persönlich kennen. Nur den Römerbrief schreibt Paulus an völlig unbekannte Menschen. Er weiß zwar von der Existenz der Gemeinde, aber über die genauen Verhältnisse dort kann er nur mutmaßen. Seine Person ist den Christinnen und Christen in Rom entsprechend genauso unbekannt. Deswegen verwundert es nicht, dass die Selbstvorstellung zu Beginn des Römerbriefs in den ersten sechs Versen erheblich ausführlicher gerät als in allen anderen Briefen. Um einen Mittelteil in den V.2–4, der den Inhalt des Evangeliums nennt, legt sich konzentrisch in den V.1 und V.5–6 ein Rahmen, der sein apostolisches Selbstverständnis beschreibt. Abgeschlossen wird das Präskript in V.7 mit der Nennung der Adressaten und einem Gruß, der als Kanzelgruß in vielen Gemeinden wohlbekannt sein wird. (vgl. Wolter, 76 f.) Die wenigen Sätze sind so dicht formuliert, dass darin eher Überschriften für später zu entfaltende Gedanken zu finden sind. Michael Wolter nennt in seinem Kommentar (Wolter, 99) folgende Themen:

- »die Zuordnung von Evangelium und Glaube (V.1c-d//V.5a-b) sowie überhaupt die zentrale Bedeutung des Glaubens für die paulinische Verkündigung (V.5b)
- der Begriff ›Evangelium Gottes‹ und seine christologische Näherbestimmung (V.1d.3-4)
- die Verankerung dieser Verkündigung in der Geschichte Israels und ihre Darstellung als Erfüllung der Verheißungen für Israel (V.2.3b)
- die Ausrichtung der Verkündigung des ›Evangeliums Gottes‹, d.h. von Gottes Heil, auf die nichtjüdischen Völker, die sog. ›Heiden‹ (V.5c)

– die in V.7a enthaltene Behauptung, dass Heiden, die zu Jesus Christus gehören, durch dieselben Eigenschaften ausgezeichnet sind wie Israel: dass sie an Gottes Heiligkeit teilhaben und dass Gott sie liebt.«

Alle diese Themen eignen sich selbstverständlich für eine Predigt. Besonders die Verankerung der Person und Botschaft Jesu in der jüdischen Tradition böte sich an. Wird doch dieser Aspekt des Kommens Jesu in der lukanischen Weihnachtsgeschichte häufig nicht so deutlich wahrgenommen. Mich reizt allerdings eher ein anderer Zugang zur Predigt. In vielen Kontexten sind auch wir heute immer wieder aufgefordert, uns kurz und prägnant vorzustellen. Dabei muss ich aus der Fülle der unterschiedlichen Rollen, die ich in meinem Leben ausfülle und ausgefüllt habe, ein paar wenige Eigenschaften und Fakten auswählen, um mich situationsangemessen bekannt zu machen. Eigentlich ist es erstaunlich, dass das überhaupt geht. Unser Leben besteht aus einer so unübersehbaren Zahl von Entscheidungen, Handlungen und Begegnungen, die ganz unterschiedlich ausfallen. Je nach der jeweiligen Gestimmtheit, der körperlichen Verfassung, den Umständen, beteiligten Personen, den aktuell leitenden Interessen und vielen weiteren Einflussfaktoren steuere ich mehr oder weniger bewusst mein Verhalten. Dass ich subjektiv den klaren Eindruck habe, dabei immer dieselbe Person zu bleiben, ist gar nicht selbstverständlich. Wie schaffe ich es, meinen Personkern gleichzeitig als identisch und als lern- und wachstumsfähig zu erleben? Wie kann ich mein Selbstverständnis verfehlen, also mir selbst gegenüber untreu werden und gleichzeitig doch ich selbst bleiben? Wie kann ich mir erklären, dass ich meinem eigenen subjektiven Empfinden nach mehr bin als die Summe meiner bisherigen Wahrnehmungen, Gefühle, Gedanken und Handlungen?

Eine Antwortmöglichkeit auf diese Fragen liegt für mich in der Botschaft des Paulus, sich aus der Bezogenheit auf den Gott, der sich in Jesus Christus offenbart hat, zu verstehen. In der Tiefe meines Seins bleibe ich mir ein Rätsel, das ich aus mir selbst heraus nicht lösen kann. Die Anerkennung eines Gegenübers, das mir mein Dasein schenkt und mich in dieser Welt ausrichtet, erlaubt mir, mich aus dieser Beziehung heraus zu begreifen. Jesus Christus wird zum Wegweiser und Orientierungspunkt. Paulus beschreibt sich gleich zu Beginn des Predigttextes als Sklave Jesu Christi. Er will nichts anderes, als seine ganze Existenz in die Nachfolge dieses besonderen Menschen stellen. In dieser Bewegung erhofft er sich Heil und erfährt es schon jetzt trotz seines an Leid und Widerständen reichen Lebens. In Gebet, Gottesdienst und im Austausch mit anderen, die sich auf den gleichen Weg gemacht haben, justiert er sich immer wieder neu, damit er der Spur, die Jesus hinterlassen hat, treu bleiben kann. Dabei versteht er die Botschaft Jesu nicht als rigide, formalistische Wahrheit, die entweder komplett angenommen oder abgelehnt werden kann. In der Auseinandersetzung mit den verschiedenen Gemeinden lässt sich nachvollziehen, wie spezifisch Paulus die Nachfolge an die Gegebenheiten vor Ort und die Fragen und Problemstellungen der Menschen dort anpasst. Im Korintherbrief beschreibt er diese Kontextualisierung seiner Botschaft: *Den Juden bin ich wie ein Jude geworden, damit ich die Juden gewinne. Denen unter dem Gesetz bin ich wie einer unter dem Gesetz geworden – obwohl ich selbst nicht unter dem Gesetz bin –, damit ich die unter dem Gesetz gewinne. Denen ohne Gesetz bin ich wie einer ohne Gesetz geworden – obwohl ich doch nicht ohne Gesetz bin vor Gott, sondern bin im Gesetz vor Christus –, damit ich die ohne Gesetz gewinne. Den Schwachen bin ich ein Schwacher geworden, damit ich die Schwachen gewinne. Ich bin allen alles geworden, damit ich auf alle Weise etliche rette.* (1Kor 9,20–22)

Offenbar ist es möglich je nach Kontext ganz unterschiedliche Wege der Nachfolge zu gehen. Spannend für die Predigthörer heute ist die Aufgabe, das eigene Selbstverständnis zu reflektieren. Wer bin ich und wer will ich für andere sein? Wie ist mein Verhältnis zu Jesus Christus und in welcher Form bestimmt die Nachfolge mein Denken und Handeln? Wie würde ich mich kurz und prägnant vorstellen? Käme da mein Glaube – implizit oder explizit – vor?

III Impulse: Wer bin ich?

Wer regelmäßig E-Mails bekommt, kennt die Fülle von Spam, die mit einer Selbstvorstellung beginnt und dann nach einem mehr oder meist weniger gut formulierten Text eine große Summe Geld verheißt. Mich erstaunt immer wieder, dass dieser Trick offenbar noch funktioniert. Ein kleiner Bruchteil der Empfänger scheint darauf einzugehen und am Ende vielleicht tatsächlich Geld zu überweisen, in der Hoffnung reich zu werden. Ein guter Einstieg in die Predigt, denn hier geht es um Kernfragen des Beginns vom Römerbrief: Was muss ich lesen bzw hören, um Vertrauen zu gewinnen und einer Botschaft zu glauben? Welche Menschen sind in meinem Leben zu mir durchgedrungen und haben mir das Evangelium Jesu Christi nahegebracht? Eine wunderbare Gelegenheit, Geschichten zu erzählen aus der pastoralen Praxis oder aus der persönlichen Glaubensgeschichte. Auch die umgekehrte Fragerichtung kann sehr anregend sein: Wem bin ich in meiner Lebensgeschichte vielleicht zum Botschafter Jesu Christi geworden und wodurch? Vielleicht ist es möglich, auch noch das Wunder der eigenen Persönlichkeitsbildung insgesamt zu betrachten und sich daran zu freuen, dass wir im großen Durcheinander des Lebens aus der Beziehung zu unserem Schöpfer heraus eine Person ausbilden, die durch alle Brüche hindurch mit sich selbst identisch bleibt.

Literatur: *Michael Wolter,* Der Brief an Römer. Teilband 1: Röm 1–8 (EKK VI/I), Neukirchen-Vluyn 2014.

Margrit Wegner

IV Entgegnung: Weihnachten wird erwachsen

»Der zweite Feiertag ist für mich das erwachsene Weihnachten«, sagt eine regelmäßige Gottesdienstbesucherin. Heiligabend geht es für sie um die Geburt im Stall und – Ihr Kinderlein, kommet! – um die Kinder, die Familie, das ganze wuselige Kirchenvolk, das die Kirchen fröhlich füllt. Am ersten Weihnachtstag, findet sie, kommen Menschen, die das Kind suchen, die es dabei aber gern ruhiger haben rund um die Krippe. Und am zweiten Festtag dann ist nicht nur das Krippenkind groß und irgendwie erwachsen geworden, sondern auch der Glaube derer, die kommen – oder das, wonach die, die dann kommen, ihrer Meinung nach, suchen. Menschen, die am 26. Dezember noch oder wieder in die Gottesdienste kommen, gehören meist zum harten Kern der Gemeinden oder zu den ernstlich, eben wohl »erwachsen« Suchenden, da stimme ich A zu. Meist ist das nur eine kleine Runde in der Gemeinde, wenn nicht gerade eine Region oder ein Gemeindeverband gemeinsam einlädt in eine von mehreren Kirchen.

So sehr sich diese Menschen nach all dem Stollen, den Spekulatius und Süßigkeiten nun auf »Schwarzbrot-Spiritualität« (Fulbert Steffensky) freuen mögen, finde ich doch wenig wirklich naheliegende weihnachtliche Anknüpfungspunkte im Predigttext. Natürlich kann ich sie theologisch herleiten und finde viel Wunderbares eben über den erwachsenen Jesus Christus, aber das braucht eine Menge Erklärungen. Und ich höre selber nicht gerne Predigten, in denen mir erst etwas erklärt werden muss. So charmant ich die Idee von A finde, der Selbstvorstellung des Paulus nachzugehen und über eigene (Selbst-)Vorstellungen in unterschiedlichen Kontexten nachzudenken, mag ich ihr doch zu Weihnachten nicht einfach folgen. Mich interessiert vielmehr der von Paulus in wenigen Worten skizzierte Weg vom Davidsohn in der Krippe zum erwachsenen und bevollmächtigten Auferstandenen. Darauf möchte ich eingehen.

V Zur homiletischen Situation: Ist das Fest schon gelaufen?

Es gibt eine eigenartige Verschiebung in der Weihnachtszeit. Mag sein, dass sie mit den vielen Krisen der vergangenen Jahre zusammenhängt und mit dem Bedürfnis, es sich bei zunehmender Verunsicherung und immer früher einsetzender Dunkelheit zu Hause so heimelig wie möglich zu machen. Das berührt auch den zweiten Weihnachtstag. Mit dem Slogan »Advent ist im Dezember« hat die EKD bereits vor Jahren versucht, Menschen ins Gedächtnis zu rufen, dass alles seine Zeit hat. Vor dem Ewigkeitssonntag möge man doch bitte keine Weihnachtsmärkte eröffnen, sich auch mit adventlichen Dekorationen zurückhalten, Rücksicht nehmen auf die Trauerzeit und die besonderen Sonntage am Ende des Kirchenjahres. Findet das außerhalb der Gemeinden überhaupt noch Beachtung? Oder wird nicht der Advent ganz ausgelassen und Weihnachten direkt vorweggenommen? Nicht nur auf Marktplätzen, in Schulen, oder vor Geschäften stehen schon Ende November die ersten Tannenbäume. Zunehmend werden sie auch in Wohnzimmern nicht erst am Heiligabend aufgestellt, sondern leuchten bereits den ganzen Dezember über festlich geschmückt. Ist Weihnachten dann endlich da, kommt es vor, dass die ersten abgetakelten und leicht angestaubten und ergrauten Bäume schon am zweiten Feiertag vor die Tür gebracht und am Straßenrand abgelegt werden. Kaum ist die stille und heilige Nacht vorbei, bereiten sich Bäckereien und Drogerieketten mit ihrem Angebot und ihrer Dekoration auf das Silvestergeschäft vor. Für viele Menschen ist das Fest also bereits gelaufen, beginnt das Aufräumen nach dem Verwandtschaftsbesuch oder steht der Aufbruch in den Silvesterurlaub an. Wer sich geschickt freigenommen hat, braucht jetzt bis ins neue Jahr nicht zu arbeiten. Diejenigen, die an diesem Tag bewusst einen Gottesdienst besuchen, wollen auch noch nicht zurück zum Alltag, unterstelle ich. Sie möchten vermutlich das Fest gedanklich noch nachklingen lassen, freuen sich an der festlich geschmückten Kirche, sehen dort die Lichter, die Krippe, singen gerne wieder oder noch einmal oder auch zum ersten Mal in diesem Jahr die weihnachtlichen Lieder. Vielleicht gehören manche zu denen, die ihren Baum bewusst bis Epiphanias stehen lassen und ihre Weihnachtszeit zu Hause in der Familie bis Mariä Lichtmess (2. Februar) zelebrieren?

Für diesen Übergang vom großen Fest in die Zeit »zwischen den Jahren« kann der Beginn des Römerbriefes ein guter Begleiter sein. Nimmt doch auch er eine Schwellensituation, einen Übergang in den Blick und versichert sich der Grundlagen unseres Glaubens.

VI Predigtschritte: Wieso sollte Gott denn nicht Mensch werden?

Mit Paulus also gilt es zu predigen vom »Sohn, der geboren ist aus dem Geschlecht Davids nach dem Fleisch, der eingesetzt ist als Sohn Gottes in Kraft nach dem Geist, der da heiligt, durch die Auferstehung von den Toten – Jesus Christus, unserm Herrn.« Wie und was aber predigen mit diesem Text an diesem Tag? Eine Predigt also über Gott, der geboren wird. »Gott wird Mensch. [...] Man hat diesen Satz so oft gesagt und so oft gehört, dass man daran gar nichts Besonderes mehr findet. Gott wird eben

Mensch. Natürlich wird Gott Mensch. Wieso sollte Gott nicht Mensch werden?«, fragt Ursula Schumacher in der Zeitschrift *Christ in der Gegenwart*. »Man hat diesen Satz so oft gehört, dass er fast inhaltsleer, ja belanglos zu werden droht.« Sie zeigt auf, welche Torheit dieser Satz, dieser Glaube für die Menschen der Antike war – und für Menschen heute vielleicht auch wieder ist. Die Geschichte von der Geburt eines Kindes erreicht am Heiligabend auch die gern zitierten Kirchenfernen und Distanzierten. Über ein Neugeborenes freuen sich alle, keine Frage. Alles auf Anfang, das ist schließlich bei jeder Geburt das staunenswerte Wunder. Plötzlich beginnt etwas Neues. Aber dass eben nicht nur irgendein Kind in die Welt kommt, sondern dass ein allmächtiger, vollkommener, unendlicher Gott »nach dem Fleisch« geboren wird, sich in Dreck, Enge, Armut und Begrenztheit begibt, übersteigt immer noch jedes Begreifen. Und erst recht dann das, was aus diesem Kind wird und zu Ostern zu predigen ist: Der erwachsene menschgewordene Gott geht freiwillig ans Kreuz. Überwindet den Tod. Ursula Schumacher verweist auf die mittelalterliche und frühneuzeitliche Ikonographie, die schon auf weihnachtlichen Darstellungen darauf hindeutet: Das Christuskind hebt auf Bildwerken bereits einen Fuß. Denn »es tritt jenen Weg an, der am Karfreitag auf der Schädelstätte in einer unausdenklich schmerzhaften und mit tiefster gesellschaftlicher wie religiöser Ächtung verbundenen Exekution enden wird. […] Der menschgewordene Gott erspart sich nichts.«

Das Kind in der Krippe hebt den kleinen nackten Fuß. Das Jesuskind auf dem Arm der schönen jungen Mutter spielt bereits mit den Trauben, die später zum Wein des letzten Abendmahls werden. Im Hintergrund der Verkündigungsszene ist schon ein Hügel mit Kreuzen angedeutet. Wer das Glück hat, ein solches Bild in der eigenen Kirche zu haben, mag dies als Predigteinstieg wählen. Die eindrücklichste Szene des Kindes, das schon mit den Marterwerkzeugen spielt, finde ich in der Hamburger Kunsthalle auf dem Buxtehuder Altar von Meister Bertram. Dort ist Jesus kein Krippenkind mehr, eher schon im Kindergartenalter. Er liest in einem Buch, das kluge Kind, und offenbar hat er eben noch gespielt mit Kreisel und Peitsche. Zwei Engel treten vom Rand her ins Bild, sie tragen bereits Kreuz und Dornenkrone. Und Maria sitzt daneben und strickt. Es ist die einzige Darstellung einer strickenden Maria, die ich kenne, und ich finde sie hinreißend. Mit einer Vision der Birgitta von Schweden kann das Hemd, an dem sie arbeitet, gedeutet werden als das Gewand, um das später die Soldaten unter dem Kreuz würfeln. Auf wundersame Weise sei es mitgewachsen mit dem Christuskind. Das Bild lässt sich in der Kunsthalle als Postkarte oder im Internet als Druck erwerben.

Literatur: *Ursula Schumacher*, Das Geheimnis vom Gott in der Krippe, in: Christ in der Gegenwart 52/2023, 3 f.

Internet: https://www.kunstkopie.de/a/meister-bertram/the-buxtehude-altar-right.html&VS_BORDER=0&VS_WIDTH=40&VS_MATERIAL=11193623711&VSACTION=SIZE&VS_ACTION=INSERT_MOTIV&pid=froogle?utm_source=&utm_medium=froogle&utm_term=deeplinks&utm_content=XKH145293&utm_campaign=products&gad_source=1&gclid=CjwKCAjwtqmwBhBVE iwAL-WAYfUS0eajV2n4WZeTHVKw6VmRKNDCrBL0BfAUOQh-5bcOBB1OyUdQ0RoCvZEQAvD_BwE (zuletzt abgerufen am 11.04.2024).

Erster Sonntag nach dem Christfest – 29.12.2024

Matthäus 2,13–23:
Gottfunken im Schatten der Welt

Kay-Ulrich Bronk

I Eröffnung: Die Schatten der Wohltat

Man kann ausweichen. Man kann sich beispielsweise mit dem Traum als Dimension der Gottesbegegnung beschäftigen oder mit Josef, der zum ersten und einzigen Mal eine erwähnenswerte Rolle in der biblischen Geschichte bekommt, und mit seinem fraglosen Gehorsam oder mit der göttlichen Bewahrung des Säuglings Jesu oder der Flucht als Teilhabe des Christus an den Nöten menschlicher Schicksale. Alles möglich und sehr wohl richtig. Aber die aufmerksame Hörerin, der wache Hörer wird sich insgeheim fragen: »Und was ist mit den ermordeten Kindern Bethlehems?« Sie sind – *horribele dictu* – der »weiße Elefant« dieser Geschichte.

Untaten »produzieren« Opfer. Unschuldige Opfer. Wir haben uns an die Gleichung von Untat und Opfer gewöhnt. Sie ist in unserer Weltweisheit verortet und wir reagieren mit Entsetzen und Zorn darauf, sind dabei aber völlig stimmig. Ursache und Wirkung leuchten uns ein, so wie uns unser Zorn darüber einleuchtet. Aber dass Wohltaten Opfer fordern, verstört uns. Die Gleichung, besser die Gleichzeitigkeit von Wohltat und Opferung löst Irritation und Widerstand bei uns aus und die Seele stellt ihr instabiles Gleichgewicht durch Verdrängung wieder her. So gut es eben geht. Dabei muss es ja keine Intention des Wohltäters für das Üble oder Böse geben. Aber müssen wir denken, dass ein Schicksal über jeder Wohltat waltet, das einen Schrecken auf den Plan ruft, wie das Licht den Schatten? Und was, wenn Gott der Wohltäter ist? Kann es sein, dass das, was Er tut, einem Schicksal unterworfen ist, hält Er doch alle Geschicke in der Hand, ist sich selbst Schicksal? Wie weit kommen wir mit unseren Gedanken, mit unserem Spekulieren, wie weit trauen wir uns ins ungesicherte Freie hinaus, ohne dass uns das Herz zerspringt? Also stopp? Nicht weiter? Oder? Vielleicht ist hier tatsächlich Schweigen geboten. Aber wir müssen wissen, vor welcher Grenze wir schweigen. Wir müssen sie wenigstens im Augenwinkel wahrnehmen. Andernfalls würde unser Glaube niedlich werden, eine bequeme Haltung oberhalb aller schmerzlichen Fragen.

Der gewaltsame Tod von Kindern gehört zu den Freveln, die uns am meisten erschüttern. Die Schilderungen der Gräueltaten der Hamas an jüdischen Kindern am 7. Oktober 2023 und die entsetzlichen Leiden der Kinder im Gazastreifen liegen vermutlich auch noch am Ende des Jahres 2024 in assoziativer Reichweite. Und am 28. Dezember wird der Tag der unschuldigen Kinder begangen. Dieser sollte einmal der Fokus der Predigt sein, wohl wissend, wie begrenzt die homiletische Reichweite ist. Was kann man denn sagen? Der Raum für »kluge Auslegungen« ist schmerzlich begrenzt. Aber lieber wenig sagen als gar nichts. Es geht insofern nicht so sehr um Antworten, sondern um die Frage, wie ein Christenmensch auch angesichts des Bösen seines Glaubens froh bleiben kann und darf, wenn er vor dem Bösen zum Schweigen verurteilt ist. Wie also mit dem Kindermord zu Bethlehem umgehen?

II Erschließung: Vermeidung

Johannes Chrysostomus bestreitet die Unschuld der Kinder, vermeintlich wissend, dass aus ihnen keine guten Menschen geworden wären, während andere sie zu den ersten Märtyrern machen, die für Christus »sterben durften«. (vgl. Luz, 185 f.)

Ernst Lohmeyer erwähnt die »Gelassenheit«, mit der Matthäus vom Mord an den Kindern berichtet, die durch die Klage Rahels gerechtfertigt wird, weil sich in ihr die »prophetisch geschaute Geschichte des Messias« artikuliert. (vgl. Lohmeyer, 29)

Ulrich Luz erwähnt die Theodizeeproblematik, erinnert an die »Lösungen der Alten« (s.o.), ohne selbst genauer darauf einzugehen. (Luz, 185 f.)

Joachim Gnilka spricht vom »theologischen Problem«. Für ihn ist Rahels Klage ein Hinweis auf eine Antwort. Denn diese sei »proleptisch«, eine »Vorausabbildung des ausstehenden Gerichtes über Jerusalem«. Man weiß nicht so genau, inwiefern damit eine Lösungsrichtung für das theologische Problem angezeigt ist. Es scheint doch eher ein neues aufzuwerfen, wenn die Stammmutter »das Los ihres Volkes« beweint, »das sich seinem Messias versagen wird.« (Gnilka, 53.57) (Antijudaismus?)

Eduard Schweizer und *Peter Fiedler* weisen auf die wenig wahrscheinliche Historizität des Geschehens hin, und man spürt Fiedlers Erleichterung, wenn er dies einen »erheblichen Gewinn für das Gottesbild« nennt. (vgl. Schweizer, 21; Fiedler, 65)

Schließlich weisen alle Exegeten darauf hin, dass im griechischen Text in V.17 nicht eine finale Konjunktion (»damit erfüllt würde«) vor dem Erfüllungszitat steht wie in V.14 und V.23, sondern eine Zeitangabe (»da erfüllte sich«), um eine Kausalität von Gottes Bewahrung und dem mörderischen Gebaren des Herodes auszuschließen. (vgl. u.a. Fiedler, 65) Gott hat mit dem Bösen nichts zu schaffen.

Im Ganzen spielt Matthäus mit der Ägyptenlegende auf die Moselegende an, auf den vom Pharao angeordneten Mord neugeborener Jungen (Ex 1,16.22), auf die Flucht des Mose und seine Rückkehr (Ex 2,15; 4,20). Auch die Assoziation der Passalegende (Ex 12) wird Matthäus bei seiner Leserschaft kalkuliert haben. Matthäus' Motiv ist mit Lohmeyer so zu formulieren: »Gottes Rat verwirklicht sich gerade dort, wo menschlich-unmenschlicher Grimm wütet.« (Lohmeyer, 29) Siehe Mose, der »in seinem Schicksal das Schicksal des Messias vorweggenommen« hat. (Gnilka, 48)

Die Nüchternheit und Beiläufigkeit, mit der Matthäus den Mord an den Kindern Bethlehems erzählt, wird von dem Motiv regiert, die göttliche Bewahrung des messianischen Kindes zu verdeutlichen. Aber Matthäus sieht die Problematik und daher versucht er die schrecklichen Geschehnisse mit den Erfüllungszitaten in die Bewahrungsgeschichte »heimzuholen«. Die Weissagungen der Prophetie stehen für die unbestimmte Hoffnung, dass die berichteten Gräueltaten aus göttlicher Perspektive »irgendwie« umfangen scheinen. Hilft das?

III Impulse: Ohne Antwort glauben lernen

Wir könnten uns entlasten. Die Mordgeschichte ist aller Wahrscheinlichkeit nach eine Legende. Nie so passiert. Aber damit ist das Problem nicht aus der Welt. Matthäus erzählt uns zwar eine Geschichte, die nicht historisch ist, aber dennoch wahr – solche Gräuel geschehen – und er verknüpft sie mit der Heilsgeschichte. Unschuldige Kinder sterben im Krieg oder an unheilbaren Krankheiten, aber auch an Tagen, in denen Menschen tausendfach Bewahrung erfahren, wenn eines ein Organ empfängt und lebt und ein anderes dafür stirbt. Beides ist wirklich. Bewahrung und Zerstörung. Im selben Moment. Wie aber einen frommen Bogen über beides schlagen?

Albert Camus erzählt in dem Roman »Die Pest«, wie ein Arzt und ein Pater das Sterben eines Kindes erleben. Der verzweifelte Pater Paneloux predigt wenig später und versucht dabei, das Erlebte zu verarbeiten und mit seinem Glauben zusammenzubringen. Er kommt zu einer Erkenntnis, die wie eine Gotteslästerung klingt. Der Tod eines Kindes sei eine schreckliche Erniedrigung für Geist und Herz. Es ginge nun aber darum, in die Erniedrigung einzuwilligen. Deshalb müsse man es wollen, weil Gott es wolle. Nur so gehe der Christ bis an den tiefsten Punkt, wo es nur

noch *eine* Wahl gäbe: alles glauben oder alles leugnen. Der Christ über-
ließe sich so Gottes Willen gerade dort, wo er das Geschehene nicht begreift. (vgl. Camus, 147) Also nicht am Leid vorbei glauben. Keinen Ausweg mehr suchen. Gottes Gnade noch in dem schrecklichsten Geschehen
finden oder allen Glauben verlieren. In einem Gespräch mit dem Arzt
Rieux, der das sterbende Kind begleitet hat, sagt der Pater, dass man
vielleicht lieben solle, was man nicht begreift: Der Arzt protestiert. Er
habe eine andere Vorstellung von der Liebe und könne eine Schöpfung
nicht lieben, in der Kinder gequält werden. (vgl. Camus, 142 f.) Vermutlich sind die meisten Hörer:innen eher bei dem Arzt als beim Priester.
Beim Protest. Beim Widerstand.

Ist das Kreuz Christi Ausdruck dieses Widerstandes, weil das Göttliche sich den destruktiven Kräften aussetzt und sie aushält, und ist die
Auferstehung sein Sieg? Vielleicht! Zieht die Heilsgeschichte den Schrecken aber auf sich, das Kreuz den Suizid des Judas, die Bewahrung des
Kindes den Mord in Bethlehem? Kaum zu ertragen! Oder andersherum.
Die Geschichte von hinten lesen, dann beginnt das Heil gerade dort, wo
der Schrecken schon herrscht? Tröstlicher! Wir bleiben aber auch mit
diesen Gedanken ohne Antwort auf die Frage »Warum?«. Wir müssen
mit der Leerstelle, die diese Frage hinterlässt, glauben und leben lernen.
Der Tod der jüdischen und der muslimischen Kinder bleibt sinnlos. Von
diesem Satz ist nichts zurückzunehmen. Kein »Aber!«. Nur ein »Und!«.
»Und« der Nukleus der Erzählung ist die Bewahrung des göttlichen
Kindes, so wie sich im Nukleus der oft schrecklichen Weltgeschichte
die Verheißung auf Gottes Reich durchhält. Trotz alledem und alledem.
Glaube als Widerstand und frommer Protest. Absurd, aber was wäre die
Alternative? Glaube arbeitet gegen die Sinnlosigkeit und den Schrecken
an. Und so landen wir bei der Fürbitte. Sie ist die letzte (!) uneinnehm-
bare Bastion der Frömmigkeit gegen das Böse. Sie klagt und fordert und
hofft und erweitert so vielleicht die Räume, in denen wir leben, um einen
Silberstreif Hoffnung, der uns leben und glauben hilft. »Gott, erbarme
dich!« Diese Bitte ist die Antwort. Aber eine, die die Frage nicht erledigt.

Literatur: *Albert Camus*, Die Pest, Hamburg, 1989; *Joachim Gnilka*, Das
Matthäusevangelium 1. Teil (HThK I/1), Freiburg 1986; *Peter Fiedler*,
Das Matthäusevangelium (ThKNT 1), Stuttgart 2006; *Ernst Lohmeyer*,
Das Evangelium des Matthäus (KEK Sonderband), Göttingen 1956; *Ul-
rich Luz*, Das Evangelium nach Matthäus, 1. Teilband (EKK I/1), ⁵2002
Eduard Schweizer, Das Evangelium nach Matthäus (NTD 1), Göttingen,
1986.

Friedemann Magaard

IV Entgegnung: Weder Haken noch Ösen

Ja, A macht das gut, argumentiert ehrlich, dabei streng gegen sich und andere. Vielleicht etwas arg streng? Der erste Gedanke ist schon schwer vorwurfsvoll: Alle diejenigen weichen aus, die der kausalen Analyse von Heilstat (Rettung des Kindes) und der Untat (Hundertfacher Kindermord) nicht folgen mögen. Soll ich mich ertappt fühlen? Dabei widerstrebt mir nur diese kausale Engführung, die verstehen will, was Haken und was Öse sei: die Frage, ob die Untat die Heilstat nach sich zöge oder die Heilstat die Untat als Voraussetzung bräuchte. Meine Fragen sind das nicht. Im theologischen Ertrag bin ich schließlich A recht nah, aber den Weg muss ich anders gehen. Wähle ich wirklich den vermeintlich leichteren Weg?

Die Warum-Frage, von A stark hilfreich aufgefächert, sehe ich eher als dunkel-dramatischen Bildhintergrund; sie gibt Tonalität und Rahmen vor, aber: Das Zentrum ist es nicht. Ich muss das Rätsel um Ursache und Wirkung nicht auflösen, sondern übe mich auszuhalten – letztlich genau wie A: »Wie schwer sind, Gott, deine Gedanken« (Ps 139, 17). Tatsächlich geht es aber zentral um die Rettung aus übelster Gefahr. Die Realität brutaler Gewalt und dass in dieser Realität ein feiner Lichtstrahl der Hoffnung nicht übersehen werden darf. Ich leite aus dem Predigttext den Imperativ ab: »Stelle dich dem Abgrund des Bösen, aber lasse dich nicht in die Tiefe hinabziehen. Vertraue darauf: Das Heil kommt.«

V Zur homiletischen Situation: Perspektivwechsel

In der Weihnachtswoche ist der Kindermord von Bethlehem schon eine Zumutung. Zu groß die Versuchung, diese Tage freizuhalten vom Dreck und Gestank. Aber die Ungerechtigkeiten dringen durch die Ritzen, und wenn nur in der Gestalt von Dankbarkeit für das private kleine Glück, zählbar in großzügigen Spenden und Kollekten: Es ist keine heile Welt! Geistlich werden daher Querstreben gezogen zwischen Weihnachten, Karfreitag und Ostern. In der Osternacht das »Weihnachtsevangelium« nach Johannes: Das Wort ward Fleisch und wohnte unter uns (Joh 1,14). Und jetzt im Weihnachtskreis Ende Dezember Karfreitagsahnung, weil das Neugeborene von einer bestialischen Welt bedroht ist und viele eben jenen Tod sterben, den das Kind selbst auch wird erleiden müssen, wenige Dekaden später. Nicht, dass das zu verstehen ist. Eher als verstörte Ahnung davon, dass darin etwas heil bleibt. In einer Sehnsucht. Beginnt hier etwa etwas Neues?

Am Sonntag nach Weihnachten werden die Jahresrückblicke abgedreht und medial wie persönlich Bilanz unter das Jahr 2024 gezogen worden sein. Grausames, Verstörendes wird dabei sein. Hoffentlich genug Ermutigendes. Heute aber der Tiefe des Abgrunds nicht ausweichen, den Druck aushalten und vor Gott bringen. Erst in Klage. Später in Fürbitte (gerne mit A). In der Fürbitte erzittert mein Herz vor Gott. Ich schaffe darin Raum für den Schmerz anderer. Will ich das? Wenn ja: Was kann ich dafür tun?

Diejenigen, die Mt 2 als allererste gelesen haben, kannten sich aus mit einer gewalttätigen Welt, waren persönlich höchst bedroht. Sie verstanden sofort, wie sich staatliche Willkür anfühlt, auch mörderische Willkür. Lassen sich die alten Worte heute entschlüsseln durch die Perspektive von Personen, die in unseren Tagen Gewalt erfahren haben? Die These: Lenkt der Blick von Betroffenen meinen eigenen Blick, verändert das alles. In Wahrheit legen ja nicht wir die Bibel aus, sondern die Bibel legt unser Leben aus, das lässt sich von der Befreiungstheologie lernen. Also weniger eine objektive Inbesitznahme einer biblischen Aussage, als dass wir unsere Lebenserfahrungen, die eigenen und diejenigen unserer Geschwister, eintragen in die alten Worte.

Am Ende des Jahres 2024 erwarte ich, dass die Worte von den Gewalttaten an den Kindern Bethlehems scharf und verstörend klingen angesichts der ermordeten Kinder vom 7. Oktober 2023 und den verschleppten Geiseln, angesichts der Tausenden Toten in Palästina, angesichts der Hungertoten im Sudan, aber auch angesichts der Krisen der liberalen Demokratie in USA und Europa – scharf und schrill nicht zuletzt vor dem Hintergrund der ForuM-Studie, die die Ermöglichung von bitterer Gewalterfahrung innerhalb der evangelischen Kirche beschreibt und dazu sperrige Abwehr, sich gesamtkirchlich der Aufarbeitung zu stellen: Die Angst, sich dem Abgrund zu stellen, ist groß. Aber: Die Bibel legt unser Leben aus. Ein Leben in einer durch und durch gewalttätigen Welt.

Beispiel eins: Die Juristin und Lyrikerin Carola Moosbach hat sexualisierte Gewalt in ihrer Herkunftsfamilie erfahren. Ihre Gedichte sind Schrei, Anklage, Zittern, Sehnen und Suchen. Hoch geachtet werden ihre Texte gerade unter denen, die in der Kirche sexualisierte Gewalt erfahren mussten. Über fünf Jahre hörte Carola Moosbach Woche für Woche die geistlichen Kantaten J.S. Bachs, eine Art der ästhetischer Selbstsorge, und antwortete darauf mit Gedichten, die sie »poetische Kommentare« nennt. Zur Kantate BWV 152 »Tritt auf die Glaubensbahn«, komponiert für den Sonntag nach Weihnachten des Jahres 1730, dichtet Carola Moosbach: »Lass es ein Anfang sein / ein Flüstern das Leben verspricht / Wolkenheimat Stein auf Stein / auch wenn sie sagen das gibt es nicht / Dich für möglich halten gegen alle Logik / Gottfunken suchen im Schutt der Welt.« (Moosbach, 37) Ein Sehnsuchtstext. Eine Verteidigungsrede, die einen Möglichkeitsraum für das göttliche Du behauptet. Nicht verschüttet im Schutt der Welt. Stelle dich dem Abgrund des Bösen, aber lasse dich nicht in die Tiefe hinabziehen.

»… dass die Perspektive Betroffener auf biblische Texte eine sehr spezifische sein kann«, macht Andreas Stahl in seinem Beitrag »Kirche und Glauben im Angesicht sexualisierter Gewalt« stark. Und legt den Finger in die Wunde mit der Frage, »wo diese spezifische Perspektive in Verkündigung und theologischer Reflektion ihren Ort hat«. (Stahl, 228)

Ein zweites Beispiel: Den »Blick von unten« hat Dietrich Bonhoeffer zu seinem hermeneutischen Schlüssel gemacht. In seinem Essay »Rechenschaft an der Wende zum Jahr 1943: Nach zehn Jahren« ordnet er seine Erfahrungen im Nazi-Widerstand geistlich ein. Dieser Perspektivwechsel meint, dass sich alles verändert, wenn »wir die großen Ereignisse der Weltgeschichte einmal von unten, aus der Perspektive der Ausgeschalteten, Beargwöhnten, Schlechtbehandelten, Machtlosen, Unterdrückten und Verhöhnten, kurz der Leidenden sehen gelernt haben«. (Bonhoeffer, 25) Dabei steht Bonhoeffer selbst an der Grenze zum Untergang; wenige Wochen nach Fertigstellung dieses Textes wird er verhaftet und geht seinen eigenen Passionsweg bis zum Galgen. Das ist ihm glasklar, als er den Text schreibt. Daraus gewinnt sein Credo, dass Gott »aus allem, auch aus dem Bösesten, Gutes entstehen lassen kann und will« (aaO., 18), eine unfassbar tiefe Glaubwürdigkeit. Er selbst hat das Böseste gesehen, hat es beklemmend gefühlt als echte Bedrohung für seinen Leib und sein Leben. Er weiß genau, wovon er spricht. Jugendliche habe ich oft intensiv auf diese »credibility« reagieren sehen: Für mich in meiner Arbeit als Gemeindepastor sind das mit die stärksten Erfahrungen in der Konfi-Arbeit. Daraus entstehen berührende eigene Glaubenssätze von jungen Menschen, die von einem glaub-würdigen Widerstandsgeist lernen.

VI Predigtschritte: … bin nicht allein mit meinen Wunden

Viele schwere Themen. Global, gesamtgesellschaftlich oder als innerkirchliche Aufgabe. Muss es hier wieder (»wieder«?) die ForuM-Studie sein? Ja, es muss, fürchte ich. »Unter Umgehung der Missbrauchsfälle auch mitten in der evangelischen Kirche und der Betroffenen ist es nicht möglich, das Evangelium glaubwürdig zu erzählen«, lese ich sehr grundsätzlich im Vorwort zu »Entstellter Himmel« (9), und wenn es um biblische Texte von Gewalt an Kindern geht, ist dieser Ernstfall ausgerufen.

Ob Menschen mit eigenen Gewalterfahrungen durch Mt 2 getriggert werden? Retraumatisierungen will ich natürlich vermeiden, zugleich den Hoffnungston so sensibel anstimmen, dass erfahrenes Leid nicht verharmlost und die mögliche Antwort des Glaubens verniedlicht wird. A benennt hierzu eine reale homiletische Gefahr! Ein wenig Sicherheit gibt die Methode des »sensitive reading«: Ich kann heikle Texte wie eine Predigt über die Gewalt an unschuldigen Kindern gegenlesen lassen von Betroffenen (genau das ist auch mit diesem Text geschehen – ich bin U. und C. so dankbar für hilfreiche Rückmeldungen!).

In der Predigt werde ich von Carola Moosbach erzählen, die Bachs Musik einnimmt wie ein Heilmittel. Und wie sie antwortet: »Gottfunken suchen im Schutt der Welt.« Und was sie von dem Schutt versteht – und trotzdem sucht und sehnt und sich nicht in den Abgrund des Zerstörenden ziehen lässt. Und was ich davon lernen möchte. So wie ich von Bonhoeffer lerne, und von den Konfis, die sich von seinem Vertrauen berühren lassen. Und von den ersten Zeugen des Glaubens, von der matthäischen Gemeinde. Sie erzählen sich davon, wie alles begann in Bethlehem: Ja, so ist diese Welt. Ja, auch andere haben Entsetzliches erlebt. Ich bin nicht allein mit meinen Wunden. Und selbst der eine, der zunächst gerettet wurde aus dem Staatsterror des Herodes, hat später Folter, Demütigung und schließlich Mord erlitten. Sein Kreuz ist unser Zeichen. Wir erinnern an ihn als einen von uns. Und bekennen ihn zugleich als den Auferstandenen. Sein Licht war stärker. Seine Liebe war größer. So mag der Himmel auch uns schützen und die Liebe uns groß machen, damit Gewalt uns nicht zerstört und Hass uns nicht vergiftet.

Das Wochenlied EG 37 bietet Anknüpfungen: Strophe 3 »Ich lag in tiefster Todesnacht«, die Erfahrung, Furchtbares durchstehen zu müssen, aber auch zu können; auch Strophe 2, welche die voraussetzungslose Annahme Gottes besingt. Strophe 5 lasse ich aus (»... ich bin dein Freund, ein Tilger deiner Sünden«): Aus der Perspektive von Betroffenen ist Sünden-Zuschreibung weder hilfreich noch erträglich. Und überhaupt: Vergebung, die niemals billig sein darf, ist da noch ein ganz eigenes Thema.

Literatur: *Carola Moosbach*; Bereitet die Wege. Poetische Kommentare zu Bachs geistlichen Kantaten, München 2012; *Dietrich Bonhoeffer*, Widerstand und Ergebung, München [19]2008; *Christiane Lange/Andreas Stahl/Erika Kerstner* (Hg.), Entstellter Himmel. Berichte über sexualisierte Gewalt in der evangelischen Kirche, Freiburg i.Br. 2023.

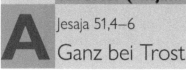

Jesaja 51,4–6

Ganz bei Trost

Martin Vorländer

I Eröffnung: Was suche ich im Silvestergottesdienst 2024?

Draußen knallen die ersten Böller. Drinnen sind die Getränke kaltgestellt. Und ich gehe, bevor die Silvesterparty beginnt, in die Kirche. Was suche ich im Gottesdienst am Altjahresabend? Ich will eine Stunde innehalten zwischen altem und neuem Jahr. Ich will mich stärken und vergewissern: Jede Zeit ist Gottes Zeit. Jedes Jahr, das alte wie das neue, liegt in Gottes Hand. Ich will angeregt und angerührt werden, um 2024 Revue passieren zu lassen und mich auf 2025 einzustellen. Ich brauche keine Aufzählung aller Ereignisse des zu Ende gehenden Jahres. Jahresrückblicke gibt es genügend. Aber der Gottesdienst soll auf der Höhe der Zeit sein. Es schwingt mit, welche politischen Entwicklungen das vergangene Jahr gebracht hat mit Dauerkrisen und -kriegen, mit den Wahlen, die Erschrecken oder Erleichterung, Lösungen, Lähmung oder Spaltung bedeuteten. Ich will im Silvestergottesdienst gemeinsam mit anderen für Frieden beten. Und es soll Platz sein für mein 2024. Für die Menschen in meinem Leben, die gestorben sind und die geboren wurden. Was ist mir gelungen? Was habe ich nicht geschafft oder falsch gemacht? Wie war es um meine Gesundheit bestellt? Um wen habe ich mich gesorgt? Ich will die schönen Zeiten und die für mich besonderen Menschen im Herzen haben. Und natürlich ist da das schmerzlich-erwartungsvolle Gefühl: Ein Jahr ist schnell vorüber, selbst wenn es dank Schaltjahr einen Tag mehr hatte. 2025 steht vor der Tür. Wir erreichen bereits die Mitte des Jahrzehnts. Der Fortschritt der Zeit und die Vergänglichkeit stehen vor Augen, wenn die Jahreszahl umspringt. Ich will gemeinsam singen können: »Von guten Mächten wunderbar geborgen erwarten wir getrost, was kommen mag. Gott ist bei uns.« Ich will getrost ins neue Jahr gehen. Damit sind wir beim Predigttext aus Deuterojesaja. Dessen Thema ist der Trost.

II Erschließung des Textes: Zeitenwende zum Guten

Das Buch Deuterojesaja ist »ein einziges Trostbuch«. (Möller, 61) Es richtet sich an ein resigniertes Volk, an erschöpfte Menschen. Es verheißt ihnen in hemmungslos hoffnungsvollen Bildern: Euer Elend hat ein Ende.

Eine gute Zeit bricht an. Gott hat euch vergeben, sein Zorn ist verraucht. Gott schafft wieder eine gerechte, friedliche Ordnung. Nicht allein für euch, sondern für die ganze Welt. Gott tröstet die Trümmer und macht die Wüste zum Garten Eden (Jes 51,3). Hinter Deuterojesaja steht wohl »keine prophetische Einzelpersönlichkeit«, sondern die Schriftprophetie einer Gruppe. (Zapff, 219) Die meisten Exeget:innen datieren Deuterojesaja in die Zeit des Endes des babylonischen Exils oder kurz danach. (Deeg/Schüle, 122) Es gibt handfeste Gründe für Hoffnung: Die Völkerwelt ist in Bewegung. Das unterdrückerische Babylon hat ausgespielt. Die Perser haben die Macht übernommen. Das bedeutet für das biblische Volk Israel eine Zeitenwende zum Guten. Die dereinst nach Babylon Verschleppten dürfen heimkehren. Die Perser betreiben keine Glaubensunterdrückung wie Babylon, sondern lassen den von ihnen abhängigen Völkern ihre Götter. In Jerusalem wird der Tempel JHWHs wiederaufgebaut werden. Diese Entwicklung begreift das Prophetenbuch Deuterojesaja als Moment der Heilsgeschichte. Es lässt Gott den Perserkönig Kyros sogar »seinen Messias« nennen (Jes 45,1). So euphorisch scheinen nicht alle gestimmt zu sein. Darum wirbt Deuterojesaja mit einer »Vielzahl von Troststrategien« (Möller, 61) dafür, den Trübsinn hinter sich zu lassen und an eine leuchtend gute Zukunft zu glauben, die Gott bewirkt. Der Predigttext für Silvester ist das Mittelstück der fein komponierten Texteinheit Jes 51,1–11. Gott selbst spricht zu seinem Volk. Der dreimalige Aufruf zum Hören (V.1.4.7) strukturiert die Redeeinheit zu einem Gedicht mit drei Strophen. (Hermisson, 157) Hermisson beschreibt die Gattung als eine »Gottesrede mit Heilswort«. (Hermisson, 163) Der Text ist nach seiner Auffassung keine originale, jedoch eine »redaktionelle Einheit«. (Hermisson, 160) Der Predigttext Jes 51,4–6 bildet die zweite Strophe und beginnt mit dem Aufruf »Merke auf mich, mein Volk, hört mich, meine Leute« (V.4). Trost in Imperativ-Form. Trösten kommt nicht nur sanft daher, sondern kann »scharf und deutlich« sein. (Möller, 62) Er richtet sich hier nicht an Einzelne, sondern an das ganze Volk, an alle, »die ihr der Gerechtigkeit nachjagt« (V.1). Das Heil, das Gott ankündigt, bedeutet die Rettung Israels (V.6: j^eschûâtî [jsch'] für Hilfe/Rettung; Luther übersetzt es mit »Heil«; jsch' ist der Wortstamm für den Namen Jesus). Über Israel hinaus schließt JHWHs Wirken die Völker mit ein. Seine Weisung (tôrāh) und sein Recht lässt Gott zum Licht der Völker werden (V.4). Das knüpft an das erste Gottesknechtlied an: Gott hat seinen Knecht zum Licht für die Völker bestimmt (Jes 42,6). Gottes erster Satz beim Anfang der Schöpfung klingt mit: »Es werde Licht!« (Gen 1,3) Es ist wie eine neue Schöpfung, wenn Gott die gerechte, heilvolle Ordnung der Welt wiederherstellt. Darum geht es, wenn Gottes »Arme die Völker richten« (V.5). »Gottes Gericht ist etwas Positives«. (Stettler, 36) Es verhilft den Bedrängten zu ihrem Recht. Es richtet und ordnet die aus den Fugen geratene Welt. Gottes Gerechtigkeit ist eine *iustitia con-*

nectiva, eine Gerechtigkeit, die verbindet. (Stettler, 37) Die Arme Gottes stehen für die »Betätigung seiner Macht«. (Hermisson, 178) Wer die Arme ausstreckt, reicht weit. Gottes Wirken reicht weit bis zu den Inseln, die auf ihn warten (V.5). Mit den Inseln sind die vom biblischen Israel aus gesehen fernsten Völker gemeint. (Berges, 131) Dieser Universalismus von JHWHs Recht und Gerechtigkeit kann hegemonial klingen. Als würde Deuterojesaja sagen: Lange genug wurden wir von anderen Völkern unterdrückt. Nun drücken wir aller Welt das Gesetz unseres Gottes auf. Aber diese Vision muss man nicht brachial-diktatorisch verstehen. Das Bild vom Licht steht nicht für Unterwerfung, sondern für Leben und Wärme. V.4 mit der Tora, die von Gott ausgeht, knüpft an die Vision von der Völkerwallfahrt zum Berg Zion in Jes 2 an. Das ist die Tora, das ist Gottes Weisung: Die Völker werden ihre Schwerter zu Pflugscharen machen. Sie werden hinfort nicht mehr lernen, Krieg zu führen (Jes 2,4). Nach der Aufforderung zum Hören beginnt V.6 mit den Imperativen »Hebt eure Augen – schaut!«. Deeg/Schüle verstehen den Vers als »Körperübung« (Deeg/Schüle, 125): Blick nach oben zum Himmel, der wie ein Rauch vergehen wird. Blick nach unten zur Erde, die zerfällt wie ein Kleid, und »die darauf wohnen, werden wie Mücken dahinsterben«. Vergänglichkeit, wohin man schaut. Labahn versteht den Vers apokalyptisch. (Labahn, 108) Hermisson hält dagegen: Es ist keine Apokalypse. (Hermisson, 182) Alle drei Bilder – Himmel wie Rauch, Erde wie verfallendes Kleid, Erdbewohner, die sterben wie Mücken – zeigen die Vergänglichkeit und Zerbrechlichkeit von allem, die Fragilität der Welt und die Hinfälligkeit der Menschen. Im scharfen Kontrast dazu sind JHWHs Gerechtigkeit und Rettung ewig. Alles verraucht, zerfällt, stirbt. Gott bleibt. Ist das Trost? Nein, wenn man es gleichgültig-weltentrückt versteht. Ja, denn es ist wie ein Anker in der Ewigkeit. Es schaut realistisch auf alles Vergehen und sucht Halt in Gottes Zusage: Meine Gerechtigkeit gilt immer, außerhalb dessen, was gerade ist, zu jeder Zeit und jenseits der Zeit.

III Impulse: Licht für Krisenmüde

Wir sind nicht das biblische Volk Israel am Ende des Exils in Babylon. Aber resigniert, erschöpft, veränderungsmüde ist die Stimmung hierzulande oft. Vielen ist das Vertrauen abhandengekommen, dass wir Krisen meistern können. Wie eine paradoxe Intervention steigert V.6 die Ängste: Was, wenn sogar der Himmel sich in Rauch auflöst und die Erde wie ein altes Kleid zerfällt und die Menschen wie Mücken sterben? Selbst dann steht Gottes Rettung fest. Deuterojesaja überliefert die kühne Hoffnung: Gottes Gedanken sind nicht resignative Menschengedanken (Jes 55,8). Gottes Wort ist wie Regen auf trockenem Boden. Dort, wo nichts Gutes zu sein scheint, lässt Gott Neues aufwachsen. Wo die Menschen auseinanderdriften und die Welt aus den Fugen gerät, macht Gott seine

Gerechtigkeit zum Licht für die Völker. Eine Sehnsucht angesichts von gegenwärtigem Zwielicht und weltweiter Zwietracht. »Merke auf mich!« ist die Aufforderung an Silvester, positiv gespannt zu sein. Gott spricht zu seinem Volk. Das ist an erster Stelle Israel. Die Jahrtausende alte Hoffnung von Deuterojesaja ist die gegenwärtige: Heimkehr der Verschleppten. Rettung. Eine gerechte, friedliche Ordnung, die Einzug hält bei den Menschen in Israel und Palästina, in den Kriegsgebieten. Licht für die Völker. Die Anrede mit »mein Volk« und »meine Leute« lässt am Silvesterabend über sich selbst als Einzelperson hinausdenken. Wie beschließen wir gemeinsam als Menschen in diesem Land das Jahr? Wie tun wir das als Völkerwelt, als Weltgemeinschaft? Lassen wir unsere Erwartung am zerfallenen Vorfindlichen enden? Oder halten wir die Hoffnung hoch, dass Gottes helfende Arme weit reichen und eine Zeitenwende zum Guten möglich machen? Nicht irgendwann. »Denn meine Gerechtigkeit ist nahe, mein Heil tritt hervor« (V.5). Hemmungslos hoffnungsvoll hält Deuterojesaja fest: Das Ende ist nicht Trümmer und Wüste. Das Ziel ist Recht und Gerechtigkeit, Licht der Völker, Rettung.

Literatur: *Ulrich Berges,* Jesaja 49–54 (HThKAT), Freiburg i.Br. 2015; *Alexander Deeg/Andreas Schüle*, Die neuen alttestamentlichen Perikopentexte. Exegetische und homiletisch-liturgische Zugänge, Leipzig 2019; *Hans-Jürgen Hermisson,* Deuterojesaja (BKAT XI/3,3), Göttingen 2017; *Antje Labahn,* Wort Gottes und Schuld Israels. Untersuchungen zu Motiven deuteronomistischer Theologie im Deuterojesajabuch mit einem Ausblick auf das Verhältnis von Jes 40–55 zum Deuteronomismus (BWANT 143), Stuttgart 1999; *Christian Möller,* Kirche, die bei Trost ist. Plädoyer für eine seelsorgliche Kirche, Göttingen 2005; *Christian Stettler,* Das letzte Gericht. Studien zur Endgerichtserwartung von den Schriftpropheten bis Jesus (WUNT II/299), Tübingen 2011; *Burkhard M. Zapff,* Jesaja 40–55 (NEB), Würzburg 2001.

Ursula Roth

IV Entgegnung: Geliehener Trost

Den Schlüssel für die wechselseitige Erschließung von biblischem Text und aktueller Situation am Altjahresabend sieht A im Stichwort »Trost« – in der Sehnsucht nach Stärkung und Vergewisserung angesichts der silvesterspezifischen, zwischen Erinnern und Erwarten angelegten Gefühlsambivalenz auf der einen Seite und der bei Dtjes tradierten »hemmungslos hoffnungsvollen« Gewissheit einer bevorstehenden Durchsetzung und dann bleibenden Präsenz göttlicher Gerechtigkeit auf der anderen Seite. Auch wenn wir »nicht das biblische Volk Israel am Ende des Exils in Babylon« sind, geht A davon aus, dass die heutige Situation mit der damaligen über eine spezifische gesellschaftliche Grundstimmung verbunden ist: Resignation, Erschöpfung und zugleich die Sehnsucht nach einer »gerechte[n], friedliche[n] Ordnung«, vor allem angesichts politischer Krisen.

An den Gedanken des Trostes knüpfe ich an, möchte aber noch genauer hinsehen, inwiefern sich die Verse aus Dtjes als Trostquelle für den Silvestergottesdienst 2024 eignen. Für A ist der Satz »Gott bleibt« auch heute tröstlich, insofern die darin ausgedrückte Gewissheit »wie ein Anker in der Ewigkeit« wirkt. Mir geht das etwas zu schnell. Ich füge einen Zwischenschritt ein. Inwiefern »funktioniert« der bei Dtjes überlieferte »Trost in Imperativ-Form« heute? Wie verhält sich dieser Trost zu den vielen anderen Trostquellen unserer Zeit? Und was ist das eigentlich: Trost? Wann tröstet etwas und wann schlägt es um in »falschen« oder »billigen« Trost oder in Vertröstung? Unter welchen Umständen können drei Verse eines biblischen Buches, das in einer konkreten historischen Situation an eine konkrete Menschengruppe adressiert war, heute Trost spenden? In dieser Weise über Trost nachzudenken, ist mehr als Reflexion im Vorfeld. Die Predigt könnte vielmehr Impulse setzen und dazu anstiften, dass Hörerinnen und Hörer selbst eigene Trostquellen erkunden und die Tragfähigkeit der tröstenden Worte von Jes 51 erproben.

Die inhaltlichen Spannungen und literarkritischen Probleme des Textabschnittes lassen sich nicht recht für den Silvesterkasus aufbereiten. So folge ich A in der Entscheidung, die Verse als tröstende Heilszusage zu lesen. Tröstlich sind die als Gottesrede gestalteten Verse vor allem vor dem Hintergrund des historischen Entstehungskontextes. Sie sind keine dem historischen Kontext enthobenen Aussagen über Gott, sondern spiegeln die konkrete Erfahrung einer »Zeitenwende zum Guten« (A). In den Versen artikuliert sich eine spezifische Deutung geschichtlicher Erfahrung, die bis heute Menschen zur Hoffnung auf Gerechtigkeit und Frieden anstiften will – auch dann, wenn aktuell keine Anzeichen politischer Entspannung zu sehen sind.

V Zur homiletischen Situation: Trostbedürfnis und (Un-)Tröstlichkeit

An Silvester geht es um keine konkrete Situation des Leids. Im Gegenteil: Angesichts des bevorstehenden Silvesterabends ist eine vorfreudige Feststimmung wahrscheinlich. Doch des Trostes bedarf nicht nur, wessen Lebenswelt aktuell aus den Fugen geraten ist. Trostbedürftig bin ich auch im Nachhinein, wenn ich an schmerzliche Erfahrungen erinnert werde oder mich hypothetisch, antizipierend mit künftigem Schmerz auseinandersetze – im »Was-wäre-wenn«-Modus der Vorstellung, einer geliebten Person könne etwas zustoßen, oder der Befürchtung, am Ende der Vorsorgeuntersuchung könnte eine gravierende Diagnose stehen, die mir den Boden unter den Füßen wegzieht. Auf der Schwelle zwischen den Jahren kann der Silvestertag in unterschiedlicher Weise die Sehnsucht nach Trost wecken: Sei es, weil mich der persönliche Rückblick auf das je eigene 2024 mit seinen Momenten von Leid und Schmerz, aber auch den Augenblicken vergangenen Glücks berührt, sei es, weil der Blick auf die politische Situation in den Krisenregionen der Welt, aber auch der Blick auf den sozialen Unfrieden, auf Hetze und Gewalt im eigenen Land kraft- und trostlos macht, sei es, weil an Silvester ganz allgemein die verfließende Zeit und mit ihr die Fragilität der Lebenswelt greifbar werden wie sonst nicht.

Die theologische Fachbibliothek enthält erstaunlicherweise nur wenig Literatur zum »Trostbedürfnis und [der] Untröstlichkeit des Menschen«. (Blumenberg, 623) Ergiebiger sind die Abteilungen der Philosophie und Kulturanthropologie. (Simmel, Blumenberg, Miller, Wils) Dort heißt es: Trost ist »etwas anderes als Hilfe«, nämlich »das merkwürdige Erlebnis, das zwar das Leiden bestehen läßt, aber sozusagen das Leiden am Leiden aufhebt«. Trost »betrifft nicht das Übel selbst, sondern dessen Reflex in der tiefsten Instanz der Seele«. (Simmel, 17) Trost wendet das Leid letztlich nicht, kann es aber doch lindern, kann den Schmerz einhegen, die Wucht des Unheils abfedern. Die Ressourcen des Trostes sind vielfältig. Jede und jeder hat seine und ihre eigenen Quellen des Trostes – durchaus variierend je nach Situation. Die eine findet Trost in der Natur, im Wald, im Gebirge oder am Meer. Der andere sucht das Gespräch mit einer vertrauten Person oder auch das Zusammensein ganz ohne Worte. Auch die bloße Nähe kann trösten, der freundliche Blick, die körperliche Berührung, die Umarmung. Manche tröstet ein Musikstück oder ein Gedicht, manchmal werden persönliche Gegenstände, die mit Erinnerungen behaftet sind, zum Trost – kleine Schätze mit großem Trostpotential wie Souvenirs, Geschenke oder Fundstücke. Manchmal spenden die eigenen vier Wände Trost, das Arrangement von Möbeln, Deko und persönlichen Dingen – »die Welt der kleinen Dinge und intimen Beziehungen […], die unser Leben ausmachen«. (Miller, 17) Andere treibt es hinaus – Party, Feiern, Abtanzen, was beschwert. Ich finde die Idee reizvoll, in der Predigt zum Erkunden der je eigenen Trostgründe anzuregen.

So fruchtbar und ergiebig die lebensweltlichen Trostquellen auch sind, können sie in existentiellen Ausnahmesituationen auch schal werden. Dann etwa, wenn sich in einer lebensbedrohlichen Situation wie der Konfrontation mit Krankheit oder Tod (der eigene oder der einer geliebten Person) die Frage nach einem Trost stellt, der den Tod und das Leben überdauert. In dieser schon fast absurden Zuspitzung stellt V.6 die Frage nach dem Grund von Trost und Hoffnung neu. Was tröstet, wenn alles verweht und zerfällt? Jes 51,4–6 höre ich dann wie einen Zuruf aus einer Zeit, in der Menschen eine Phase politischen Umbruchs als Anbruch einer Zeit des Friedens erlebten, der alle Völker, alle Generationen und Religionen umfasst – und bleibt. Ein Zuruf, der über Jahrhunderte Menschen ermutigte, an der Hoffnung auf Gerechtigkeit und Frieden festzuhalten.

VI Predigtschritte: Silvestertrostquellen

Drei Schritte kann ich mir als Grundgerüst für die Predigt an Silvester 2024 vorstellen.

1. Zu Beginn steht Jes 51,4–6. Aufgabe der Predigt wäre, den Text in seinem Bilderreichtum zu entfalten und sprachbildlich in Szene zu setzen. Gott sagt Heil zu, kündigt eine Zeit an, in der Recht und Gerechtigkeit endgültig und unverbrüchlich in Geltung stehen, eine Zeit, in der alle Welt in Frieden zusammenlebt. Wie sähe das aus? Gott spricht von einem Heil, das Bestand hat, selbst wenn alles vergeht. Was bleibt, wenn nichts bleibt? Das Bild der bleibenden Gerechtigkeit will in den Kontext des Trostbuches Dtjes eingeordnet werden – ohne Abgleiten in den bibelkundlichen Vortrag. Die Verse trösten, weil sie einer tröstenden Gewissheit auf bleibenden Frieden Ausdruck verleihen. So lassen sich die Verse historisch einordnen und auf diese Weise an die Erfahrung des Endes des Exils in Babylon zurückbinden und erden.

2. Silvester 2024 als Zeitpunkt, an dem Menschen nach Trost fragen: angesichts der Vergänglichkeit, die bei jedem Jahreswechsel neu erlebbar wird, angesichts der Erinnerungen an das je eigene 2024, angesichts all dessen, was – körperlich oder auch seelisch – mit Schmerz verbunden war: Konflikte, Gewalt, Krankheit, Tod, Enttäuschung, Schuld, Trennung. Die Trostlosigkeit angesichts der Situation in den Kriegs- und Krisengebieten der Welt, in der Ukraine, in Nahost und anderswo. Was tröstet? Was sind die je eigenen Quellen des Trostes? Welches Wort, welche Geste hat 2024 meinen Schmerz gelindert?

3. Dem naheliegenden Missverständnis, der eine ewige Trost müsse den alltäglichen und lebensweltlichen »kleinen« Trostquellen gegenübergestellt oder geradezu an deren Stelle gesetzt werden, ist unbedingt Widerstand zu leisten. Trostquellen lassen sich nicht so leicht voneinander scheiden. Wie wenig es gelingt, den Trost des Glaubens vom Trost der kleinen Dinge und Räume zu unterscheiden, wie sehr die Trostquellen ineinanderfließen, davon erzählen viele Geschichten von Sterben, Tod und Trauer (Gabriele von Arnims »Das Leben ist ein vorübergehender Zustand«!). Warum nicht davon erzählen – konkret und exemplarisch? Mit der angesichts des Todes geweckten Sehnsucht nach Trost eine Silvesterpredigt zu beenden, mag ungewöhnlich und bedrückend wirken. Und doch gibt es keinen überzeugenderen Rahmen, um das starke Trostwort Jes 51 in Szene zu setzen.

Lieder: Das Thema Trost findet sich in einer Reihe von Liedern, die der Jahreswende zugeordnet sind, etwa *Nun lasst uns gehn und treten* (EG 58), *Der du die Zeit in Händen hast* (EG 64) oder *Von guten Mächten treu und still umgeben* (EG 65). Das Motiv des Gegenübers von Vergänglichkeit und Ewigkeit bringt eindrücklich *Es mag sein, dass alles fällt* (EG 378) zum Ausdruck. Ein wenig ungewöhnlich, aber thematisch durchaus passend wäre aufgrund des Trostmotivs auch der Rekurs auf Adventslieder wie *O Heiland, reiß die Himmel auf* (EG 7,1–4, bes. Str. 4) oder *»Tröstet, tröstet«, spricht der Herr* (EG 15), beide mit deutlichen Bezügen zu Deuterojesaja.

Literatur: *Gabriele von Arnim*, Das Leben ist ein vorübergehender Zustand, Hamburg 2021; *Hans Blumenberg*, Beschreibung des Menschen, aus dem Nachlass hg. von M. Sommer, Frankfurt/M. ²2020; *Daniel Miller*, Der Trost der Dinge. Fünfzehn Porträts aus dem London von heute, Berlin ⁶2024; *Georg Simmel*, Fragmente und Aufsätze aus dem Nachlass und Veröffentlichungen der letzten Jahre, München 1923; *Jean-Pierre Wils*, Warum wir Trost brauchen. Auf den Spuren eines menschlichen Bedürfnisses, Stuttgart 2023.

Neujahr – 01.01.2025

Josua 1,1–9

Warte nicht zu lange!

A

Tobias Sarx

I Eröffnung: Warum sollte es diesmal klappen?

Alle Jahre wieder: Ein Neuanfang. Zahlreiche Jahresrückblicke liegen hinter uns, Weihnachten und Silvester sind geschafft. Der 1. Januar beginnt für gewöhnlich still und leise. Die meisten Menschen schlafen nach dem Feiern erst einmal aus, nur allmählich kommt Bewegung in den Neujahrstag.

Einen Neuanfang erlebt das Volk Israel im Predigttext ebenfalls: Mose ist gestorben, Josua übernimmt die Führung. Ganz so dramatisch erleben vermutlich die Wenigsten den Jahreswechsel 2024/25. Aber ähnliche Sorgen wie das Volk Israel dürften viele Gottesdienstbesucher trotzdem umtreiben: Was wird der Neuanfang bringen? Stehen bessere Zeiten bevor? Oder bleibt alles beim Alten? Oder wird das neue Jahr sogar schlimmer werden als das alte?

40 Jahre Wüstenwanderung lagen hinter dem Volk Israel, und ich kann mir vorstellen, dass viele Israeliten skeptisch waren ob der Aussicht, nun endlich in das verheißene Land einzuziehen. Warum sollte Josua schaffen, woran Mose offenbar gescheitert war?

Andererseits hilft ein Generationenwechsel ebenso wie ein Jahreswechsel manchmal doch, ausgetretene Pfade zu verlassen und zu Neuem aufzubrechen. In dieser Spannung aus Skepsis und freudiger Erwartung dürfte sich die Gottesdienstgemeinde bewegen.

II Erschließung des Textes: Stehenbleiben ist (k)eine Option

Der Bibeltext lässt keinen Zweifel aufkommen: Es ist Zeit für Veränderung. Auf die zeitliche Verortung folgt unmittelbar die Aufforderung: *»Steh auf!«* (V.2) und zwar nicht irgendwann, sondern jetzt. Die pointierte Formulierung lässt vermuten, dass nicht alle so dachten. Zwar hatte die Sehnsucht nach dem verheißenen Land das Volk über Jahrzehnte in der Wüste am Leben gehalten. Aber während dieser Zeit waren auch Gewohnheiten gewachsen, viele Menschen hatten sich mit dem *status quo* arrangiert. Das Leben in der Wüste war nicht perfekt, aber so schlecht ging es ihnen nun auch wieder nicht. Eine Eroberung des Landes hingegen barg unkalkulierbare Risiken. Schon einmal war das Volk bei diesem Ansinnen gescheitert (Num 14). Lieber ein schlichtes Leben in karger Umgebung als in der Hoffnung auf ein besseres Leben das wenige verlieren, das man hat.

Ein Neuanfang ist kein Selbstläufer. Josua hätte auf Kontinuität setzen können: Erst einmal Ruhe bewahren. Ein Generationenwechsel bringt ohnehin Verunsicherung mit sich. In einer solchen Situation spricht vieles dafür, zunächst an Bewährtem festzuhalten und nicht sofort aufzubrechen.

Andererseits: *Jedem Anfang wohnt ein Zauber inne* (Hermann Hesse). Ist der Anfang erst einmal in Routine umgeschlagen, fällt es schwer, sich aufzuraffen. Die Botschaft des Bibeltextes an das Volk Israel – sowie an die Gottesdienstgemeinde zu Neujahr – lautet also: Nutze den Zauber des Anfangs! Steh *jetzt* auf und überquere den Jordan, damit nicht eine weitere Generation in der Wüste verharrt (V.2).

Die V.3–5 vergegenwärtigen die Verheißung: Was hat das Volk davon, wenn es die Mühe des Aufbruchs wagt? Es geht um nichts weniger als um die Erfüllung einer Verheißung, die sich bereits beim Auszug aus Ägypten als tragfähig erwiesen hatte: Die Aussicht auf einen Ort, der den Begriff »Heimat« oder »zu Hause« rechtfertigt. Endlich ankommen, endlich Ruhe finden. Was könnte die Gottesdienstgemeinde motivieren, im neuen Jahr ausgetretene Pfade zu verlassen und Neues zu wagen? Die Beantwortung dieser Frage könnte ein Schlüssel dafür sein, ob der Predigttext bei den Hörerinnen und Hörern ankommt.

»Sei stark und mutig« (Basisbibel). Diese Aufforderung wird in den wenigen Versen des Predigttextes drei Mal formuliert. Einmal reicht nicht: »Sei stark und mutig« – »sei stark und mutig« – »sei stark und mutig«. Eine *dreimalige Ansprache* findet in biblischen Zusammenhängen immer dann statt, wenn es einer besonderen Überzeugung bedarf: Petrus wird nach seiner Verleugnung von Jesus dreimal gefragt, bevor Heilung und Wiederherstellung gelingen (Joh 21,15–17). Derselbe Petrus benötigt in Apg 10 eine dreifache Erklärung zu dem Tuch mit unreinen Tieren, bevor er versteht, wie Gott in diesen neuen Zeiten wirkt.

Mut kann nicht befohlen, sondern allenfalls geweckt werden. Das gelingt, indem darauf hingewiesen wird, dass die Zusage Gottes in der Vergangenheit erfahrbar war: »Ich werde mit dir sein, wie ich mit Mose gewesen bin. Ich lasse dich nicht fallen und lasse dich nicht im Stich« (V.5, Basisbibel). Die Aufforderung kommt also nicht blindem Vertrauen gleich, sondern verweist auf einen Erfahrungsschatz. Im alten Israel hatte sich der Brauch etabliert, von Gott nicht abstrakt zu reden, sondern so, wie er sich Mose sowie den Erzeltern Abraham und Sarah, Isaak und Rebekka, Jakob und Lea bzw Rahel offenbart hatte. Konkrete Erlebnisse, wie Verheißungen in Erfüllung gingen und wie Gott aus Schwerem Gutes entstehen ließ – nicht zuletzt im Zusammenhang mit dem Auszug aus Ägypten –, helfen, Mut zu schöpfen und sich tapfer neuen Herausforderungen zu stellen.

Vielleicht lohnt sich in der Predigt ein kurzer Rückblick auf Ereignisse des vergangenen Jahres – oder auf weiter zurückliegende einschneidende Erfahrungen von Gottes Beistand in der Geschichte der Gottesdienstgemeinde. Derartige Rückblicke müssen nicht in Nostalgie verfallen, sondern sind imstande, Dankbarkeit und Zuversicht zu entwickeln.

Rückschläge und Erfahrungen des Scheiterns dürfen durchaus zur Sprache kommen, denn die oben beschriebene Ambivalenz des Jahreswechsels schwingt ohnehin in den Köpfen der Hörerinnen und Hörer mit – ebenso wie Erfahrungen des Versagens während der 40-jährigen Wüstenwanderung bei den Israeliten. Eine Garantie, dass das neue Jahr gelingt, gibt es nicht. Wohl aber kann mit Sicherheit gesagt werden, dass ein Neustart misslingt, wenn der Zusage Gottes *nicht* geglaubt wird. Das hatten die Israeliten bei ihrem ersten Versuch der Landnahme schmerzvoll erfahren, als sie auf eigene Faust loszogen.

Gottvertrauen ist jedes Mal aufs Neue ein Wagnis. Dass es sich lohnen kann, zeigt der weitere Verlauf der Geschichte: Diesmal gelingt die Landnahme, weil Josua sein Vertrauen auf Gott setzt. Die Predigt kann Mut machen, den Aufbruch zu wagen. Woher weiß ich, dass er nach so vielen Jahren des Scheiterns gelingt? Ich weiß es nicht. Aber wer nicht wagt, gewinnt auch nicht.

Bemerkenswert ist, wie in V.7 und V.8 die Aufforderung »sei stark und mutig« mit der Beobachtung der Thora verknüpft wird: Stärke und Mut können nur dann segensreich wirken, wenn sie sich im lebensbejahenden Rahmen der Thora bewegen. Sie sind rückgebunden u. a. an die 10 Gebote (Ex 20), an das Gebot der Nächstenliebe (Lev 19,18) und an das Asylrecht (Num 35,9–15). Rücksichtsloses oder gar brutales Verhalten sind durch den Appell »sei stark und mutig« nicht abgedeckt. Es entsteht eine Spannung zu den folgenden Kapiteln des Josuabuches, in denen die Vertreibung und Vernichtung der angestammten Bevölkerung angeordnet wird. Das zu vertiefen, wird im Rahmen der Predigt kaum möglich sein, die Rückbindung an die lebensbejahenden Gebote der Thora könnte je nach aktueller politischer Situation vor Ort jedoch Erwähnung finden.

Der Predigttext leistet eine beeindruckende Überzeugungsarbeit: Den Zweiflern und auch den Beharrungskräften wird der Boden entzogen a) durch eine an frühere Erfahrungen rückgebundene Aufforderung (V.2), b) durch Vergegenwärtigung der Verheißung (V.3–5), c) durch das dreimalige »sei stark und tapfer« (V.6.7.9), d) durch die Rückbindung an die Thora (V.7–8) und schlussendlich e) durch die Verheißung: »denn JHWH, dein Gott, steht dir bei, wohin du gehst« (V.9).

III Impulse: Den Jordan überqueren

Menschen, die vergangene Jahresanfänge enttäuschend erlebt haben, befinden sich in guter Gesellschaft mit den Israeliten, die vierzig Jahre lang vergeblich auf den Einzug ins verheißene Land gewartet hatten. Der Jordan blieb für eine ganze Generation eine unüberwindbare Grenze. Josua wagt den Neuanfang, und am 1. Januar 2025 steht es in der Entscheidung jeder Hörerin und jedes Hörers, ebenfalls neu aufzubrechen und die Zusage Gottes zu Hilfe zu nehmen, um bislang unüberwindbare Grenzen zu überschreiten.

Es ist durchaus heikel, das Motiv »den Jordan überqueren« für die Predigt zu verwenden. Denn im deutschen Sprachgebrauch hat sich diese Redewendung in der Weise eingebürgert, dass entweder jemand gestorben oder etwas kaputt gegangen ist. Im Zusammenhang des Bibeltextes steht das Motiv aber für positiven Aufbruch und für die innerweltliche Erfüllung einer Verheißung. Insofern entstehen kreative Möglichkeiten, mit den Assoziationen der Gottesdienstgemeinde zu spielen bei der Frage: Welches ist dein Jordan, den du dich nicht zu überqueren traust?

Die Zusage »Sei stark und mutig, […] denn der Herr, dein Gott, ist mit dir bei allem, was du unternimmst!« ist mehr als positives Denken: Der Neuanfang am 1. Januar 2025 wird in den Kontext einer Zusage Gottes eingebunden, in die Zusage des Gottes, der Israel aus Ägyptenland befreite, der Mose und Josua beistand und der auch für das neue Jahr zusagt: »Siehe, ich bin bei euch alle Tage bis an der Welt Ende« (Mt 28,20).

Literatur: *Matthias Ederer*, Das Buch Josua (NSK.AT 5/1), Stuttgart 2017; *Ernst-Axel Knauf*, Josua (ZBK 6), Zürich 2008.

Jennifer Marcen

IV Entgegnung: Neujahr als Neuanfang?

Ich kann A gut in der Beschreibung des Schwankens zwischen Erwartung und Skepsis, zwischen Veränderungswillen und Zweifeln ob des ungewissen Ausgangs folgen. Auch die Klassifizierung des »sei stark und mutig« (3-mal!!!) als Beschwörung eines Gottvertrauens, das dann aber lediglich Ermöglichungsbedingung für einen Neustart, ohne Gelingensgarantie, sein kann, wird in meiner Predigt nicht fehlen. Mein Widerspruch entzündet sich ohnehin weniger an den Aussagen von A, sondern schon in der sich mir nicht so recht erschließenden Auswahl dieses »Klassikers« für den Kasus Neujahrstag. Diesen verbinde ich v.a. mit Reflexion, zunächst noch auf das vergangene Jahr (sofern nicht zu Silvester schon geschehen) und dann je nach Verfasstheit und Lebenssituation neugierigem bis bangem Blick auf das vorausliegende Jahr. Was war 2024 und was wird 2025 kommen? Was kann ich erwarten und was darf ich hoffen?

Eine für den Neujahrstag assoziierte Aufbruchstimmung oder gar Aufbruch zu einem Neuanfang – letztlich nur, weil ein Kalendertag vergangen ist und wir zufällig ab diesem Tag ein neues Jahr zählen – liegt für mich so nicht auf der Hand. Es fängt ein neues Kalenderjahr an, das führt aber nicht zu Veränderungen in meinem Leben, meinen Umständen, meinen Wünschen oder Hemmnissen, meinen Erwartungen oder Ängsten. Ich bin am Neujahrstag 2025 noch derselbe Mensch wie an Silvester 2024. Ob sich ggf. gute Vorsätze, die einige Stunden bis Tage halten mögen, darauf auswirken könnten, lasse ich mal dahingestellt.

Auch dem Volk Israel hängen die letzten 40 Jahre der Wüstenwanderung noch in den Knochen, einzig der Anführer wechselt. Mit einer Veränderung an der Führungsspitze, im Management oder beim Trainer, wird allerdings gerne ein Neuanfang und damit auch große Erwartungen verbunden, zumal da der »große Schritt« über den Jordan mit ungewissem Ausgang noch aussteht. Ich sehe nur eine Gottesdienstgemeinde und mich nicht unter veränderten (Führungs-)Voraussetzungen am Jordan (also einer wahrhaft großen Aufgabe mit [vermeintlich] herausragender Bedeutung) stehen.

V Zur homiletischen Situation: Warten und Erwartung in Angst und Mut

Die Situation, in die der Predigttext spricht, ist eine Krise. Mose ist tot. Das Volk sitzt immer noch auf der falschen Seite des Jordans und muss sich bange fragen, ob das eigentlich alles eine gute Idee gewesen ist mit dem Auszug aus Ägypten. Die Anführer aus der zweiten Reihe hinter Mose scheinen auch nicht nur vor Zutrauen in das Unterfangen zu strotzen, denn diese Gottesrede an Josua ist – wie so oft – nicht nur Auftrag, sondern v.a. Zuspruch, der hoffentlich die Auftragsausführung ermöglichen wird.

Im Lager des Volkes Israel herrscht v.a. Unsicherheit vor. Ausgerechnet an der Schwelle zum gelobten Land muss der so verlässliche Anführer Mose ersetzt werden. Das Volk Israel muss, genau wie Josua offensichtlich, große Sorgen vor den kommenden Schritten haben. Eigentlich Angst.

Diese Angst speist sich insbesondere aus den Erwartungen aus den 40 Jahren der Wüstenwanderung. Das Volk hat alles auf eine Karte gesetzt, weg von den Fleischtöpfen Ägyptens hin zu ... eigentlich einer Warterei auf bessere Zeiten. Klar, sie warten nicht tatenlos in einem Wartezimmer. Doch sind sie in einem Wartezustand. Das Alte ist schon vergangen, das Neue ist noch-nicht. Im Noch-Nicht der Wüste ist – zumal auf Wanderung – nur ein Leben in Vorläufigkeit möglich. Allein das ständige Murren des Volkes, das Mose beständig mit Gottes Hilfe kurzfristig zu befrieden weiß, ist Beweis für die Unzufriedenheit mit dem Noch-Nicht der Wüste.

Bei dieser Ausgangslage für die Gottesrede an Josua kann ich – endlich – gut anschließen. Warten in Vorläufigkeit wegen einer Erwartung auf bessere Zeiten und darin Zerrissensein von Angst und Mut, von Zweifel und Vertrauen.

Warten ist, je existentieller es wird, umso mehr ein unangenehmer Zustand. Hier wird auf eine neue Niere gewartet, dort auf die Freilassung aus dem Gefängnis. Es wird gewartet auf die Bearbeitung von Anträgen, von der Zulassung zum Studium bis zur Bewilligung von Asylanträgen. Es gibt viele Wüsten des Wartens: ein Klinikflur, ein Flughafen, der Schreibtisch, Behördenflure oder deren Websites, Hotlines und Warteschlangen im Bioladen. Der vielleicht gefürchtetste Ort des Wartens war und ist das Fegefeuer, im Noch-Nicht zwischen Himmel und Hölle.

Wer wartet, weiß oft, worauf er wartet, häufig aber nicht, wie lange es dauern wird. Die Er-Wartung ist da, doch das Warten ist das Verharren im Zwischenraum des Noch-Nicht. Wie die 40 Jahre andauernde Wüstenwanderung demonstriert, ist es auch möglich, ein ganzes Leben im Wartezustand zu verbringen. In der Hoffnung auf die sich bestimmt bald einstellende Chance auf Besseres wird im Übergang verharrt, z.B. bei Wohnungs- oder Jobsuche.

Warten bedeutet dann v.a. Verzicht, nämlich auf das Wesentliche. Warten auf bessere Zeiten. Im Zweifelsfall mit erlahmender Hoffnung.

Das existentielle Warten kann zum All-in-Zustand werden: ein ganzes Leben darauf warten, die Erwartungen vielleicht noch ins Unermessliche gesteigert – und am Ende hoffentlich nicht verzockt. Die Ungewissheit, ob sich all die Mühen und Anstrengungen, ob physisch in der Wanderung durch die Wüste oder passiv im Wartezimmer des

Noch-Nicht, gelohnt haben werden, mündet in Angst vor dem, was nach dem Warten kommt. Hält die Realität, was meine Erwartung im Warten sich versprach?

In dieser existentiellen Situation treffe ich mich mit dem Volk Israel am Ufer des Jordan und denke über das vergangene und das kommende Jahr nach. Aus der Vorläufigkeit des Wartens heraus sind die Schnittstellen am größten: Warten aus der Erwartung heraus und Angst vor der Nichterfüllung der (eigenen) Erwartung.

Wer diese Gestimmtheit der Angst vor dem sinnlosen Warten im Noch-Nicht in der Predigt greifbar machen kann, der hat den Grundstein dafür gelegt, nun den Predigttext zur Wirkung zu bringen.

Dieser entstammt auch dem Modus des Wartens – der retrospektiven Reflexion auf Landnahme und Co. aus dem babylonischen Exil heraus. Es treffen sich also auch die Exilanten am Ufer des Jordan und blicken erwartungsvoll und ängstlich zugleich auf das, was kommen mag.

In diese ängstlich-erwartungsvolle Stimmung hinein spricht Gott zu Josua. Er gibt ihm den Auftrag, das Volk ins gelobte Land zu führen und versieht ihn mit dem nötigen Zuspruch. Neben dem dreimaligen »sei stark und mutig« ist der Auftrag selbst allerdings nur auf das Land Zuteilen beschränkt (V.6), sofern vom Weg (der Tora) nicht abgewichen wird (V.7). Dieser Pragmatismus Gottes – überquere den Jordan und teile ihnen das Land zu, das ich ihnen bzw ihren Vätern versprach – erscheint mir ob der Größe der Erwartungen des Volkes und des gigantischen Aufwands des Unterfangens verdächtig. Ob das Neue den Erwartungen standhalten kann? Aus Sicht des Exils betrachtet, ist es eben nicht das ersehnte *endgültige* Ziel, sondern nur eine Etappe auf dem Weg. Damit wird der Übergang über den Jordan – Symbol für das so ferne, aber doch irgendwie erreichbare (irdische) Ziel schlechthin, das so lange beharrlich in großer Er-Wartung verfolgt wurde – retrospektiv eben doch zu einem kleinen Schritt auf einem langen Weg. Für den es aber ein gerüttelt Maß an Zuspruch und Ermutigung braucht. »Sei mutig und stark!« Oder besser: Zweifle weniger und hab mehr Vertrauen (in mich, deinen Gott). Und vielleicht ist die pragmatische Nüchternheit der »Landnahme« an dieser Stelle auch ein Hinweis darauf, auch die vermeintlich großen Veränderungen oder symbolisch großen Schritte nicht so wichtig zu nehmen, sie weniger zu überladen mit Erwartung und Hoffnung: Aktives Erwartungsmanagement Gottes, das der Entlastung vor dem großen Tag dienen möge.

Freilich steht am Ende der Zuspruch Gottes im Mittelpunkt, der darum weiß, dass nicht nur in Vorläufigkeit gewartet wird, sondern selbst ein so großes Ziel wie das gelobte Land, auch wenn es erreicht wird, nicht das Ende aller Sorgen ist. Die Vorläufigkeit bleibt.

Mein Vorschlag ist, über eine Phänomenologie des Wartens in diese Stimmung des Noch-Nicht mit seinen Erwartungen und Ängsten hineinzuführen. Aus dieser Gefühlslage heraus wird der Zuspruch als Beistand Gottes »bei allem, was du tun wirst« unter Berücksichtigung der Vorläufigkeit auch großer, hehrer Ziele besonders deutlich. Weder das Warten auf, noch die Er-Wartungen an das Erreichen kleiner oder großer (Lebens)ziele korreliert mit dem Gelingen des Vorhabens oder mit seiner retrospektiven Bedeutsamkeit.

Was aber bleibt, ist die Zusage Gottes. Dieser wartet mit dem Volk und hört das Murren, geht geduldig auf dessen Bedürfnisse ein, spricht Josua Mut zu gegen seine Angst vor der als so groß und entscheidend empfundenen Aufgabe und führt das Volk letztlich über den Jordan ins gelobte Land. Was also kommt in diesem neuen Jahr 2025: Uns gilt der Zuspruch und der Beistand Gottes. Sei es weiter Warten oder eine Flussüberquerung. Ob das eine oder das andere einen großen Unterschied macht, werden wir vielleicht am Silvestertag 2025 reflektieren.

2. Sonntag nach dem Christfest – 05.01.2025

1Johannes 5,11–13

In Christus leben und in Gegensätzen

Matthias Lobe

I Eröffnung: Ein anderer Blick auf Weihnachten

Die Kirche ist weihnachtlich geschmückt, das Epiphaniasfest steht unmittelbar bevor: Die Perikopenordnung beschert uns einen weiteren Blick auf das Weihnachtsgeschehen, einen anderen als den vertrauten Bericht des Lukas von der Nacht im Stall zu Bethlehem. Der Wochenspruch Joh 1,14b »Wir sahen seine Herrlichkeit, eine Herrlichkeit als des eingeborenen Sohnes vom Vater, voller Gnade und Wahrheit« bringt bereits die johanneische Perspektive ins Spiel und präludiert mit dem Aufrufen der *kābôd* JHWH das anstehende Epiphaniasthema. Der Episteltext besteht aus drei schmalen Versen aus dem letzten Kapitel des 1. Johannesbriefs und steht etwas verloren ohne seinen Zusammenhang in der Gedankenführung des Briefes da, was die Predigtaufgabe bestimmen wird. Das Evangelium des Sonntags präsentiert den altklugen Jesus im Tempel im

Disput mit den Schriftgelehrten und führt damit die lukanische Sichtweise des Weihnachtsfestes fort – bis in einzelne Motive hinein: so etwa das Memorieren der Maria (Lk 2,51b: »… und seine Mutter behielt alle diese Worte in ihrem Herzen«).

Für mich legt es sich nahe, die johanneische Deutung des Weihnachtsgeschehens herauszuarbeiten und so eine Brücke zu Epiphanias zu bauen: Wie versteht Johannes die Geburt Jesu und was bedeutet es ihm und heute uns, dass Jesus der erwartete Christus ist? – Das sollen die leitenden Fragen der Predigt sein.

II Erschließung des Textes: Leben in Christus

Der Verfasser des 1. Johannesbriefs eröffnet seinen Brief mit diesen Worten: »Was von Anfang an war, was wir gehört haben, was wir gesehen haben mit unsern Augen, was wir betrachtet haben und unsre Hände betastet haben, vom Wort des Lebens – und das Leben ist erschienen, und wir haben gesehen und bezeugen und verkündigen euch das Leben, das ewig ist, das beim Vater war und uns erschienen ist« (1Joh 1,1–2).

Die johanneische Deutung der Geburt von Bethlehem ist die einer Offenbarung des Göttlichen. In Jesus ist der Christus zu sehen, zu hören, zu ertasten – mit allen Sinnen zu erfahren. Dieses Göttliche bezeichnet er als das Leben, genauer als das »ewige« Leben, das nicht erst in einem erwarteten Jenseits da ist, sondern das bereits in der Gegenwart zu »haben« ist. Dieses Leben ist also nicht ein zeitlich zu verstehendes Fortdauern, sondern ein qualitativ differentes, ein eigentliches Leben, eines, das der Inbegriff dessen ist, was das Wort »Leben« meint. In Jesus zeigt sich das Leben, wie es seiner Bestimmung nach ist, wie es von seinem Schöpfer gemeint ist. Deshalb nennt der Neutestamentler Gerd Theißen dieses Erscheinen des Lebens in Jesus Christus »Transzendenz zum Anfassen«. Der ewige unergründliche Gott zeigt sich den Menschen in dieser einen Person Jesus Christus, damit sie ihn erkennen und damit er fortan »zu haben« ist: »Die Bindung an eine konkrete Person (sc. Jesus von Nazareth) ist keine Willkür, auch in ihr steckt eine allgemeine Wahrheit. Nur wenn das, was dem Leben Sinn gibt, in einem unverwechselbaren und begrenzten Menschen präsent ist, kann ich zu der Gewissheit gelangen: Dieser Sinn kann auch in mir präsent sein« (Theißen).

Dieses »Haben«, von dem der Verfasser des 1Joh spricht, darf nicht als Besitz missverstanden werden, es zielt vielmehr auf eine innere Beziehung zwischen Jesus als der Erscheinung des Lebens und jedem/jeder einzelnen als Teilhaber/-in dieses Erfahrenen. Der Heidelberger Prediger Heinz Janssen sieht es als Chiffre für ein Liebes- oder Vertrauensverhältnis und erinnert an den Choral »Wohl mir, dass ich Jesum habe …« (in der Kantate BWV 147 von J.S. Bach). Hier bekommt diese Innigkeit ihren musikalischen Ausdruck.

Die Deutung des Weihnachtsereignisses, die der 1Joh gibt, unterscheidet sich damit noch einmal von der Christologie des Johannesprologs, die den Akzent auf die Inkarnation des überzeitlichen Logos in die irdische *sarx* legt (Joh 1,14). Der Eintritt des Göttlichen in die Welt wird dann als Offenbarung der göttlichen *doxa* dargetan. Sehr viel anschlussfähiger an heutiges Empfinden und Sprechen ist die Verwendung des Begriffs »Leben«. In Jesus Christus ist das Leben als Ideal oder Urbild menschlichen Lebens überhaupt erschienen; das eröffnet eine neue Sicht auf das eigene Leben. Genau darin sieht der 1Joh die heilbringende Valenz des Geschehens von Bethlehem.

III Impulse: Lebenslieder

Die Predigt könnte diese besondere Sicht des 1Joh an einigen Formulierungen bekannter Epiphaniaslieder veranschaulichen.

In dem bekannten Choral »Jesus ist kommen, Grund ewiger Freude« (EG 66) streicht die erste Strophe heraus, dass in Jesus der alles umfassende Schöpfergott zu erfahren ist. Er ist Inbegriff des Kosmos: »A und O, Anfang und Ende«, verbindet »Himmel und Erde« und kann deswegen mit Recht als »Fürst des Lebens« (EG 66,4) oder auch als »Ursach zum Leben« (EG 66,8) bezeichnet werden. Die Entdeckung des 1Joh, dass in Jesus »das Leben erschienen« ist, wird am Epiphaniastag in seiner ganzen Bedeutung gefeiert und bereits in der alttestamentlichen Lesung des Sonntags davor mit den Worten des zweiten Jesajas (Jes 49,13–16) ganz konkret ausgemalt. Das Heilswort Deuterojesajas lässt sich mühelos christologisch verstehen: »Er hat mich gesandt, den Elenden gute Botschaft zu bringen, die zerbrochenen Herzen zu verbinden, zu verkündigen den Gefangenen die Freiheit, den Gebundenen, dass sie frei und ledig sein sollen; zu verkündigen ein gnädiges Jahr des Herrn und einen Tag der Vergeltung unsres Gottes, zu trösten alle Trauernden« (Jes 61,1 f.).

Auch das Wochenlied des Sonntags »Auf, Seele, auf und säume nicht« (EG 73) führt den Gedanken fort, dass in Jesus das Leben erschienen ist, bzw dass alle Menschen durch ihn dahin geführt werden sollen, wo sich das Ideal eines gottebenbildlichen menschlichen Lebens zeigt. Die 8. Strophe singt: »Hier ist das Ziel, hier ist der Ort, wo man zum Leben geht; hier ist des Paradieses Pfort, die wieder offen steht« (EG 73,8). Die Jubelchöre der Engel aus der Christnacht werden hier in eine Bewegung hineingeführt: Es geht darum, sich auf den Weg zum eigentlichen Leben zu begeben. Dieser wird als Heilsort gepriesen: »Hier fallen alle Sorgen hin, zur Lust wird alle Pein; es wird erfreuet Herz und Sinn in diesem Jesulein« (EG 73,9).

Ein weiteres Epiphaniaslied nimmt die johanneische »Lebenschristologie« auf. Es stammt aus der Feder von Johann Gottfried Herder. Sein Hauptbeitrag zur Geistesgeschichte besteht nicht zufällig in der Erforschung von Sprache, Sitte, Poesie und Religion, die er als Ausdruck menschlicher Humanität dokumentiert und interpretiert. Jesus Christus belegt er in seinem Lied »Du Morgenstern, du Licht vom Licht« (EG 74) außerdem mit den Begriffen »Lebensquell«, »Wahrheit«, »Gottes Bild« und »Hilf und Hort«. Die zweite Strophe des Liedes entfaltet aufs Kürzeste die soteriologische Bedeutung Christi, in dessen Zentrum wieder der Begriff des Lebens steht: »Du Lebensquell, wir danken dir, auf dich, Lebend'ger, hoffen wir; denn du durchdrangst des Todes Nacht, hast Sieg und Leben uns gebracht« (EG 74,2).

Internet: *Gerd Theißen*, Predigt über 1Joh 5,11–13: https://www.uni-heidelberg.de/md/theo/universitaetsgottesdienste/040104_theissen. pdf ; *Heinz Janssen*, Predigt über 1Joh 5,11–13: https://www.theologie. uzh.ch/predigten/en/1-johannes-5-11-13/ (beide zuletzt aufgerufen am 22.3.2024).

Johann Hinrich Claussen

IV Entgegnung: Wir gegen die Welt

Zugegeben, diese überaus kurze und abstrakte Perikope hat bei mir nicht sogleich ein Feuerwerk von Assoziationen und Predigtideen entfacht. Umso dankbarer lese ich den Vorschlag von A, diese Verse als eine Weihnachtstheologie *in nuce* zu lesen, den johanneischen Begriff des Lebens ins Zentrum zu stellen und ihn selbst mit Hilfe von vorweggenommenen Epiphanias-Liedern mit geistlich-musikalischem Leben zu füllen. So kann man die ausgehende Weihnachtszeit mit der bevorstehenden Epiphaniaszeit verknüpfen und nach all den aufgeladenen Tagen den Kern des christlichen Glaubens in Ruhe bedenken, dies aber nicht in einem Vortrag, sondern in einer Lieder-Predigt. So kann es gehen.

Bevor ich aber die Gedanken von A erhalten hatte, habe ich den Zusammenhang der Verse 11–13 gelesen. Und dies hat mich auf eine andere, alternative Spur gebracht. Denn hier ist mir eine Gestalt von Christentum begegnet, die ich mir nicht so leicht, freundlich-weihnachtlich, innig-singend aneignen und meiner Gemeinde zur Aneignung vorstellen kann.

Denn der 1. Johannesbrief teilt die Menschheit in zwei Gruppen auf: die einen, die an den Sohn Gottes glauben, und die anderen, die dies nicht tun; die einen, die Gott vertrauen, und die anderen, die ihn zum Lügner machen; die einen, die deshalb das Leben haben, und die anderen, die das Leben nicht haben; die einen, deren Gebete Gott erhört, und die anderen, denen dies nicht widerfährt; den einen, denen die Sünden vergeben werden – mehr noch, die nichts Böses in sich tragen, weil sie aus Gott geboren sind, und die anderen, die zum Bösen gehören und deshalb keinerlei Hoffnung haben. So teilt die johanneische Gemeinde die Menschheit in »Wir« und »die Welt«.

Das hat mich an ein frühes theologisches Bildungserlebnis erinnert. In meinem ersten neutestamentlichen Seminar (über die johanneische Theologie) lasen wir Ernst Käsemanns exegetische Streitschrift »Jesu letzter Wille nach Johannes 17« (1966). Mit einer Schärfe, die mich damals verunsicherte und begeisterte, deutete Käsemann darin die johanneische Gemeinde als eine Art mystizistische Sekte, die sich in schroffer Weltfeindschaft abgekapselt und wesentliche Teile der Predigt Jesu oder der Theologie des Paulus ignoriert habe. Käsemann zieht aus dieser »Unchristlichkeit« des Johannes allerdings nicht die Konsequenz, die Aussonderung der johanneischen Schriften aus dem Kanon zu fordern. Doch stellte sich mir schon damals die Frage, was man denn nun mit diesen Texten anfangen sollte, zum Beispiel in der Predigt. Denn nicht nur für alt-, sondern eben auch für neutestamentliche Perikopen braucht man eine christliche Hermeneutik. Wie aber kann man die johanneischen Schriften christlich lesen, wenn sie dem eigenen Verständnis des wesentlich Christlichen widersprechen?

V Zur homiletischen Situation: Wir und die anderen Christentümer

Das, was sich so als öffentliche Meinung gibt, ist dem Christentum gegenwärtig nicht eben wohlgesonnen. Ich will nicht gleich von »Christophobie« sprechen, das wäre übertrieben, aber es irritiert mich schon, mit welcher Entschiedenheit in den Medien, aber auch in privaten Gesprächen (z.B., wenn man sich in einer abendlichen Runde als Theologe geoutet hat) über »das« Christentum geurteilt wird, welch undifferenzierter, dabei uninformierter und letztlich uninteressierter Kritik man sich als evangelischer Theologe ausgesetzt sieht. Nicht, dass man nicht selbst ein vitales Interesse an einer qualifizierten Kritik problematischer Christlichkeit und Kirchlichkeit hätte, ist dies doch immer schon integraler Teil der eigenen Glaubenspraxis. Aber auch dies wird von vielen nicht gesehen, oder sie wollen es nicht sehen, weil es ihre einseitig negative Sicht auf »das« Christentum in Frage stellen würde.

Da hilft es zumindest mir, dass ich mir selbst die Fülle der Christentümer vor Augen halte. In heutigen Gesprächen über das Christentum werden die unterschiedlichsten Erscheinungsformen pauschal in eins gefasst – bis zu einem gewissen Maß ist das wohl unvermeidlich und auch nicht weiter schlimm –, aber zu schnell führt dies zu problematischen Essentialisierungen oder gar zu Determinismen, nach denen »das« Christentum wesensnotwendig und quasi-automatisch menschenfeindlich sei. Aber es gab und gibt eben nur Christentümer von größter Unterschiedlichkeit, die häufig zueinander in erheblicher Spannung stehen.

Welcher Anteil eines welchen Christentums wäre also zu kritisieren oder positiv zu beurteilen?

Das ist nicht mehr eine bloß historische Frage, sondern zielt genau auf unser gegenwärtiges Christsein. Dieses ist zum einen geprägt von einem Wachstum weltweit und zum anderen von einem Wenigerwerden hierzulande. Wer nur auf Deutschland schaut, mag in Abschiedsstimmung geraten. Doch wer sich die religiöse Weltkarte ansieht, wird bemerken, dass die Christentümer in Afrika oder Asien stark anwachsen. Doch es sind andere Christentümer als unseres. Genauer gesagt, sie sind nicht nur anders, sondern in Teilen dem stracks entgegengesetzt, was unser Christentum ausmacht. Sie dürften der johanneischen Christlichkeit deutlich näher stehen als wir – in der Neigung zur Abgrenzung von der »Welt« und im unbedingten Wahrheitsanspruch, aber auch in der innigen Christusliebe und Geisterfülltheit. Diese Christentümer wirken, wachsen und gedeihen aber nicht mehr nur in Übersee, sondern sind qua Migration auch hier in Deutschland vertreten. Nicht selten genießen Gemeinden von ihnen in evangelischen Kirchengemeinden Gastfreundschaft. Deshalb lohnte es sich, einmal in einer Predigt über diese Unterschiedlichkeiten der weltweiten und hiesigen Christentümer nachzudenken – und was sie für uns bedeuten.

Normalerweise geschieht dies heute unter dem Slogan der Diversität. Das ist nicht falsch und nicht schlecht, greift aber in Teilen zu kurz oder daneben. Denn zum einem steht »Diversität« in dem kulturpolitisch üblichen Sinn für eine »Leitkultur« anderer Art, die nicht auf unterschiedslose Öffnung zielt, sondern politische Motive hat (und deshalb immer auch ausschließend wirkt), also von Staats wegen eine bestimmte Kultur will und eine andere nicht. Zum anderen aber verbindet sich mit »Diversität« zu oft eine gewisse Verharmlosungstendenz, in der schroffe Widersprüche abgeschliffen und die Unauflösbarkeit von Gegensätzen negiert werden. Hier gewinnt die Perikope eine aktuelle Bedeutung, weil sie zum theologischen Einspruch und zur engagierten Gegenrede provoziert. Wer sie wirklich ernst nimmt, wird nicht leichthin von »Einheit in Vielfalt« reden.

Andererseits – und hier denke ich an ein zweites, wichtiges Bildungserlebnis meiner Studienzeit – kann man mit solchen Spannungen auch souverän umgehen, sich von ihnen zu theologischer Neugier anstacheln lassen und angesichts ihrer die eigene Begrenztheit einsehen. In seinen »Soziallehren der christlichen Kirchen und Gruppen« (1910 ff.) hat Ernst Troeltsch drei Idealtypen christlicher Vergemeinschaftung – ganz wertfrei – unterschieden: Kirche – Sekte – Mystik. Die johanneischen Schriften würde er einer Mischung aus Sekte und Mystik zuordnen. Große Teile des heutigen Pfingstlertums tragen in Troeltschs Sinne Züge der Sekte. Der heutige Protestantismus in Deutschland verbindet Kirchliches mit einer freien Spiritualität, die man auch »Mystik« nennen könnte. Es gibt also nicht die eine, wahre Gestalt von Christlichkeit, sondern drei soziale Grundtypen, die in der Wirklichkeit der Christentumsgeschichte und -gegenwart die buntesten Mischungen eingehen. Will man sich selbst präziser verstehen und das Eigene besser vertreten, hilft es, sich konstruktiv und kritisch mit den anderen Typen des Christlichen auseinanderzusetzen.

VI Predigtschritte: Besinnung oder Auseinandersetzung?

In dieser Predigtstudie haben A und B weniger einen Dialog geführt, um in Anregung und Entgegnung einen am Ende gemeinsamen Weg zur Predigt zu eröffnen – so wie es hier eigentlich üblich und gewünscht ist. Vielmehr stellen wir eine Alternative vor: zwei Wege mit einem Text zu unterschiedlichen Predigten, mit jeweils differenter Ausrichtung und Gestimmtheit. Beides – die nachweihnachtliche Besinnung oder die eher problemorientierte Reflexion – können mit diesem Predigttext arbeiten und in einer Gottesdienstgemeinde angemessen sein.

Wer meinem Vorschlag folgt, kann mit einer eigenen Erfahrung ökumenischer Verstörung beginnen. Wo ist einem ein Christentum begegnet, das einfach anders ist, dem eigenen Glaubensverständnis widerspricht, mit dem man sich nicht schnell verständigen kann, das man aber auch nicht voreilig als unchristlich aussortieren darf, nur weil es nicht das eigene ist? In manchen Kirchengemeinden oder Nachbarschaften wäre dies keine fernliegende Fragestellung. Man kann sich aber auch schlicht auf den vorliegenden Text konzentrieren und seine Andersheit erkunden. Was für eine Christlichkeit ist das hier, warum ist sie der unseren entgegengesetzt, und weshalb steht uns kein flinkes Urteil zu? Da wir doch zumeist darum bemüht sind, über allerlei Brücken biblische Texte in unsere Gegenwart zu transportieren, mag dies eine reizvolle Abwechslung sein. Dies könnte den Nutzen haben, uns Einsicht in unsere Begrenztheit nehmen zu lassen und Demut zu lehren. Es ist eben wenig sinnvoll, alle Welt nach unseren aktuellen Kriterien, so schön sie sein mögen, zu beurteilen. Wir könnten uns so aber auch dazu ermuntert sehen, auf reflektierte Weise die eigene Position gegenüber ihren historischen und gegenwärtigen Alternativen zu behaupten. Denn »das« Christentum ist am Ende immer dasjenige, was wir selbst aus ihm machen.

Matthäus 2,1–12

Und sie folgten einem Stern

Senta Zürn

I Eröffnung: Horch, wer kommt von draußen rein?

Alle Jahre wieder begegnen uns diese Gestalten. Sie stehen vor unserer Tür, singen und segnen und sammeln Geld für Projekte in aller Welt. Dann ziehen sie weiter. An den Türen und Eingängen hinterlassen sie verheißungsvolle Zeichen. Bei ihnen handelt es sich nicht um biblische Figuren. Es geht um Folklore oder Tradition, die sich aus einem Bibeltext entwickelt haben. Mit biblischen Aussagen haben die Traditionen nicht viel zu tun. Wie es schon immer war. Wie es nicht gewesen sein kann: »*Unsere Geschichte ist eine knapp und nüchtern erzählte Legende, die nicht nach den Gesetzen historischer Wahrscheinlichkeit fragt*«. (Luz, 162) Ausleger haben ihre Zeit in den Text hineingedeutet. Das wird im Kommentar von Ulrich Luz an vielen Stellen deutlich. Über Aussagen im Text ist viel nachgedacht worden: Ob es Zeichen am Himmel gab? Wenn ja, welche? Wir überlesen es im Text gelegentlich. So geht es einem mit alten Bekannten. Was soll man von ihnen Neues erwarten? Populär sind sie jedoch, wie es auch die Sterne für Menschen sein mögen. (vgl. Luz, 161) Populär! Womit haben wir es eigentlich zu tun? Einmal haben wir mit einer der bekanntesten biblischen Geschichten voller Unbestimmtheiten zu tun! Im Kern wohl mit einer Reflexion der Gemeinde, in der die Erzählung entstanden ist: Es könnte eine »*städtische Gemeinde in einem nicht rein jüdischen Gebiet*« sein, mutmaße ich mit Luz. (Luz, 163) Interessant? Lassen wir am besten das Fragen nach Tatsachen und Historizität. Einem Faktencheck hält auch diese Perikope nicht stand. Was aber will die Perikope bezeugen? Und wovon sollen wir predigen? Die Auslegungsgeschichte kennt fünf Sinndimensionen, »welche das Zeugnis des Textes entfalteten«. (Luz, 164)

II Erschließung des Textes: Erweitern Umwege eine Ortskenntnis?

Reden wir an Epiphanias von denen, die sich aufmachen, den neugeborenen König der Juden zu finden und ihm zu huldigen (Abschnitt I: Mt 2,1–2), können wir von solchen erzählen, die Zeichen am Himmel zu deuten wissen und all ihrem Können zum Trotz an ihre Grenzen stoßen: So sehr sie sich mit Zeichen am Himmel auch auskennen, sie suchen am falschen Ort. Sie stehen am falschen Ort vor den falschen Personen, womöglich noch zur falschen Zeit (Abschnitt II: Mt 2,3–9a). Mit fatalen Folgen (Mt 2,16 ff.). Warum? Der Leidensweg Jesu und sein Kreuzestod sind der Perikope wohl absichtsvoll eingeschrieben. (vgl. Luz, 173) Wir bewegen uns hier wahrscheinlich im Bereich des Bekenntnisses der Gemeinde, das in der Perikope bezeugt wird. Darum geht es! Zurück zur *Weisheit*. Sie wird vorgeführt: Menschliche Weisheit ist nicht nur begrenzt, sie führt uns an unsere Grenzen. Dort, wo die Gestalten angekommen sind, geht es jedenfalls nicht weiter. Von dort müssen sie wieder fort, damit sie zum Ziel kommen. Mit solchen Dingen müssen wir Erdlinge leben. Nicht nur beim Autofahren, wo uns die freundliche Stimme im Navigationsgerät gelegentlich umkehren heißt. In Krisen merken wir das besonders deutlich.

Statt Erleichterung über das Erkennen unserer Grenzen, werden wir aggressiv. (vgl. Rosa, 41 ff.)

»*Die Magier sind Heiden*« (Luz, 160) heißt es schlicht und ergreifend. Sie kommen von außerhalb der eigenen, der jüdischen, der christlichen Religion. Sie werden eigene religiöse Vorstellungen und Überzeugungen haben. Worauf sie hoffen, bleibt verborgen. Wer sie waren, ist nicht zu ergründen. Sie stehen als Weise für menschliche Weisheit. Ihr muss Gott den Weg weisen, damit sie an das Ziel kommt. An welches eigentlich? Als *Magier* können sie wohl etwas. Sie verstehen sich auf etwas. Ihr schlechtes Image in Bibel und Christentum ist wohl nicht deckungsgleich mit dem Ansehen von persischen Magiern in ihrer Zeit. (vgl. Luz, 172) Die Zeichen der Zeit richtig zu deuten, wäre heute Weisheit. Politisch Verantwortliche lassen sich beraten von Unternehmen, die heute weniger Zeichen am Himmel als Zeichen der Zeit interpretieren. Auch Theologen sind in Berlin und Brüssel beratend tätig. Sie sitzen darüber hinaus in Ethikkommissionen und denken mit über Fragen der Zeit nach. Was sie dort wohl einbringen? Wie sie wirken? Vergleiche mit den Schriftgelehrten am Hof des Herodes zu ziehen, könnte Teil einer politischen Auslegung werden.

Was sich irdisch logisch ausnimmt, am Königshof in Jerusalem nach dem neu geborenen König zu suchen, wird also als Irrtum und als Umweg beschrieben. So menschlich logisch ihr Vorgehen sich ausnimmt, bei den Starken und Mächtigen zu suchen, es entspricht nicht Gottes Logik. »*Die neue Zeit fängt unten an, wenn wir uns verändern.*« (Panzer, 7) Als die Gestalten mit der Macht in Berührung kommen und andere Kundige, Schriftgelehrte sie auf die richtige Spur bringen, machen sie sich erneut auf den Weg. Vielleicht macht genau dieses ihre Weisheit aus, dass sie nicht aufgeben. Dieser erneute Aufbruch. Sie hätten es auch bei diesem Besuch bewenden lassen und umkehren und also aufgeben können. Auch wenn sie nicht direkt an ihr Ziel kommen, sie geben nicht auf. Die Himmelszeichen werden für sie am richtigen Ort wieder sichtbar (Abschnitt III: Mt 2,9b–11). In Jerusalem scheint der Stern nämlich nicht. Zumindest lesen wir nicht davon.

Gehen wir noch einmal zurück nach Jerusalem. Diese Gestalten erzeugen eine Resonanz. Am Hof wird nachgedacht und nachgeschaut. Welche Verheißungen haben wir eigentlich? Was ist uns in Aussicht gestellt? – Ihr Besuch wird nachwirken. Der Besuch der Gestalten aus der Fremde führt zu einer Rückbesinnung auf altes Wissen. Die Gäste machen die heimischen Weisen zu Archäologen. Von außen kommend lassen sie sie mit ihrem Ansinnen ans Tageslicht befördern, was unter den Anforderungen des Machterhalts vergraben im Alltag keine Rolle zu spielen scheint. Bis Gestalten aus der Fremde kommen und nachfragen. »*Die ausländische Elite kommt zum Jesuskind*« (Kaiser, Zeile 7 f.).

In ihrer *Ehrerbietung* und mit den Geschenken machen sie deutlich, verstanden zu haben, wen sie vor sich haben; den König, mit dem auch für sie eine neue Zeit beginnen soll. Diese Geschenke könnten es auch gewesen sein, wegen derer die Gestalten zu Königen wurden. In der Auslegungsgeschichte haben sie Erdteile, ja die ganze damals bekannte Welt repräsentieren sollen. (vgl. Luz, 165)

Die Perikope beschreibt abschließend eine große Ehrerbietung, die *Proskynese*. Der Mensch verbeugt sich, wirft sich nieder, auf die Erde. Er macht Ehrerbietung und Anbetung vor aller Augen sichtbar. Anbetung dessen, den die Heiden bei Matthäus »*König der Juden*« nennen. (Luz, 172) Hier scheint der Fokus des Verfassers zu liegen. (vgl. Luz, 176) In der Ehrerbietung für den neugeborenen »*König der Juden*«.

Dann lesen wir von Aufbrüchen nach dem Antrittsbesuch. Die Gestalten gehen wieder, sie kehren heim und werden auch auf diesem Weg geführt (Abschnitt IV: Mt 2,12). Sie wählen andere Wege zurück als die, auf denen sie gekommen sind. Um Jerusalem machen sie einen Bogen. Den Bitten des Herodes entsprechen sie so nicht. Durch Träume spricht Gott zu ihnen und führt sie. Und sie lassen sich führen, lassen sich auf seine Wege ein. Göttliche Logik durchkreuzt menschliche Logik.

Was predigen wir nun? Und wie feiern wir Gottesdienst?

III Impulse: Gott loben, das ist unser Amt

Wer will, geht dem Text entlang und findet in Teil II dieser Studie eingestreute Impulse zum Aufgreifen. Wie viel weise Beobachtungen am Text könnte man mit Bezug zu unserer Zeit vor der Gemeinde ausbreiten!

Meine Idee ist, die Gemeinde in die Bewegtheit der Magier, in ihre Proskynese mit hineinzunehmen in Liedern und in der Predigt. Gebt unserem Gott die Ehre! Das wäre Motto und Leitfaden für Liturgie und Predigt. Unter der Fragestellung: Wie geben wir heute unserem Gott die Ehre?

Das Weihnachtsfest ist gefeiert. Der Festkreis ist noch nicht beschlossen. Hetzen wir meistens durch den Advent und treten dann außer Atem an Heiligabend in das Fest ein, bietet mit einigen Tagen Erholung seither der zeitliche Abstand die Chance, mit den Magiern neu zum Kind aufzubrechen und Gott die Ehre zu geben, der seinen eigenen Sohn gibt (Joh 3,16). Indem wir neu hören auf diese Perikope und uns hineinnehmen lassen in die Hörbewegung der Schriftgelehrten. Den Impuls durch die Gestalten aus der Fremde aufgreifend, entdecken sie neu, was sie eigentlich wissen. Bei ihnen bleiben wir besser nicht stehen. Denn sie machen sich ja eben nicht auf zum Kind. Sie kommen nicht nach Bethlehem. Sie beten nicht an. Das sei ferne!

Gehen wir stattdessen lieber innerlich mit den Magiern mit. Beugen wir wie sie anbetend die Knie oder werfen uns sinnbildlich zu Boden vor Jesus Christus.

Es heißt: »*Entscheidend für die Identifikation der Leser/innen mit den Magiern ist vielmehr ihre Anbetung des Christuskindes*«. (Luz, 176)

Besonders eindrücklich finde ich den Grund der Ehrerbietung Gott gegenüber, in dessen Sohn sein Heilsplan sichtbar wird, in der Taufagende (89): »Für dich ist Jesus Christus in die Welt gekommen; für dich hat er gelebt und Gottes Liebe offenbart; für dich ist er in der Dunkelheit von Golgatha gestorben und hat am Ende gerufen: »Es ist vollbracht«; für dich hat er über den Tod triumphiert und ist in ein neues Leben auferstanden; für dich ist er zum Himmel aufgefahren, um zu Gottes rechter Hand zu sitzen und zu herrschen. Das alles hat er für dich getan, [...] So wird das Wort der Schrift erfüllt: »Lasst uns lieben, denn er hat uns zuerst geliebt.« *Soli deo gloria*.

Literatur: *Evangelischer Oberkirchenrat Stuttgart (Hg.)*, Gottesdienstbuch für die Evangelische Landeskirche in Württemberg. II. Teil: Sakramente und Amtshandlungen. Teilband: Die Heilige Taufe, Stuttgart 2018; *Ulrich Luz*, Das Evangelium nach Matthäus. (Mt 1–7) (EKK I/1), Düsseldorf/ Zürich ⁵2002; *Lucie Panzer*, Vom Suchen und Finden einer neuen Welt, in: aub 24/2018, 3–8; *Hartmut Rosa*, Demokratie braucht Religion, München ¹⁰2023;

Internet: *Daniel Kaiser*, Wer waren die Heiligen Drei Könige wirklich? in: https://www.ndr.de/geschichte/chronologie/Heilige-Drei-Koenige-Wer-waren-die-Weisen-aus-dem-Morgenland,dreikoenige112.html (zuletzt abgerufen am 16.03.2024).

Helge Martens

B

IV Entgegnung: Matthäus, der politische Weihnachtserzähler

Ja, einem »Faktencheck hält auch diese Perikope nicht stand« (A), sie weist noch viel mehr legendarische Züge auf als in A erhoben, aber in je theologischer Absicht. Der Bruch, sie folgten dem Stern – und kommen aber nach Jerusalem –, erst dann scheint der Stern wieder auf, um sie nach Bethlehem zu bringen, wo sie auch hin sollen, macht am meisten Sinn, wenn man davon ausgeht, dass Mt die Jesusgeschichte zunächst in Analogie zur Moselegende gestalten wollte: der Kindermord (2,16) durch Herodes (Pharao), der Weg des Erlösers aus Ägypten kommend (2,19 ff.), die Bergpredigt (die Mosegesetze) (Kap 5–7). Auch der Stern ließe sich noch mehr beleuchten, biblische Vorbilder dieses Bildes gibt es nur Num 24,17, in der hellenistischen Welt war die Vorstellung, ein Stern kündige die Ankunft eines Herrschers, um so heller, desto bedeutender dieser, durchaus verbreitet. (Luz, 161)

Und noch eine ganz andere Dimension bekommt diese Geschichte, wenn man – auch wenn Ulrich Luz (161 f.) Recht hat, dass dies sich nicht beweisen lässt – den Bezug zum Zug des Tiridates herstellt: Im Jahre 66 n.Chr. – also nicht lange vor der Abfassung des Mt – zog der Armenierkönig Tiridates, oft als »Magier« bezeichnet, mit großem Pomp und Gefolge durch oströmische Gebiete (in denen sich das Christentum gerade besonders ausbreitete), um in Neapel Nero zu huldigen, nach gemeinsamem Umzug nach Rom, dann erneut: Er, Tiridates, unterwarf (Proskynese!) sich Nero, der ihn mit Gegengeschenken reich bedachte. (Dietrich, 9 ff.) Dann hätte Mt diese damals sehr bekannte Geschichte genutzt, um den Zug zur Huldigung des »Friedenskönigs« Nero umzuleiten in den Stall von Bethlehem – zum Jesuskind als dem »wahren« Friedenskönig! Ein genialer Zug!

Reichlich viele Zugänge sind möglich, A schlägt vor, »dem Jesuskind die Ehre zu geben. *Soli deo gloria*«. Ja, aber wie soll das geschehen, und wie erfolgt »Anbetung« heute? Und inwiefern *deo gloria*? Es ist doch hier nur von einem Kind die Rede, das künftig König der Juden sein werde. Und, um das nicht auszulassen: Welche Geschenke hätten wir denn zu bieten?

Ich meine, wenn wir darüber nicht allgemein sprechen wollten, dann hätten diese Fragen sich an den Bildern von Mt 2 zu orientieren. Alle Motive dabei durchzudeklinieren würde ich abraten wollen, man könnte dann alles nur oberflächlich ankratzen. Ich möchte gerne den Stern als Leitmotiv wählen, leitet er doch auch die Magier aus dem Morgenland. Und der Bezug zur Moselegende, vor allem aber, dass sie kamen, den »König« der Juden anzubeten, sowie der mögliche Bezug zum Zug des Tiridates legen nahe, die politische Dimension der Perikope in den Blick zu nehmen.

V Zur homiletischen Situation: Kein Stern am Himmel?

Ich habe keinerlei Ahnung, was wohl die Menschen zu Epiphanias 2025 umtreiben mag, denn manches mag uns wohl eine längere Zeit begleiten (während ich dies schreibe: zwei Jahre Krieg in der Ukraine, ein halbes Jahr Krieg in Gaza), andere Themen wechseln bald täglich (Bahnstreiks, Demonstrationen gegen »rechts«, Bauernproteste …).

Aber eines scheint mir derzeit übergreifend zu sein: Gewissheiten zerbrechen, Gewissheiten wie: In Europa herrscht Frieden, unsere Wirtschaft wächst, damit auch unser Wohlstand; die Demokratie ist stabil; das Klima hält noch durch … Die Folge sind vermehrt Ängste: Angst vor wirtschaftlichem Abstieg, Angst davor, der Krieg könne auch in Deutschland ankommen, Angst, Maßnahmen gegen den Klimawandel könnten auch mich etwas kosten usw.

Die Folge: Aufrüstung allenthalben, verbal und/oder militärisch oder Fatalismus oder Zynismus oder Rückzug einzig auf die Eigeninteressen oder Flucht in die Symbolpolitik. Ideale wie Frieden und Gerechtigkeit und Bewahrung der Schöpfung scheinen einem fernen Märchenlande zuzugehören, das man in der Vergangenheit kurz zu bewohnen sich erlaubte.

Wie wäre es möglich, sich wie die Magier aus dem Morgenland von einem Stern (V.2.9.10) bzw von Träumen (V.12) leiten zu lassen, ohne als naiver Idealist dazustehen?

Nun mag man einwenden, wir bräuchten Idealisten, die uns an eine mögliche andere Zukunft erinnerten, und dieser Einwand ist berechtigt, denn diese bilden ein Gegengewicht zu den Realisten, leben aber eben auch davon, dass es die Realisten gibt. Träume allein machen niemanden satt. Dazu kommt, dass sich am rechten Rand Menschen um »Ideale« sammeln, die man nun gar nicht teilen möchte. Also auf zum Kind im Stall von Bethlehem und nicht nach Neapel zu Nero – auch wenn es derzeit, gerade angesichts des Krieges in der Ukraine, viele verstärkt wieder nach »Neapel« zieht.

Mir scheint ein gewisser »Machtsrealitätssinn« – auch angesichts des derzeitigen Gepöbels gegen »die da oben« unausweichlich, aber doch, ohne Ziele, Träume, Ideale zu begraben.

Das dürfte ohne eine gewisse Einübung in Ambiguitätstoleranz kaum möglich sein. Aber vielleicht lassen sich ja auch dafür die Magier als Zeugen anrufen: Jene, die mit den Beinen auf der Erde – also dem Boden der Tatsachen – und der Stirn am nächtlichen Sternenhimmel sich aufmachen, leiten lassen – und ankommen.

»Ideale sind wie Sterne. Wir erreichen sie niemals, aber wie die Seefahrer auf dem Meer, richten wir unseren Kurs nach ihnen.« Das ist die etwas verkürzte Version eines Zitats von Carl Schurz aus einer Rede, die er 1859 in Boston (USA) hielt. Carl Schurz war ein deutscher Demokrat, Kämpfer der Märzrevolution von 1849; mit gerade mal 20 Jahren von der preußischen Armee in Rastatt inhaftiert, floh er durch einen Abwasserkanal und befreite später seinen ebenfalls inhaftierten Freund, Prof. Gottfried Kinkel, aus dem Gefängnis in Spandau, floh in die USA, machte Karriere unter Abraham Lincoln und war zuletzt – in politischer Position – Innenminister unter Präsident Rutherford B. Hayes. Schurz ist zweifelsohne eine nicht unbedeutende Figur der deutschen Demokratiegeschichte, allerdings zuletzt auch in die Kritik geraten wegen seiner Politik im Blick auf Afroamerikaner und die indigene Bevölkerung. Deshalb hat Bundespräsident Frank-Walter Steinmeier eine vorgesehene Ehrung am Schloss Bellevue auch 2022 zurückgezogen. Ich meine, das sollte seine Bedeutung aber nicht gänzlich negieren – und sein Zitat bleibt gut, und er ist – mit seinen Schattenseiten – dann auch der lebendige Beweis für die Richtigkeit der Aussage, reine Lichtgestalten gebe es nicht, die Ideale werden nicht erreicht (außerdem ändert sich unsere Vorstellung von ihnen ständig).

Ich würde mit einer Erzählung über Carl Schurz die Predigt beginnen, das dürfte Aufmerksamkeit erzeugen, denn damit rechnet niemand an Epiphanias, außerdem ist sein Leben durchaus abenteuerlich. Und das Zitat lässt sich gut mit Mt 2 verknüpfen: Der Stern, dem die Weisen aus dem Morgenland folgen, ist einer dieser Sterne, von denen Schurz spricht. Die Weisen folgen einer Verheißung, die sie zugleich als Auftrag begreifen. Der Stern zeigt den Weg. Sie machen sich auf, sie folgen ihm. Und sie wollen etwas bewegen, und beginnen bei sich selbst, sie bewegen sich und beharren nicht darauf, dass zu bleiben habe, was schon immer so war, nur weil es immer so war. Und sie kommen an ein Ziel, das gar kein Ziel ist, sondern erst der Beginn eines neuen Weges. Ein Kind symbolisiert einen Beginn, den Beginn eines Lebensweges, nicht dessen Ziel.

Realistisch wäre dann der Hinweis, dass wir die Ideale nie erreichen: Frieden in der Welt, Freiheit und Gerechtigkeit. Es wird immer Krieg auf Erden geben, jedenfalls solange es Menschen geben wird. Es werden immer Menschen unter Unfreiheit leiden, weil es andere gibt, die davon leben, sie zu unterdrücken und auszubeuten. Die Welt wird ungerecht sein, solange sie besteht. Dennoch ist das kein Argument gegen das Bemühen, dem Stern, den Idealen, zu folgen: Die Welt heute ist eine andere, in vieler Hinsicht eine bessere als die zur Zeit des Carl Schurz: weniger Sklaverei, weniger Hunger, weniger Krieg – auch wenn es uns nicht immer so vorkommen mag – und bessere medizinische Versorgung und mehr Demokratie. Man kann nach Beispielen suchen, die untermauern, dass Engagement für eine besser Welt nicht sinnlos ist.

»Ideale sind wie Sterne. Wir erreichen sie niemals …«, davon erzählt auch das Kreuz, aber auch das ist kein Gegenargument – und davon erzählt Ostern (aber das nur als Hinweis im Hintergrund, den expliziten Bezug zu Kreuz und Auferstehung würde ich in der Predigt nicht vornehmen, Konzentration auf weniger ist mehr).

Also: Wie die Weisen aus dem Morgenland dem Stern folgen, dem göttlichen Kind, dem Beginn – auch in seiner Wehrlosigkeit – Gott wird es uns danken!

Literatur: *Ulrich Luz*, Das Evangelium nach Matthäus (Mt 1–7) (EKK I/1), Düsseldorf u. a. ⁵2002.

Internet: *Albrecht Dietrich*, Die Weisen aus dem Morgenland, https://www.google.com/url?sa=t&rct=j&q=&esrc=s&source=web&cd=&ved=2ahUKEwicoIPiiL-DAxXjif0HHcf0A24QFnoECDEQAQ&url=https%3A%2F%2Farchive.org%2Fdownload%2Fcrossref-pre-1909-scholarly-works%2F10.1515%25252Fzava.1908.21.1-2.0.zip%2F10.1515%25252Fzntw.1902.3.1.1.pdf&usg=AOvVaw0UiWWobYf_YfGjArWqAAuk&opi=89978449; *Carl Schurz*, Ideale… https://falschzitate.blogspot.com/2019/03/ideale-sind-wie-sterne-man-kann-sie.html; *ders.*, https://www.google.com/url?sa=t&rct=j&q=&esrc=s&source=web&cd=&ved=2ahUKEwjD7-XejL-DAxW98wIHHe28AVcQFnoECBYQAQ&url=https%3A%2F%2Fde.wikipedia.org%2Fwiki%2FCarl_Schurz&usg=AOvVaw3PcON8CQe-7wTUgtTCYSXa&opi=89978449 (alle zuletzt abgerufen am 26.3. 2024)

1. Sonntag nach Epiphanias – 12.01.2025

Josua 3,5–11.17
Zwischen Schwellensituation und Gewaltkonstellation

Carolyn Decke

I Eröffnung: Auf, zu neuen Ufern …!

Der Sonntag nach dem Epiphaniasfest bestärkt uns in seinen Predigttexten, das neue Jahr trotz aller Sorgen mit Zuversicht und Gottvertrauen zu begrüßen. Am heutigen Sonntag wird uns der Fluss Jordan als Metapher für das Markieren einer Schwelle mithilfe von Ritualen der Zukunftsvergewisserung angeboten: Das Matthäusevangelium berichtet von der Flusstaufe Jesu, die das Wasser als Zeichen des Lebens nutzt, um die ewige Verbindung des Menschen Jesus mit Gott zu installieren. Im beigeordneten Predigttext aus dem Josuabuch steht der Fluss hingegen für die bedrohliche Seite des Wassers, die von Gott gebannt werden muss. In dieser Erzählung, die in Teilen an das Schilfmeerwunder erinnert, ermöglicht Josua seinem Volk, mit Gottes Hilfe nicht im Alten zu verharren, sondern »zu neuen Ufern« aufzubrechen und den Verheißungen zu vertrauen. So öffnet sich der Weg in anderes Land und in eine neue Zeit.

Wer hinüber will, muss Ängsten trotzen und bereit sein, auf Widersacher zu stoßen. »Heiligt euch, denn morgen wird der Herr Wunder unter euch tun« (V.5): Es hilft, sich spirituell vorzubereiten und innerlich zu prüfen, ob man mit den anderen und mit Gott im Reinen ist. Festgelegte Rituale helfen dabei, sich mutig in die Zukunft aufzumachen. Gott sei Dank gibt es als Unterpfand »einen Kasten« voller Hoffnungen, Weisungen und Erinnerungen.

Vom Ankommen ist in diesem Text noch nicht die Rede. Und doch ist das Unterwegssein von einem Jahr zum anderen ein prägendes Lebensmotiv: Viele Schwellen werden auch 2025 zu überschreiten sein, es braucht Gottvertrauen und manche Weg-Ermöglicher. Hier schimmert der sehnsuchtsvolle Kern der oft banal ritualisierten Neujahrswünsche hindurch: Was hilft mir, unterwegs Gefahren und Ungewissheit zu überstehen?

II Erschließung des Textes: »Es ist ein lebendiger Gott unter euch« (V.10)

Die Bücher des Alten Testamentes stellen die Konsequenzen, seinen Weg mit oder ohne Gottvertrauen zu beschreiten, besonders bildmächtig dar. Hier im Josuabuch ist die theoretische Möglichkeit, im Alten verharren zu wollen oder angesichts großer Gefahren gar zurückzugehen für das Volk Israel keine Option mehr, da das Verharren in der Wüste oder in der Unfreiheit kein erfülltes Leben ermöglichen wird. An Gott zu glauben ermutigt, nicht zu resignieren, sondern mit Zukunftsbildern auf dem Lebensweg zu sein.

In dieser Perikope »geht Israel durch den Jordan«, wie es der Titel knapp auf den Punkt bringt; das Volk ist einmütig hinter Josua und seinen Priestern versammelt. Generalstabsmäßig und voller List und Tücke ist man an diesen entscheidenden Punkt gekommen; selbstbewusst macht man sich daran, auf das Verheißene zuzugehen, auch wenn Gott schon die nächste Prüfung bereithält.

Es empfiehlt sich, den Kontext des für die Perikope verkürzten dritten Kapitels nicht außer acht zu lassen. Gott verhilft zu Mut, Klugheit und Stärke: Es braucht mutige Frauen (Rahab!) und Männer, um auf Gottes Geheiß hin für alle den Weg ins gelobte Land freizumachen.

Dem Mose wurde dereinst die Thora mit den Zehn Geboten übergeben, Josua hat nun die Rolle, verheißenes Land in Besitz zu nehmen, damit Israel auch wirklich »aus der Thora leben kann«. (ter Linden) Die Stämme Ruben, Gad und halb Manasse sind bereits im verheißenen Land ansässig und sollen nun die anderen Stämme nachkommen lassen, damit das Volk nach vierzig Jahren der Entbehrungen gänzlich in Gottes Welt eintreten kann. Als Scheidepunkt erweist sich erneut ein Gewässer: Der Jordan (»der Hinunterströmer«) erfordert ein überlegtes Innehalten und das Vertrauen auf Gottes erneutes Handeln: Erneut scheidet Gott die bedrohlichen Wasser und ermöglicht somit das (thoragemäße) Leben.

Bei aller nach wie vor imposanten Kraft, die dieser alte Text ausstrahlt, bleibt in heutiger Zeit auch ein Befremden nicht aus: Die Trias Gott-Führer-Volk hatte sicherlich im Stammesleben seinen Sitz, inzwischen ist sie aber mit einer durchaus unheilvollen Geschichte verbunden.

Zudem ist der so beschriebene Kontext der mühsamen, aber letztlich triumphalen Landnahme Israels inmitten all der nach wie vor ungelösten und überaus gewalttätigen Konflikte in Nahost problematisch: Erfüllt von einem heute archaisch anmutenden Gottesbild scheinen diese Texte bis heute manche dazu zu verführen, politische Landbesitzansprüche und Gewaltausübung zu rechtfertigen.

Natürlich wissen wir, dass diese Texte nicht historisch in unserem modernen Sinne sein wollen. Überall schimmert eher die Gefühlslage der Entstehungszeit während des babylonischen Exils hindurch als eine tatsächliche Ereignisfolge aus der Epoche der Landnahme. Sie war nach heutiger Erkenntnis vielmehr ein allmähliches Einsickern verschiedener Stämme, u. a. aus Ägypten, also kein einmaliges großes Einzugsgeschehen.

Diese Erzählung aus den »vorderen Propheten« ist als ein wichtiger Teil des Gründungsmythos Israels immer wieder nacherzählt, ausgeschmückt und überarbeitet worden, sodass eine komplizierte Überlieferungsgeschichte entstand. Vermutlich ist sie keine verkürzte Wiederholung der großen Durchzugsgeschichte durch das Rote Meer, sondern erst mit der Zeit an diese angepasst worden. (vgl. u. a. Krause)

Das, was bei aller kritischen Draufschau bleibt, ist die Wiedergabe menschlicher Erfahrung bei der festen Annahme eines lebendig handelnden Gottes. Diese Erzählungen sind gerade in den sich (bis heute) traumatisch wiederholenden Bedrohungs- und Zerstreuungserfahrungen Israels Ermutigungs- und Trosttexte.

Die Überlieferung einer ruhmreichen Vergangenheit sollte damals zum Festhalten an einen in der Thora vergegenwärtigten Gott verhelfen, um die Not und Bedrängnis in der Fremde Babylons zu überwinden. Vielleicht war das auch der Grund, die Erzählung in die Kontexte voller Eroberungs-, Gewalt- und Rachefantasien einzubetten: Erinnert euch! Wir sind nicht schwach, weil Gott mit uns ist!

All das beinhaltet doch eine mutmachende Botschaft, die die Zeiten überdauert und sich auch mit der Botschaft der Evangelien vereinen kann: Wie lassen sich alte Sicherheiten loslassen und mutig Schritte nach vorne wagen? Wie könnte uns der Gedanke stärken, dass Gott zusagt, immer wieder all das bedrohliche Chaos und das Böse zurückzuhalten und unseren Hoffnungsvorrat aufzufüllen, damit wir es immer wieder wagen können, neu anzufangen?

Interessant bleibt auch die geschilderte Inszenierung des Durchzugs: Es gibt verschiedene Rollen, erst im Zusammenwirken aller kann die Bedrohung durchschritten werden. Die Priester sind diejenigen, die mutig mit der Thora vorangehen, nicht, um womöglich als erste drüben zu sein, sondern um den Weg für alle zu ermöglichen. Sie sind auch für das Innehalten trotz aller Gefahr zuständig. Schwierige Situationen können offenbar nur im Zusammenspiel von begabten Wegweisern, mutigen Vorbildern und im bedachten Vorgehen bewältigt werden.

Gerade in heutiger Zeit braucht es wieder starke Narrative, um als Einzelne, als Kirche, als Gesellschaft gut in die Zukunft gehen zu können. Auch sie erzählen vom Miteinander, von Furten, die durchschritten werden müssen, von der Kraft der Hoffnung auf eine bessere Welt, statt zerstörerischem Gegeneinander und Vereinzelung. Zu allen Zeiten ist Zusammenhalt, Integration der Verschiedenen und Zuversicht das Lebenselixier für gelingendes Leben.

Wer, wenn nicht die an Gott und Jesus Christus Glaubenden sollten sich kraftvolle Geschichten der Zuversicht erzählen und sie (z.B. im Gottesdienst) immer wieder inszenieren. Dies zu Gehör zu bringen und vorzuleben könnte ein wichtiger christlicher Auftrag für unsere so divers gewordene und verunsicherte Gesellschaft sein.

III Impulse: »mutig – stark – beherzt«

Der Zeitpunkt im Kirchenjahr lädt dazu ein, in der Predigt konkret auf das neue Jahr 2025 zu blicken: An was für Übergängen befinden wir uns in Kirche und Gesellschaft, welche Visionen braucht es? Die evangelische Kirche kommt im Sommer unter dem Titel »mutig-stark-beherzt« (1Kor 16,13.14) zum 39. Kirchentag zusammen. Die römisch-katholische Welt feiert ihr »Heiliges Jahr« unter dem Motto »Pilger der Hoffnung«. Die Zuversicht und das Gottvertrauen in Wort und Tat sind Themen, bei denen auch in der säkularen Gesellschaft etwas von uns Glaubenden erwartet wird.

Unsere alten und neugestalteten gottesdienstlichen Rituale können Kraft beim Voranschreiten geben. Erwiesenermaßen heilt auch der Austausch positiver Erinnerungen, anders als das ewige Klagen und Perpetuieren von Untergangsszenarien. Gestern, heute und morgen ist mit Gottes Wundern zu rechnen. Menschen können auch heute davon erzählen, was sie hat Hindernisse überwinden lassen. Sie könnten im Gottesdienst ihre »Gedenksteine« (vgl. Jos 4) legen.

Wie kommt man gut »über den Jordan«? Es braucht den richtigen Zeitpunkt, Mut und gute Wegbegleitung. An Weihnachten haben wir gespürt, wie stärkend Gemeinschaft sein kann und wie uns das Heilige emotional ganz nahekommen will, wie in religiösen Erzählungen und Ritualen viel Kraft liegt.

Denkbar ist ein mehrteiliger Stationenweg mit Predigtteilen (nicht nur der Pastorin, des Pastors): Ausgehend von der Krippe, könnte der gemeinsame Pilgerweg in mehreren Stationen (u. a. am Taufstein vorbei) ins Freie führen: Was stärkt uns, was hindert uns, was haben wir der Welt zu schenken? Gott ist in den Schwachen lebendig und Jesu Vorbild schenkt uns Träume von einer Zukunft, in der alle das Leben in Fülle haben (Joh 10,10).

Literatur: *Carsten Brosda*, Mehr Zuversicht wagen. Wie wir von einer sozialen und demokratischen Zukunft erzählen können, Hamburg 2023; *Kristian Fechtner*, Hinüberkommen, in: Denkskizzen I, Stuttgart 2018, 61 ff.; *Joachim J. Krause*, Exodus und Eisodus. Komposition und Theologie von Josua 1–5, Leiden, 2017; *Nico ter Linden*, Es wird erzählt … Von Königen, Richtern und Propheten, Gütersloh 2000.

Medien: *Herbert Grönemeyer*, Lied »Angstfrei« aus dem Album »Das ist los«, 2023.

Heiner Kücherer

IV Entgegnung: Auf, zu neuen Ufern…?

Die Eröffnung von A setzt den Ton. Im Glauben an Gott Schwellen bewältigen. Dazu deutet A die Perikope als »starkes Narrativ«, das ermutigt, im Leben »mutig, stark und beherzt« voranzuschreiten.

Die Auslegung von A existentialisiert die Flussmetapher auf Übergänge, mit denen Lebensschwellen assoziiert werden. Den Gewaltkonnex relativiert A, indem sie zum einen die Perikope historisiert: Für eine Landnahme gibt es keine archäologischen Befunde, das Exil ist der Kontext der Verfasser des Josuabuches. Zum andern wird die Perikope als Krisenverarbeitung leicht psychologisiert: Sie entstammt einer »Gefühlslage des Exils« und »wiederholter Traumatisierung«.

So ist für A der Weg frei, die Perikope als Ermutigungsgeschichte auszudeuten. So sehr mich die Zuversicht von A beflügelt, bleibt ein Unbehagen. In V.10 wird die Lebendigkeit Gottes mit einem Vertreibungsprospektiv verbunden und geht mit Vernichtungsphantasien einher. Ein

archaisches Gottesbild kann ich hinter mir lassen, doch die darin ge-
speicherte Energie nicht. So sehr die äußere Archäologie keine Spuren
der Gewaltexzesse im Josuabuch bekundet: Wie sieht es mit der inneren
Archäologie aus? Die Sicherungen von Vernunft und Glaube wirken auf
mich fragil. Gewalt aus der Tiefe der Seele kann unter Druck jederzeit
ausbrechen – und bricht gegenwärtig allenthalben aus.

Ich möchte den Impuls von A, bei der Lektüre der Perikope Trauma-
tisierungen im Blick zu behalten, gewichten und für eine starke Existen-
tialisierung bzw Psychologisierung in der Predigt werben. Dazu hilft es,
die Perikope traumahermeneutisch zu interpretieren: als eine »Gegen-
erzählung«, die »imperial gesteuerte Massengewalt« bearbeitet. (Bezold,
15; Markl, 4) Ich werde zunächst in der traumatischen Bildlogik verharren – und bleibe im Jordan stehen. Das »neue Ufer« in weiter Ferne!

V Zur homiletischen Situation: Auf Sandgrund stehen

Nicht jeder Mensch erleidet traumatische Überwältigung. Aber mit Gewaltintensität kommen alle in Kontakt. Sei es im Blick auf Menschen im
nahen Umfeld, die Übergriffen ausgesetzt sind, sei es in der medialen Be-
richterstattung von Zerstörungen, Deportationen und Vergewaltigun-
gen. Mir kommt das Agieren des Putin-Regimes in den besetzten Zonen
der Ukraine oder der Hamas-Terror vom 7. Oktober 2023 in den Sinn.
Mit dem Erfahrungsmaterial der Gegenwart ist ein gewaltgesättigter Zugang zur Traumatisierung der Exilierten möglich, aus deren Traumata
das Alte Testament als »Krisenliteratur« entstanden ist. (Bezold, 16)

Mit Luise Reddemann erschließen sich Erzählungen vom Durchzug des Volkes Israel durch den Jordan als »Imaginationen eines sicheren Ortes«. (Reddemann, 40–46) Stillstehen, im Trockenen, mitten im
Jordan (V.17) bzw »inmitten des Jordans aufrecht auf dem Sandgrund
stehen«. (Buber/Rosenzweig) Die Chaosfluten auf Abstand. Wenn wir
Traumatisierten empathisch begegnen, dann werden Gewaltphanta-
sien nicht archaisch abständig. Sie haben in der Ohnmachtserfahrung
eine entlastende Funktion. Die Bedränger werden überwältigt, aus der
traumatischen Zone vertrieben, im Recht auf mein Leben bestritten und
auch gebannt und ausgelöscht: in der Phantasie! Ist die Umkehrung des
traumatisch Erlittenen nicht die Überwindung des Traumas, so stellt der
»sichere Ort« dennoch einen notwendigen Schritt dar.

Die hintergründige Gewaltintensität der Perikope verwehrt mir, die
Erzählung vom Durchzug mit »Schwellensituationen« zu korrelieren.
Eher sind Gewaltkonstellationen aufzusuchen und empathisch nach in-
nen zu nehmen bis ich an den Punkt komme und Gewalt, ja Tötungs-
verlangen in mir spüre. Spannend, dass das Vertreibungsprospektiv in
Jos 3,10 die Gewalttätigkeit Gott und seiner Lebendigkeit anheimstellt!
Die »Delegation« der Gewalt markiert den Unterschied. (Bezold, 16) In
der Ohnmacht gewinne ich Handlungssouveränität nicht durch einen

Gewaltakt (Klaas Huizing), sondern überschreibe Gewalt an Gott: dem Prozess des Lebens in seiner Tiefe. Gewaltphantasie leitet dann zum Gewaltverzicht an.

Allerdings bleibt im Trauma eine Differenz, ein Überschuss an Sinnwidrigem übrig, das ich nicht integrieren kann, das bleibende Herausforderung darstellt. Mit den »sich (bis heute) traumatischen Bedrohungs- und Zerstörungserfahrungen Israels« (A) sind christliche Kirchen in messianische Dimensionen verwiesen. Das wäre dann wirklich »neues Ufer«.

Ich kann nicht auf dem Sandgrund des Jordans stehen bleiben. Aber ich möchte auch nicht in der Logik von Volk, Land und Identität voranschreiten. Jos 3,11 bietet eine Perspektive: Immerhin ist es »die Lade des Bundes des Herrn der ganzen Erde«, die vorangeht. Der »Schrein des Bundes des Herrn aller Erde« (Buber/Rosenzweig) birgt die Orientierung an der Tora und eine universalistische Spur (Krause [s.o.], 239–242): Identitätspolitiken, die zu Gewaltkonstellationen führen, werden unterbrochen. Im Blick auf die »ganze Erde«, mit einem »radikalen Universalismus« (Boehm), lassen sich Migration und soziale Integration »jenseits von Identität« denken. Und das Jenseits von Identität ist das Jenseits von Gewalt: Dem anderen Menschen so begegnen, dass in ihm/ihr die ganze Menschheit aufleuchtet – ohne Vertreibungs- und Auslöschungsphantasien oder gar -praktiken.

VI Predigtschritte: Ins Land ohne Grenzen

Im Ausgang von Schwellensituationen (A) wird die Predigt die Perikope als Ermutigungsgeschichte auslegen können. Ich verschiebe den Fokus von Schwellensituationen auf Gewaltkonstellationen. Ziel wäre es dann, die Perikope als Intervention in Gewaltkonstellationen ins Spiel zu bringen. Vom Aufbau der Predigt hat die Erschließung der symbolischen Szene Vorrang vor kritischen Verfahren:

(1) Imagination: Auf Sandgrund – Im ersten Schritt beschreibe ich das Szenische der Perikope möglichst sinnlich. Ich spüre den Sand unter den Füßen, keinen felsenfesten Grund, aber ich stehe. Alles, was flutet, auf Abstand, ein sicherer Ort. Heilsam im Blick auf Menschen, die von exzessiver Gewalt überwältigt werden: Ich deute die Chaoswasser mit gegenwärtigen Gewalterfahrungen. Mitten in Gewaltfluten erschließt sich ein Raum, der birgt und schützt.

(2) Reflexion: Traumalogik – Im zweiten Schritt beschreibe ich die Situation der Verfasser der Perikope. Die Traumatisierung durch Exil und imperiale Gewalt. Ich kläre auf, dass das Josuabuch keine Berichte von realhistorischen Ereignissen bietet. Es geht um Bilder der Traumaverarbeitung. Ich unterscheide Gewaltphantasie von ausagierter Gewalt. Und bin kritisch gegenüber Versuchen, die Perikope als identitären Anspruch auf Land zu lesen.

(3) Intervention: Jenseits von Identität – Im dritten Schritt beschreibe ich Jos 3,11 als Hinweis auf einen universalen Horizont. Ich spiele den Grundgedanken des Philosophen Omri Boehm ein: Identitätspolitiken zielen auf die Auslöschung des Anderen. Es braucht einen »radikalen Universalismus«: Menschen lernen, im anderen Menschen die ganze Menschheit zu sehen. Das ermöglicht einen Weg, das Andere mitgehen zu lassen. Das Jenseits von Identität ist das Jenseits von Gewalt.

(4) Imagination: Land ohne Grenzen – Ich beschreibe, wie ich zögere, mich vom Sandgrund zu lösen und weiterzugehen. Ich suche nach einem Land ohne Landnahme. Sprachbilder kommen mir zu Hilfe: »Schließ auf das Land, das keine Grenzen kennt, und lass mich unter deinen Kindern leben« (EG 382,3). »Wer aufbricht, der kann hoffen […] Das Land ist hell und weit« (EG 395,3). Ich markiere den messianischen Horizont eines Landes ohne Grenzen. Verbunden mit Israel und in der Ökumene christlicher Kirchen möchte ich auf diese messianische Zeit zugehen und heilsame Räume und Zeiten erschließen: Gewaltspiralen der Identität werden unterbrochen.

Ich entscheide mich gegen das liturgische Setting des 1. So. n. Epiphanias. Ich beschränke mich auf EG 382 und EG 395. Das gibt Raum, die Lieder als Meditation und Gebet zu erschließen. Als Schriftlesung nehme ich Dtn 20,13–18, um auf den Hintergrund der Landnahmeerzählungen aufmerksam zu machen. (Halbfas, 131–133) Die Schriftlesung kann mit zwei Personen inszeniert werden: Während eine Person die Schriftlesung übernimmt, spielt die andere nach V.15 und nach V.18 die Bitte aus EG 382 ein: »Schließ auf das Land, das keine Grenzen kennt und lass mich unter deinen Kindern leben.« Die Schriftlesung müsste mit einem Hinweis auf den historischen Kontext eingeleitet werden. Auch zum Eingang des Gottesdienstes hilft ein Hinweis, dass es in der Bibel verstörende Gewalt gibt, die zu bedenken in der Liturgie zu Irritationen führt.

Literatur: *Omri Boehm*, Radikaler Universalismus: Jenseits von Identität, Berlin [4]2022; *Hubertus Halbfas*, Die Bibel erschlossen und kommentiert von Hubertus Halbfas, Düsseldorf [3]2002; *Luise Reddemann*, Imagination als heilsame Kraft. Zur Behandlung von Traumafolgen mit ressourcenorientierten Verfahren, Stuttgart [18]2014.

Internet: *Helge Bezold*, Art. Gewalt (AT), in: Das Wissenschaftliche Bibellexikon im Internet (www.wibilex.de), 2021; *Dominik Markl*, Art. Trauma/Traumatheorie, in: Das Wissenschaftliche Bibellexikon im Internet (www.wibilex.de), 2020 (beide zuletzt aufgerufen am 27.3.2024).

Römer 12,9–16

Liebend durch Krisen – seid brennend, seid fröhlich, seid geduldig

Christiane Renner

I Eröffnung: Leidenschaftlich leben in schwierigen Zeiten

Ich lese die Worte des Paulus aus dem Römerbrief als einen Zwischenruf in einer sehr schwierigen Zeit: Schwierigkeiten im Umgang miteinander, in der Kommunikation, in der Frage der Einheit, damals in Rom wie heute. Der Text mahnt zu Aufrichtigkeit und Wahrhaftigkeit im Umgang mit diesen Situationen. Nicht ohne Grund wird Paulus seine Worte so mahnend und zugleich leidenschaftlich an die jungen Hausgemeinden in Rom gerichtet haben. Aus dem Text schließe ich, dass es notwendig geworden war, die dem Christenmenschen eigenen Werte und Ideale deutlich zu verbalisieren. Darunter verstehe ich, den eigenen Gefühlen und Überzeugungen in Wort und Tat Ausdruck zu verleihen, aufrichtig zu leben. Diesen Impuls des Paulus, darüber nachzudenken, wie man als Christenmensch mit schwierigen Zeiten umgeht, nehme ich im Folgenden auf. Der Aufrichtigkeit, die Paulus den Lesern seines Textes mit auf den Weg gibt, räume ich im Blick auf eine Lebensführung im Lichte des Evangeliums besonderen Raum ein.

II Erschließung des Textes: … sich in die Arme des Guten werfen

Mit absoluten Begriffen wie »gut« und »böse«, die als Gegensatzpaar wie eine Überschrift über der Perikope stehen, beginnt der Aufforderungscharakter des Textes. Gut und Böse verstehe ich hier im Hinblick auf meine eigene Lebensgestaltung: Welche Gedanken, Handlungen, Haltungen, Werte usw. fördern mein Leben und das meiner Mitmenschen, bringen das Menschsein zu einer fruchtbaren Entfaltung? Das sind solche Strukturen, Bedingungen und auch Verhaltensweisen, die die Entfaltung des Menschseins mit seiner Gottesbeziehung nicht behindern, sondern fördern. In diesem Zusammenhang ist auch zu fragen, welche Einstellungen das Leben an seiner Entfaltung hindern und in die Enge führen, also die Frage nach dem Bösen. Neben der Reflexion der eigenen individuell-subjektiven Lebensgestaltung fordert der Text auch eine Erweiterung der Perspektive hin zu denen, denen gegenüber wir gastfreundlich sein sollen (V.13).

Sprachlich operiert der Text mit beschreibenden Partizipien. Obwohl im Griechischen (mit Ausnahme von V.14) keine Imperative verwendet werden, wird der auffordernde, teilweise mahnende Charakter im Deutschen nur durch eine Aneinanderreihung zahlreicher Imperative wiedergegeben. Dadurch erhält der Text seinen appellativen Charakter. Das Sprachspiel des Textes aus V.9 aufgreifend (... und werft euch in die Arme des Guten, BigS), sehe ich jedoch weniger einen erhobenen Zeigefinger vor mir, als vielmehr offene, einladende Arme, die ermutigen wollen, ein gutes (*agathos*) Leben zu versuchen. Die leidenschaftliche Sprache und die gefühlsstarken Worte laden mich dazu ein. Was bedeutet es für mich, mich von der Geistkraft entzünden zu lassen und meine eigene Begeisterung nicht zurückzuhalten? Bei dieser Frage stocke ich zunächst. Begeisterung für ein Leben mit Jesus Christus angesichts der Missbrauchsgeschichte der Kirche, in der ich zum guten Leben einladen soll? Ist Begeisterung unter diesem Vorzeichen möglich? Ich kann keine ungetrübte Begeisterung empfinden. Eine, die die Ambivalenzen kennt und um die Herausforderungen weiß, die sich ergeben, wenn aus einer von Begeisterung getragenen Bewegung des Urchristentums eine institutionalisierte, organisierte Form des Christentums wird, wie wir sie heute mit einer 2000-jährigen Geschichte kennen, schon. Keine unbedarfte, vorschnelle Begeisterung, sondern eine, die kritische Anfragen und das Ringen um einen lebensdienlichen Weg aushält und sucht, darin will ich mich mit dem Text üben.

Hier wird eine weitere Grunderfahrung angesprochen, die auch die junge Gemeinde in Rom gemacht haben mag. Das Feuer des Geistes (V.11) soll am Brennen gehalten werden. Meine Erfahrung ist, dass dies nur allzu schwer gelingt. Mit der Zeit brennt kein Feuer mehr lodernd, auch wenn man sich um die Flamme kümmert und sie mit brennbarem Material, guter Belüftung usw. ständig nährt. Es glimmt nur noch und schließlich bleibt ein Aschehaufen übrig. Wir Menschen brauchen Ausdauer, z.B. wenn wir in unserem Hobby besser werden wollen. Die Liebe dazu kann groß und aufrichtig sein, aber das Feuer der Motivation brennt nicht immer rund um die Uhr. Das wäre auch kaum möglich, denn kein Mensch würde einen Gefühlszustand solcher Erregung lange durchhalten. Dies dient der Sache Gottes sicher nicht. So stellt sich für mich und die Hörenden meiner Predigt zunächst in individualistischer Perspektive die Frage: Wofür brenne ich und wo glimmt es in mir? Wo dient das Feuer oder Glimmen dem Leben (dem »Guten«) und wo nicht (sondern dem »Bösen«)?

Der erweiterte Blick des Textes bezieht sich auf die Gemeindesituation in Rom zur Zeit der Abfassung des Briefes, vermutlich Mitte der 50er Jahre n.Chr. (Theobald, 27) Viele Hausgemeinden unterschiedlicher Ausrichtung existierten nebeneinander. Eine wirkliche Vernetzung unter den Gemeinden gab es noch nicht. Die Abgrenzung nach außen und die Sammlung nach innen waren aber für die Christen und Christinnen in der Zeit der Verfolgung und Bedrohung überlebenswichtig. Umso wichtiger war es, fremden Handelsleuten und Reisenden, die sich zu Jesus Christus bekannten, eine sichere Übernachtungsmöglichkeit zu bieten. Die Offenheit für Fremde und Fremdes war dabei entscheidend und kommt in der wörtlichen Übersetzung von *philoxenia* »Fremdenliebe« (V.13) zum Ausdruck. Unsere heutige christlich-kirchliche Landschaft lebt von Pluralismus und unterschiedlichen Ausrichtungen, im deutschsprachigen Raum und weltweit. Mehr Austausch und Kommunikation ist immer möglich. Viel angemessener scheint es mir zu sein, angesichts aktueller politischer Tendenzen darauf hinzuweisen, dass darauf zu achten ist, wer jenseits eines christlichen Bekenntnisses die gleichen Werte und Grundnormen der Demokratie und des aufrichtigen und anständigen Zusammenlebens teilt und wer dies, auch mit christlichem Bekenntnis, nicht zu tun bereit ist. Mit ersteren ist der Kontakt zu suchen und der Austausch zu pflegen, damit Gedankengut, das der Vielfalt widerspricht, in demokratischen Strukturen keinen Platz hat. Und was den angemessenen Umgang mit denen betrifft, die diese Werte nicht teilen, verstehe ich V.14 so, dass der Segen zu wählen ist. Denn »selbst diejenigen, die einem das Leben schwer machen, ja es bedrohen, sollen in die Fülle eines Lebens aus Gott hineingenommen werden«. (Klaiber, 216)

In all diesen Bemühungen gilt es, mitmenschlich und aufrichtig zu sein (V.15). Das Teilen von Freude und Schmerz anderer ist im Römerbrief vor dem Kontrast zum vorherrschenden philosophischen Programm der Stoa zu verstehen, die davor warnt, sich zu sehr auf andere einzulassen, weil es das eigene seelische Gleichgewicht gefährden könnte. Das eigene Gleichgewicht im Blick zu behalten, ist sicherlich auch für die Hörenden von Bedeutung angesichts vieler Themen, die auf Menschen einstürmen (Krieg in der Ukraine und im Gazastreifen, Inflation, Energiekrise, rechtspolitische Tendenzen, Verunsicherung durch Veränderungen). Anteil zu nehmen am Leben anderer, das dient dem Leben. Eine Abgrenzung ist spätestens um des eigenen und des Wohlbefindens meines*r Nächsten willen dort vorzunehmen, wo die Anteilnahme in eine Übernahme der Verantwortung der Sorgen anderer mündet. Ein solcher Umgang mag gut und segensreich sein, weil Christenmenschen ihre eigene Innerlichkeit von der Liebe Gottes gehalten wissen dürfen. Das rechte Maß zu finden, bleibt eine Herausforderung.

III Impulse: Predigen, was dem Leben dient

Für die Predigt sind Entscheidungen zu treffen. Will ich als Predigende eine eher individuell-seelsorgliche Predigt bieten, die das Leben der Hörer*innen und deren Innerlichkeit in den Blick nimmt, können in der Predigtvorbereitung folgende Leitfragen weiterhelfen: Was dient heute meinem Leben, was nährt es? Wo erlebe ich Verletzlichkeit und Verbundenheit unter Gleichgesinnten (mit Bezug zu V.16)? Wie kann ich aufrichtig leben und welche Ressourcen unterstützen mich dabei? Was bedeutet mir darin die Liebe? Und wie erlebe ich mich darin mit Gott verbunden?

Soll eher eine gesellschaftlich nach außen gerichtete Predigt entstehen, helfen möglicherweise folgende Denkanstöße: Mit Martin Luthers »Freiheit eines Christenmenschen« kann argumentiert werden, dass der innere Mensch mit Christus verbunden ist und daraus für den äußeren Menschen folgt, was im Römerbrief zu lesen ist: Fremde(s) lieben, begeistert leben, aufrichtig durch die Welt gehen. Im Anschluss an V.13 ist es dabei nicht beliebig, ob das eigene Leben im Vertrauen auf Jesus Christus gründet und an ein Bekenntnis gebunden ist, denn die Lebensgestaltung eines Christenmenschen kommt von Christus her, wie Martin Luther durch die Denkfigur des »fröhlichen Wechsels« betont. (Luther, 135)

Literatur: *Walter Klaiber*, Römerbrief (BNT), Neukirchen-Vluyn 2009; *Martin Luther*, Von der Freiheit eines Christenmenschen, in: J. Schilling (Hg.), Martin, Luther. Lateinisch-Deutsche Studienausgabe 2, Leipzig 2006; *Michael Theobald*, Römerbrief Kapitel 12–16 (SKK.NT 6/2), Stuttgart 1993.

Internet: Bibel in gerechter Sprache (BigS) online, https://www.bibel-in-gerechter-sprache.de/die-bibel/bigs-online/?Roem/12/1/, (zuletzt abgerufen am 15.01.2024).

Lukas Grill

IV Entgegnung: Den Text beim Wort nehmen

Die Impulse in Röm 12,9–16 sind, so verstehe ich A, weniger als Appell, sondern eher als freundliche Vorschläge für die individuelle Lebensgestaltung in schwierigen Zeiten gemeint. Das macht A eindrücklich am Text fest, indem auf die Differenz zwischen der Luther-Übersetzung (eine Reihe von Imperativen) und dem griechischen Text (beschreibende Partizipien) hingewiesen wird. Diese Beobachtung hat für mich bemerkenswerte Auswirkungen auf das Textverständnis: Die Perikope kommt, wie A schreibt, nicht mit erhobenem Zeigefinger daher, sondern eher aufmunternd und ermutigend. Mir gefällt, dass A dabei auch die Grenzen dessen im Blick hat, was eine einzelne Person leisten kann – angesichts all der Krisenherde, die A benennt, kann ein Individuum eben nicht dafür sorgen, dass plötzlich »alles gut« ist.

Die Beobachtung, dass im Griechischen keine Imperative stehen, sondern Partizipien, finde ich so wichtig, dass ich sie gerne vertiefen möchte. Wenn die von Luther imperativisch (oder in der Zürcher Übersetzung durch eine parataktische Konstruktion) wiedergegebene Reihe im Urtext partizipial formuliert ist, dann wäre zu überlegen, wie dies in der Übersetzung noch deutlicher gemacht werden könnte. Auch, wenn es sprachlich vielleicht holprig wirkt, orientiere ich mich an dem dänischen Neutestamentler Troels Engberg-Pedersen: »Greek participles in Paul should in principle be read as just that.« (Engberg-Pedersen, 164) In diesem Sinne möchte ich eine Alternativübersetzung vorschlagen, welche die Partizipialkonstruktion aufnimmt. Dazu bediene ich mich der von A gewonnenen Erkenntnis, dass in V.14 ein sprachlicher Wechsel stattfindet: Hier stehen tatsächlich Imperative, nämlich zweimal *eulogeite* (segnet) und einmal *mē katarasthe* (flucht nicht). Zu ergänzen wäre, dass in V.15 weder Imperative noch Partizipien folgen, sondern zwei Infinitive: *chairein* (freuen) und *klaiein* (weinen) – gleichwohl von Luther ebenfalls imperativisch übersetzt. Bleibt man allerdings bei der ursprünglichen grammatikalischen Struktur, so ließen sich die V.9–13 als Vorbereitung auf V.14 lesen: als das Böse Hassende und dem Guten Anhängende ... nicht träge ... sondern fröhlich in Hoffnung, geduldig in Trübsal, beharrlich im Gebet Seiende ... Und V.14 wäre dann die Konsequenz aus diesen kausal oder konditional zu verstehenden Partizipien: Weil ihr das alles schon seid, segnet die, die euch verfolgen, segnet und hasset sie nicht! V.15 könnte man daran anschließend als infinitiven Imperativ verstehen, nicht so direktiv wie V.14, aber trotzdem klar und deutlich als Aufforderung verständlich (ähnlich wie: »bitte noch den Müll rausstellen!«): Mit den Fröhlichen mitfreuen, mit den Weinenden mitweinen! V.16 könnte wiederum kausal begründend verstanden werden: Ihr tut dies als welche, die eines Sinnes untereinander sind, die nicht nach hohen Dingen trachten, sondern zu den Niedrigen halten. Als welche, die sich nicht selbst für klug erachten.

Auf eine schematische theologische Formel gebracht, könnte man sagen: Die V.9–13.16 sind indikativisch, die V.14.15 imperativisch zu verstehen. Der Imperativ ist deshalb kein Appell mit erhobenem Zeigefinger, weil er durch eine existenzielle Zusage gedeckt ist: Dadurch, dass ihr im Geist Jesu brennt, seid ihr ja schon welche, die eigentlich herzlich, liebevoll, geduldig, hoffnungsvoll sind. Allerdings: Die Zeiten sind so schwierig, dass man manchmal daran erinnert werden muss. Gibt auch die Luther-Übersetzung diese syntaktische Logik nicht wieder, so liegt ihr doch ebenjener Gedanke zugrunde, den Luther in seiner Auseinandersetzung mit dem Römerbrief entwickelte: die Rechtfertigung allein aus Gnade.

V Zur homiletischen Situation: Von der Herausforderung, gut zu reden

Ausgehend von der im vorherigen Abschnitt beschriebenen Dynamik ließe sich der V.14 mit seinen – vorher und nachher begründeten – Imperativen als Höhepunkt des Ausschnittes sehen: Segnet diejenigen, die euch verfolgen, segnet und hasset sie nicht – eben, weil ihr Menschen seid, die sich selbst gesegnet wissen. Das darin zur Sprache kommende existenzielle Lebensthema ist das von A bereits skizzierte Gefühl der Bedrohung: Der Römerbrief adressiert die von außen und innen bedrohten jungen Gemeinden; eine heutige Predigt über den Römerbrief wiederum könnte Menschen in den Blick nehmen, die sich in vielerlei Hinsicht – A hat beispielhaft einige politische und ökonomische Gefährdungen aufgezählt – verfolgt fühlen. Im Griechischen steht das Verb *diōkō*, das etwa jagen, treiben oder verfolgen bedeuten kann. Das Gefühl, getrieben zu sein, kennen vermutlich auch heute viele in kleinerem oder größerem Ausmaß. Bemerkenswert ist, dass *diōkō* auch »in Bewegung setzen« bedeuten kann. Der Segen betrifft also nicht nur Situationen, die bedrohlich sind, sondern im weitesten Sinne Situationen, die Beweglichkeit erfordern.

Beweglichkeit erfordern auch zwischenmenschliche Beziehungen, zum Beispiel Paarbeziehungen. Nicht zufällig wird Röm 12,12 häufig als Trauspruch genommen: im Sinne einer Zusage, sich hoffnungsvoll, geduldig und beharrlich zu folgen, wohlwissend, dass das zwischen Menschen auch schiefgehen kann. Kommt etwa physische oder psychische Gewalt ins Spiel, kann die eigene Familie zum Ort der Verfolgung und Bedrohung werden. Als Imperativ wäre Röm 12,12 eigentlich unerfüllbar und ist, wie bereits herausgearbeitet, vielmehr als Zusage gemeint. Denn wer kann schon immer geduldig und hoffnungsvoll sein? Gegen eine solche potenzielle Überforderung verspricht der Römerbrief: Ihr tragt das alles schon in euch, die Geduld, Zuversicht und Beharrlichkeit, weil ihr unter der Voraussetzung eines grundsätzlichen Angenommenseins lebt. Im Sinne des Römerbriefs steht dafür die etwa in V.9 angesprochene Liebe (*agapē*). In der Liebe ist es möglich, sich bewusst gegen den Hass zu entscheiden. So schlägt V.14 in doppelter Verstärkung vor: *eulogeite!*, was von Luther mit: »Segnet!« übersetzt wurde. Wörtlich heißt es: »gut reden«. Und zumindest das ist doch eine Sache, die ich beeinflussen kann: Wie ich gegenüber meinen Mitmenschen meine Worte wähle, auch dann, wenn mich die Geduld verlässt. Eine gute Rede wäre dann vor allem eine bewusste Rede – bewusst gegenüber den eigenen Grenzen und Bedürfnissen, aber auch jenen der Mitmenschen.

VI Predigtschritte: Lasst uns tanzen!

Liebe kann sich in diesem Sinne durch gute, bewusste Rede zeigen, etwas, das ich beeinflussen kann. Gleichzeitig ist Liebe im Sinne der Perikope nicht nur aktives Zutun, sondern vor allem auch Geschenk:

»Die Machbarkeit von Liebe hat ihre Grenzen. Dann ist die Machbarkeit darauf beschränkt, Raum zu geben, Platz zu machen, es geschehen, es kommen zu lassen.« (Stuhlmann, 104) Eine Predigt über Röm 12,9–16 steht vor der Herausforderung, beim Predigen über die Liebe zum einen nicht abgedroschen und phrasenhaft zu werden, zum anderen bei allen Appellen für einen guten, liebevollen Umgang miteinander nicht auszublenden, dass die Voraussetzungen dazu eben nicht immer in unserer Hand (besser gesagt: in unserem Mund) liegen.

Einen Ausweg bietet vielleicht die Musik: Als Wochenlied für den 2. Sonntag nach Epiphanias wird unter anderem EG 398 vorgeschlagen (In dir ist Freude in allem Leide). Das zweistrophige Lied wurde 1598 veröffentlicht und wird heute dem Komponisten Cyriakus Schneegaß zugeordnet. (vgl. Harrassowitz, 279) Melodie und Satz gehen vermutlich auf das Gastoldi-Ballett A lièta vita amor c'invita zurück. (vgl. ebd.) Es ist Tanzmusik: Tänzerisch wirkt es durch den Dreiertakt und die leichten Sprünge etwa bei »hilfest von Schanden, rettest von Banden«. Es lädt dazu ein, nicht nur mitzusingen, sondern auch mitzuschunkeln oder vielleicht sogar zu tanzen. Es ist ein Ausdruck purer Freude, die sich bewusst ist, wem sie sich verdankt: »Wir jubilieren und triumphieren, lieben und loben dein' Macht dort droben mit Herz und Munde. Halleluja.« Es ist ein Lied der Leichtigkeit. Und möglicherweise ist es das, was die Liebe manchmal braucht, um eben nicht – wie A betont – überfordernd zu werden: die Unbeschwertheit, Ausgelassenheit, vielleicht auch: den Humor. Um beim Tanzen den rechten Schwung zu finden, braucht es ein gutes Gleichgewicht.

Im Römerbrief ist es die ausgewogene Mischung aus kraftvollen Zusagen und freundlichen Impulsen, die für das Gleichgewicht sorgt. In seinem filigranen Wechsel zwischen Unterstützen und Anstupsen hat der Textausschnitt selbst etwas Tänzerisches. Er reflektiert, wie Menschen in Situationen, in denen sie von außen in Bewegung gesetzt werden, nicht die Hoffnung verlieren oder sich hasserfüllt gegen die widrigen Umstände oder die bösen Mitmenschen wenden; sondern was sie diese tänzerische Leichtigkeit leben lässt, wie sie in dem Lied »In dir ist Freude« zum Klingen kommt. Und kann diese Unbeschwertheit auch nicht (zumindest nicht immer) aktiv herbeigeführt werden, so ist der oder die Einzelne im Sinne des Römerbriefs doch nicht macht- und tatenlos, sondern vielmehr freundlich ermutigt, sich bewegen zu lassen und beweglich zu bleiben.

Literatur: *Troels Engberg-Pedersen*, Paul's Stoicizing Politics in Romans 12–13: The Role of 13.1–10 in the Argument, JSNT 29.2, 2006, 163–172; *Hermann Harrassowitz*, Art.: Schneegaß, Cyriakus, in: W. Herbst (Hg.), Komponisten und Liederdichter des Evangelischen Gesangbuchs, Göttingen ²2001, 279; *Rainer Stuhlmann*, Die wahre Liebe und Die Ware »Liebe«. Röm 12, 9–16, GPM 73, 2018, 101–106.

Johannes 4,5–14

Wasser für alle, Wasser für jede*n

Christoph Karle

I Eröffnung: Finden wir Verschiedenen zusammen

Während ich im Frühjahr 2024 an dieser Predigtstudie arbeite, kann ich die Schlagzeilen aus den Nachrichten nicht ausblenden: Rechtsextreme planen die Deportation deutscher Staatsbürger, Parteiveranstaltungen müssen wegen Blockaden und Protesten abgesagt werden, der Krieg gegen die Ukraine dauert bereits über zwei Jahre, in Russland wurde Alexej Nawalny ermordet, in Israel sind noch immer nicht alle Geiseln des Terrorakts vom 7. Oktober befreit, Israels Krieg gegen die Hamas in Gaza fordert weiter ungezählte zivile Opfer ... Wenn 2025 über diesen Text zu predigen sein wird, werden diese konkreten Ereignisse nicht mehr aktuell sein, aber die Situation grundsätzlich – so ist zu fürchten – wird sich kaum umgekehrt haben: Das politische Klima ist zunehmend von Hass geprägt, verbale Entgleisungen nehmen zu und die Grenze zur Gewalt wird immer öfter überschritten. Immer mehr Gruppen stehen sich unversöhnlich gegenüber; Verständigung und Empathie scheinen ausgeschlossen.

Da fasziniert es mich, dass der Predigttext von einem Gespräch erzählt, in dem sich zwei Personen aus unterschiedlichen, ja verfeindeten Gruppen begegnen und am Ende eine Verbindung entsteht.

Hört man beim Lesen des Textes Jesu Verheißung zu, ist es gut möglich, dass man ganz hineingezogen wird in die Faszination dieses Bildes von lebendigem Wasser, das allen Durst stillt, so dass, wer davon trinkt, nie wieder durstig wird; es kann gut sein, dass man am Ende des Textes die Frau aus Samarien und das Setting des Gesprächs ganz vergessen hat und unmittelbar bei Jesus um dieses Wasser bitten möchte. Aber an diesem Sonntag, der an die Universalität der Botschaft Jesu erinnert, lohnt es sich, das Gespräch als Ganzes anzusehen und auch zu überlegen, was es bedeutet, dass Jesus gerade an diesem Ort und ausgerechnet im Gespräch mit dieser Frau dieses große Versprechen macht.

II Erschließung des Textes: Verbindung auf einer tieferen Ebene suchen

Der Text beschreibt ein Gespräch. Die ersten beiden Verse (V.5 f) bestimmen Ort und Zeit: In Samarien, nahe der Stadt Sychar, auf Jakobs Grundstück, an einem Brunnen; es ist Mittag, also heiß. Jesus ist erschöpft von der Reise, er macht Rast. Später (V.8) wird nachgeschoben dass die Jünger in der Stadt einkaufen, Jesus ist also allein am Brunnen Die vorangehenden Verse hatten den Grund seiner Reise angegeben: Jesus weicht möglicher Verfolgung durch Pharisäer in Jerusalem aus und ist auf dem Weg nach Galiläa, also nur auf der Durchreise.

Als eine Einheimische an den Brunnen kommt, beginnt Jesus ein Gespräch. Es beginnt alltäglich und wird dann schnell existentiell. Dreimal versucht Jesus eine Beziehung herzustellen, zunächst mit der alltäglichen Bitte um Wasser, dann mit der Rede von lebendigem Wasser. Zweimal zögert die Frau, sich auf seine Kontaktaufnahme einzulassen, antwortet mit Einwänden und Skepsis. Beim dritten Mal (V.15) lässt sie sich auf Jesu Angebot ein. Doch diese letzte Antwort, ihre Bitte: »Herr, gib mir dieses Wasser!«, ist schon nicht mehr Teil des Predigttextes.

Der erste Einwand der Frau (V.9) weist darauf hin, dass Jesus gleich in zweierlei Weise gesellschaftlich etablierte Grenzen ignoriert: Er, ein Mann, spricht eine Frau in der Öffentlichkeit an. Das galt, gerade für einen Rabbi, nicht als schicklich. (Schnelle, 121) Außerdem bittet Jesus, ein Jude, eine Samaritanerin um Hilfe. Dabei mieden Juden in dieser Zeit den Kontakt zu Samaritanern, das Verhältnis der zwei Gruppen war von Feindschaft geprägt: Die kultische Trennung zwischen Juden und Samaritanern ging auf eine Abspaltung Jerusalemer Priester zurück. Seit dem 4. Jh.v.Chr. unterhielten die Samaritaner nahe Sichem auf dem Garizim einen eigenen Tempel. Es kam immer wieder zu Auseinandersetzungen. Die Juden bestritten den Anspruch der Samaritaner, von den Erzvätern abzustammen, und betrachteten sie nicht als Israeliten; den Gottesdienst auf dem Garizim stellten sie heidnischen Kulten gleich. Die Samaritaner waren jedoch zweifellos Israeliten, ja verstanden sich als die wahren Israeliten und legten großen Wert auf ihre Abstammung von den Erzvätern. Der Pentateuch war (und ist) ihre heilige Schrift und auf dem Garizim wurde Jahwe verehrt. (Dietzfelbinger, 98–101)

Die Zurückhaltung der Frau ist also durchaus nachvollziehbar. Gleichzeitig ist beachtenswert, dass Jesus nicht nur gesellschaftliche Grenzen ignoriert, sondern auch vermeintliche Überlegenheit preisgibt: »Jesu Bitte bedeutet die Preisgabe des jüdischen Standpunktes.« (Bultmann, 130)

In seiner Antwort (V.10) geht Jesus jedoch nicht auf die (nicht unberechtigten) Einwände ein, sondern spricht stattdessen von sich und von »lebendigem Wasser«. Damit wechselt er nicht unmotiviert das Thema, sondern die Ebene des Gesprächs. Auffällig ist, dass er im Irrealis spricht: »Wenn du wüsstest ..., würdest du ihn bitten ... und er würde dir geben ...«, Jesus deutet eine Möglichkeit an, dass die Dinge auch ganz anders sein könnten; er drängt nichts auf, formuliert erst recht keine Forderung, sondern überlässt es ihr, ob sie nachfragt.

Die erneut zögerliche Antwort der Frau (V.11 f.) macht deutlich, dass Jesu Andeutung noch zu vage ist. Durch den Hinweis, dass er nichts zum Schöpfen hat, ist offensichtlich, dass ihr noch nicht klar ist, wovon er spricht. Dieses Missverständnis ist nachvollziehbar, da »lebendes Wasser« im orientalischen Sprachgebrauch auch fließendes Wasser oder Quellwasser bezeichnet. (Bultmann, 132) Aber bedeutsam ist auch der Hinweis auf Jakob, von dem der Brunnen stammt: Die Frau erinnert selbstbewusst an die Verbindung der Samaritaner zu dem Erzvater, im übertragenen Sinn also an ihre eigenen Quellen; sie braucht nichts von einem durchreisenden Juden.

Als Jesus zum dritten Mal spricht (V.13 f.), wird er deutlicher: Das Wasser, das er verspricht, stillt nicht leiblichen Durst, sondern existentiellen Durst, Durst nach ewigem, d. h. nach wirklichem und erfülltem Leben. (Dietzfelbinger, 103 f.)

Der Predigttext endet hier und lässt damit offen, ob dies genügt hat, um die Zweifel der Frau zu beseitigen und eine Beziehung entstehen zu lassen. Liegt in dem Gespräch über den existentiellen Durst, den alle Menschen kennen, eine gemeinsame Ebene, die die Unterschiede zwischen (in diesem Fall) einem Juden und einer Samaritanerin bedeutungslos werden lässt? V.15 und der Fortgang des Gesprächs zeigen, dass es so ist. Es ist zu überlegen, ob man diesen Vers nicht zum Predigttext hinzunehmen möchte.

III Impulse: Das Verbindende in der Gegenwart suchen

Allerhand Positives, Verheißungsvolles bietet also dieser Predigttext: Neben dem Versprechen des lebendigen Wassers auch die Aussicht, dass schon im Gespräch über dieses Wasser, im Durst nach ihm, etwas liegen kann, das Menschen verbindet, Trennungen überwindet und Unterschiede – wenn schon nicht verschwinden lässt – wenigstens bedeutungslos macht.

Doch was für eine Predigt soll man darüber halten? Denn es ist ja nun nicht so, dass seit jenem Gespräch Jesu am Brunnen mit der Frau aus Samarien (oder seitdem die johanneische Gemeinde sich diese Geschichte erzählt hat) Frieden auf Erden ausgebrochen wäre und die christliche Gemeinde die ganze Welt zum rabbinischen Gespräch über das ewige Leben versammelt hätte, über das aller Streit vergessen worden wäre. Wir leben noch sehr in jenem Irrealis, in dem Jesus zu der Frau spricht: »Wüsstest du, dann würdest du …«

Es könnte eine erklärende Predigt sein: Jesus macht vor, wie das Trennende zwischen Menschen überwunden werden kann, nämlich indem man das allgemein Menschliche sucht, das allen Menschen gleich ist – der Durst nach wirklichem, erfülltem Leben. Es könnte darauf aufbauend eine anspornende Predigt sein, die die Gemeinde daran erinnert, dass das Wasser, das uns nährt, auch in uns zu einer Quelle werden soll (V.14): Anstatt auf das Eigene zu beharren, sollten wir Christen das Verbindende suchen an Brunnen oder in der Kantine, wo auch immer man im Alltag mit Menschen ins Gespräch kommt.

Es könnte auch eine Hoffnung machende Predigt sein, die gegen die Realität der Gegenwart die Möglichkeit einer ganz anderen Welt ausmalt: Einer Welt, in der wir nicht mehr Dingen nachjagen, die den Durst doch nicht stillen, in der wir nicht die Unterschiede zwischen unseren verschiedenen Gruppen bestimmend sein lassen, sondern uns lebendiges Wasser geben lassen und im Fremden genauso Menschen sehen, die Durst haben nach wirklichem Leben. Es könnte somit eine träumende Predigt sein, wie Martin Luther King geträumt hat, nur mit eigenen Bildern, nicht aus Georgia, Mississippi, Alabama, sondern von der Ukraine und Russland, Israel und Gaza und von deutschen Straßen und Küchentischen. Und es könnte zugleich eine Predigt sein, die daran erinnert, dass dieser Traum zwar noch nicht Realität ist, aber auch nicht völlig unrealistisch: Ganz dialektisch leben wir im Noch-Nicht, aber auch im Schon, wie das Ende des Gesprächs Jesu mit der Frau zeigt. Und vielleicht gibt es für die Predigt noch andere Beispiele gelungener Begegnungen, in denen Trennendes überwunden und im Glauben Verbindendes gefunden wurde. Je konkreter, alltäglicher und lokaler diese Beispiele sind, desto besser. Lied nach der Predigt könnte »Finden wir verschiedenen zusammen« (Wo wir dich loben, wachsen neue Lieder *plus*, 137) sein.

Literatur: *Rudolf Bultmann*, Das Evangelium des Johannes (KEK II), Göttingen [21]1986; *Christian Dietzfelbinger*, Das Evangelium nach Johannes (ZBK 4), Zürich [2]2004; *Udo Schnelle*, Das Evangelium nach Johannes, ThHKNT 4, Leipzig [5]2016.

Marie-Luise Karle

IV Entgegnung: Geschmackssache!

Haben Sie schon mal versucht, jemandem das richtige Wasser anzubieten? Medium oder lieber spritzig oder doch einfach nur Leitungswasser? Oder wenn »still« aus der Flasche – dann welche Sorte? Natrium oder nicht, Plastik oder Glas, und wie um alles soll man das beste Wasser finden, wenn man vor der immensen Auswahl der Sprudelkästen im Getränkemarkt steht? Es sollte Verkostungen gleich einer Weinprobe geben …

Damit verbindet sich auch schon meine Anfrage an den Entwurf von A: Kann eine Predigt die Unterschiedlichkeit der Meinungen und Verschiedenheit der Personen unter der Kanzel tatsächlich durch »die Universalität der Botschaft Jesu« harmonisieren? Und muss die Verschiedenheit der Hörenden nur Problemanzeige sein oder kann sie nicht auch fruchtbar werden in der Auseinandersetzung mit dem Predigttext?

Denn was es ist, das »allgemein Menschliche [...] das allen Menschen gleich ist – der Durst nach wirklichem, erfülltem Leben«, wie A schreibt, dies wird interessanterweise selbst im Predigttext nicht eindeutig und damit abschließend gefüllt. Diese Deutungslücke im Predigttext bietet sich aber an als Anknüpfungspunkt für die jeweilige Glaubenserfahrung der Hörenden in ihrer Vielfalt.

V Zur homiletischen Situation: Anstoßen statt Übergießen.

Kann man überhaupt ein einheitliches Bild davon zeichnen, wer da sonntags unter der Kanzel sitzt? Denn im einen Kirchenschiff sitzen auch in religiösen Dingen längst nicht mehr ganz selbstverständlich Menschen eines Sinnes und Geistes, sondern viele Individuen mit ihrer jeweiligen Glaubens- und Lebensgeschichte, in deren jeweiligen Leben sich die alten Texte jeweils anders aktualisieren. »Die [...] Individualisierung der Religion ist ein Charakteristikum der modernen Gesellschaften und bedeutet im Endeffekt, dass tendenziell das Individuum selbst gewissermaßen als Subjekt, als ›Konstrukteur‹ der eigenen religiösen Sinnwelt auftritt.« (Drehsen, 71) Eine verallgemeinernde – oder gar allgemeingültige, vermeintlich objektive – Antwort auf die Frage, wonach das »Wasser des Lebens« schmeckt, und ob man es lieber medium oder spritzig genießen sollte, würde als Scopus der Predigt deshalb schnell aus der Zeit gefallen wirken.

Mit dieser individuellen Subjektivität umzugehen, ist eine besondere Herausforderung im Gepräge des evangelischen Predigtgottesdienstes und speziell der Predigt selbst als Frontalveranstaltung. Mit der Perikope des Sonntags scheint mir aber eine besondere Sensibilität dafür notwendig, denn die Verse bieten zwei Möglichkeiten, wie die Begegnung zwischen Jesus und der Frau am Brunnen gelesen werden kann: Unreflektiert lässt sich der Predigttext asymmetrisch im Sinne der gewohnten patriarchalen Gesellschaftsordnung lesen, was verstärkt wird durch die asymmetrische Kommunikationsform im Gottesdienst selbst. Die beschriebene Gesprächssituation zwischen Jesus als Mann und Rabbi und der Frau in ihrer den damaligen Normen widersprechenden Lebensform, noch dazu zugehörig zu einer der Häresie verdächtigten Volksgruppe, kann leicht den Eindruck einer klassisch patriarchalen Belehrungssituation bedienen. Mit sensiblerem Blick fällt jedoch auf, dass die Perikope selbst – wie von A ausführlich beschrieben – dieser Deutung mehrfach widerspricht: Jesus als Mann spricht mit einer Frau, noch dazu in einer einsamen Situation ohne Beobachter. Er als Jude spricht mit der Samaritanerin von Mensch zu Mensch, ohne die theologischen Streitpunkte zum Thema zu machen. Kann etwas von dieser Offenheit auch in der Predigt durchscheinen?

Vielleicht bietet sich zur eigenen Sensibilisierung in der Predigtvorbereitung ein Ausflug in die Gendertheorie an: »unlearn patriarchy«
heißt der Sammelband, in dem Kübra Gümüşay unter der Überschrift
»unlearn Sprache« auf die normierende Funktion von Sprache hinweist:
»Wenn wir denken, unsere Sprache sei universell, verlieren wir so viele
Farben und Facetten, Vieldeutigkeiten und Widersprüchlichkeiten. [...]
Wer davon ausgeht, alles sei fertig, so wie es ist, wird weder die freud-
vollsten Schönheiten noch die schmerzlichsten Hässlichkeiten dieser
Welt je zu Gesicht bekommen.« (Gümüşay, 19)

Sich als Prediger*in der Begrenztheit der eigenen Sprache bewusst zu
werden und damit umzugehen, scheint auf den ersten Blick paradox –
wir sind Predigten gewohnt, die häufig gleich einer Lehrveranstaltung
wissensbasiert Antworten geben. Doch genügt das noch, wenn wie von
A beschrieben, alle Welt eine Meinung hat und niemand vom anderen
belehrt werden möchte? Wenn Information und Wissen längst demo-
kratisiert und allgemein zugänglich sind? Wenn Glaube gar nicht unbedingt aus Argumenten wächst, sondern eine andere Ebene als die rein
kognitive angesprochen werden muss?

»Bereits unsere Alltagserfahrung vermittelt intuitiv immer einen
›Rest‹ von Fremdheit und Nicht-Verstehen in der sprachlichen Verständigung. [...] Der ›Rest‹ von Fremdheit in unserer zwischenmenschlichen
Kommunikation verweist auf das bleibende Geheimnis unserer jeweiligen Identität.« (Luther, 69.71) Kann eine Predigt dem Raum geben, und
damit die Hörenden darin unterstützen, von Zuhörer*innen zum Subjekt ihrer religiösen Bildung zu werden? (vgl. Drehsen, 71)

Tatsächlich findet diese religiöse Individualität und Selbstbestimmung auch im Predigttext ihren Anknüpfungspunkt: Aus der Perikope
selbst lässt sich bei genauem Hinsehen nicht erklären, was Jesus mit dem
»Wasser des Lebens« meint, und auch nicht, was die Frau, die dieses Angebot annimmt, darunter versteht. Dennoch scheinen sich die beiden in
diesem Stichwort begegnet zu sein. Es bleibt eine Deutungslücke, und
diese kann in der Predigt zum Raum des Nachdenkens geöffnet werden.

VI Predigtschritte: Das Wasser des Lebens verkosten

Soll die Individualität der Hörenden in der Predigt ernstgenommen werden, braucht es mehr als einen gut durchdachten, argumentativ schlüs-
sigen Vortrag – vielleicht vor allem den Mut, zu inspirieren und Raum
zu lassen, damit die Grenze zwischen dem, der redet und denen, die
zuhören, zu verschwimmen beginnt.

Zischend eine Flasche Mineralwasser öffnen und sprudelnd Wasser
in ein Glas fließen lassen, wäre ein möglicher Einstieg. Über die sinn-
liche Komponente des sprudelnden Wassers sind auch die Gottesdienstbesucher*innen innerlich auf ganz unterschiedlichen Ebenen der Wahrnehmung angesprochen. Die Frage »Welches Wasser trinken Sie denn

am liebsten?«, geht dann von der eigenen, konkreten leiblichen Erfahrung von Durst und Erfrischung aus und kann der Übertragungsebene zum »Wasser des Lebens« einen existentielleren Zugang verleihen.

Aber auch der Predigttext kann verteilt auf verschiedene Sprecher*innen gelesen werden, sodass durch die unterschiedlichen Stimmen verschiedene Identifikationsmöglichkeiten entstehen und die Gesprächssituation im Text an Lebendigkeit gewinnt.

Und muss die Predigt alles selbst erklären, oder kann nach einigen einordnenden Hinweisen zum Textverständnis statt rein rhetorischen Fragen tatsächlich Raum zum Nachdenken sein? Vielleicht zu Händels Wassermusik, oder eingespieltem Wassergeräusch; je nach Gottesdienstraum und Mut der Gemeinde sogar im Gespräch bei einem Glas Wasser mitten in der Predigt:

»Wann tut Ihnen der Glaube gut?«, »Wonach hungern und dürsten Sie, nicht nur konkret und körperlich, sondern wonach sehnen Sie sich – beim Blick in die Nachrichten, beim Blick in unsere Gemeinde, unseren Ort, oder im eigenen Leben?«, »In welchen Momenten beten Sie?«, »Wann sprudelt der Glaube aus Ihnen heraus?«, »Kann Lebenssinn strömen, tröpfeln, verdunsten? Und was bringt ihn zum Fließen?«

Kommen dann eigene Gedanken der Prediger*in zum »Wasser des Lebens« im Anschluss hinzu, können sie zum beispielhaften Angebot gelebter Religiosität werden, wodurch ein Miteinander-Nachdenken eröffnet werden kann.

Literatur: *Henning Luther*, Religion und Alltag. Bausteine zu einer Praktischen Theologie des Subjekts, Stuttgart 1992; *Volker Drehsen*, Von Gott reden – zu Gott reden. Plausibilität in der heutigen Lebenswelt, in: H. Lichtenberger/H.Zweigle (Hg.), Als Theologen von Gott reden und das Reden zu Gott (Theologie in Gottesdienst und Gesellschaft 10), Neukirchen-Vluyn 2011; *Kübra Gümüşay*, unlearn sprache, in: L. Jaspers u. a. (Hg.), unlearn patriarchy, Berlin ⁹2023.

Epheser 4,25–32

Leben jenseits der Lüge

Matthias Loerbroks

I Eröffnung: Dieser Text an diesem Tag?

Der 27. Januar ist in Deutschland der Gedenktag für die Opfer des Nationalsozialismus, weltweit der Holocaust Remembrance Day. Wie in staatlichen und gesellschaftlichen Veranstaltungen geht es auch in christlichen Gottesdiensten an diesem Tag um Gedenken. Dieses Verbrechen soll nicht vergessen und nicht verdrängt, seiner Opfer, ihrer Namen und Lebensgeschichten soll gedacht werden und gedacht werden soll auch an die Überlebenden und ihre Nachkommen, deren Leben von den Morden geprägt und beschädigt sind. Dies Gedenken hat seinen eigenen Wert, soll nicht pädagogisch verzweckt werden. Und dennoch stellt es die Frage danach, was nun heute, nach Auschwitz zu tun ist. In christlichen Gottesdiensten kommt noch etwas hinzu: das Innewerden der spezifisch christlichen Schuld, die zwar nicht zwangsläufig zum Massenmord geführt, ihn aber ermöglicht hat. Das gilt in je eigener Weise für die verschiedenen Opfergruppen, es gilt aber ganz besonders für den Versuch, das jüdische Volk insgesamt zu ermorden. Denn fast durchgängig kam die kirchliche Verkündigung, Lehre und Selbstdefinition nicht ohne die Negation der Juden und des Judentums aus – Juden sollte es nicht mehr geben. Keine gute Botschaft ohne Schlechtreden der Juden.

Angesichts der erschütternden Ereignisse, die die Grenzen unserer Vorstellungskraft sprengen, uns den Boden unter den Füßen wegziehen, wirkt unser Text freilich etwas bieder, etwas blass. Die an diesem Tag zu predigen haben, mag das unbehagliche Gefühl beschleichen, dem Gewicht der Schoa nicht gerecht zu werden. Doch der Text wird dann in die Situation sprechen, wenn sein Kontext in der Predigt mitschwingt. Und diese Situation ist nicht nur die nach Auschwitz, sondern nun auch die nach dem 7. Oktober 2023. An keinem anderen Tag nach 1945 sind so viele Juden ermordet worden, weil sie Juden waren. Ein tiefer Einschnitt im Leben von Juden in aller Welt und darum auch für eine Kirche, die – wie es in der Grundordnung der EKBO heißt – sich verpflichtet weiß »zur Anteilnahme am Weg des jüdischen Volkes«. (Art. 12, Satz 2 Grundartikel I)

Das Ablegen der Lüge, des Trugs bezieht sich auf den Kleiderwechsel, V.22–24: Ablegen des alten Menschen, Anziehen des neuen. Diese Verse sollten darum mitgelesen oder in der Predigt paraphrasiert werden. Die Rede vom alten und vom neuen Menschen nimmt wiederum die Gegenüberstellung in Kap. 2 auf: Einst wart ihr fremd und fern der Israelbürgerschaft, seinen verheißungsvollen Bundesschlüssen, darum ohne Hoffnung, ohne Gott (V.12). Nun aber, im Christus, seid ihr Fernen nahe geworden, nicht mehr Fremde, sondern Mitbürger der Heiligen (Israels) und Hausgenossen Gottes, V.13.17–19. Wegen dieser Anrede an Jesusjünger aus den Völkern gehört der Epheserbrief neben dem Römerbrief zu den Grundtexten der Bemühungen um eine Heilung der Beziehung zwischen Christen und Juden nach 1945. Hier ist die Kirche nicht das neue Israel, das ein altes ersetzt, sondern Miterbe, Mit-Leib, Mit-Teilhaber (3,6). Die Ermahnungen und Ermutigungen in Kap. 4 sind Konsequenzen dieser frohen Botschaft. Der Verfasser will seinen Adressaten dazu verhelfen, ihren veränderten Status in jeder Hinsicht zu realisieren. Dieser Vorrang des Evangeliums vor der Weisung soll auch die Predigt bestimmen, gerade an diesem dunklen Tag. Die Ausführlichkeit des Einst und Jetzt wie die der Konsequenzen zeigt freilich: Der Verfasser ist nicht sicher, ob die Angeredeten den Wechsel von der Israelfremdheit zur Bundesgenossenschaft bereits wirklich und unwiderruflich vollzogen haben. Das trifft unsere Situation. Die Entdeckungen dieser Texte und ihrer Implikationen geschahen erst nach der Katastrophe und sind längst nicht durchgesetzt: in der Lehre nicht und in der Praxis schon gar nicht.

Redet Wahrheit, ein jeder mit seinem Nächsten – das ist ein Zitat aus Sach 8,16. Das zeigt: Mit dem griechischen Wort *alētheia* ist hier – und wahrscheinlich überall im NT – das hebräische Wort *æmæt* gemeint, und da geht es nicht um objektive Tatsachen, sondern um Beziehungen; um Treue, um Verlässlichkeit: Haltet dem Nächsten die Treue in eurem Reden. Oder, 4,15: *æmæt* sagen in Liebe, in Solidarität. Das Sacharja-Zitat – *dabrû æmæt* – ist auch die Überschrift einer Erklärung amerikanischer Rabbiner, die vielleicht allzu freundlich würdigt, dass sich die Einstellung der Christen zu den Juden geändert hat. Mit dem Zitat aus Sach 8 verweisen beide – der Epheserbrief und die Erklärung *Dabru emet* – auch auf den Schluss des Kapitels, die Vision: In jenen Tagen werden zehn Männer aus allen Sprachen der Völker den Rockzipfel eines Juden fassen und sagen: Wir wollen mit euch gehen, denn wir haben gehört: Gott ist mit euch.

Der Predigttext ist ringförmig aufgebaut: Die V.28–29 sind verbunden durch die Stichworte »brauchen« und »geben« – gebt einander im Materiellen wie in Worten das, was gebraucht wird; was brauchbar ist. Keinen Fußbreit dem Teufel (V.27) bedeutet, dessen Gegenspieler, den Heiligen Geist, nicht zu betrüben (V.30). »Zorn« verbindet die V.26 und

V.31, doch während V.31 den Zorn samt allerlei anderen Übeln ganz weghaben will, bemüht sich V.26 darum, ihn zu begrenzen. So interpretieren nun auch die V.25 und V.32 einander: Wir sind Glieder untereinander (V.25) – das erinnert an die frohe Botschaft in 3,6: Menschen aus den Völkern sind nun Mit-Leib. Während V.25 die Konsequenzen dieser Mit-Gliedschaft im Blick auf unser Reden zieht, geht es V.32 um unser gesamtes Verhalten: Solidarisiert euch miteinander, wie sich Gott im Christus mit euch solidarisiert hat.

Im Mittelpunkt des Rings steht die Frage nach unserer Brauchbarkeit. Hat das Geschenk Gottes, von dem der erste Teil des Briefs geradezu schwärmt, sc. unsere Aufnahme als assoziierte Mitglieder und Mitmacher in die Bundesschlüsse Gottes mit seinem Volk, als Mitbürger Israels mit Migrationshintergrund, uns befreit zur Solidarität, uns zu treuen, zu brauchbaren Bundesgenossen des jüdischen Volkes gemacht? Im Blick auf den Kasus 27. Januar muss diese Frage mit Nein beantwortet werden. Christen wollten nicht auch erwählt (EG 293) sein, sondern die einzig Erwählten; nicht Miterben, sondern Alleinerben; Israel nicht hilfreich zur Seite stehen, sondern es ersetzen. So haben sie den Weg nach Auschwitz gebahnt.

Doch wir predigen nicht im Jahr 1945, sondern im Jahr 2025. Was hat sich in diesen 80 Jahren, in zwei Generationen getan? Die Wiederentdeckung verdrängter biblischer Texte, Neuentdeckungen auch an bekannten, ein Denken aus der Umkehr heraus bei – freilich nicht vielen – systematischen Theologen und vor allem die Bereitschaft von Juden, als Lehrer und Gesprächspartner mit uns zusammen Bibel und Talmud zu lernen – das alles ist ein erneutes Geschenk des Gottes Israels an Menschen aus der Völkerwelt. Und auch diese Gabe ist eine Aufgabe. Haben wir diese zweite Chance genutzt? Hat sich die Situation so zum Guten gewandelt, wie *Dabru emet* uns bescheinigt? Oder sind wir noch immer unmündig und unschlüssig, orientierungslos hin- und hergetrieben von jedem Wind der Lehre, in Arglist, die mit Methode zum Irrsinn führt (4,14)? Sind wir steckengeblieben oder gar rückfällig geworden? Waren wir schon weiter?

III Impulse: Miterwählt zu sein ist keine Kränkung, sondern frohe Botschaft

Predigt: Zunächst ist zu skizzieren, wie und wodurch christliche Lehre und Praxis dazu beigetragen haben, dass es zu Auschwitz gekommen ist; sodann anhand der frohen Botschaft in Kap. 2 und 3 zu zeigen, dass der Gott Israels den Jesusjüngern aus den Völkern einen ganz anderen Weg eröffnet hatte. Hier soll deutlich werden, dass es beim Verhältnis der Christen zu den Juden um den Kern des christlichen Glaubens und des kirchlichen Selbstverständnisses geht – nicht um eine Außenbeziehung, die durch interreligiösen Dialog zu guter Nachbarschaft werden soll. Das

Ziel ist darum nicht Toleranz, die Bereitschaft zu dulden, dass es neben den Christen auch Juden gibt, sondern umgekehrt: eine Kirche neben Israel – Menschen aus der Völkerwelt, die sich zur Bundesgenossenschaft mit dem jüdischen Volk berufen wissen. Christlicher Antijudaismus ist keine Fremdenfeindlichkeit, sondern – siehe AT-Lesung (Gen 4,1–10) – Anstiftung zum Brudermord, freilich auch zum geistlichen Selbstmord. Hier könnte 2Kor 5,20 ergänzt werden: Lasst euch versöhnen mit Gott – und mit seinem Volk. Schließlich soll am Predigttext gezeigt werden, was aus diesem kirchlichen Selbstverständnis für die kirchliche Praxis folgt. Leitfrage ist dabei, s.o., die nach unserer Brauchbarkeit.

Nun geht es an diesem Tag, jedenfalls in Deutschland, um alle Opfer des Nationalsozialismus. Die Konzentration auf die Juden ist aber angesichts der sehr besonderen christlich-jüdischen Geschichte vertretbar und im Blick auf den Epheserbrief geboten. Ich schlage vor, den anderen Opfern des Nationalsozialismus in der Liturgie Raum zu geben, etwa in den Fürbitten.

Texte: Statt Ps 126 schlage ich Ps 83 vor: eine ganz große Koalition gegen Israel, eine antijüdische Weltverschwörung mit dem Ziel, Israel auszulöschen. Da bereits der Predigttext aus einem Brief stammt, sollte die erste Lesung die aus dem AT sein. Gen 4 spricht zudem auch ohne Auslegung direkt in die Situation, die Evangeliumslesung (Mt 10,26b–28[29–31]) leider nicht, doch für einen Abendgottesdienst genügt eine Lesung. Wird der Gottesdienst bereits am 26. Januar gehalten, finden sich leicht Bezüge zum Thema des 3. Sonntags nach Epiphanias: Israel und die Völker.

Lieder: 404,2–4.7; 273,3.4; 326,5.6.8; 137,3–6; Schlussstrophe: 58,10.11

Internet: *Dabru Emet:* https://www.christen-und-juden.de/Download/DABRU%20EMET.pdf ; *Kirchenrecht der EKBO*: https://www.kirchen-recht-ekbo.de/document/361#:~:text=1%20Die%20Kirche%20gründet%20in,und%20ihm%20widerspricht%2C%20mit%20sich (beide zuletzt abgerufen am 29.04.2024)

Angelika Obert

IV Entgegnung: Suche den Frieden an deinem Ort

A hat Recht, die christliche Gemeinde am Schoa-Gedenktag nach ihrer Brauchbarkeit als solidarische Bundesgenossin Israels zu befragen. Er liest den Predigttext unter dem Vorzeichen der großen Vision von Eph 2,12–19: Eine erneuerte, versöhnte Menschheit ist möglich geworden, weil die Völker durch Christus Aufnahme gefunden haben in das

Gottesvolk Israel. Auch mir ist wichtig, im Bewusstsein der Kirche zu verankern, dass diese Vision am Anfang der Christenheit stand, dass Christentum sich Israel in jeder Hinsicht verdankt. Ich habe nur die bange Frage, ob sich an die Vision des Epheserbriefs, die nun über bald 2000 Jahre hinweg so furchtbar gescheitert ist, im 3. Jahrtausend nach Christus noch ohne weiteres anschließen lässt. Kann die Tatsache, dass es ein jüdisch-christliches Gespräch und eine Theologie der Umkehr gibt, wirklich an den Anfang zurückführen? Anders gefragt: Werden die heute Getauften nicht Mühe genug haben, sich überhaupt in einer Gottesbeziehung zu verstehen, und mit dem Gedanken des ›Hinzuge-kommenseins‹ nicht überfordert sein? Und: Wollen Jüdinnen und Juden heute solche Nähe überhaupt? Ich bin da nicht sicher. Etwas schade finde ich es jedenfalls, dass A um seines Grundgedankens willen den Predigt-text selbst nun etwas großflächig unter die Überschrift ›Brauchbarkeit‹ stellt und damit die doch sehr plastische Paränese tatsächlich verblassen lässt. Ich selbst lese sie als eine wunderbar konkrete Wegweisung, um der Allgegenwart des Unheils zu entkommen, das mit der selbst geglaubten Lüge beginnt: der großen Lüge der Kirche, die Israel als dunkle Folie benutzte, um das eigene Licht zu behaupten – und all der andern Verlo-genheiten, mit denen die eigene Rechtschaffenheit durch die Verwerfung anderer vergewissert wird. So neige ich mehr zu dem anderen Predigtan-satz, gegen den A sich entschieden hat, der für den seinen ja auch schon gute Vorschläge gemacht hat. Ich lese die Paränese als Konkretisierung der Friedensvision von Eph 2 im Sinne des jüdischen Weisheitsworts, das ich Albert Friedlander verdanke: »Suche den Frieden an deinem Ort« – fang bei dir selber an.

V Zur homiletischen Situation: Die Gewalt der Lüge

»Wir schützen jüdisches Leben« versprechen zurzeit Plakate in den Schaukästen vor evangelischen Kirchen. Sie sind nötig geworden ange-sichts der antisemitischen Ausfälle nach dem 7. Oktober 2023, wirken auf mich allerdings auch ein wenig demonstrativ. Gleichzeitig haben die ökumenischen Dachverbände nach dem Massaker der Hamas gänzlich empathiefreie Erklärungen abgegeben, in denen sie vom hohen morali-schen Ross herab insbesondere Israel zur Mäßigung aufriefen, Sorge nur im Blick auf die palästinensische Bevölkerung zeigten. Wie immer der zurzeit im Gazastreifen geführte Krieg ausgehen mag: Auch in den Ge-meinden wird es viele über Israel moralisch empörte Stimmen geben und nicht selten wird – an der Wortwahl erkennbar – die kritische Wahrneh-mung der israelischen Politik vom alten »antijüdischen Animus« (Dan Diner) mitbefeuert sein. Allzu tief sitzt im kollektiven Unterbewusstsein die Idee, dass die Juden immer selber schuld sind. Wo stehen wir, wenn wir am Schoa-Gedenktag Gottesdienst feiern? Geht es uns etwa nur um Entlastung von der alten Schuld?

Allemal wichtig bleibt es, den Gedenktag in den Gemeinden zu verankern – gerade jetzt, wo das Vergessen auf alarmierende Weise Platz greift, der Rechtspopulismus so viel Zuspruch findet und mit der Lust an auftrumpfender Selbstbehauptung auch dem Hass wieder ungehemmt Lauf gelassen wird. Die Erinnerungskultur wird nun schon allzu oft als lächerlich geschmäht – und ja, ganz unproblematisch ist sie ja auch nicht, wenn sie vor allem der Vergewisserung der eigenen Unschuld dient. Auch jüdische Stimmen sind skeptisch angesichts des »deutschen Gedenktheaters«, das ihnen sehr frei von Demut erscheint. Und seitens der Gedenkstätten wird angemahnt, es reiche nicht mehr, an das Erinnern zu appellieren, es müsse auch um das Verstehen gehen: Wie konnte es zu den monströsen Verbrechen kommen? Es sind diese beiden Stichworte: »Demut« und »Verstehen«, die mich im Blick auf den 27. Januar und so auch auf den Predigttext beschäftigen.

Es ist ja bemerkenswert, dass die Lüge in V.25 als etwas erscheint, was habituell immer schon da ist und überhaupt erst erkannt und abgelegt werden muss. Und wenn das Reden der Wahrheit im Folgenden eingehend als achtsames, ja liebevolles miteinander und übereinander Sprechen beschrieben wird, dann ist mit der Lüge wohl das Gegenteil gemeint: Die Projektion des Bösen auf die jeweils andern um der eigenen Selbstgewissheit willen. Es ist ja leider so, dass unsere christlichen Vorfahren mit der großen Lüge, das Judentum sei durch Christus überwunden, die Juden als Gottesvolk verworfen, sehr guten Glaubens gelebt haben. Diese Überzeugung war gewissermaßen in die DNA des Christentums eingeschrieben, seit es im 4. Jahrhundert mit der Macht verbündet war. In ihrem Geist ist auch noch 1948 das Darmstädter Wort »zur Judenfrage« entstanden. Erkenntnis angesichts der Schoa geschah erst Jahrzehnte später. Das bleibt doch Grund für ein tiefes Entsetzen: Die scheinbar »fromme« Lüge, die von so vielen klugen Theologen immer weiter kolportiert wurde, hat sich als Quelle furchtbarster Gewalt erwiesen. Muss ich da nicht auch meinen eigenen Selbstgewissheiten misstrauen? Haben die großen kollektiven Lügen nicht auch ihren Nährboden in jedem scheinbar harmlosen Gespräch am Abendbrottisch, bei dem mit Lust gelästert und verworfen wird und der Genuss der Selbstentlastung jede Einsicht in die Fragwürdigkeit des eigenen Treibens überdeckt? Die Lüge, die für die eigene Rechtfertigung die Projektion des Bösen auf die andern braucht – sie ist als Sünde schlechthin zu erkennen. Dann wird auch deutlich, dass es bei der in Christus versprochenen Versöhnung, der »Rechtfertigung allein aus Gnade«, um eine geheilte Gemeinschaft geht, die erst möglich wird, wo die Lüge aufhört. Und da sie offenbar doch eine große Versuchung in jedem von Zweifeln und Abgründen nicht freien Menschenleben bleibt, tut der Epheserbrief gut daran, im Folgenden alle möglichen Affekte der Lieblosigkeit konkret zu benennen, sie nicht etwa für verzeihlich zu halten. Jenseits der Lüge – so sagt es der Text, sind wir nur dann, wenn wir in allen Situationen des Alltags im nahen wie fernen Mitmenschen Bruder und Schwester sehen. Was nun auch bedeutet, jedweden antijüdischen, israelfeindlichen Bemerkungen, wo immer sie fallen, deutlich entgegenzutreten. Die Predigt soll die entsetzliche Heillosigkeit der Lüge vergegenwärtigen, wie sie in der christlichen Judenfeindschaft offenbar geworden ist, und verdeutlichen, dass Wahrheit keine Frage des Faktenchecks, sondern der inneren Haltung ist. Das mag in Zeiten der Verworrenheit ein Pfad sein, der vor neuerlichem Irrtum bewahrt.

VI Predigtschritte: Was wahr ist …

Anfangen ließe sich mit der Beobachtung Hannah Arendts, dass nichts so gefährlich ist wie der Selbstbetrug, die Lüge, die man selber glaubt: Sie macht uns unfähig, zwischen wahr und falsch überhaupt zu unterscheiden, empfänglich für totalitäre Systeme. Auf furchtbare Weise anschaulich wird solches Lügenleben im Film ›Zone of Interest‹ der ein durchsonntes, sehr deutsches Familienleben direkt neben dem Konzentrationslager Auschwitz zeigt – mit Bildern, wie es sie in vielen Familienalben wohl gibt. Die sichtbar gewordene Verblendung macht fassungslos und fordert das Nachdenken heraus: Wie kann das sein? Der Predigttext rechnet mit der Lüge als immer gegebener Versuchung: der Selbstvergewisserung durch Verdunkelung eines Andern. Einer Lüge, die die christliche Kirche seit ihren Anfängen begleitet hat, wenn sie ihre eigene Gewissheit durch Verwerfung des Judentums gewann, einer Lüge, die – trotz Lessing – auch von der Aufklärung nicht aufgeklärt wurde, die schließlich im Wahnsinn der faschistischen Selbstverherrlichung mündete, die sich zur massenhaften Vernichtung jüdischen und anderen Lebens berechtigt fand. Wie gehen wir um mit dem Entsetzen, der Scham, der Fassungslosigkeit angesichts des unfassbaren Verbrechens? Gehören wir zu denen, die – weil sie »aus der Geschichte gelernt haben« – sich nun sehr gewiss auf der Seite der moralisch Überlegenen auch gegenüber Israel sehen? Wie können wir uns schützen vor der so offenkundigen menschlichen Lügenverfallenheit, die ja nun auf vielfältige Weise auch wieder politisch an Boden gewinnt? Der Predigttext gibt Antwort: Wahrheitsliebe ist Wahrheitspraxis an jedem einzelnen Tag in jeder einzelnen Begegnung. Am Ende der Predigt (oder auch am Anfang) könnte das im Internet leicht zu findende Gedicht von Ingrid Bachmann stehen: ›Was wahr ist‹. Damit wäre unterstrichen, dass die Wahrheitsliebe, die Gemeinschaft in Frieden ermöglicht, schließlich auch die Bedingung für die persönliche Befreiung ist: »Was wahr ist, rückt den Stein von deinem Grab« …

Um dem Gedenken an die Opfer der Schoa in der Liturgie Raum zu geben, ist die Litanei zu empfehlen, die sich in der Predigthilfe von Aktion Sühnezeichen zum 27.01.2019 findet. Dort gibt es auch einen Vorschlag für die Fürbitten.

Literatur: *Hannah Arendt*, Wahrheit und Lüge in der Politik, München 2013.

Internet: *Ingeborg Bachmann*, Was wahr ist: https://www.deutschelyrik.de/was-wahr-ist.html; *Dan Diner*, Er ist wieder da https://www.faz.net/aktuell/feuilleton/debatten/geschichte-des-antisemitismus-laengst-ueberwunden-geglaubte-judenfragen-19450273.html; *Darmstädter Wort*: https://www.ekd.de/wort-des-bruderrates-der-ekd-zum-politischen-Weg-unseres-Volkes-71469.htm; Litanei: https://asf-ev.de/veroeffentlichungen/

Film: *Jonathan Glazer*, Zone of Interest, Polen/UK/USA 2023.

Letzter Sonntag nach Epiphanias – 02.02.2025

2Mose 3,1–8a(8b–9)10(11–12)13–14(15)

Gottes Treue zieht dir die Schuhe aus

Martin Böger

I Eröffnung

Mose ist die Licht- und Schattengestalt der Exoduserzählung. Nach wundersamer Rettung durch die Tochter des Pharaos folgt sein Aufstieg zu einem der einflussreichsten und mächtigsten Männer in Ägypten. Und dann von einem auf den anderen Moment sein tiefer Fall, ausgelöst durch einen Wutausbruch und Mord an einem Aufseher. Er ist zur Flucht gezwungen, kommt nach Midian, wird dort zum Schafhirten.

Stoff für großes Kino, für eine Biografie zwischen Auf- und Ab und ohne strahlendes Happy End – zuletzt auch unter der Regie von Ridley Scott und Christian Bale in der Hauptrolle als Mose.

Die Perikope für den letzten Sonntag nach Epiphanias beinhaltet dabei einen der bekanntesten und berühmtesten Texte der Bibel. Sozusagen eine Scharnierstelle für alles Weitere, hier wird die Rettung des Volkes Israel in Gang gesetzt.

Beim ersten Lesen und Nachdenken merke ich, wie ich mich sträube, allzu sehr bei der Person des Moses hängen zu bleiben. Und selbstverständlich könnte man das tun. Diesen Mose in den Mittelpunkt stellen, mit seiner wechselhaften Biografie, seinen Licht- und Schattenseiten, mit seiner großen Unsicherheit, ob er der richtige Mann für diesen großen Auftrag Gottes sein könnte.

Ich bleibe an etwas anderem hängen – nämlich am Motiv des in Bewegung Kommens. An diesem Motiv, dass einer Verheißung, einer Hoffnung, ein konkretes Ziel, ein Land der Heimat beigestellt wird, dem sich entgegengestreckt, zu dem sich aufgemacht wird.

Daran, wie diese Episode es schafft, der himmelschreienden Not des Volkes Israel, der Angst des Moses nicht zu genügen, einen Ort und Zustand der Hoffnung gegenüberzusetzen und dabei Mose in Anspruch nimmt, um diese Hoffnung Wirklichkeit werden zu lassen.

II Erschließung des Textes

Die Perikope steht am Anfang eines zusammenhängenden Abschnittes, der sich über Kap. 3–4 zieht und die Berufung und Sendung Moses beinhaltet. Der jüdische Exeget Benno Jacob strukturiert den Abschnitt 3,1–4,17 dabei als ein Einwendungs- und Antwortspiel zwischen Gott und Mose. Die vorliegende Perikope fällt dabei unter die erste und zweite Einwendung Moses auf die Gott jeweils mit einer Antwort parat steht. Gleichzeitig ist eine Gliederung nicht einfach, da die Komplexität des Textes genau darin liegt, »dass er unterschiedlichste Perspektiven der Betrachtung und damit Gliederung eröffnet«. (Dohmen, 142) Nach Fischer/Markl (46–48) ergeben sich drei Gliederungsmöglichkeiten. 1. Eine Unterteilung nach den Einwänden des Mose. 2. Die Orientierung an Schlüsselverben, wie »sehen« (3,1–9) und »senden, gehen« (3,10–22). 3. Eine Gliederung anhand von Bildern, wobei die Perikope hier vier Bilder umfassen würde: Inszenierung (3,1–6), Gottes Anliegen (3,7–12), der Sendende (3,13–15), JHWHs Plan (3,16–22).

Innerhalb des Abschnitts gibt es eine enge »innere Verbindung von Theophanie und Berufung«. (Dohmen, 141 f.) Die Berufung Moses zum Anführer in die Freiheit ist auf's engste mit Gottes Selbstvorstellung verbunden. Gott offenbart sich sozusagen in der Sendung Moses als der befreiende Gott. Die Begegnung zwischen Gott und Mose wird damit in die Biografie Moses eingeflochten – »in der Mose-Berufung wird Gottes Hinwendung zu Israel konkret« (Dohmen, 144) und Mose zu dem Menschen, der er ist. Interessanterweise ist der genaue Zeitpunkt nicht derart wichtig, wie der konkrete Ort – ein konkretes Alter Moses wird nicht genannt, wohl aber die genaue Lokalisierung des Gottesbergs als Horeb.

Im Blick auf die Lebensumstände des Mose wird deutlich, dass er nunmehr in Midian ein völlig anderes Leben als noch in Ägypten lebt, nämlich als Schafhirte. »In einem tiefen Sinn kehrt Mose in Midian als Schafhirte zu den ureigensten Ursprüngen seines Volkes zurück« (Dohmen, 148) und ist wie die Erzeltern ein »Fremder«.

An der Person des Mose wird also etwas paradigmatisch deutlich, was sich auch am Volk Israel zeigt. Mose fand als Fremder Lebensraum in Ägypten und ist doch auf der Suche nach sich selbst, nach dem Ort, an dem er nicht mehr Fremder, sondern Einheimischer ist.

Im Blick auf die Theophanie im brennenden (aber nicht verbrennenden) Dornbusch sei an dieser Stelle an die längere Diskussion erinnert, ob Gott selbst in der Flamme ist – oder ein Bote. Wie dem auch sei, ist es eine interessante Beobachtung, dass »das Feuer, das brennt, ohne etwas zu verbrennen, Zeitlosigkeit an[zeigt]«. »Der brennende, aber nicht verbrennende Dornbusch scheint der für die Zeit konstitutiven Vergänglichkeit bzw Veränderung entzogen zu sein und greift damit – wenn auch verborgen – das auf, was Gott in 3,14 über sich selbst kundtut: ›Ich werde sein, der ich werde sein‹.« (Dohmen, 149)

Mose hört den Ruf Gottes und auch Gott war ganz Ohr und ist herabgestiegen (Perfekt), um etwas zu tun (Futur). Gottes rettende Tat beinhaltet dabei zwei Handlungen, zum einen das Herausführen, die Befreiung des Volkes aus dem ägyptischen Herrschaftsbereich und das damit untrennbar verbundene Führen in das verheißene Land (V.8): »Die Erfüllung der den Erzeltern gegebenen Verheißungen bildet von Ex 1 an den Fokus des Buches Exodus« (Dohmen, 153) und wird nun zur Vollendung kommen – so die Zusage Gottes.

Aber so weit sind wir noch nicht. »Mit einer Gegenfrage, die einen grundsätzlichen Zweifel des Moses an seiner eigenen Kompetenz für die vorgestellte Aufgabe artikuliert, beginnt der Dialog von Seiten des Mose« in V.11–12. (Dohmen, 154)

Mose wird in diesen Redeanteilen näher vorgestellt. Man erfährt, was diesen Menschen angesichts dieser Ansprache und Aufgabe umtreibt. Bei allen nachvollziehbaren Einwänden und Fragen bleibt Mose doch objektiv betrachtet die Person, die prädestiniert für diese Aufgabe ist, da er selbst am Hof des Pharao aufgewachsen und damit in höchsten Kreisen verkehrt ist. Auf seine fragenden Einwände erhält er als Antwort eine umfassende Beistandszusage Gottes. Mose wird nicht nur im Namen Gottes handeln, wie es auch bei anderen Prophetenbeauftragungen der Fall ist, sondern Gott sichert ihm zu, stets bei ihm und mit ihm zu sein.

Mose ist aber noch immer nicht überzeugt und stellt die berühmte Frage nach dem Namen. Jacob und Buber ziehen in Zweifel, dass es darum geht, dass Mose ein Name genannt werde, der bisher den Israeliten unbekannt ist, sondern darum, dass er sich auf die Frage der Israeliten vorbereitet: »Kommst du auch wirklich von *unserem* Gott oder doch von einem anderen?«

So wird in der Antwort und Selbstvorstellung Gottes deutlich, Mose wird von dem Gott der Erzeltern geschickt, der seine Verheißung an den Nachfahren erfüllen wird. Der Name Gottes wird so zur programmatischen Beistandszusage durch die Zeiten hindurch, was in V.15 nochmals eine Bestätigung findet.

III Impulse: Rettung heißt in Bewegung kommen.

Dieses In-Bewegung-Kommen spüre ich bei allen Akteuren. Mose musste sich in Bewegung setzen und fliehen, das Volk Israel würde sich gerne bewegen, sich aus der eisernen Hand der Ägypter befreien und wartet auf einen Impuls, auf ein in Bewegung-Kommen von außen.

Interessant ist es, die Exoduserzählung danach durchzugehen, wer jeweils den Impuls gibt, dass sich etwas bewegt. Am Anfang ist es Gott, der gewissermaßen den Stein ins Rollen bringt, weil er sich selbst in Bewegung versetzen lässt durch die himmelschreiende Not seines Volkes. Von dort am Dornbusch ausgehend, bringt er Mose in Bewegung, der seinerseits nach längerem Verharren den Pharao und von dort aus das ganze Volk Israel zur Veränderung zum Aufbrechen bewegen kann.

Mose muss mehrfach angestoßen werden und seinen Einwänden muss begegnet werden. Das In-Bewegung-Kommen muss erstmal Hürden nehmen, Berge überwinden und Klippen umschiffen. Das In-Bewegung-Kommen (und auch bleiben) ist kein Selbstläufer, sondern auch eine Kraftanstrengung, ein Weg, auf dem es Ängste, Kraftlosigkeit und Mutlosigkeit gibt. Am Anfang steht keine Euphorie, sondern eher Weigerung, Angst und Unsicherheit, auf die Gott jeweils eine Antwort findet.

Es kommt zu einer lebhaften Zwiesprache zwischen Mose und Gott, in der nicht einfach andächtig genickt und gehorcht wird, sondern eher angestrengt ausgeatmet.

In der Erzählung begegnet mir ein Gott, der in Kontakt kommt, der das Gespräch sucht. Auch Weihnachten, das Ereignis, von dem der Sonntag herkommt und es in gewisser Weise abschließt, ist eine Geschichte des In-Bewegung-Kommens.

Rettung kommt durch Bewegung. Von außen kommt einer, führt ein Volk heraus in ein gemeinsames Neues. Heißt Rettung manchmal auch schlicht und einfach sich zu bewegen, sich bewegen zu lassen? Gott eröffnet einen Ort der Hoffnung. Er gibt der Hoffnung einen Ort, ein Bild, eine Zukunft. Ich frage mich, was für mich heute solche Orte der Hoffnung sein könnten. Könnte es helfen, sich solche Orte vorzustellen? Visionen zu entwickeln, auf die man hinarbeitet? Gerade auch dann, wenn es um die großen Themen und Herausforderungen unserer Zeit geht.

Wie genau sieht Frieden und Gerechtigkeit aus? Was braucht es dazu? Dass man so konkreter und zielgerichteter daran und dafür arbeiten könnte?

Ich könnte mir für die Predigt auch überlegen, an welchen Stellen ich schon länger nicht in Bewegung gekommen bin, sondern eher schon länger herumsitze. Bei Überzeugungen, Haltungen, Gewohnheiten – will ich davon etwas verändern? Was bräuchte ich dazu?

Vielleicht muss es ja gar nicht immer ein brennender Dornbusch und daraus die göttliche Stimme sein, sondern eine innere Haltung, die mich offen macht, mich in die Bewegung, ins Offene zu trauen.

Literatur: *Benno Jacob*, Das Buch Exodus, Stuttgart 1997; *Christoph Dohmen*, Exodus 1–18. (HthK.AT), Freiburg 2015; *Georg Fischer/Dominik Markl*, Das Buch Exodus (NSK.AT 2), Stuttgart 1992; *Martin Buber*, Mose, Heidelberg ²1952.

Angelika Behnke

IV Entgegnung: Vorsicht – leicht entflammbar!

»Bilder, Öfen und auch Schlachten sollt' man sich von fern betrachten!« Diese Redensart macht seit Jahrzehnten in meiner Familie die Runde. Der scherzhaft gemeinte Reim warnt, wenn zu viel Nähe zu einer Angelegenheit oder Sache Unannehmlichkeiten und Katastrophen hervorrufen könnte.

Bilder, Kunstwerke – die sind in der Tat mit einigem Abstand oft besser wahrzunehmen. Manchmal ist auch aus Ehrfurcht eine größere Entfernung geboten.

Öfen und Schlachten – nun ja, da liegt es auf der Hand, sich nicht zu sehr solch heißen Gerätschaften und lebensgefährlichen Unternehmen zu nähern.

Die Familienweisheit ist gar nicht so verkehrt: die vielfältigen Motive und Bilder, von denen die Passage nur so strotzt – auch und gerade die inneren Bilder, die es zur Dornbusch-Erzählung gibt, mit einigem Abstand zu betrachten. Mit der Kamera in die Totale gehen, ohne Mose aus dem Blick zu verlieren. Und – wie A es vorschlägt: die *großen Bewegungen* wahrzunehmen, das, was *mit* Mose geschieht, der hier nicht in der Hauptrolle zu sehen ist.

Doch immer wieder bindet Mose die Aufmerksamkeit von A mehr als gewollt, so scheint mir. Die Perspektive dann wieder groß zu ziehen, überrascht und lässt mich fragen, wie A den nach meiner Wahrnehmung unvorbereiteten thematischen Sprung in die Mega-Fragen nach Frieden und Gerechtigkeit hinbekommt. (Der Gedanke, dass Mose fremd ist und sich als Einheimischer fühlen möchte, sowie der Kontext einer Rettung seines Volkes aus unhaltbaren sozialen Missständen, sind hier m. E. zu knapp angerissen, als dass sie diese Themen »anbahnen« würden.) Diese (Turbo-)Bewegung erscheint mir, so berechtigt das Anliegen auch ist, zu rasant und würde Stoff für eine andere Predigt zu Ex 3 bieten. Das muss nicht bedeuten, dass die Themen Frieden und Gerechtigkeit ausgespart

und somit die oben genannten »Schlachten«, die kriegerischen Auseinandersetzungen unserer Zeit, der 80. Shoah-Gedenktag wenige Tage vor
dem Predigttermin mit den Erinnerungen an die Öfen in den Konzen-
trationslagern, nur aus sicherer Entfernung angeschaut oder gar ganz
gemieden werden. Frieden fängt im Kleinen an, bei der/dem Einzelnen.
So entscheide ich mich, für diese Predigt(studie) bei der individuellen
Dimension zu bleiben und diese auszuleuchten. Und auch ich komme
nicht an Mose vorbei, denn ich nähere mich mit ihm und durch ihn dem
beweglichen (!) Ort (vgl. Dohmen, 150) der (mit A) unvergänglichen,
zeit-losen Gottesbegegnung.

V Zur homiletischen Situation: Das zieht einem ja die Schuhe aus!

Wer Steppe und Wüste in orientalischen Breiten kennt, zieht sich lieber
nicht die Schuhe aus. Denn nicht nur der Dornbusch brennt – auch der
Erdboden ist bisweilen so heiß, dass man meint, man laufe auf glühen-
den Kohlen. Doch Mose folgt der Stimme aus dem Dornbusch. Er nähert
sich der heißen Sache und streift die Schuhe von den Füßen. Das Auszie-
hen der Schuhe gilt zu Moses Zeiten als eine Geste des Eigentumsrechts
in Israel. Wenn einer einen Besitz nicht ererben oder kaufen will, zieht er
seinen Schuh aus und gibt diesen dem anderen; er bestätigt damit:»Hier
sollst *du* Herr sein […] Mose erkennt Gottes Herr-Sein an.« (Jahn, 108,
Hervorh. d. Vfn.) Der Boden ist Gottes Besitz.
   Das Dornbusch-Bild ruft weitere Bilder in mir wach. Ich denke an
eine Frauengestalt des Mittelalters, die auf vielen Altären dargestellt
ist: Hedwig von Schlesien, Patronin von Polen und Dresdens Partner-
stadt Breslau. Von dieser Heiliggesprochenen wird erzählt, dass sie ihre
Schuhe auch im eisigsten schlesischen Winter in den Händen, nicht an
den Füßen trug. War es die radikale Askese, die sogar Hedwigs Beicht-
vater Sorge um ihre Gesundheit bereitete, oder war es die Anerkennung
dessen, dass jeder Quadratzentimeter dieser Erde Gottes Besitz und also
heilig ist? Dass er allein der Herr ist?
   Gluthitze und eisige Kälte – zwei Menschen, die sich auf ihre Weise
diesem Dornbusch-Gott zuwenden. Spannung zwischen Distanz und
Nähe, ja auch zwischen Dunkelheit und Licht, Geheimnis und Offenbarwerden, Wort und Antwort.
   Vor kurzem saß ich wieder mit Menschen zusammen, die sich für
die Brandbekämpfung einsetzen. Einer der Kameraden der Freiwilligen
Feuerwehr sagte irgendwann: Es müsse doch mal jemand »von oben«
eingreifen, so verrückt könne es doch hier unten auf der Erde nicht weitergehen! Ich ermutigte zur Eigenverantwortung und warb für die große
Freiheit, die »der da oben« uns ließe und wir gestalten können und
sollen. Es käme auf *uns* an, was wir daraus machten. Ich dachte an Moses
Antwort:»Hier bin ich!« – Oder pointierter: »*Hier hast du mich!*« Bereit,
dass Gott mich in Anspruch nimmt.

Freilich, der Mut sinkt, als Mose klar wird, zu welch unglaublicher Aufgabe Gott ihn beruft: »Wer *bin* ich denn, dass ich mit Volk und Pharao ...?«

Wer du bist? – Du bist der, mit dem ich *sein* will! In meinem Besitz, meiner Schöpfung. Und außerdem: Bevor du »Hier *bin* ich« gerufen hast, habe ich dir schon Gewissheit verschafft: »Hier bin *ICH*!«

Nach der Unsicherheit kommt die Vergewisserung. So höre ich sie auch am Schluss des Liedes von Adel Tawil »Ist da jemand?«, das, obwohl schon ein paar Jahre alt, aktueller denn je ist.

> Wenn man nicht mehr danach sucht / Kommt so vieles von allein / Hinter jeder neuen Tür / Kann die Sonne wieder schein'n / Du stehst auf mit jedem neuen Tag / Weil du weißt, dass die Stimme / Die Stimme in dir sagt/ Da ist jemand, der dein Herz versteht / Und der mit dir bis ans Ende geht/ Wenn du selber nicht mehr an dich glaubst / Dann ist da jemand, ist da jemand! / Der dir den Schatten von der Seele nimmt / Und dich sicher nach Hause bringt / Immer wenn du es am meisten brauchst / Dann ist da jemand, ist da jemand! / Da ist jemand, der dein Herz versteht/ Und der mit dir bis ans Ende geht

Auch wenn der Song auf menschliche Beziehungen abhebt – für mich wird eine existentielle Grundfrage mit religiöser Dimension gestellt: Wohin geht die Reise – nach Hause? Und wenn überhaupt – auf wen kann ich zählen?

Moses Gott sucht den Menschen auf, er kommt herab, sieht die Finsternis der Bedrängten und hört die Fragen der Ängstlichen, führt herauf in ein helles, weites Land, errettet schließlich. Gott sieht die Niedrigkeit seiner Mägde und Knechte an, wie Maria es Jahrhunderte nach dem Dornbusch-Erlebnis besingen wird. Füße auf weitem Raum finden Halt und Ziel (Ps 31,9).

Am letzten Sonntag des Weihnachtsfestkreises, zugleich Lichtmess, leuchtet uns ein, warum der Dornbusch auch für uns weiter lodert. Das Licht der Welt scheint in die Finsternis hinein und lässt uns nicht im Dunkeln über Gottes Wesen. Die Kamera-Totale fängt dabei nicht nur eine horizontale Bewegung ein – Mose, der sich zunächst dem heiligen Geschehen nähert und dann aufbricht aus Ägypten – sondern auch die vertikale »Bewegung«: Gott mit dem Namen »der in dem Dornbusch wohnte« (Dtn 33,16; vgl. Schmidt, 90) fährt herab und führt herauf (vgl. Tob 13,2, Herabfahren auch schon beim Turmbau zu Babel). Und dann: Gott in Christus steigt hinab in das Reich des Todes und steht wieder auf von den Toten.

Ziehen uns *unsere* Erfahrungen mit Gott noch die Schuhe aus? Brennt da noch etwas in uns, wenn wir an Gott denken, von ihm reden? Oder stochern wir lustlos nur ein bisschen in der Asche herum?

Die Gotteserfahrung, die Mose gemacht hat und die die Geschichte mit dem brennenden Dornbusch deutet, ist grundlegend für den jüdisch-christlichen Glauben geworden. Ein »Qualitätssprung« – in doppelter Hinsicht. Zum einen: Gott ist nicht der Unnahbare, der taub, blind und selbstgefällig über allem Menschlichen thront. *Dieser* Gott *brennt* für die Menschen, den hält es nicht im Himmel. Zum anderen: Gott macht sich *bekannt*. Er tritt aus der Anonymität heraus und gibt seinen Namen preis. Damit macht er sich anrufbar, gibt sich in die Hand derer, die ihn fortan beim Namen nennen.

Mit seinem guten Namen bürgt er. »*hjh*« bedeutet kein ruhendes, sondern *tätiges* Sein. (Voigt, 122) »›Sein‹ meint im Alten Testament kein absolutes ›für sich sein‹, sondern eher ›da/gegenwärtig/wirksam sein‹ oder gar ›sich als Helfer erweisen‹ […] [D]ieser Gott [stellt sich] so vor, wie er verstanden sein will: von seinen Taten her. Die Wirklichkeit dieses Gottes ist – schon vom Namen her – seine Wirksamkeit.« (Schmidt, 85 f.)

Gott bleibt unabhängig. »Aber: er bleibt sich selbst treu […] Der Name ist tatsächlich eine Selbstbindung – in Freiheit«. (Voigt, 122) Darauf fußt die Treue zu seinen Menschenkindern. In seiner Treue und Liebe verzehrt er sich aber nicht, die Flamme lodert weiter.

Wer mag, kann sich an dieser (oder anderer) Stelle der Predigt noch auf folgende Abbiegung einlassen: Es lohnt sich, den Ort der Gottesbegegnung näher anzusehen und den Kirchenraum daraufhin zu »befragen«. Zwar wehren sich die meisten Evangelischen, die Kirche als heiligen Raum anzuerkennen, »aber er umschließt das Heilige und dient ihm.« (Voigt, 120) *»Der heilige Raum ist der fremde Raum, nur in der Fremde kann ich mich erkennen.«* (Steffensky, 194, kursiv i. Orig.) Dieser Raum in seinem Anderssein unterbricht mich in heilsamer Weise. Er bildet mich und setzt mich in Bewegung. Er führt mich über mich hinaus. (vgl. Steffensky, 191) Ich sehe einen Bogen zu A, der nach Hoffnungsorten sucht.

Der brennende Dornbusch ist kein Bild mehr, das ich wie Öfen und Schlachten, welcher Art, Abart und Geschichte auch immer, aus der Distanz anschauen muss. Gottes Liebe brennt wahrhaftig auch für mich. Er ruft mich *mit seinem* Namen *bei meinem* Namen und ich kann mich in seine Gegenwart furchtlos hineinhalten.

Hier hast du mich, Gott! In meiner Seele barfuß.

Liturgische Vorschläge: Anstelle von Ps 97 wäre auch Ps 146 denkbar (Gottes ewige Treue, Freiheit für Gefangene, Recht schaffend, »dein Gott, Zion, für und für« …). Das Kinderlied/der Kanon »Du bist der ICH-BIN-DA« (Text: Rolf Krenzer, Musik: Ludger Edelkötter, Impulse

Musikverlag Drensteinfurt) widmet sich dem Gottesnamen und unterstreicht die treue Präsenz Gottes. EG BT 539 Kanon »Mache dich auf«; EG BT 580 »Dass du mich einstimmen lässt«, weitere Lieder: EG 182,4; EG 165; EG 168; EG 395; EG 442.

Literatur: *Christoph Dohmen,* Exodus 1–18 (HThKAT), Freiburg i.Br. 2015; *Christine Jahn,* Gott und Mensch – Ich und Du. Letzter Sonntag nach Epiphanias, GPM 2018/11, 107–112; *Werner H. Schmidt,* Alttestamentlicher Glaube, Neukirchen-Vluyn ⁸1996; *Fulbert Steffensky,* Die Dialektik von Form und Geist. Zur Theologie des protestantischen Kirchenbaus, in: Räume riskieren. Reflexion, Gestaltung und Theorie in evangelischer Perspektive. Kirche in der Stadt, Bd. 11, hg. v. *F. Brandi-Hinnrichs* u. a., Schenefeld 2003, 189–202; *Gottfried Voigt,* Homiletische Auslegung der Predigttexte. Neue Folge, Reihe III: Die geliebte Welt, Göttingen ²1986.

Internet: *Adel Tawil,* Ist da jemand, Songtext unter https://www.song-texte.com/songtext/adel-tawil/ist-da-jemand-g73 f4c2ad.html (zuletzt abgerufen am 29.04.24.).

---

4. Sonntag vor der Passionszeit – 09.02.2025

Markus 4,35–41

Die Stille nach dem Sturm

Norbert Schwarz

I Eröffnung: Lichtblick in stürmischer Zeit

Wo finde ich (wo finden wir) Halt, wenn Sturmwellen über mich (über uns) kommen und alles unterzugehen droht? – lautet die existentielle Frage, die die Aufmerksamkeit von Leserinnen und Lesern dieser Geschichte auf sich zieht. Menschen, die sich den Fluten wachsender Alltagsanforderungen nicht gewachsen sehen. Menschen, denen ein persönlicher Schicksalsschlag den Boden unter den Füßen wegzieht. Menschen in Sorge um die Zukunft der Welt oder um den Frieden in der Gesellschaft oder darum, wohin das »Schiff, das sich Gemeinde nennt« (EG 572) steuert. Die Geschichte ist adressiert an Menschen in Krisenzeiten. Historisch erwägt man, ob sie vor dem Hintergrund der »Wirren des jüdischen Krieges« oder der »Verfolgung der Missionare« zu verorten ist. (Ernst, 85)

Im Kontext des Jahreskreises mag diese Stimmung sich bei manchem mit einem Anflug von Winterdepressionen verbinden. Angesichts der nur langsam schwindenden Dunkelheit. Einen Kontrapunkt dazu setzt das Proprium des 4. Sonntages vor der Passionszeit. Während in der Natur noch alles ruht, schlägt der Wochenspruch ein doxologisches Schöpferlob an, das hellere Tage vorausahnen lässt: »Kommt her und seht an die Werke Gottes, der so wunderbar ist in seinem Tun an den Menschenkindern« (Ps 66,5). Seiner Zeit voraus ist auch die Stimme des Propheten, der in der alttestamentlichen Lesung Gott eindringlich ermuntert: »Wach auf, wach auf, zieh Macht an, du Arm des Herrn!« (Jes 51,9)

Wie diese kontrastreiche Verbindung von Existenzangst und Gottvertrauen in der Geschichte selbst angelegt ist, gilt es im Folgenden herauszuarbeiten.

II Erschließung des Textes: Ohnmächtiges Verzagen trifft auf rettendes Machtwort

Nach Meinung von Exegeten überschneiden sich in der markinischen Fassung der Erzählung zwei Motive, möglicherweise sogar zwei Gattungen: Das eine ist die Wundergeschichte von der Stillung des Sturmes durch ein machtvolles Wort Jesu. Das zweite ist eine Geschichte vom Verhältnis Jesu zu seinen Jüngern. (vgl. Gnilka, 194; Lohmeyer, 92)

Unter dem Wundermotiv wird das Eingreifen Jesu geschildert in Analogie zum Schöpfungshandeln Gottes. Wie Gott am Anfang der Welt weist Jesus das Urmeer in die Schranken und schafft dadurch Lebensraum (im Proprium des Sonntages heben Wochenspruch [Ps 66,5], Leitvers [Ps 93,4] und alttestamentliche Lesung [Jes 51,9f.] auf diesen mythologischen Hintergrund ab). Im Zentrum steht das an den Wind und das Meer adressierte Machtwort Jesu. Gesprochen wie eine Zauberformel, die einen Bann bricht. Einzig angemessene Reaktion derjenigen, die zu Zeugen des Geschehens werden, ist Überwältigung: »Wer ist dieser? Auch Wind und Meer sind ihm gehorsam« (Mk 5,41).

Die Überzeugung dieser Grunderzählung lässt sich, ausgezogen in Richtung auf die homiletische Gegenwart, folgendermaßen benennen: Gegenüber andrängenden Gewalten verschafft Gottes sich in Jesus manifestierende Schöpfermacht mir einen sicheren Boden unter den Füßen. Sein dem Chaos Halt gebietendes Machtwort wirkt bis in mein Inneres und bringt meine Sorgen zum Schweigen. Panische Angst weicht ehrfürchtigem Staunen. Ruhe kehrt ein.

Mit dem Wundermotiv reibt sich das Motiv des Verhältnisses Jesu zu seinen Jüngern und der Frage nach deren »Glaubensbewährung«. (Lohmeyer, 92) Es ist eng mit ersterem Motiv verwoben und neigt dazu, es thematisch zu überlagern: »Das Wunder wird zum Anlass für eine Diskussion« über den Unglauben, der an den Jüngern exemplifiziert wird.« (Gnilka, 194) Unter diesem Motiv treten Distanz und Befremdung zwischen Jesus und den Jüngern unter anklagendem Aspekt hervor. »Meister, fragst du nichts danach, dass wir umkommen?« – werfen die Jünger Jesus vor, der sich angesichts der aufziehenden Katastrophe schlafen gelegt hatte. »Was seid ihr so feige (*deiloi*)? Habt ihr noch keinen Glauben?« schilt Jesu die Jünger, nachdem er sich dem Wind und dem Meer zugewandt hat.

Diesem Erzählstrang liegt die Überzeugung zugrunde: Angesichts der Berufung und Bevollmächtigung zur Jüngerschaft (vgl. Mk 3,14 f.) ist es tadelnswert, nicht von Anfang an vollends auf Jesus vertraut zu haben. Indem sie wider besseren Wissens zulassen, dass die Sorge ums eigene Überleben in ihnen die Oberhand gewinnt, erweisen sich die Jünger als unverständige Schüler. Demgegenüber soll die adressierte Gemeinde in drohenden Untergangsszenarien entschlossener darauf vertrauen: Entgegen allem Augenschein ist die rettende Macht Jesu trotz äußeren Ungemachs schon gegenwärtig (vielleicht ist dabei in der markinischen Gemeinde konkret an erwartbare Martyrien gedacht, vgl. Lohmeyer, 91).

III Impulse: Durch den Sturm hindurch zur Stille

Offensichtlich ist, dass das Motiv der Einforderung des vorlaufenden Glaubens und der Denunziation des Unglaubens den Widerspruch von unbefangenen Hörer*innen hervorrufen muss. Schon der Einwand, »worin denn der Glaube, der den Bootsinsassen offenbar fehlt, hätte bestehen sollen«, legt offen, wie wenig Anhalt diese Forderung an einem konkreten Krisenerleben hat: »Hätten sie die Bedrohung durch die Sturmwinde nicht ernst nehmen dürfen, obwohl Wasser das Boot schon füllte?« (Walti, 125)

Dennoch erscheint es mir nötig, die mit den beiden Motiven gegebenen unterschiedlichen Perspektiven auf das geschilderte Geschehen in der Predigt aufzunehmen: Das Wunder kommt darin zweifach, einmal, wie es sich von Gott her, einmal, wie es sich vom Menschen her darstellt, in den Blick. Als »Schöpfungsakt« und »*Wirklichkeit stiftendes Machtwort*« bestimmt Wilfried Engemann die Predigt. (Engemann, 71.79) Dafür ist das Wundermotiv samt seiner Ausgestaltung in unserer Perikope paradigmatisch. Damit es unter einer dem Wundergeschehen von sich aus nicht aufgeschlossenen Hörerschaft vertrauenerweckend Raum greifen kann, bedarf es allerdings einer sorgfältigen Bearbeitung der entgegengesetzten Perspektive: der Unsicherheit, der Angst, des Zweifels daran, dass Gott da und erreichbar ist. Momente, die sich in jeglicher Art von Krisenerfahrung unweigerlich nach vorne schieben. Nur wenn beide Perspektiven miteinander vermittelt sind, kann der Versuch gelingen, »hier und jetzt einen Durchbruch [...] in die wirkliche Gegenwart einer heilsgeschichtlichen Zeit« zu erzielen. (Engemann, 77)

Ein Weg zu dieser Vermittlung ist durch den Gang der Geschichte selbst vorgezeichnet. Anders gesagt: Eine Predigt über die Sturmstillung sollte die Bewegung mitvollziehen, die der Geschichte selbst innewohnt. Bewegung schafft Raum für kontrastierende Wahrnehmungen die Spannungen nicht aufheben.

Unter der bangen Frage der Insassen des Bootes: »Meister, fragst du nichts danach, dass wir umkommen?«, sollte die Predigende sich zum Anwalt von Hörenden samt deren Krisenerfahrungen machen, die dem Vertrauen auf Gott entgegenstehen.

Eine Stärke der Erzählung liegt darin, dass sie individuelle wie kollektive Untergangsängste kraft ihrer gewaltigen Bildsprache bearbeitbar macht. Die Illustration in der Kinderbibel von Kees de Kort kommt mir in den Sinn: Das Auslaufen bei Abendrot und ruhiger See. Der aufkommende Wind. Die das Boot überragenden, schäumenden Wellen. Dunkler Hintergrund. Die dagegen ankämpfenden Jünger. Panik in ihren Gesichtern. Der schlafende Jesus. Der geweckte Jesus: Mit ausgestrecktem Arm. Vorne, auf dem Bug des Schiffes, steht er und weist das Meer in die Schranken. Die Wellen weichen vor ihm. Noch einmal das Boot: Ruhig gleitet es nun dahin auf dem spiegelglatten See. – Vielleicht gelingt es, sich von solchen Bildern zur bildhaft-sprachlichen Gestaltung anregen zu lassen.

Das ehrfürchtige Staunen der Jünger am Ende und ihr Austausch darüber lädt dazu ein, auf Lebenszusammenhänge zu reflektieren, über denen sich Glaube im bilanzierenden Rückblick als »Erfahrung mit der Erfahrung« (Jüngel, 40) einstellt: Wo Gott uns allein zu lassen scheint, wo wir meinen, ihn wachrütteln zu müssen, ist er ganz nahe, besänftigt, tröstet, glättet Wogen. Am individuellen Lebenshorizont orientierte Reflexionen können auch in Gestalt von Wünschen und Sehnsüchten Ausdruck bekommen: Meine Gedanken, meine Sorgen sind es, die das Meer und die Wellen groß machen. Wenn ich mich Gott anvertrauen könnte, wenn ich ins Staunen kommen könnte über sein Tun, dann würde es ruhig werden in mir.

Prägend dafür, wie Gott gegenüber Stürmen der Angst, der Sorge und des Zweifels als bergender, schöpferischer Grund erlebbar wird, sind für manche Menschen heute Orte und Zeiten der Einkehr und der Besinnung. Stellvertretend sei in diesem Zusammenhang auf den Film »Die große Stille« (vgl. Mk 4,39) von dem Regisseur Philipp Gröning aus dem Jahr 2005 zu verweisen. Auf eindrucksvolle Weise zeigt er das Leben der Mönche in einem Kartäuserorden in einer einsamen Gebirgsgegend, das sich weitgehend schweigend vollzieht. Nur die unmittelbaren Umgebungsgeräusche sind zu hören.

Literatur: *Wilfried Engemann*, Predigt als Schöpfungsakt. Zur Auswirkung der Predigt auf das Leben eines Menschen, in: *ders* (Hg.), Theologie der Predigt. Grundlagen – Modelle – Konsequenzen (FS Karl-Heinz Bieritz), Leipzig 2001, 71–92; *Josef Ernst*, Markus. Ein theologisches Portrait, Düsseldorf, ²1991; *Joachim Gnilka*, Das Evangelium nach Markus (EKK II/1), Zürich u. a. 1993; *Eberhard Jüngel*, Gott als Geheimnis der Welt. Zur Begründung der Theologie des Gekreuzigten im Streit zwischen Theismus und Atheismus, Tübingen, ²1977; *Maalt van Kees de Kort*, Das große Bibel-Bilderbuch: Alle Geschichten der Reihe »Was uns die Bibel erzählt« in einem Band, Stuttgart 1994; *Ernst Lohmeyer*, Das Evangelium nach Markus (KEK I/2), Göttingen ¹⁶1963; *Christian Walti*, Sturm im Wasserglas, GPM 4/2018, 122–127.

Film: *Philipp Gröning*, Die große Stille. Dokumentarfilm, Frankreich, Schweiz, Deutschland 2005.

Andreas Hinz

IV Entgegnung: Und es ward eine große Stille

»Die große Stille«, ein faszinierender Film, wenn man es aushält, dass stundenlang fast nichts geschieht. Für uns Heutige sind die drei Stunden eine körperliche und seelische Herausforderung. »So redet doch wenigstens etwas«, möchte man zwischendurch rufen und wäre vielleicht lieber in einen Actionfilm gegangen. Immerhin hätte Markus mit der anfangs beschaulichen, abendlichen Fahrt auf dem See und den plötzlich hereinbrechenden Sturmfluten genug Stoff für einen spannenden Film geliefert. Doch alles in jenem Kartäuserkloster in den einsamen Bergen bei Grenoble vollzieht sich im Schweigen. Das unendlich langsame, meditative Tun, bei dem nichts Nennenswertes passiert, zu betrachten, ist langweilig, bis es sich als wohltuende, sogar spannende »lange Weile« erweist. Und so ist der spannendste Moment in unserer Perikope jener, in dem nichts geschieht, also die »große Stille«, nachdem Jesus den chaotischen Naturgewalten Einhalt geboten hat. Eine Stille wie am siebten Schöpfungstag die Ruhe, die sich der Schöpfer selbst und allen seinen Geschöpfen gönnt. Auch Jesus gönnt sich nach den Strapazen des Tages zunächst selbst die Ruhe des Schlafes und nach der Beruhigung des von Sturmfluten aufgepeitschten Sees allen die große Stille. In ruhigem Fahrwasser kann das Boot nun das andere Ufer ansteuern, wo Markus zufolge am nächsten Tag große Herausforderungen warten, nämlich die Heilung des Besessenen von Gerasa, sowie wieder am Westufer, die Heilung der blutflüssigen Frau und die Auferweckung der Tochter des Jairus (Mk 5). Die Erzählung bekommt einen noch weiteren Spannungsbogen, wenn sie von den lehrhaften Gleichnisreden des Rabbi Jesus (Mk 4,1–34) am belebten galiläischen Westufer bis zu den Begegnungen in der fremden Welt östlich des Sees gespannt wird.

Zu Recht weist A auf die Analogie zur Schöpfungserzählung hin, die Jesu Rede mit den Elementen Wasser und Luft offenbart. Direkt angesprochen reagieren sie auf seine Worte, als ob sie handelnde Subjekte wären, die zunächst mit Urgewalt brüllen, dann aber hören und gehorchen müssen. Gott sprach und es wurde, Jesus spricht und die Chaosmächte schweigen.

Eine andere Motivspur führt zu Jona, der für das christologische Verstehen Jesu den frühen Christen wichtig war, wie die Motive in Katakomben und auf Sarkophagen zeigen, die das »Zeichen des Jona« (Mt 16,4), seine drei Tage im Rachen des Todesdrachen, auf Jesu Auferstehung deuten. Wie der Prophet ist auch Jesus berufen, fremden Menschen das Heil zu verkündigen. Während Jona sich dieser Aufgabe durch Flucht mit einem Schiff entziehen will, besteigt Jesus das Boot, um ans Ufer der heidnischen Dekapolis zu fahren. Beide schlafen trotz des Unwetters seelenruhig, bis sie von den verängstigten Mitreisenden geweckt werden. Jona lässt sich von Bord werfen und rettet mit seiner Opferbereitschaft das Leben der Besatzung seines Schiffes. Jesus zeigt seine göttliche Vollmacht und wirkt auf die chaotischen Mächte befriedend ein (vgl. Schöpfungsmittler, Kol 1).

V Zur homiletischen Situation: Auf ans andere Ufer

Es liegt nahe, die Sturmstillung existenziell zu deuten als die Glaubenserfahrung mit der Erfahrung individueller Krisen, die aus heiterem Himmel über einem zusammenschlagen: Gottvertrauen trägt durch stürmische Zeiten.

Ich möchte lieber der Deutung folgen, die das Schiff als Bild für die Gemeinde versteht. Die Kirche steht vor radikalen Veränderungen. Die Selbstverständlichkeit ist dahin. Nicht die vielfältige, teils berechtigte, teils unberechtigte Kritik sind das Problem, sondern die Ignoranz. Kirche und Gemeinden sind der Gesellschaft in zunehmendem Maße egal. Die Zahl derer, die Christ genannt werden wollen, nimmt mit hohem Tempo ab. Die transzendentale Obdachlosigkeit und die schwindende Fähigkeit und Bereitschaft sich auf etwas außerhalb meiner selbst zu beziehen, also *religio* im eigentlichen Sinne, prägt unsere Zeit. Wie nahe liegt es da für Christen, sich fernzuhalten von den Anfechtungen des Unglaubens und sich am »westlichen Ufer des Sees« in der Kerngemeinde der Jesusanhänger an der frommen, gelehrten Gleichnisrede über den Glauben zu erfreuen, statt ins Boot zu steigen und ans andere Ufer zu streben, dorthin, wo man nicht ohne Weiteres willkommen ist und niemand einen erwartet.

Das Westufer des Sees ist das Vertraute. Dort trägt Jesus seine Gleichnisse vor. Hier werden sie gehört, wenn auch in ihrer Tiefe meist nicht verstanden. Ganz anders aber ist es auf der Ostseite des Sees Genezareth. Hier ist die Fremde, das Unvertraute. Hier stoßen Jesus und seine

Anhänger nicht ohne Weiteres auf offenes Interesse. In Gerasa werden sie einem ausgestoßenen Verzweifelten begegnen, den niemand bei sich haben will. Wieder zurück wird ihnen Krankheit, Sterben und Tod in Gestalt der blutflüssigen Frau und dem eben verstorbenen Mädchen begegnen. Bedrängende Situationen, die man gerne meiden würde und die eine Gesellschaft der Gesunden und Erfolgreichen lieber verdrängt und von sich fernhält.

Was seid ihr so furchtsam? Habt ihr noch keinen Glauben? Das sind die Fragen, die mitten in unsere Zeit sprechen und einer verzagten, ängstlichen Kirche gellend im Ohr klingen müssen. Jedenfalls kann die Antwort auf den Sturm und die Fremdheit des anderen Ufers nicht sein, zurück in die heimeligen Gefilde am Westufer, sondern durch den Sturm hindurch ans Ostufer in die »heidnische« Welt, dorthin wo Außenseiter, Schwerkranke, Sterbende und Tote der Verachtung oder Ignoranz zum Opfer fallen. Für diese da zu sein, sie zu begleiten, zu helfen und ihnen ihre Würde zu geben, das ist gelebtes Reich Gottes. »Kirche ist nur Kirche, wenn sie für andere da ist«. (Bonhoeffer, 560) Deshalb dürfen wir uns den Luxus der Feigheit und Hoffnungslosigkeit nicht leisten. Die Verheißung dieser Geschichte bleibt, dass das Boot aufgrund Jesu Eingreifen nicht kentert und sein Ziel erreicht.

VI Predigtschritte: Nur Mut, Gemeinde Jesu, auf der Fahrt über den See

»Seid nicht feige. Lasst euch ein auf die Herausforderungen der Welt. Ihr seid an diese Welt gewiesen. Vertraut auf Christus, der euch auch in stürmischer See nicht untergehen lässt«, so ließe sich eine Predigt schlagwortartig zusammenfassen, die einer entmutigten Gemeinde Mut zuspricht. Konkret bietet es sich an, den erzählerischen Bogen bei den Reden (Mk 4,1 ff.) beginnen zu lassen, in denen der Lehrer Jesus am Westufer des Sees darstellt, was es mit dem Reich Gottes auf sich hat. Selbst wenn die Wirksamkeit des Handelns nach dem Sämann-Gleichnis nicht klar erkennbar sein sollte, gibt es keinen Grund, das Licht unter den Scheffel zu stellen. Vielmehr ist Vertrauen auf die selbstwachsende Saat geboten. Auch senfkornkleines Tun lässt das Reich Gottes wachsen. Dazu ermutigen die Gleichnisreden Jesu. Es folgt der Aufbruch. Es ist Abend, zum Fischen ideal, zur Überfahrt an die einsame Ostküste des Sees eher nicht. Dennoch besteigen die Jünger mit Jesus das Boot und verlassen das vertraute Westufer. Die Fahrt beginnt in ruhigem Gewässer. Jesus schläft seelenruhig. Die erfahrenen Seeleute brauchen ihn nicht, wie die Gemeinden für ihr übliches Geschäft Jesus zumeist auch nicht zu brauchen scheinen. Der eigene Verstand und das Selbstvertrauen sagen, was zu tun ist. Dann jedoch, plötzlich auftretende, tückische Fallwinde, ein Unwetter, das alle überfordert. Angst und Verzweiflung, religiös gesprochen: Anfechtung, überkommt sie. Bei den Jüngern führt sie zur lautstarken Klage, zum aggressiven Vorwurf. Der stille, duldende Glaube und die zaghafte, bescheidene Bitte hätten nicht geholfen. Für Luther gehört die *tentatio* elementar zum Glauben. Die Klage nimmt die Gefahr ernst und verharmlost sie nicht oder übergeht sie fromm. Die klagende *oratio* rechnet mit dem Wirken Gottes in Jesus.

Es geht um alles, nicht nur um das Seelenheil. Auch Leib und Leben sind elementar in Gefahr. Der Höhepunkt der Geschichte ist nun nicht die spektakuläre Sturmerfahrung, sondern die ebenso plötzlich eintretende »große Stille«, so wie der Höhepunkt der Schöpfungsgeschichte der Ruhetag Gottes ist. Aus der Stille Kraft schöpfen, religiös gesprochen aus der *meditatio*, das ist nur möglich, wenn die lebensbedrohenden Stürme zur Ruhe gekommen sind. Die Stille als Ort der Gottesbegegnung. Hier wird Geborgenheit wahrnehmbar. Das Leben bleibt auch durch die Gefahr hindurch bewahrt. Wundergeschichten schulen den Möglichkeitssinn. Sie ermutigen zum Leben und zum Handeln trotz Gefahren und berechtigter Ängste. Was seid ihr so feige? Habt ihr keinen Glauben? Die Fragen bleiben vordergründig unbeantwortet. Doch indem die Jünger nicht ans vertraute Westufer zurückrudern, praktizieren sie den Glauben, den sie nicht zur Sprache bringen können. Offenbar haben sie Kraft und Mut aus der Stille geschöpft, um durch die dunkle Nacht weiter ans Ostufer zu steuern und nicht wie Jona vor den fremden Menschen und den bevorstehenden Aufgaben zu fliehen. Von Jesus können sie dort lernen, sich den Nöten der Menschen zu stellen, auch wo alle anderen diese wie den Besessenen meiden. Der Glaube, verstanden als Aufbruch und als gemeinsame Fahrt, die keineswegs ungefährlich ist, aber von Gott in Christus begleitet bleibt, das verheißt der Predigttext. Das Reich Gottes in dieser Welt in Wort und Tat zu verkündigen und zu leben, ist der Sinn der Fahrt des Schiffes, das sich Gemeinde nennt. Deshalb ist »Beten und Tun des Gerechten unter den Menschen« (Bonhoeffer, 435) seine adäquate Gestalt.

Literatur: *Dietrich Bonhoeffer*, Widerstand und Ergebung (DBW 8), Gütersloh 2015; *Peter Dschulnigg*, Das Markusevangelium (ThKNT 2), Stuttgart 2007; *Manfred Köhnlein*, Der Ruf (Ecce homo 1), Lahr 1999; *Uwe Steffen*, Die Jona-Geschichte. Ihre Auslegung und Darstellung im Judentum, Christentum und Islam, Neukirchen-Vluyn 1994; *Vilma Sturm*, Die Stillung des Sturms, in: Peter Härtling (Hg.), Textspuren I. Konkretes und Kritisches zur Kanzelrede, Stuttgart 1995, 72–74.

Kohelet 7,15–18

Gottes Lieb in Ewigkeit

Heinz-Dieter Neef

I Eröffnung

Was ist Weisheit? Mit dieser Frage setzen sich wichtige Bücher des Alten Testaments intensiv auseinander: u. a. Proverbien 10–31 und 1–9; Hiob und eben auch Kohelet. Wie zentral diese Frage ist, zeigt das häufige Vorkommen der hebräischen Verbal-Wurzel *ḥkm* »weise sein werden« im Proverbienbuch 102 mal, bei Hiob 28 mal und bei Kohelet 53 mal. Die weisheitliche Überlieferung erstreckt sich über einen Zeitraum von mehreren Jahrhunderten. Es geht dabei um die Frage nach dem sog. Tun-Ergehens-Zusammenhang. Dieser lebt nach Spr 10–31 als dem ältesten Teil der Weisheitsüberlieferung von der Überzeugung, dass gutes Handeln Gutes hervorbringt und schlechtes Handeln Schlechtes bewirkt (Spr 10,4 f. u. ö.). In Spr 1–9 wird dies mit den Metaphern von »Frau Weisheit« und »Frau Torheit« mit der Rede von der Gottesfurcht theologisiert, bei Hiob wird sie mit der Frage nach der Gerechtigkeit Gottes ergänzt und bei Kohelet wird diese Überzeugung tief erschüttert: 1,13 f.: Die Suche nach Weisheit ist qualvoll für den Menschen, weil die Geheimnisse der Welt nicht zu lösen sind; 7,15: »Es kommt vor, dass ein Frommer an seiner Frömmigkeit zugrunde geht …« – Kohelet zählt zum Kanonteil der »Schriften« und daher zu den jüngsten Büchern des Alten Testamens. Es ist wohl zwischen 250 und 190 v.Chr. entstanden. Für diese Datierung sprechen vor allem sprachliche Gründe, so enthält das Buch 78 Aramaismen.

II Erschließung des Textes: Kohelet als Prediger der Gottesfurcht

Das Kohelet-Buch ist aufgrund der Vielfalt der Themen nicht ganz leicht zu gliedern. Nach der Einleitung in 1,1 folgt in 1,2 der Prolog mit dem Rahmenvers 1,2 und 12,8: »Windhauch über Windhauch, davon hat Kohelet gesprochen, Windhauch über Windhauch, alles ist Windhauch!« Es folgen dann die Abschnitte über »Weisheit und Tod« I (1,3–4,16), »Leben in der Welt« (4,17–7,14), »Weisheit und Tod« II 7,15–10,3; »Einzelsprüche« 10,4–20; »Leben in der Ungewissheit« 11,1–6; »Jugend und Alter« 11,7–12,7 und zwei Nachworte: 12,9–11.12–14.

7,15: »Alles habe ich beobachtet in den Tagen meines Windhauches. Es kommt vor, dass mancher Fromme umkommt trotz all seiner Frömmigkeit, und mancher Gottlose wird alt trotz all seiner Schlechtigkeit.« Nicht leicht ist das »alles« in V.15a zu interpretieren. M. E. sollte man es sowohl auf die beiden in V.15b beschriebenen Fälle als auch auf alles das, was Kohelet erlebt hat, beziehen. Die Wendung »die Tage meines Windhauches« kann man als »die Tage meines nichtigen Lebens« interpretieren. Kohelet betont im Voraus, dass er jetzt von Beobachtungen spricht, die ihn zu seiner Position von der Nichtigkeit des Lebens geführt haben.

Die wichtigste Botschaft Kohelets ist mit dem Ausdruck »Windhauch« (*hbl*) wiedergegeben. Es kommt im Alten Testament 73-mal vor, und mehr als die Hälfte der Belege, nämlich 38, finden sich bei Kohelet. Das Nomen muss als onomatopoetisches, d. h. lautnachahmendes Wort verstanden werden. Die Grundbedeutung des Nomens ist konkret: der »Windhauch« und davon abstrakt als »Flüchtiges«, »Nichtiges«, »Hinfälligkeit« zu verstehen. Das Wort hat auch die Bedeutung des Wertlosen (Jes 30,7; Spr 31,30). Die Betonung des Trügerischen tritt besonders darin hervor, dass es als Spezialwort in der Fremdgötterpolemik gebraucht wird. Es ist eines der wichtigsten Bezeichnungen für »Götze« (Dtn 32,21; Jer 2,5 u.ö.). Welche Nuance in der Übersetzung von »Windhauch« im Koheletbuch vorliegt, muss die Exegese der jeweiligen Stellen zeigen. Das Nomen spielt auch in den Psalmen eine wichtige Rolle (39,6 f.; 62,20; 94,11).

In V.15b ist die zweimalige Verwendung der Präposition b^e vor den beiden Nomina am besten mit »trotz« zu übersetzen. Es handelt sich um einen scharfen Gegensatz. Nach traditioneller Auffassung garantiert die Frömmigkeit ein glückliches Leben, während die Bosheit ihren Täter ruiniert. Aber in der Erfahrungswirklichkeit Kohelets gibt es genug Fälle, die das Gegenteil beweisen. Ungeachtet seiner Frömmigkeit wird dem einen das Leben genommen und ungeachtet seiner Bosheit bleibt dem anderen ein langes, gelungenes Leben vergönnt.

V.16 f.: »Sei nicht überfromm, und verhalte dich nicht allzu weise. Warum willst du dich ins Verderben bringen? Sei nicht allzu boshaft, sei kein Tor. Warum solltest du unzeitig sterben?« Beide Verse sind im strengen synthetischen *Parallelismus membrorum* formuliert: V.16a.17a und V.16b.17b. Von der Gattung her liegen hier vier Mahnworte vor. Man darf die Worte nicht falsch verstehen: Es geht hier keinesfalls um den Aufruf, nur ein bisschen fromm oder nur ein bisschen boshaft zu sein. Beides kann in übertriebenem oder zurückgesetztem Maße dem Menschen schaden! Man darf auf keinen Fall auf das Überfromme und das Unrechtsein aus sein! Kohelet bringt hier die alte Regel vom Tun-Ergehens-Zusammenhang ins Wanken. Die gerechte Vergeltung – das Thema der alten Weisheit! – wird von ihm hinterfragt.

V.18: »Es ist besser, wenn du an diesem festhältst, und auch an jenem festhältst. Wer Gott fürchtet, entgeht diesem allen.« Zum Verständnis der »Gottesfurcht« bei Kohelet ist es gut zu wissen, dass diese die rechte Balance im Leben schenkt. Nach Kohelet ist jedes Leben geprägt von der

Freude am Dasein (*carpe diem*) auf der einen Seite und dem Wissen um die Todesgrenze (*memento mori*) auf der anderen Seite. Die Freude am Dasein ist jedoch zutiefst wegen der Todesgrenze gefährdet. Der Tod wirft seinen Schatten auf jedes Leben. »Alles ist Windhauch« – Kohelet bezeichnet damit nicht den Inhalt seiner Weisheit, sondern nur den Weg, der zur rechten Gottesfurcht führt. Die Gottesfurcht weiß um Gottes Geheimnis und wehrt dem Automatismus, nach dem gutes Verhalten Gutes hervorbringt und schlechtes Verhalten Schlechtes gebiert. Man hat von daher die Gottesfurcht bei Kohelet treffend als »religiöses Gewissen« (Gese) bezeichnet. Letztlich versteht sich das Kohelet-Buch als ein Aufruf, Gott als Schöpfergott wahrzunehmen. Angesichts des Todes soll der Mensch sein von Gott geschenktes Leben genießen (9,7–10).

III Impulse auf dem Weg zur Predigt

In der Forschung zu Koh 7,15–18 stehen sich zwei Auslegungen gegenüber: 1. Nach Markus Saur zeige sich Kohelet in 7,15–18 als »Anti-Extremist und Gegner allen übertriebenen Eifers«. (Saur, 153) Kohelets Mahnungen hätten »eine antifundamentalistische Stoßrichtung«. (ebd.) Es gehe um die Haltung der Gelassenheit. – 2. Norbert Lohfink spricht im Hinblick auf 7,15–18 von einer »Situationsethik« bzw einem »Eklektizismus«. (Lohfink, 55) Der konkrete Mensch lebe nicht nach einer ewiggültigen unveränderlichen Moral, »sondern stets aus einem auf konkrete Verhältnisse abgestimmten Ethos«. (ebd.) – Diese Positionen haben durchaus ihre Berechtigung, allerdings haben sie die Rede »von der Gottesfurcht« nicht genügend im Blick. Die Gottesfurcht anerkennt die Souveränität Gottes (3,14) und schützt vor Eitelkeit und viel Gerede (5,6). In der Begrenztheit des menschlichen Erkennens sieht Kohelet die Begründung der Gottesfurcht. Der Mensch wird daher in eine Prüfungssituation gestellt. Wenn das Leben jeder menschlichen Berechenbarkeit entnommen ist, wird alle Heilserfahrung zum Geschenk Gottes. Das Wissen um die Grenze ermöglicht Freude.

Alles auf dieser Erde ist Windhauch, alles ist eitel. Die Menschen dürfen sich aber dennoch an dem freuen, was sie haben und an den Menschen, die um und mit ihnen sind. Das ist die Botschaft Kohelets. Alles ist Windhauch, Gott aber ist davon ausgenommen. Gott ist kein Funken oder Strohhalm auf der Erde. Er ist der Schöpfer und Erhalter dieser Erde. Er hat diese Schöpfung schön gemacht. Die Menschen dürfen sie genießen, wenn auch nur für eine bestimmte Zeit. Das leidenschaftliche Plädoyer Kohelets für das Leben ist ein Plädoyer für die Gegenwart und den Augenblick.

Das Koheletbuch wird zu den sog. 5 Festrollen (Megilloth) gerechnet, d. h. diese Bücher spielen in der jüdischen Tradition zu bestimmten Festen eine wichtige Rolle. Das Koheletbuch ist mit Sukkot, dem Laubhüttenfest, verbunden. Dieses Fest soll das einfache und beschwerliche Leben des Volkes in der Wüste in Erinnerung rufen und zugleich deutlich machen, dass die Väter auch in der Wüste beschützt und behütet worden sind. Dies soll ihnen das Gefühl für die Vergänglichkeit alles Zeitlichen vermitteln – wie auch bei Kohelet – und ihren Glauben an Gott und ihr Vertrauen in ihn festigen.

Zur Theologie des Koheletbuches fügt sich M. E. sehr gut das Gesangbuchlied Paul Gerhardts »Sollt ich meinem Gott nicht singen« (EG 325) ein. In diesem Lied heißt es jeweils am Ende jeder Strophe: »Alles Ding währt seine Zeit, Gottes Lieb in Ewigkeit.« Auch wenn dies nicht die Sprache Kohelets, sondern die des 17. Jahrhunderts ist, trifft sie dennoch genau die Botschaft Kohelets und auch von 7,15–18. Dieser Refrain bietet zudem die Möglichkeit, Koh 7,15–18 mit der Passionszeit zu verbinden. Zur ewigen Liebe Gottes gehört unüberbietbar die Hingabe seines Sohnes am Kreuz (EG 325,3).

Literatur: *Markus Saur*, Gelassenheit. Eine Auslegung des Koheletbuches, Berlin u. a. 2023; *Norbert Lohfink*, Kohelet (NEB), Würzburg 1980; *Hartmut Gese*, Zur Komposition des Koheletbuches, in: Festschrift für Martin Hengel: Geschichte-Tradition-Reflexion (hg. von H. Cancik u. a.), Band I, Tübingen 1996, 69–98.

 Birgit Weyel

IV Entgegnung: Mit der Weisheit am Ende

Wenn ich A richtig verstanden habe, dann geht es in diesem kurzen Text darum, den weisheitlichen Zusammenhang von Tun und Ergehen in Frage zu stellen. Die Vorstellung, dass ein frommer Mensch ein gutes Leben hat und ein böser Mensch auch ein böses Ende findet, ist offensichtlich irritiert. »Ungeachtet seiner Frömmigkeit wird dem einen das Leben genommen und ungeachtet seiner Bosheit bleibt dem anderen ein langes, gelungenes Leben vergönnt.« (A) Die Pointe der Krise der Weisheit liegt darin, dass es keine Zusammenhänge gibt, aus denen sich Regeln oder Muster ableiten ließen. Es ist eine empirische Beobachtung, die Kohelet hier formuliert oder besser gesagt »praktisches Erfahrungswissen, nicht Vielwisserei, sondern ein Wissen, das auf [...] Erfahrung beruht und dazu hilft, sich in der natürlichen und sozialen Welt zu orientieren und klug, eben ›weise‹ zu handeln.« (Janowski, IX) Was aber wäre dann weise, wenn doch die Weisheit in die Krise gerät? Und welche Handlungsoptionen ergeben sich, wenn man mit seiner Weisheit am Ende ist?

Dass das Leben nichtig und vergänglich sei (alles ist Windhauch), klingt für mich nicht wie eine frohe Botschaft, die ich weitergeben möchte. Ich frage mich, wie aus diesem praktischen Erfahrungswissen ein überzeugendes Argument für meine Predigt gemacht werden kann. Tatsächlich könnte man sich als Auslegerin »in seinem eigenen Lebensgefühl von der Schwermut Kohelets so unmittelbar angesprochen und bestätigt« sehen. (von Rad, 243) Aber die Hörer sollen ja nicht nur sagen: »Ja, habe ich auch schonmal gedacht, kenne ich«, sondern sie sollen sich vielmehr über die Schöpfung freuen können und ihr Leben genießen (A). Das kann die Intention der Predigt werden, aber wie komme ich an diesen Punkt? Appelle können den Eindruck der Hilflosigkeit wecken. A betont den Geschenkcharakter des Lebens. »Wenn das Leben jeder Berechenbarkeit entnommen ist, wird alle Heilserfahrung zum Geschenk Gottes.« (A) Ich kann das Leben sicher nicht berechnen, aber ich muss ja etwas mit meinem Leben anfangen können, eine Haltung dazu gewinnen. Vielleicht wäre dies ein Anfang: Es liegt ein Wirklichkeitsgewinn darin, die Sinnkonstruktion auch einmal zu unterlassen und mal keine (letzten) Zusammenhänge herzustellen, jedenfalls nicht da, wo es keine gibt.

V Erschließung der Hörersituation: Schatten des Todes

Im Rahmen eines Forschungsprojekts zur Bewältigung von Krankheitserfahrungen habe ich mit einigen Personen ausführliche narrative Interviews geführt. (Weyel 2013) Eine Krebserkrankung hat sie jeweils schon viele Jahre in ihrem Leben begleitet. Jeder und jede ist sehr individuell mit ihrer bzw seiner Diagnose umgegangen. Jede und jeder aber hatten eine deutende Haltung zur Krankheitsgeschichte entwickelt. Auch wenn das Projekt schon einige Zeit zurückliegt, muss ich immer mal wieder an die Personen und einige Passagen aus ihren Interviews denken, weil der von A angesprochene »Schatten des Todes«, der auf jedem Leben liegt, für mich so eindrücklich in diesen Gesprächen sichtbar wurde. Auf meine offene Einstiegsfrage hin, ob bzw was sich in ihrem Leben durch die Krankheit geändert habe, sagt P1: »Man ist dankbarer, für alles Schöne, was einem zu- passiert in dieser Zeit, wenn man krank ist... Ja, man schätzt zum Beispiel ganz andere-, also die die die Wertstellung ändert sich voll. [...] Ja, dass nicht Beruf und Karriere und verschiedene andere Attribute wichtig sind, sondern Gesundheit, Zufriedenheit, Liebe, ((leiser)) sowas, das ist auch sehr wichtig, ja?« Ich war sehr beeindruckt, wie stark P1 ihre Erkrankung als einen andauernden Lernprozess ausgedeutet hat, der ihre Biografie seit vielen Jahren schon geprägt hat und noch nicht abgeschlossen ist. Mehr noch: Sie hat ihre Krankengeschichte als eine lange Wüstenwanderung beschrieben, in der sie vieles ausprobiert hat, was ihr auf diesem Weg helfen könnte. Nach mehreren Rezidiven wendet sie sich der Religion zu. »Und da kam mir der Gedanke mit dem Gott. [...] Da hab ich mir gesagt, also da musst du in diese diese diese Richtung gehen.« P1 beschreibt, wie sie für sich eine individuelle Gottesbeziehung konstruiert hat, in der sie sehr starke Zusammenhänge zwischen dem lebenserhaltenden, schöpferischen Willen Gottes und ihrer persönlichen Krankheitsgeschichte hergestellt hat. Gott wird eingespannt in ihren unbedingten Willen, trotz Krankheit weiterzuleben. An ihren Deutungen gibt es nichts zu kritisieren, nur zu beobachten, dass sie ihr Tun und ihr Ergehen zum Teil mechanistisch aufeinander bezogen hat. Der Begriff »Automatismus« (A) ist hier ganz passend. Gott habe direkt und unmittelbar zu ihren Gunsten gewirkt, und zwar so, dass es nach meinem Eindruck bisweilen eigentümlich changierte, von wem eigentlich die Initiative ausging. Ich frage mich, ob hier vielleicht der Wille zur »Lebensbemächtigung« (von Rad, 244) zum Ausdruck kommt, der die ältere Weisheit prägte. Dann könnte man Kohelets Haltung im Unterschied zu P1 vielleicht so verstehen, dass ihm die Vorstellung abhandengekommen ist, durch sein eigenes Tun Einfluss auf Gott zu nehmen. An die Stelle des Automatismus tritt die Gottesfurcht als ein Glaube an die Souveränität des Schöpfergottes, die sich menschlicher Dirigentschaft entzieht.

VI Predigtschritte: Auf die Liebe vertrauen

So gewinnt die Predigt dann doch noch an Überzeugungskraft und die Predigerin kann mit einer guten Botschaft auf die Kanzel gehen. Im Konzert mit den weiteren liturgischen Texten am 3. Sonntag vor Beginn der Passionszeit liegt der Blick auf Gott als dem Schöpfer, auf dessen Barmherzigkeit und Gerechtigkeit wir vertrauen (Wochenspruch Dan 9,18), an dessen *creatio continua* wir jeden Morgen Anteil gewinnen (Wochenlied EG 452) und der die Menschen nicht wie Lohnempfänger behandelt (Evangelium: Mt 20,1–16), weil er sie liebt. Die Lebenskunst, die durch die Krise der Weisheit hindurchgegangen ist, vertraut auf diese Liebe, sie hofft auf den Schöpfergott auch dann, wenn sich Schatten auf das Leben legen.

In meiner Predigt beginne ich damit, dass ich den Tun-Ergehen-Zusammenhang als eine Form von Alltagsweisheit versuche zu plausibilisieren, die aber an Grenzen stößt. Wir Menschen neigen vielfach dazu, Zusammenhänge herstellen zu wollen, wo es keine gibt. Als meine Mutter an Lungenkrebs gestorben war, fragte ein Arzt, ob sie denn geraucht habe. Mein Vater war völlig fassungslos und ist noch heute wütend und verletzt, weil meine Mutter Zeit ihres Lebens eine vitale Abneigung gegen Zigaretten (und Raucher!) pflegte. Vielleicht ist gerade unsere entzauberte Welt anfällig dafür, Zusammenhänge zwischen Tun und Ergehen herzustellen, wo es manchmal keine gibt. Weisheit bedeutet, gut seelsorglich, eine Pause einzulegen, indem man mal keine Zusammenhänge konstruiert, weil es keine gibt: Die Erfahrung von Ohnmacht und Sinnlosigkeit auszuhalten und damit die Schatten des Todes auf unserem

Leben nicht zu verdrängen oder an ihnen zu verzweifeln (alles ist Wind-hauch). Vielleicht lässt sich das Leben auch genießen. P1 formulierte es am Ende des Gesprächs so: »Und das denk ich mir, ist auch eine Moti-vation, wie man mit der Krankheit dann umgeht, ob man wirklich sagt: ich geb auf, weil mit den Nebenwirkungen das Leiden so stark sind, dass ich das nicht schaffe, oder ich nehm das auf mich. Und /ehm/ dazu kam die letzten Tage für mich ein Gedanke, dass der Gott auch eigentlich wahnsinnig gelitten hat irgendjemand hat mir gesagt, er hat für uns alle gelitten. Isses so?« Ich sage nur: »Mmh«. Und P 1 weiter: »Und /ehm/ ich denk mir, wenn er so gelitten hat, dann warum dürfte ich nicht leiden, warum sollte ich nicht leiden? Das Leiden gehört einfach dazu. ((lauter)) Dann leide ich, leide ich, wenn das ist wie gestern, dann sag ich mir: halte durch, abends wird es besser. [Kurze Pause] Es war gestern Abend besser, es war viel besser.«

Literatur: *Bernd Janowski*, Zur Neuausgabe von Gerhard von Rads ›Weis-heit in Israel‹, in: *Gerhard von Rad*, Weisheit in Israel. Mit einem An-hang neu herausgegeben von Bernd Janowski, Neukirchen-Vluyn [4]2013, IX–XI; *P1*, Unveröffentlichtes Transkript im Projekt: Krankheitsbewäl-tigung und Jenseitsvorstellungen in Kooperation mit der psychoonko-logischen Abteilung der Tübinger Universitätsfrauenklinik, Tübingen 2008; *Gerhard von Rad*, Weisheit in Israel. Neu herausgegeben von Bernd Janowski, Neukirchen-Vluyn [4]2013; *Birgit Weyel*, »... im Himmel gefühlt.« Religiöse Gefühle am Beispiel von Jenseitsvorstellungen und Krankheitsbewältigung, in: Lars Charbonnier/Matthias Mader/Birgit Weyel (Hg.), Religion und Gefühl. Praktisch-theologische Perspekti-ven einer Theorie der Emotionen. Festschrift für Wilhelm Gräb zum 65. Geburtstag (APTh 75), Göttingen 2013, 433–444 (http://hdl.handle. net/10900/99989).

Apostelgeschichte 16,9–15

Der Heilige Geist mag Purpurschnecken

Dieter Beese

I Eröffnung: Neuaufbrüche sind Herzenssache

»Während sich die Lage in Europa in den kommenden Jahren aller Voraussicht nach weiter verschärfen wird, sieht der weltweite Trend in Sachen Zugehörigkeit zu einer christlichen Konfession ganz anders aus. Mehreren statistischen Erhebungen zufolge liegt die Zahl der Menschen, die sich zum Christentum bekennen, aktuell bei rund 2,5 Milliarden. Demnach ist ungefähr jeder dritte Erdenbürger ein Christ. Experten rechnen vor, dass die *Zahl der Christen* bis 2050 auf über drei Milliarden Menschen anwachsen könnte. Damit läge das prozentuale Wachstum sogar leicht über dem erwarteten Anstieg der ganzen Weltbevölkerung.« (Altmann 2021)

Der christliche Westen ist zwar gegenwärtig in Glaubensdingen, statistisch gesehen, auf dem absteigenden Ast und durchläuft eine schwere *Glaubwürdigkeitskrise*, aber anderen Weltgegenden wird, wenn nicht eine Zunahme an Gläubigen, so doch zumindest eine gewisse Stabilität in Aussicht gestellt. Das kann für uns als Christen im Westen auch bedeuten: Was seltener wird, steigt im Wert. Es ist etwas Besonderes, Wertvolles, Kostbares, wenn Menschen zum Glauben kommen und aus Glauben leben. Neben dem Überdruss am Christentum, wachsender Irrelevanz und massiver Ablehnung wächst zugleich etwas Neues: Neugier, Offenheit, ja vielleicht: *Sehnsucht*.

In dieser Lage werden wir durch unseren Predigttext erinnert, wie *besonders und neu* das Evangelium für Menschen sein kann, die es noch nicht kennen: Die Apostelgeschichte erzählt in einem übergreifenden Zusammenhang rückblickend die Geschichte der Ausbreitung des christlichen Glaubens von den Anfängen bis zum Wirken des Paulus in Rom, dem Zentrum der spätantiken Welt: vom Geist geleitet, von Erfolgen und Misserfolgen geprägt, von der Gemeinschaft der Gläubigen getragen, stets allen Gefährdungen des Lebens und dem Risiko des Martyriums ausgesetzt, aber eben auch und vor allem anderen: *die Herzen* vieler Menschen *gewinnend*. Der Weg des Evangeliums in die Welt und der Weg des Geistes in das Herz eines ganz besonderen Menschen, der Handelsunternehmerin Lydia in Philippi, verweben sich in einer für das Christentum in Europa folgenreichen Begegnung.

I Erschließung des Textes: Wann und wo er will – Heiliger Geist bremst und lenkt und führt ans Ziel

Der Heilige Geist verhängt, aus welchen Gründen auch immer, ein *Tätigkeitsverbot* und ein *Einreiseverbot* über Paulus und seinen Begleiter Timotheus (16,1–3), legt also »ein zweimaliges Veto« ein (Haacker, 273): In der Provinz Asia dürfen sie nicht predigen, und durch Bithynien durften sie nicht reisen; also wählen Paulus und Timotheus die Route über Mysien nach Troas (16,6–8). Dort geschieht etwas für den weiteren Gang der Dinge Entscheidendes: Paulus erscheint ein makedonischer Mann (kein Engel). Dieser bittet die beiden Missionare um Hilfe: »*Kommt herüber!*« Es ist eine sehr *dringliche Bitte*, nicht nur eine freundliche Aufforderung. (aaO., 276) Welch ein Kontrast: Nachdem der heilige Geist zunächst auf der *Bremse* stand, nun ein klarer Auftrag: *Aufbruch* zu neuen Ufern, motiviert und legitimiert durch eine persönliche Offenbarung für Paulus. Das Evangelium von Jesus Christus macht sich auf den Weg von Kleinasien über das Ägäische Meer nach Europa. Damals lebten in Makedonien und Kleinasien viele Juden in der Diaspora. Reisen hin und her war für sie keine Kleinigkeit, aber dass Paulus und Timotheus dem Hilferuf über das Meer hinweg folgen, ist kein interkontinentales Projekt, auch wenn es »aus europäischer Sicht gern zu einem weltgeschichtlichen Ereignis hochstilisiert« wird. (aaO., 277)

An einem Sabbat kommt es zu einer folgenreichen Begegnung der beiden besonderen Männer (Paulus und Timotheus) mit einer besonderen Frau (Lydia), einer Gottesfürchtigen (*sebomenē ton theon*). Die Situation ist so vorstellbar: Die Vermutung von Paulus und Timotheus bestätigt sich, vor dem Stadttor am Fluss eine Synagoge zu finden. Sie kommen dort mit gottesfürchtigen Frauen ins Gespräch, die sich zum Gebet versammelt haben. Deren Besuch der Versammlung hat, wie sich dann zeigt, weit reichende Folgen, nämlich die Bekehrung der Lydia samt Taufe ihres ganzen Hauses und die Gewinnung eines Gemeindedomizils. (Pesch, 105) Die Resonanz bei Gottesfürchtigen ist für Paulus riskant (vgl. Apg 18,7). Paulus fordert Glauben, keine Beschneidung. Das ist für Gottesfürchtige attraktiv, hat aber für Paulus eine Anklage vor Gallio zur Folge (Apg 18,13) wegen Verführung zur Gottesverehrung unter Nichtachtung des Gesetzes. (Becker/Osterwald, 614)

Das *Ziel der* ganzen *Erzählung* ist Philippi, sowohl geografisch wie auch theologisch: Hier zeigt das Wirken des Geistes sein *telos*: Er *öffnet das Herz* eines Menschen, der sich samt seinem Hause *taufen lässt*. Eine mittelständische Unternehmerin aus der Stadt Thyatira wird zum geistlichen Zentrum einer ganzen Stadt. Lydia dürfte weniger der Name der Frau sein, die hier als Protagonistin auftritt, als vielmehr deren Herkunftsbezeichnung: die aus Lydien. Vorstellbar ist auch, dass »Die Lydierin« ihr Firmenname sein könnte, etwa so, wie in der Stadt Heide »Der Bochumer« in seinem Imbiss Currywurst aus dem Ruhrgebiet verkauft

(Homepage 2024). Lydia könnte eine freigelassene Sklavin sein, die zum Betrieb ihres Handels mit hochwertigem Purpur über ein beachtliches Kapital und lukrative Geschäftskontakte mit der Oberschicht verfügt. Um die mühsame und belastende Herstellung des Farbstoffs aus Purpurschnecken muss sie sich nicht persönlich kümmern. Sie handelt lediglich damit. (Ebel 2012) Lukas stellt sie als eine Person dar, die Nägel mit Köpfen macht: »Wenn ihr anerkennt, dass ich an den Herrn glaube, so kommt in mein Haus und bleibt da. Und sie nötigte uns« (V.15).

III Impulse

Der *Sonntag Sexagesimä* (8. Sonntag vor Ostern) und Beginn der Vorpassionszeit, rückt das *Wort Gottes* ins Zentrum der Aufmerksamkeit der Gemeinde: »Heute, wenn ihr seine Stimme hört, so verstockt eure Herzen nicht« (Hebr 3,15). Der Introitus preist *Reichweite* und *Nachhaltigkeit* des Gotteswortes: »Herr, dein Wort bleibt ewiglich, so weit der Himmel reicht; deine Wahrheit währet für und für« (Ps 119, 89 f.). Das Wochenlied ruft zum *Bleiben* am Wort Gottes auf (EG 139), und das Evangelium lässt Jesus seine Jünger durch das Gleichnis vom Sämann daran erinnern, dass Gottes Wort, einmal ausgesät, trotz aller Widerstände und Gefahren *hundertfältig Frucht* bringt (Lk 8,4–8[9–15]). Der Predigttext erweitert das Spektrum der Bedeutungsfacetten, indem er in Luhmannscher Manier das *Wechselspiel* von individueller autopoietischer Religionsproduktion (Geistwirkung im *Herzen*), symbolischer religiöser Kommunikation (*Taufe*), wechselseitiger Anerkennung (*Hören* vor der Synagoge / Nötigung zur Einkehr) und der Neubildung eines sozialen Systems (Haus*gemeinde*) vorstellt. Die Frage nach der Kindertaufe stellt kein eigenes Thema dar. Dass die Chefin darüber entscheidet, wie ihr Haus im Ganzen auszurichten ist, wird selbstverständlich vorausgesetzt. Entscheidend ist, dass sie glaubt, und dass ihr ganzes Haus getauft wird; vgl. Jos 24,15: »Ich und mein Haus wollen dem Herrn dienen.«

Ein Impuls, der von der Perikope ausgehen kann, ist von evangelistischem und kirchentheoretischem Interesse: In Zeiten des *Rückbaus* überkommener kirchlicher Institutionen und Sozialformen kann das lukanische Narrativ vom *Aufbau* kirchlicher Strukturen der Kirche als Sozialgestalt des christlichen Glaubens zwischen der Zeit Jesu und dem Eschaton anregend sein: Situativ wirken ein *Hilferuf,* die Bereitschaft, spiritueller *Intuition* zu folgen, und der konkrete, zupackende Rückgriff auf symbolische *Tradition* und lokale *Innovation* zusammen in einer gemeindebildenden *Initiative*. Warum sollte nicht dort, wo bisher *noch nichts* war, *etwas Neues* entstehen, und umgekehrt dort, wo derzeit *nichts mehr* zu sein scheint, *etwas Anderes*? Assoziativ stellt sich die Vorstellung von Dörfern ein, deren Bürger sich in Genossenschaften zusammentun, weil sie im Herzen berührt sind von der Vision einer Dorfgemeinschaft, bestehend aus Einheimischen und Zugereisten, die auf den Rückzug von

Geschäften und Versorgungseinrichtungen mit der Mobilisierung vorhandener Möglichkeiten antwortet. Sie gründen einen Dorfladen, an den sich Serviceleistungen angliedern können. (Osterholt 2020) Warum sollte in einem solchen System nicht auch *Raum* für die *Sammlung* von Christen und deren *Teilhabe* am sozialen Leben sein? »Kommt und bleibt da!« (V.15)

Ein *zweiter* Impuls, der vom Predigttext ausgehen kann, ist spiritueller Natur und durch die Offenheit Lydias für die Botschaft des Paulus und Timotheus inspiriert. Hier geht es nicht in erster Linie darum, was Paulus und Timotheus tun können, um der Ausbreitung des Evangeliums zu dienen. Der Heilige Geist selbst steht auf der Bremse und legt sein Veto ein, wenn das *institutionelle oder missionarische Eigeninteresse* von ambitionierten Christen sich verselbstständigt. Lukas stärkt mit seinem Narrativ vom unvorhersehbaren Wirken des Geistes im Herzen von Menschen wie Lydia das Vertrauen darauf, dass der Heilige Geist schon längst bei der Arbeit ist, während Paulus und Timotheus Pläne machen. Sie haben etwas Richtiges vernommen, den Hilferuf des Makedoniers (V.9), aber der Weg, diesem Verlangen zu entsprechen, ist ganz anders als gedacht: Sie *suchen* die Synagoge in Philippi, die sie besuchen wollen, und *finden* schließlich in deren Umfeld, quasi als religiöse Randsiedler, einen Kreis gottesfürchtiger Menschen, die sich öffnen, und gleichermaßen *Aufmerksamkeit* wie auch Pläne in eine neue, unverhoffte *Richtung* lenken. Indem Paulus und Timotheus sich darauf einlassen, lernen sie, mit *Interessen* umzugehen, die nicht ihre eigenen sind, und mit Perspektiven und *Eigeninitiativen*, die ihnen eine neue, andere als die zunächst eingeschlagene Richtung geben: »Und sie nötigte uns.« (V.15)

Literatur: *Becker/Osterwald*, Art.: Gottesfürchtiger, Proselyt (*proselutos*), in: TBLNT 1 (^{2}1979), 612–614; *Klaus Haacker*, Die Apostelgeschichte (ThKNT 5), Leipzig 2019.

Internet: *Matthias Altmann*, Wie wirken sich die Entwicklungen auf die katholische Kirche aus? Christentum global: Was ein Blick auf Statistiken und Prognosen verrät, in: katholisch.de, 21.06.2021, http://tinyurl.com/yxxp8t7z, (zuletzt abgerufen 15.12.2023); Die Kult Currywurst in Heide. Der Bochumer, Homepage, http://tinyurl.com/bd5n5p92, (zuletzt abgerufen 27.01.2024); *Eva Ebel*, Art.: Lydia, in: Das wissenschaftliche Bibellexikon im Internet (wibilex), Mai 2012, http://tinyurl.com/5725ammm, (zuletzt abgerufen 27.01.2024); *Sina Osterholt*, Immer mehr Dorfläden regeln die ländliche Nahversorgung, in: Wirtschaftswoche, 12.09.2020, http://tinyurl.com/ycxpayae , (zuletzt abgerufen 28.01.2024).

Jan Peter Grevel

IV Entgegnung

A würdigt zutreffend die Taufe der Lydia in Apg 16,9–15 als den Beginn des Christentums in Europa. Als eine Station in den Missionsreisen des Paulus weist dieser Abschnitt der Apg aus heutiger europäischer Perspektive weit über sich hinaus. A ruft die gegenwärtige Krise des europäischen Christentums kurz auf und kontrastiert diese mit dem Phänomen des wachsenden Christentums in anderen Weltregionen.

Ich halte diese Gegenüberstellung zwar für nachvollziehbar, aber nicht für besonders produktiv: Abgesänge wie Neuaufbrüche des Christentums, von denen A spricht, vollziehen sich auch jenseits der kontinentalen Bruchlinien und werden der Vielfalt christlicher Frömmigkeit und ihrer kirchlichen Gestalten nicht immer gerecht. Daher will ich den Grundgedanken von A in anderer Weise aufnehmen: Apg 16,9 erinnert an den Beginn christlicher Verantwortung in Europa für eine Kultur der Humanität im Namen Jesu.

Mit Blick auf den Ruf des Mazedoniers an Paulus in V.9 formulierte Karl Barth 1959 noch ganz im Echoraum des Kirchenkampfes, aber schon hellsichtig für die politischen Herausforderungen, vor denen die Gemeinde Jesu in einem demokratischen Europa stehen würde: »*So kann sich seine Gemeinde nicht damit begnügen, kontemplierend um die Welt in ihren Höhen und Tiefen zu wissen [...] Sie hat es ja in der Welt mit den Menschen zu tun [...] Alle, die da draußen warten doch nicht nur auf ihr Verständnis, nicht nur auf die solidarische Teilnahme, sondern auf die helfende Tat der christlichen Gemeinde: auf das, was in der ganzen Welt nur sie für sie tun kann. Aus ihrem ganzen Sein, Treiben und Dransein spricht, ja schreit doch [...] die Bitte des mazedonischen Mannes.*« (Barth, 889 f.)

Wie aktuell der Hilferuf an den Grenzen Europas nach Hilfe und Humanität bis heute ist, unterstreicht der Appell von Papst Franziskus in seiner Rede vor dem EU-Parlament in Straßburg, als er 2014 mit Blick auf die dramatische Flüchtlingssituation Europas Bürger an ihr Fundament erinnerte: »*Es ist der Moment gekommen, den Gedanken eines verängstigten und in sich selbst verkrümmten Europas fallen zu lassen, um ein Europa zu erwecken und zu fördern, das ein Protagonist ist und Träger von Wissenschaft, Kunst, Musik, menschlichen Werten und auch Träger des Glaubens ist. Das Europa [...], das auf den Menschen schaut, ihn verteidigt und schützt; das Europa, das auf sicherem, festem Boden voranschreitet, ein kostbarer Bezugspunkt für die gesamte Menschheit!*« (Franziskus)

Die Rezeption von Apg 16,9–15 für eine Predigt im Jahr 2025 lebt von der Spannung zwischen den großen Narrativen europäischen Christentums und der Glaubensgeschichte eines einzelnen Menschen. Das, was die Predigt über christliche Gemeinschaft sagen kann, vollzieht sich in diesem Horizont.

V Zur homiletischen Situation

A sieht in Apg 16 die Chance, dass in der Schilderung idealtypischer Anfänge wie bei Lydias Taufe, das Fremdheitspotential des christlichen Glaubens in einer faktisch nachchristlichen Mehrheitsgesellschaft wieder zum Vorschein kommt. Dieses Potential entfaltet der Text natürlich für eine sich am Sonntag Sexagesimae einfindende Gottesdienstgemeinde in anderer Weise. Hier kann die Erzählung von Lydias Bekehrung und Taufe eine brüchig gewordene volkskirchliche Kasualpraxis hinterfragen und einen Freiraum für die Erprobung neuer Kasualkonzepte ermöglichen. Der Reiz der Konstellation besteht darin, in der Bekehrungsgeschichte und Taufe von Lydia eine heutige Kasualpraxis zu entdecken, die parochiale Zuständigkeiten und kirchliche Verwaltungsstrukturen hinter sich lassen will und sich auf dem Feld ritualpraktischer Konkurrenz z.B. auf Modelle von Kasualagenturen einlässt.

Nun thematisiert Apg 16 gerade nicht ein Kirchenreformprogramm, sondern erzählt exemplarisch. Lydia ist das Gesicht der Predigt. Daher lohnt es sich, genauer zu beschreiben, wer Lydia war. Über Lydia erfahren wir folgendes: Sie trägt ihren Namen offensichtlich als Herkunftsbeschreibung. Sie geht als Gottesfürchtige ihrer *praxis pietatis* mit anderen Frauen nach, sie steht einem Haus vor und sie ordnet nach ihrer eigenen Taufe an, dass ihr ganzes Haus ebenfalls getauft wird.

Seit Mitte der 1980er Jahre thematisierte die feministische Theologie den sozialgeschichtlichen Hintergrund dieser Perikope und sah ihr Identifikationspotential in der Außenseiterstellung von Lydia. Ivoni Richter-Reimer hinterfragte den gesellschaftlichen Status von Lydia als wohlhabende Unternehmerin und beschrieb Lydia als Frau am Rande der Gesellschaft, die nicht nur mit dem Färbestoff, der aus Purpurschnecken gewonnen wird, handelt, sondern diesen selbst herstellt. Lydia musste die Farbe selbst herstellen und lebte wegen der starken Geruchsbelästigung am Rande der Stadt. Vor diesem Hintergrund ist die Taufe von Lydia nicht nur ein geistlicher Statuswechsel, sondern verbunden mit einer sozialen Aufwertung Lydias. Diese Lesart von Apg 16,9 ff. ist in den letzten Jahren allerdings mehrfach angezweifelt worden. Für die Predigt ist dieser Streit der Exegese durchaus von Belang. Taugt Lydia zum Vorbild? Und wenn ja, worin besteht ihr Vorbildcharakter?

Exemplarisch hierfür ist die Lesart von Lea M. Schiller. Sie sieht in Lydia eine Frau, die bereits vor ihrer Bekehrung und Taufe einen sozialen Aufstieg von einer ehemaligen Sklavin zu einer wohlhabenden Purpurhändlerin vollzogen hatte und nun ihrem eigenen Hausstand vorsteht. Lydia wird so zum Vorbild für eine selfmade-woman, die für ihre Anerkennung kämpft und die auch in ihrer zukünftigen Gemeinde eine Führungsrolle beanspruchen wird. Auch bei dieser Deutung dürfte allerdings Vorsicht geboten sein. Wir wissen einfach zu wenig über Lydia. Und so überrascht es nicht, dass Predigten über Apg 16,9–15 in den letzten Jahren zunehmend auf diesen Vorbildcharakter der Lydia mehr und mehr verzichten.

Anzuknüpfen ist daher stärker an der Schilderung einer expliziten religiösen Praxis, die Lydia mit anderen Frauen teilt. In V.13 wird beschrieben, dass mehrere Frauen am Sabbat am Fluss vor den Toren der Stadt Philippi gemeinsam miteinander beteten. Die Bekehrung und spätere Taufe von Lydia nehmen hier ihren Ausgang. Hier entdecke ich einen Schlüssel für die Deutung der homiletischen Situation. Es ist die gemeinschaftliche religiöse Praxis, die sich in den vertrauten Alltagssituationen vollzieht und offen ist für das Angebot kirchlicher Zugehörigkeit. Draußen am Fluss und in Gemeinschaft mit anderen Frauen.

VI Schritte zur Predigt

Der Predigtgottesdienst am Sonntagmorgen ist in der volkskirchlichen Praxis längst nicht mehr das Zentrum des evangelischen Gemeindelebens. Aber der Sonntagsgottesdienst ist eine vertraute und verlässliche Tradition. Daneben vollzieht sich religiöse Praxis in zahlreichen Alltagsvollzügen oft auch ganz bewusst als Praxis mehrheitlich zwischen Frauen, wie in der Elternarbeit bei Konfi-3 oder in Besuchsdiensten. Den Predigthörerinnen und natürlich auch Predigthörern dürften solche Erfahrungen vertraut sein.

Die Predigt über Apg 16,9–15 greift auf diese Praxis zurück und verbindet sie mit den neuen Angeboten von Segen. Diese Angebote sind einerseits in diese Alltagsvollzüge eingebettet und haben aufsuchenden Charakter, andererseits weisen sie über sich und diese Alltagssituation hinaus. Sie stellen die eigene religiöse Praxis in einen neuen, weiter gefassten Zusammenhang.

Die Predigt sollte daher die Aufgabe religiöser Praxis thematisieren, die neben einer persönlichen auch eine gesellschaftliche Dimension besitzt. Sie beginnt damit, an den vertrauten Orten für religiöse Praxis mit dem Fremden, Neuen, aber auch Schutzbedürftigen zu rechnen. Dazu kann die Predigt ermutigen. Aus der religiösen Praxis entsteht der Nährboden für eine neue Humanität, die ganz im Sinn von Gal 3,28 keine Statusunterschiede mehr zwischen Menschen macht.

Liturgische Anregungen: Neue Tauflieder singen wie z.B. »Wir freuen uns, dass Du getauft bist« von Dörte Vollmer (https://guitarsongs.club/song/99916); die Bekehrung und Taufe Lydias liest sich wie ein innerbiblisches Exempel für die Wirksamkeit des Wortes Gottes – dem Thema in vielen Texten des Sonntags wie Hebr 3,15 und Jes 55 (6–9).10–12.

Literatur: *Karl Barth*, Die Kirchliche Dogmatik. Die Lehre von der Versöhnung (IV,3), Zürich 1959; *Emilia Handke*, Besondere Momente segnen: Kasualtheoretische Perspektiven, EvTh 82 (2022), 407–421; *Kristin Jahn*, Von Hemmschwellen und heiligem Geist. Hindernisse beim Umbau der Kirche hin zu einer Herberge der Mündigkeit, in: E. Handke u. a. (Hrsg.), Risse und Glanz: Röntgenbilder einer Kirche, Altenburg 2022, 67–77; *Ivoni Richter-Reimer*, Die Geschichte der Frauen rekonstruieren. Betrachtungen über die Arbeit und den Status von Lydia in Apg 16, TeKo 14 (1991), 16–29.

Internet: *Papst Franziskus*, Rede vor dem EU-Parlament in Straßburg am 25.11.2014, zit. n. https://w2.vatican.va/content/francesco/de/speeches/2014/november/documents/ papa-francesco_20141125 _strasburgo-parlamento-europeo.html; *Lea M. Schiller*, Personen der Bibel: Warum Lydia für uns ein Vorbild ist, in: Bayerisches Sonntagsblatt vom 10. März 2020, zit. n. https://www.sonntagsblatt.de/artikel/psychologie-ratgeber/selbstbestimmung-warum-die-biblische-lydia-uns-ein-vorbild-ist; (beide zuletzt abgerufen am 17.04.2024).

Sonntag vor der Passionszeit (Estomihi) – 02.03.2025

Lukas 10,38–42

Lass dich unterbrechen!

A

Lisa Stiller

I Eröffnung: Die Sehnsucht nach dem Kairos

Der Sekundenzeiger tickt. Ein Termin jagt den nächsten. Gefangen im Trott des Alltags mit seinen Sorgen und Mühen, übersättigt durch konkurrierende und konfligierende Erwartungen, erstarrt oder festgefahren in alten Mustern, wird der Blick auf das Besondere, auf den Kairos, vielfach verstellt. Mitten in diese existentiellen Erfahrungen hinein bricht sie sich Bahn – die Sehnsucht nach dem Kairos. Der Predigttext sensibilisiert dafür, diese Sehnsucht wahrzunehmen und trotz aller Ablenkung und Zerstreuung (*perispaō*, vgl. Lk 10,40) aufmerksam zu sein: Was ist das für ein Kairosmoment, wenn Jesus plötzlich im Wohnzimmer sitzt? Oder anders: Was geschieht in einem Haus, »das sich dem Evangelium und damit Jesus öffnet«? (Söding/Klaiber, 288 f.)

Die Begegnung mit Maria und Marta provoziert und irritiert zugleich. Zu beachten sind die Fallstricke des Textes, die dazu verführen, dem Hören den prinzipiellen Vorzug vor dem Handeln zu geben bzw. Martas Verhalten in Abgrenzung zu dem von Maria abzuwerten.

Der Sonntag Estomihi nimmt uns hinein in die Bewegung Jesu und mit auf seinen Weg nach Jerusalem. Er eignet sich in besonderer Weise dazu, innezuhalten und die vor uns liegende Passionszeit als Kairoszeit zu begreifen. Was ist dran in dieser Passionszeit? Was ist Not (vgl. Lk 10,42)?

II Erschließung des Textes: Das Gebot der Stunde erkennen

Die Erzählung von den beiden Schwestern ist eine der »bekanntesten und umstrittensten Frauengeschichten des Neuen Testaments«. (Söding/ Klaiber, 287) Der Evangelist bettet die Perikope in eine Missionssituation ein, die für die Zeit Jesu idealtypischen Charakter hat. Der einleitende Vers ruft Jesu Weg nach Jerusalem in Erinnerung. Es gehörte damals zu den zentralen christlichen Aufgaben, Wandermissionare aufzunehmen. Marta, die Herrin des Hauses (vgl. Bovon, 104), kommt dieser Aufgabe nach und lädt Jesus zu sich ein. Sie sorgt sich um das leibliche Wohl ihres Gastes und darum, dass es ihm an nichts fehlt. Maria, beinahe beiläufig in V.39 eingeführt, stellt sich Jesus zum Gespräch zur Verfügung. (vgl. Eisele, 71) Dass beide Frauen Aufgaben übernehmen, die üblicherweise dem männlichen Hausvorstand obliegen (vgl. Bovon, 104), zeigt, welch profilierte Stellung Lk Frauen zubilligt und wie wichtig diese für die Jesusbewegung waren und bis heute sind.

Lk konturiert Maria und Marta als zwei Frauen, deren Verhalten gegensätzlicher kaum sein kann: Marta ist viel *in Bewegung* und *dient* Jesus nach allen Regeln der Kunst. Sie ist es auch, die zuerst *das Wort ergreift* und ihrem Ärger Luft macht: »Herr, fragst du nicht danach, dass mich meine Schwester lässt allein dienen?« (Lk 10,40). Völlig konträr wird Maria dargestellt: Sie *verharrt bewegungslos* zu Jesu Füßen, *hört* seiner Rede zu und *schweigt*. Und Jesus? Sicherlich anders als von Marta erwartet und erhofft, antwortet er ihr: »Marta, Marta. Du hast zu viel Sorge und Mühe. Eins aber ist Not. Maria hat das gute Teil erwählt; das soll nicht von ihr genommen werden« (Lk 10,41–42). Dieses Wort hat Achtergewicht. (Söding/Klaiber, 289) Marta wird – ausgedrückt durch den doppelten Vokativ – von Jesus zum liebevollen Nachdenken angeregt (Bovon, 108) und für den Kairos sensibilisiert. Doch was genau das gute Teil ist, das Maria erwählt hat, bleibt offen. Hier entsteht ein Raum, der zum Imaginieren einlädt: Was ist Not? Was ist das Gebot der Stunde, das Maria erkannt hat?

Um den Predigttext umfassend zu erschließen und zu vermeiden, entweder Marias oder Martas Verhalten als einzig richtig zu bewerten, erscheint es sinnvoll, zwei weitere Perikopen einzubeziehen, die jeweils darüber Auskunft geben, was das Gebot der Stunde ist.

Lk 10,38–42 ist Teil eines Diptychons innerhalb des Neuen Testaments. In Joh 11,1–45; 12,2 f. wird neben Maria und Marta auch ihr Bruder Lazarus erwähnt, der von Jesus auferweckt wird. Wie in Lk 10 ist Jesus mit seinen Jüngern unterwegs und beabsichtigt, zu Maria und Marta zu reisen, nachdem er gehört hat, dass Lazarus krank ist. Auch Joh zeichnet ein gegensätzliches Bild der beiden Schwestern: Marta *hört*, dass Jesus kommt und *läuft* ihm *entgegen*. Maria *bleibt* im Haus *sitzen*. Marta *spricht* Jesus wiederum zuerst an und *klagt* ihm ihre Trauer über ihren mittlerweile verstorbenen Bruder. Zugleich *hat* sie jedoch *erkannt*, dass Jesus der Christus ist. Marta wird zur Glaubenszeugin. Maria hingegen *löst* sich erst aus ihrer *Bewegungslosigkeit*, nachdem sie von Marta *gehört hat*, dass der Meister da ist und sie ruft. Anders als in Lk 10,38–42 ist diesmal nicht das Sitzen-Bleiben Marias positiv konnotiert, sondern Martas proaktive Bewegung. In dieser Perikope hat Marta das Gebot der Stunde erkannt.

Direkt vor dem Predigttext ist die bekannte Erzählung vom barmherzigen Samariter (Lk 10,25–37) platziert. Sie akzentuiert die Notwendigkeit des Tuns. Wenn der Nächste in Not geraten ist, ist nicht Hören, sondern konkretes Helfen angesagt.

Sowohl der Predigttext als auch die anderen beiden Stellen zeigen auf, was jeweils das Gebot der Stunde, d. h. der Kairos, ist.

a) Leidet jemand Not und braucht Hilfe, fordert der Kairos zum Handeln auf und dazu, sich von der Not des Anderen berühren und bewegen zu lassen (Lk 10,25–37).

b) Verspricht man sich von Jesus Rettung und Hilfe, liegt der Kairos in der Ermutigung, die Initiative zu ergreifen und sich bittend und klagend an ihn zu wenden (Joh 11,1–45). An dieser Stelle lässt sich ebenfalls eine Verbindung zu Estomihi und dem Proprium des Sonntags ziehen, das zum Hören *und* Reden *und* Handeln auffordert: »Sei mir ein starker Fels, dass du mir helfest« (Ps 71,3).

c) Sitzt Jesus im Wohnzimmer, d. h. öffnet man sich ihm und dem Evangelium, heißt es, den Kairos beim Schopfe zu packen, indem man sich unterbrechen lässt und darauf hört, was das Evangelium für das eigene Leben bedeutet (Lk 10,38–42).

Kairosmomente begegnen oftmals unerwartet. Sie irritieren. Den Predigttext ernst zu nehmen heißt, sich darauf einzulassen, dass die Begegnung mit dem Herrn provoziert und herausholt aus einem:»Ich weiß schon, wie es richtig ist«. In Lk 10,38–42 erkennt Maria das Gebot der Stunde, ergreift die Gelegenheit beim Schopfe und öffnet sich Jesu Botschaft. Marta hat die Gelegenheit verstreichen lassen. Ihre vielen Sorgen und Mühen, das Ausufern ihrer Aktivität haben verhindert,»das Wesentliche des gegenwärtigen Augenblicks« (Bovon, 107) zu erkennen und zu ergreifen. Die Pointe der Perikope wäre jedoch verfehlt, würde man eine der beiden Seiten absolut setzen. Je nach Situation ist der Kairos ein anderer, besonderer Moment, der unterschiedliches Verhalten fordert: Heute vielleicht sitzen und hören, morgen Wunden verbinden, dienen oder entgegengehen. Wir haben *nicht die eine* Rolle. Nicht nur, wer sitzt und hört, sondern auch wer fleißig ist, arbeitet und anderen hilft, setzt das Evangelium in die Tat um. Entscheidend ist die Botschaft Jesu und die in der jeweiligen Situation angemessene Reaktion auf die Begegnung mit ihm. (Wolter, 402) Was ist *heute* Not?

III Impulse: Kairosmomente

Der Sonntag Estomihi lädt dazu ein, dem Kairos nachzuspüren und für Kairosmomente im eigenen Leben und Glauben zu sensibilisieren. Momente, in denen das Ewige das Zeitliche berührt und das Besondere hervorbricht.

Ein möglicher Einstieg in die Predigt ist eine Auseinandersetzung mit dem Bild des Gottes Kairos: Er hat Flügel an Schultern und Fersen, mit denen er schnell unterwegs ist und plötzlich auftaucht. Charakteristisch ist außerdem seine Haarpracht: Der Kopf ist kahl, nur an der Stirn prangt ein mächtiger Haarschopf. Die einzige Gelegenheit ihn zu ergreifen, ist ihn beim Schopfe zu packen!

Davon ausgehend und unter Bezugnahme auf den Predigttext kann die Predigt versuchen, für Kairosmomente zu sensibilisieren und mit den Hörer*innen zu imaginieren: Welchen Kairosmoment haben Sie bereits erlebt? Wie sah dieser Moment aus? Wie fühlte er sich an? Hatte er eine bestimmte Farbe? Oder einen bestimmten Geruch? Welche Menschen, Orte, Situationen verbinde ich damit?

Jesu Weg nach Jerusalem, der im Predigttext anklingt, lädt zudem dazu ein, die kommende Passionszeit in den Blick zu nehmen. Was könnte der Kairos dieser Zeit sein? Was ist Not? Die Bandbreite, die die Predigt an dieser Stelle eröffnen kann, ist groß: von Fasten über Schweigen, Lesen und Hören der Schrift bis hin zu lautstarkem Einstehen für die Rechte der Schwachen und konkrete Hilfe kann Vieles imaginiert werden.

Um die Spannung zwischen Hören und Tun, zwischen Sitzen und In-Bewegung-Sein, zwischen Maria und Marta auch liturgisch zu inszenieren, könnte es lohnend sein, Joh 11,1–45 und Lk 10,25–37 als Lesungstexte im Gottesdienst zu nutzen.

Liedvorschläge: Gott gab uns Atem, damit wir leben (EG 432); Die Zeit ist jetzt (Singen ist Jetzt. Lieder zum Deutschen Evangelischen Kirchentag Nürnberg 2023, München 2023, 6 f.).

Literatur: *François Bovon*, Das Evangelium nach Lukas. 2. Teilband Lk 9,51–14,35 (EKK III/2), Zürich/Düsseldorf 1996; *Wilfried Eisele*, Das Lukasevangelium. Gott macht Geschichte, Freiburg i.Br. 2021; *Thomas Söding/Walter Klaiber*, Das Evangelium nach Lukas, Teilband 1: Lk

1,1–13,21 (BNT), Göttingen 2023; *Michael Wolter*, Das Lukasevangelium (HNT 5), Tübingen 2008.

Internet: Bild Kairos bspw. im Internet abrufbar unter wide__980x551 (980×551) (zeit.de) (zuletzt abgerufen am 24.03.2024).

Inga Kreusch

IV Entgegnung: Vertrauen statt Sorge

Die Erzählung von Jesu Einkehr bei Marta und bei Maria ist bekannt – und vielschichtiger, als sie auf den ersten Blick erscheinen mag. Anders als A herausarbeitet, sehe ich den Kern der Erzählung nicht in der Frage »Was ist Not?« und dem daraus resultierenden Impetus, sich entsprechend zu verhalten. Im Kern geht es nicht um den Gegensatz von Hören oder Tun, sondern um den Gegensatz von Sich-Sorgen und Vertrauen. Und das in einem Spannungsgefüge, das in »Konzentration statt Verzettelung, Vertrauen statt Sorge« (Böttrich, 228) mündet. Dies zeigt sich an Jesu Kritik an Marta, die nicht darauf abzielt, dass sie nicht zuhört, sondern dass sie sich »sorgt« und sich davon »umtreiben lässt«. Sich Sorgen zielt auf die eigenständige Absicherung ab und ist damit als Gegenteil von Gottvertrauen zu sehen. (vgl. Böttrich, 227) Der Blick für das Wesentliche geht dadurch ebenso verloren wie die innere Ruhe. Marta »verzettelt sich« (Böttrich, 227), anstatt sich auf das zu fokussieren, was wesentlich ist. Dies führt auch dazu, dass sie sich isoliert und nicht mehr mit ihrer Schwester im Gespräch ist. Maria hingegen hört Jesus zu und erst durch Jesu Kritik an Marta zeigt sich ihr Hören als »Ausdruck des Vertrauens im Gegensatz zu Sorge und Aktivismus«. (Böttrich, 226) Jesu Erwiderung »Eins aber ist nötig!« (V.42) hebt sich deutlich ab, bleibt aber bedeutungsoffen. Im unmittelbaren Kontext der Erzählung kann es als Hören auf Jesu Wort im Sinne eines Lehrgesprächs verstanden werden. Unter Berücksichtigung eines größeren Kontextes kann die Frage »Was muss ich tun, um ewiges Leben zu erben?« (Lk 10,25) auf die Bedeutung des Tuns hinweisen.

Die Predigt sollte nicht die scheinbaren Gegensätze von Hören und Tun oder zweier Lebensstile (*vita activa* vs. *vita contemplativa*; vgl. Böttrich, 226) in den Blick nehmen, sondern sich dem Sorgen, Vertrauen, Verzetteln und Konzentrieren widmen. Denn: »Es geht um die Art und Weise des Tuns, was auch die Art und Weise des Hörens einschließt: Tun, das sich seines Grundes bewusst bleibt; Hören, das wirksam wird. Marta, die Hauptfigur, steht mit ihrer Aktivität nicht etwa am Pranger; sie soll vielmehr davor bewahrt werden, sich selbst zu verlieren.« (Böttrich, 228)

Für die Predigt ist das eine große Chance: Sie kann Jesu sensible Hinwendung in den Fokus rücken und neu erfahrbar machen. Dass diese voller Intensität steckt, zeigt auch die zweifache Anrede »Marta. Marta.« (vgl. Böttrich, 227) Berücksichtigt man, dass die Einkehr Jesu in einem Haushalt zweier Frauen mehr als ungewöhnlich, eher »delikat« (Böttrich, 226) ist, gewinnt Jesu Zuwendung noch an Kraft.

V Zur homiletischen Situation: Lass dich unterbrechen!

Insbesondere die Figur der Marta dürfte auch heute vielen Menschen nahe sein: aufgerieben im Alltag, ermüdet von den zunehmenden und komplexer werdenden Belastungen, im Beruf oder im Privaten. Um immer mehr muss sich in immer weniger Zeit gekümmert werden, vieles gleichzeitig. Schnell kann das Gefühl innerer Unruhe aufkommen. Hinzu kommen die großen gesellschaftlichen Herausforderungen, für deren intensive Befassung vielen die Zeit fehlt. Der Soziologe Hartmut Rosa beschreibt das Leben in der Moderne als Leben, das von Beschleunigung und schwindenden Resonanzerfahrungen gekennzeichnet ist. Zeit ist zu einem kostbaren Gut geworden. Umso wichtiger werden Erfahrungen der Resonanz, d. h. Erlebnisse, in denen man sich in Beziehung mit sich selbst, seinen Mitmenschen, der Umwelt oder Gott erlebt. Sicher kennen viele es, sich zu sorgen und zu verzetteln. Überlegenswert ist, ob dieses Lebensgefühl vielen Menschen so vertraut und gegenwärtig ist, dass es in der Predigt nicht explizit beleuchtet werden muss. Es kann aber auch eine Chance sein, die heutigen Erfahrungen mit denen von Marta zu verschränken und so die Kraft von Jesu Unterbrechung und Zuwendung ihre eigene Wirkung entfalten zu lassen.

Der Sonntag Estomihi ist der Sonntag vor der Fastenzeit. Unter dem Motto »Luft holen! Sieben Wochen ohne Panik« lädt die Fastenaktion der EKD dieses Jahr dazu ein, innezuhalten und den eigenen Kurs neu zu bestimmen. Was führt zu innerer Unruhe und Panik – was hilft dagegen? Welche biblischen Figuren machen vor, wie wichtig es ist, die eigene Stimme für die eigenen Bedürfnisse zum Klingen zu bringen? Wie finden wir Ruhe und woher kommt neue Energie? Fragen, mit denen die Erzählung von Maria und Marta verbunden und auf eine vielschichtige Passions- und Fastenzeit eingestimmt werden kann.

Estomihi liegt zugleich einen Tag vor Rosenmontag. An vielen Orten wird an diesem Sonntag die fünfte Jahreszeit auf ihren Höhepunkt zusteuern. Auch das kann aufgegriffen und thematisiert werden – schließlich dient Karneval ja auch dazu, sich aus seinem alltäglichen Beschäftigtsein herausreißen zu lassen, den Alltag aufzuheben und sich für einige Tage dem unbeschwerten Miteinander, der guten Laune und der Leichtigkeit hinzugeben. Maria und Marta könnten auch hier ins Spiel gebracht werden, in Reimform oder auch nicht.

Ich konzipiere eine Predigt in Moves und orientiere mich dabei an der Homiletik von Thomas G. Long. Ihm ist ein absichtsvolles Predigen wichtig, was sich in einem strukturierten und überlegten Vorgehen zeigt. Long rät dazu, in zwei kurzen Sätzen festzuhalten, was man mit der Predigt inhaltlich aussagen möchte (Aussageintention) und worauf die Predigt abzielt (Wirkungsintention). Beide Sätze sollen bei der Ausarbeitung der Predigt eine Orientierungshilfe sein. Zugleich helfen sie, den Predigtentwurf zu überprüfen, ob die erarbeiteten Moves der zuvor überlegten rednerischen Absicht entsprechen. (vgl. Long, 126 ff.)

Als *Aussageabsicht* halte ich fest: »Gerade in turbulenten Zeiten sind Unterbrechungen nötig, um wieder Vertrauen zu gewinnen.« Als *Wirkungsabsicht* formuliere ich: »Menschen unterbrechen, wo sie Gefahr laufen, sich selbst zu verlieren, und ihr Vertrauen auf Gott stärken.« Meine Predigt gliedere ich in folgende Moves:

Move A: Rufe in Erinnerung: Wir brauchen heilsame Unterbrechungen, um uns nicht zu verlieren. Hier berichte ich von mir, wie sehr ich Unterbrechungen vom Alltag brauche: »Ich brauche das: Geburtstage und Hochzeiten feiern. Im Urlaub sein und in den Tag hineinleben. Momente der Stille erleben. Nichts tun. In einer Kirche sitzen. Gottesdienst feiern. Ich brauche sie, diese Unterbrechungen in meinem Alltag. Sie lassen mich innehalten. Sie unterbrechen mich. Manchmal kann ich die Pausen schwer aushalten – weil sie mich zwingen, Abstand zu nehmen, von dem, was mich sonst umtreibt. Loszulassen fällt mir oft nicht leicht. Das merke ich besonders am ersten Urlaubstag, wenn ich in Gedanken noch im Trubel der letzten Tage hänge. Oder wenn ich mal still bin und nichts tue. Dann kreisen die Gedanken: [...] Und ich merke, wie mir entgleitet, was ich eigentlich wollte. [...] Ich brauche sie, diese Unterbrechungen im Alltag.«

Move B: Mach erfahrbar: Jesus unterbricht Marta in ihrem Sorgen, in ihrer »Verzettelung« und wendet sich ihr heilsam zu. Ohne Überleitung folgt die Perikope bis zu Martas Anrede an Jesus. Daran schließt an: »Natürlich war Marta beschäftigt. Ein Gast war da! Längst nicht alles war so, wie es sein sollte. Kein Essen war fertig. [...] So viel schwirrte Marta durch den Kopf, dass sie im nächsten Moment nicht mehr wusste, was sie eben noch wollte. Und dann blickte sie hinüber und sah, wie Maria einfach dasaß. [...] Irgendwann platzte ihr der Kragen und sie ließ es an Jesus aus: [V.40b]. (Ruhig und sanft:) ›Marta. – Marta.‹ Und in dem Moment passierte etwas. Was genau, konnte sie gar nicht mehr sagen. Aber das war ganz anders, als sie es erwartet hatte. ›Marta. – Marta.‹ Er hatte sie angesehen – und sie wusste: Er sieht sie. Sie, Marta. Mit ihrem Gedankenchaos und ihren vielen Sorgen. Wie sie sich verzettelt und gar nicht mehr weiß, was sie will. ›Marta. – Marta.‹ Ernsthaft klang das und echt. ›Marta. – Marta.‹, sagte er. Und sie hält inne...«

Move C: »Eins aber ist nötig.« Beschreibe, warum es Jesus in Lk 10,38–42 auf Vertrauen und heilsame Unterbrechungen ankommt.

Move D: Nimm ernst, warum es schwer sein kann, immer wieder aufs Neue zu vertrauen und sich auf das Wesentliche zu konzentrieren.

Move E: Mach denen Hoffnung, denen es schwer fällt, Gott zu vertrauen und sich auf Wesentliches zu konzentrieren.

Move F: Ermuntere, sich wirklich unterbrechen zu lassen und Gott zu vertrauen.

Die mehrfachen Wiederholungen der doppelten Anrede Jesu an Marta gehen auf das Beispiel einer Studentin zurück (vgl. Nicol, 242). Durch dieses Stilmittel ist es ihr in einer Predigt wohl gelungen, die tröstende Anrede Jesu an Marta neu erfahrbar zu machen. Darin sehe ich eine große Stärke: Statt zu erklären, wie Jesu Anrede »funktioniert« hat, wird seine Form der Anrede kopiert und damit auch für heutige Hörer*innen erschlossen.

Um die Wirkungsintention der Perikope auch im weiteren Gottesdienst erfahrbar zu machen, könnte sich das Lied »Schweige und Höre« (EGplus 56) oder gezielte Momente der Stille anbieten.

Literatur: *Christfried Böttrich*, Das Evangelium nach Lukas (ThHK 3), Leipzig 2024; *Hartmut Rosa*, Resonanz. Eine Soziologie der Weltbeziehung. Frankfurt a.M. 2016; *Thomas. G. Long*, The Witness of Preaching, Louisville ³2016; *Martin Nicol*, PredigtKunst. Ästhetische Überlegungen zur homiletischen Praxis, in: Wilfried Engemann / Frank M. Lütze (Hg.); Grundfragen der Predigt. Ein Studienbuch, Leipzig ²2009, 235–242.

1. Sonntag der Passionszeit (Invokavit) – 09.03.2025

Hebräer 4,14–16

Heilsame Gegenwelten

Daniel Hoffmann

I Eröffnung: Kontrastreiche Gegenwelten

Gerade noch Fasching gefeiert und »Helau!« gerufen und schon ist wieder alles vorbei. Die Natur blüht auf, das Leben erwacht und im Kirchenjahr beginnt die Fastenzeit. Kein anderer Sonntag im Kirchenjahr markiert wohl einen so starken Kontrast wie der Invokavit-Sonntag: »[E]xtrovertierte Lebensfreude hier und persönliches Eingedenken in die Leidensgeschichte Jesu dort«. (Fechtner, 94) Kristian Fechtner verweist allerdings darauf, dass beide Zeiten einer ähnlichen Logik folgen: »Fastnacht wie Fasten bzw Passionszeit sind *körperliche Feste*, in ihnen steht der groteske und sündhafte, der bedürftige und verletzliche Körper im Mittelpunkt. In beiden Zeiten werden körperliche Erfahrungen intensiviert.« (ebd.)

Kontrastreich ist auch das mit diesem Sonntag verbundene Thema der Versuchung (Ijob 2; Mt 4). In ihm spiegelt sich das antike Gottesbild, nach dem Gott wie ein antiker Vater sein Kind testet und prüft und damit trainieren und für das spätere Leben vorbereiten möchte. (vgl. Ebner, 37–40) Als der Papst 2017 die Bitte um Bewahrung vor der Versuchung aus dem Vaterunser streichen wollte, hat er damit wohl gezeigt, wie konträr biblische und zeitgenössische Gottesbilder sind (zum Holzweg des Papstes vgl. Ebner, 130–134).

Eine kultische Gegenwelt stellt schließlich der Predigttext dar. Wird im Hebr allein vom himmlischen Kultort her Heil erwartet, sind unsere Heilsorte längst anderswo: Wir erwarten Heil in Arztpraxen und Krankenhäusern (vgl. Gronemeyer, 100–102) oder im Cyberspace, der digitalen Welt der unendlichen Möglichkeiten. (vgl. Köhler, 26–41)

II Erschließung des Textes: Himmlische Kontrastgesellschaft

Einer Welt der Kontraste entstammt auch der Hebräerbrief. Die geschichtliche Wirklichkeit der Adressaten des Briefes spielt sich vermutlich nach 70 n.Chr. ab. Der römisch-jüdische Krieg ist verloren, viele Städte zerstört und Menschen getötet. Hart getroffen ist insbesondere Jerusalem, »das samt dem Tempel dem Erdboden gleich gemacht war – ohne Perspektive« auf einen möglichen Wiederaufbau«. (Wengst, 81) Wird am Ende des Hebr deshalb die zukünftige Stadt als Ziel in Aussicht gestellt (13,14), das himmlische Jerusalem verheißen (12,22), so ist das alles andere als billiger Trost. Es geht vielmehr darum, mit diesem Ziel im Blick zu leben und zu handeln und von ihm her neuen Mut und neue Hoffnung zu bekommen.

Die Menschen, an die sich der Hebr richtet, jüdische Christusgläubige ohne Bürgerrecht in Alexandria, sehen sich in ihrem Alltag schlimmen Bedrängnissen wie öffentlicher Anklage, Folterung, Gefangennahme, Schaukämpfen im Amphitheater, öffentlichen Demütigungen oder Konfiszierung des Vermögens (Hebr 10,32–39; 11,35–38; 13,3) ausgesetzt. (vgl. Wengst, 69.75 f.81) Die vom Brief Adressierten drohen angesichts der akuten Bedrängnisse müde zu werden und den Mut zu verlieren (Hebr 12,12; vgl. Wengst, 77). Deshalb malt der Hebr ihnen ein hoffnungsvolles Kontrastbild vor Augen und will ihnen Mut machen und Zuversicht geben: Wurde der zentrale irdische Heilsort, der Jerusalemer Tempel, an dem jedes Jahr aufs Neue vom levitischen Hohepriester am Versöhnungstag (Lev 16) Versöhnung vollzogen wurde, zwar zerstört, so ist deshalb die Quelle von Versöhnung und Heil nicht ein für alle Mal vernichtet. Im Gegenteil – und dafür nutzt der Hebr alles, was ihm an rhetorischen Mitteln zu Verfügung steht (eine Fülle an AT-Zitaten, Komparativen und die betonte Rede von »einmal« bzw »ein für alle Mal«): Jesus hat an einem neuen, unzerstörbaren Ort, nämlich im Himmel, als neuer Hohepriester nach der ewigen Ordnung des Melchisedek (Gen 14,17–20; Ps 110,4) sich selbst als Opfer dargebracht und damit den Bund Gottes mit seinem Volk erneuert und garantiert, zur Rechten Gottes sitzend, Versöhnung und Heil. (vgl. Wengst, 131 f.)

Diese kontrastreiche Welt spiegelt sich auch im Predigttext. »Der Text lebt von einer groß angelegten Spannung zwischen der Schwäche der Gemeinde und dem Hinzutreten zu Gottes Thron, das Jesus, der Hohepriester und Sohn Gottes, ihr eröffnet«. (Karrer, 238) Was der Gemeinde im realen Leben dieser Welt versagt bleibt (z.B. öffentliche Ehre, freie Rede auf dem Marktplatz, Gestaltungsmacht im alltäglichen Leben), »ist ihr vor Gott zu eigen«. (aaO., 239) Alltägliche Ohnmacht wird im himmlischen Heiligtum von Gott in Gestaltungsmacht verwandelt.

Der Predigttext bildet innerhalb des Hebr die zentrale Eingangsthese für das im Hauptteil (4,14–10,31) Ausgeführte (vgl. Karrer, 233–236; Backhaus, 177 f.; Wengst, 112): Jesus hat die Himmel durchchritten (das Perfekt markiert die abgeschlossene Handlung und das dauerhafte Ergebnis: Der Himmel dominiert fortan die Wahrnehmung; vgl. Karrer, 240 f.); ist Sohn Gottes (im AT und in [früh]jüdischen Schriften metaphorisch, nicht wesensmäßig gemeint als besonders enge Beziehung; vgl. Wengst, 30–32); er allein ist der große Hohepriester (der Pleonasmus verdeutlicht, dass es daneben keiner irdischen Priester bedarf wie z.B. des römisches Kaisers als *pontifex maximus*; vgl. Karrer, 241 f.; Backhaus, 181); er ist getrennt von Sünde (im Singular als Macht vorgestellt, Jesus ist ihrem »Zugriff ›himmelweit‹ entzogen« [Karrer, 242]) und dennoch nicht himmelweit getrennt von den Seinen und ihren Schwächen. »Er ist machtvoll befähigt, mit ihren Schwächen zu leiden (so die Litotes in 15, zur Bejahung aufgelöst). Er fühlte und fühlt mit ihnen wie mit einer Familie [*sympatheō* in V.15; D.H.]. In allem ist er gleich ihnen versuchend geprüft [*peirazō* in V.15; D.H.], an seiner irdischen Anfechtung mithin trotz der himmlischen Höhe kein Abstrich erlaubt [...]. Gleichwohl dominiert die Perspektive von und nach oben. Der Hebr stellt zurück, wie Jesus seine Sündlosigkeit und Anfechtung, Leid und Versuchung irdisch konkret bewährte.« (Karrer, 244 f.)

Die Angesprochenen werden in den V.14.16 dazu aufgerufen (adhortativer Konjunktiv als »seelsorgerliche Selbstaufforderung« [Backhaus, 186]), nicht abzulassen vom Bekenntnis und hinzutreten zum himmlischen Thron Gottes, der als Thron der Gnade näher bestimmt wird. *Charis*, i.d.R. mit Gnade übersetzt, bedeutet biblisch gesehen mehr als die einseitige, vertikale Gnadenzusage von oben nach unten. Es enthält vielmehr auch horizontal »das Moment der Gegenseitigkeit« (Wengst,

80), weshalb Wengst *charis* mit Freundlichkeit übersetzt. Jesus, der als Hohepriester zur Rechten Gottes sitzt (Hebr 1,3), versinnbildlicht diese Freundlichkeit, indem er als Interzessor für sein Volk wie einst der irdische Hohepriester Versöhnung erwirkt. (vgl. Wengst, 113.118)

In V.15 wird den Adressierten in Erinnerung gerufen, was sie als Besitz haben (*echō*) und woran sie sich festhalten können, auch wenn es sich dabei um unsichtbare himmlische Güter handelt. (vgl. Backhaus, 180) Das betonte »Wir« zielt darauf, aus einer desorientierten, geschwächten Gruppe eine solidarische und zusammenhaltende Gemeinschaft zu machen. (vgl. Backhaus, 188 f.)

Die Gegenwelt, die der Hebr entwirft, lässt sich als Protest gegen eine ungerechte und unbarmherzige politische Wirklichkeit verstehen. (vgl. Wengst, 118) Es geht gerade nicht darum, zu spalten oder Zwietracht zu säen. Die irdische Christusgemeinschaft soll vielmehr als »Kontrastgesellschaft des Himmels« (Backhaus, 177) für eine andere, solidarische, mitleidende (»sympathische«) Form des Zusammenlebens einstehen. Die himmlische Hoffnung »nimmt die Welt zwar so wahr, wie sie ist, aber lässt sie so nicht als ›wahre Welt‹ gelten, sondern setzt auf die Verwirklichung des Erhofften«. (Wengst, 77)

III Impulse: Heilsame Gegenwelten eröffnen

Der scharfe Kontrast dieses Sonntags lädt ein, den Kontrast auszukosten und heilsame Gegenwelten zum alltäglichen Leben zu eröffnen.

Gerade der klassische, agendarische Gottesdienst kann dazu mit seinen fremden, geprägten Texten einladen (vgl. Steffensky): Schuld eingestehen (»Gott, sei mir Sünder gnädig«), Gottes Vergebung zugesprochen bekommen (»Gott hat sich unser erbarmt«), schöne Lieder singen (z.B. EG 97; 171; 362; 369; 396; 398; 450), Texte der Hoffnung beten (Ps 91) und hören (Mt 4, Hebr 4).

»Die Kirchen sind eine Art Kostüm- und Sprachverleihanstalt. Sie leihen Kleider, Masken, Sprachen, Lieder, Gesten aus an die, die keine eigenen haben und doch gelegentlich spüren, dass sie sie brauchen.« (Steffensky, 57) – »Die Kirche als eine Maskenverleihanstalt«. (aaO., 55)

Ganz unvermittelt kommt da der fremde Invokavit-Sonntag dem vergangenen Karneval ganz nah und baut gerade in seiner Fremdheit eine Brücke, wo zunächst keine war.

Literatur: *Knut Backhaus,* Der Hebräerbrief (RNT), Regensburg 2009; *Martin Ebner,* Und er stieg auf den Berg. Wandern mit dem Matthäusevangelium, Innsbruck 2023; *Kristian Fechtner,* Im Rhythmus des Kirchenjahres. Vom Sinn der Feste und Zeiten, Gütersloh 2007; *Reimer Gronemeyer,* Altwerden ist das Schönste und Dümmste, was einem passieren kann, Hamburg 2014; *Martin Karrer,* Der Brief an die Hebräer. Kapitel 1,1–5,10 (ÖTK 20/1), Gütersloh/Würzburg 2002; *Joachim Köhler,*

Verloren im Cyberspace. Auf dem Weg zur posthumanen Gesellschaft, Leipzig 2021; *Klaus Wengst,* Messias und Hohepriester: Jesus im Hebräerbrief. Versuch, eine schwierige Schrift zu verstehen, Stuttgart 2023; *Fulbert Steffensky,* Wer in Zungen redet, erbaut sich selbst (1. Korinther 14,4). Überlegungen zum Gottesdienst mit Unkundigen. Vortrag in der Katharinenkirche, Hamburg 2016 zum 80. Geburtstag von Peter Cornehl, in: *ders.,* Fragmente der Hoffnung, Stuttgart 2019, 45–59.

Elis Eichener

IV Entgegnung: Kirche als Kontrastgesellschaft?

Religion hat es immer mit Gegenwelten zu tun. Ihre uralten Überlieferungen stellen eine Sinnressource dar, aus der Individuen heilsames Fremderleben schöpfen können. Menschen können eine andere Perspektive als die gegenwärtige erfahren, wodurch die Gültigkeit des Gegebenen kontrafaktisch infrage gestellt wird. (vgl. Assmann, 78–86) Doch die Rede von Gegenwelten hat auch ihre Schattenseiten. Nicht von ungefähr kommt der oft erhobene Vorwurf, dass die Gefahr einer Weltflucht bestehe. Spricht man von der Kirche als Kontrastgesellschaft, kann sich diese Ambivalenz sogar noch steigern. Nicht nur ließe sich ein latenter kirchlicher Elitismus kritisieren. Vielmehr ist es vermessen, angesichts der Fälle sexualisierter Gewalt in der Kirche von ihr als einer wesenhaft andersartigen, weil durch Liebe geprägten Gegenwelt zu sprechen. (vgl. dazu Anselm, 62–68) Umso wichtiger scheint mir, an das in der Perikope aufscheinende vertikale Moment zu erinnern: Die hier beschriebene Gegenwelt hat ihr Fundament im Himmel, am Thron der Gnade und damit im Verantwortungsbereich Gottes. Die christliche Gemeinschaft als solche bleibt hingegen fehlbar, denn auch Christ*innen und insofern die ganze Kirche unterliegen der Versuchung – nur wenn wir uns dieses Korrektiv vor Augen halten, können wir guten Gewissens von heilsamen Gegenwelten sprechen.

V Zur homiletischen Situation: Hoffen in Zeiten der Hoffnungslosigkeit

Jahrzehntelang lebten große Teile der deutschen wie auch anderer Gesellschaften des Westens in einem politisch und wirtschaftlich recht komfortablen Zustand. Nicht zuletzt deswegen kam zu Beginn der 1990er Jahre die Erzählung auf, dass nach dem Untergang des sozialistischen Ostblocks eine Epoche der Freiheit, der Demokratie und des Wohlstands in globalem Maßstab anbrechen würde. Man sprach gar vom »Ende der Geschichte«, dem »End of History«, wie Francis Fukuyama eindrücklich formulierte.

Diese Hoffnungen scheinen gestorben. Die Kirche steht stattdessen genauso wie die Gesamtgesellschaft vor der Herausforderung, mit einer Vielzahl von mehr oder minder gleichzeitigen Krisen umzugehen (vgl. dazu bspw. Leonhardt). Zunächst hat die Covid-Pandemie vor Augen geführt, dass wir trotz aller Fortschritte in Technik und Medizin verletzlich sind. Ein kleines Virus hat gereicht, um die ganze Gesellschaft, ja die ganze Welt zum Stillstand zu bringen. Quasi direkt im Anschluss an die Gesundheitskrise griff die russische Armee die Ukraine an. Die Annahme, dass wir uns auf dem Weg hin zu einer demokratischen oder zumindest regelbasierten Weltordnung befinden, ist dadurch erschüttert worden. Die durch die Covid-Zeit immer noch belasteten Menschen haben durch den Krieg weitere Verunsicherung erfahren. Denn nicht nur die politische Stabilität, sondern auch der soziale und wirtschaftliche Wohlstand erscheinen in der Folge nicht mehr als selbstverständlich. All diese Erschütterungen sickern auch in Kirche und Gemeinde ein, die zudem unter Mitglieder- und gegebenenfalls auch Bedeutungsschwund leiden. Nicht die Geschichte, sondern die Zeit der Hoffnungen scheint an ihr Ende gekommen zu sein. Pointiert formuliert: »Diese Party ist vorbei.« (Thomas, 241)

Es braucht nicht allzu viel Phantasie, um in den aktuellen Krisen einen Wurzelgrund für die Sehnsucht nach Gegenwelten zu sehen. Wenn der Wind rauer weht, liegt es nahe, sich ins Warme zurückzuziehen und die Welt da draußen auszuschließen. Doch dies wäre ein verkürztes Verständnis der Rede von der Gegenwelt. Schon Dorothee Sölle und Fulbert Steffensky haben in diesem Sinne vor dem »Luxus der Hoffnungslosigkeit« gewarnt. Hoffnungslosigkeit stellt auch heute eine große Versuchung dar. Angesichts der Weltlage sind Zweifel an der eigenen Handlungsfähigkeit mehr als nachvollziehbar. Doch besteht die Gefahr, sich in der Hoffnungslosigkeit häuslich einzurichten. Sölle sagt dazu: »Man kann ja doch nichts machen«, dieser tausendfach gehörte Satz tötet die Seele. Solange wir an diese Grunderfahrung gesellschaftlicher Ohnmacht nicht herankommen, werden wir das komfortable Gefängnis nicht verlassen können.« (Sölle, in: dies./Steffensky, 87) Auch die vorliegende Perikope erinnert daran, dass wir uns mit dieser Welt der multiplen Krisen nicht abfinden dürfen. Doch liegt es nicht allein in unseren Händen, sie zu ändern. Unsere Hoffnung kommt vielmehr von Christus her, der den Himmel durchschritten hat.

VI Predigtschritte: Gemeinsam Gegenwelten erkunden

So groß der historische Graben zwischen uns und der Gemeinde des Hebräerbriefs ist, zeigt sich doch eine Parallele. Damals wie heute empfinden wir uns als Christ*innen oft als schwach und mutlos gegenüber einer übermächtigen Welt. Gerade darum legt die Perikope nahe, den Blick gen Himmel zu wenden und dadurch neue Hoffnung zu schöpfen. Homiletisch stellt sich indes das Problem, wie man diese recht abstrakte und lebensweltlich nicht immer zugängliche Aussage plausibilisiert. Denn: »Der ›realistische Blick auf die Welt‹ hat stets die Fakten für sich. […] Die neue Schöpfung dagegen ist nicht oder jedenfalls nicht in gleicher Weise zu sehen. Mit welcher Sprache könnte ich sie dennoch in meiner Rede so zur Geltung bringen, dass die Sehnsucht nach ihr wächst?« (Nicol, 183) Zuviel Realitätssinn stärkt das Ohnmachtsgefühl und entmutigt schlimmstenfalls noch zusätzlich. Zu großes Pathos aber scheitert an der Evidenz des Faktischen und wirkt darum schnell naiv. Im Anschluss an die Dramaturgische Homiletik scheint mir für eine Predigt über Hebr 4,14–16 von Bedeutung, nicht allein die Sache zu beschreiben, sondern sie für die Hörer*innen erfahrbar zu machen. Das heißt, dass »nicht mehr über Dinge geredet wird, sondern die Dinge selbst sich ereignen«. (Nicol, 199) Es reicht nicht aus, den Hörer*innen von heilsamen, weil Hoffnung spendenden Gegenwelten zu berichten, sondern diese müssen für sie persönlich evident gemacht werden.

Angesichts der gegenwärtigen Krisen fällt es jedoch schwer, Hoffnung ausschließlich aus sich selbst zu gewinnen. Ich halte es darum für hilfreich, sich nicht nur auf die eigenen Gedanken und Formulierungen zu verlassen, sondern sich Worte von Anderen zu leihen. (vgl. Nicol/Deeg, 129–153) Um dem Vorwurf der Naivität keinen Vorschub zu leisten, bieten sich Sprachmuster und Erfahrungsberichte der Vergangenheit an. So kommt mir beispielhaft die letzte Rede Martin Luther Kings in den Sinn, der mit Blick auf Armut, Segregation und Diskriminierung die Gegenwelt einer egalitären Gemeinschaft entwirft. Wider alle Wahrscheinlichkeit versichert er den Zuhörenden, dass sich ihre Hoffnungen erfüllen werden: »Schwierige Tage liegen vor uns. Aber das macht mir jetzt wirklich nichts aus. Denn ich bin auf dem Gipfel des Berges gewesen. […] Ich möchte nur Gottes Willen tun. Er hat mir erlaubt, auf den Berg zu steigen. Und ich habe hinübergesehen. Ich habe das Gelobte Land gesehen. […] Meine Augen haben die Herrlichkeit des kommenden Herrn gesehen.« (King, 120) Von oben betrachtet, sei es vom Berggipfel oder vom himmlischen Kultort her, erscheint die Welt in neuem Licht. Im Rückgriff auf reale Geschehnisse wie die Erfolge der Bürgerrechtsbewegung ließe sich illustrieren, wie aus der Ohnmachtserfahrung heraus wirksame Hoffnung entstehen kann. Dies könnte eine Einladung an die Hörer*innen sein, sich eröffnende Gegenwelten gemeinsam zu erkunden.

Greift man in der Predigt auf eine wirklichkeitsgesättigte, auf Erfahrungen beruhende Rede zurück, wird den Hörer*innen der Anschluss an die Inhalte der Perikope erleichtert. Das Unwahrscheinliche rückt dadurch in den Bereich des Möglichen. In diesem Sinne gilt: »Der Glaube findet sich in der erzählten Geschichte (Story) *und* (Herv. i.O.) der sich ereignenden Ereignisgeschichte (History).« (Thomas, 51) Das Weitererzählen solcher Geschichten, in denen die Gemeinde angesichts ihrer eigenen Schwäche auf Christus schaut und von dort her Kraft schöpft, macht die damals gemachten Erfahrungen erneut lebendig. Diese Erzählungen finden bestenfalls sogar Einzug in den »Hoffnungsschrank« (Sölle, in: Dies./Steffensky, 88) der Hörer*innen, aus dem sie auch im Alltag schöpfen können. Auf diese Weise könnten sich die in der Predigt aufgetanen Gegenwelten im Leben vergegenwärtigen – und es ließe sich zurecht von einer geradezu *himmlischen* Kontrastgesellschaft sprechen.

Literatur: *Reiner Anselm,* Toxische Leitvorstellungen, in: J.H. Claussen (Hg.), Sexualisierte Gewalt in der evangelischen Kirche. Wie Theologie und Spiritualität sich verändern müssen, Freiburg i. Br. 2022, 57–74; *Jan Assmann,* Das kulturelle Gedächtnis. Schrift, Erinnerung und politische Identität in frühen Hochkulturen, München [8]2018; *Francis Fukuyama,* The End of History and the Last Man. With a new Afterword, New York u. a. 2006 (1992); *Martin Luther King,* Ich bin auf dem Gipfel des Berges gewesen, in: *ders.,* Ich habe einen Traum. Herausgegeben von H.-E. Bahr/H.W. Grosse, [2]2006; *Martin Nicol,* Mehr Gott wagen. Predigten und Reden zur Dramaturgischen Homiletik, Göttingen 2019; *Martin Nicol/ Alexander Deeg,* Im Wechselschritt zur Kanzel. Praxisbuch Dramaturgische Homiletik, Göttingen 2005; *Rochus Leonhardt (Hg.),* Deutungsmacht in Krisenzeiten, Leipzig 2022; *Dorothee Sölle/Fulbert Steffensky,* Wider den Luxus der Hoffnungslosigkeit (hg. von M. Mettner), Freiburg i. Br. 2013 (1995); *Günter Thomas,* Im Weltabenteuer Gottes leben. Impulse zur Verantwortung für die Kirche, Leipzig [3]2021.

2. Sonntag der Passionszeit (Reminiszere) – 16.03.2025

Johannes 3,14–21

Liebes Zeichen

Claudia Tietz

I Eröffnung: Schillernd, schwierig, schön

Schlange, Gericht, Finsternis, Böses … Wer nach Reizworten sucht, die gegen die christliche Religion sprechen, wird hier fündig. Bei der Lesung im Gottesdienst werden sich vermutlich die Einen die Haare raufen, die Anderen abschalten. Der schwierige Text bringt einen auf Distanz – und zugleich fasst er zusammen, was über das Kreuz als das zentrale christliche Symbol zu sagen ist.

Dabei hat der Evangelist Johannes zwischen den Reizworten auch Lockworte versteckt: Licht, Wahrheit, ewiges Leben und In-Gott-Sein. Man überhört sie leicht, obwohl sie schön und verheißungsvoll sind. Spannend finde ich, die heilsame Dimension dieses komprimierten schillernden Textes herauszustellen.

Der bekannte Kernsatz der Perikope, geradezu ein kleines Credo, lautet: »Also hat Gott die Welt geliebt, dass er seinen eingeborenen Sohn gab, auf dass alle, die an ihn glauben, nicht verloren werden, sondern das ewige Leben haben« (Joh 3,16). Der theologischen Dichte des Textes entspricht, dass er eine interessante Wanderung durch die Perikopenordnung gemacht hat. War er Mitte des 20. Jahrhunderts noch dem zweiten Pfingsttag zugeordnet (so in der katholischen Kirche bis heute), wurde er zum Predigttext für die Christvesper, bevor er seit 2019 dem Sonntag Reminiszere zugeordnet ist. Offenbar lässt sich über dieses Glaubenszeugnis sowohl zu Jesu Geburt als zum Gründungsfest der Kirche als auch zur Passionszeit predigen!

II Erschließung des Textes: Wie ist die Welt zu retten?

Der Abschnitt ist Teil des nächtlichen Gesprächs zwischen Nikodemus und Jesus (3,1–21), in dem Jesus im Johannes-Evangelium zum ersten Mal die großen Themen der johanneischen Theologie entfaltet.

Auf den dreigliedrigen Dialog mit Nikodemus (3,1–13) folgt ein ebenfalls dreigliedriger Monolog (3,14–21), in dem Jesus zuerst einem »Obersten der Juden« das christologische Ereignis offenbart. Wie einen Mini-Katechismus präsentiert der Evangelist hier die wesentlichen Elemente seiner Theologie: die Gestalt des Menschensohns (V.14–15), die Betonung des einzigen Sohnes (V.16–18) sowie die Reflexion des Gerichts mit der Gegenüberstellung von Licht und Finsternis (V.19–21). Das verbindende Thema ist die von Nikodemus aufgeworfene Frage nach dem Weg zum Heil.

Der Titel »Menschensohn« wird bei den Synoptikern als Beiname des irdischen Jesus, in Verbindung mit dem Leiden Jesu und als Bezeichnung für den eschatologischen Richter verwendet. Im Johannes-Evangelium wird der Titel außerdem mit der Vorstellung des Herabsteigens und Hinaufsteigens verbunden und so in das johanneische Modell der Sendung eingefügt: Der herabgestiegene Menschensohn ist der präexistente Logos; er inkarniert sich in Jesus von Nazareth; er steigt nach seinem Erdenleben zum Himmel hinauf, kehrt zum Vater zurück und wird erhöht bzw verherrlicht. (vgl. Zumstein, 143 f.)

Die Erhöhung des Menschensohns als Ziel der christologischen Sendung wird eingangs plastisch mit der Erhöhung der Schlange durch Mose verglichen. Dieser intertextuelle Bezug ist höchst aufschlussreich, muss aber für die Gottesdienstgemeinde auch aufgeschlossen *werden*. Die Bemerkung in V.14 bezieht sich auf Num 21,4–9: Als das Volk Israel sich auf der Wüstenwanderung gegen Gott und Mose auflehnt, schickt Gott feurige Schlangen, die das Volk beißen und töten. Auf die Bitte um Vergebung und Hilfe empfiehlt Gott Mose, als Gegenmittel eine metallene Schlange auf einen Stab zu setzen. Wer gebissen wird, soll die »eherne Schlange« ansehen und gerettet werden.

Das Motiv der Schlange weckt zudem unweigerlich Assoziationen an den Garten Eden, die Verführung von Eva und Adam und die Vertreibung aus dem Paradies. Symbolisch steht die listige Schlange mit dem Teufel als Widersacher Gottes im Bund; sie wird in der Tradition als personifizierte Sünde aufgefasst.

Der Vergleich mit der ehernen Schlange hat mehrere soteriologische Pointen: Wie die am Stab erhöhte Schlange ein Heilszeichen ist, so ist es auch der am Kreuz erhöhte Christus. Wie die eherne Schlange als Gegengift gegen die todbringenden Schlangen wirkt, so siegt auch der gekreuzigte, zum Vater zurückkehrende und verherrlichte Christus über den Tod. Wie das Abbild der Schlange das Gift der bissigen Schlangen neutralisiert, so wirkt auch das Bild des Gekreuzigten gegen zerstörerisches Gift und tödliche Gewalt in der Welt. Beide Zeichen bewirken Leben für die Menschen, die sich ihnen zuwenden bzw an sie glauben.

Diese Heilswirksamkeit ist – im Duktus des Textes – nur möglich, weil Jesus der »einziggeborene« und darum besonders geliebte, wertvolle Sohn Gottes ist. Diese im Urchristentum, besonders bei Paulus, verbreitete Deutung korrespondiert mit der Epistel des Sonntags Röm 5,1–11. Gott schenkt der Welt als Ausdruck seiner Liebe zu ihr seinen einzigen Sohn. Er gibt sich selbst in seinem Sohn, damit er von den in der Welt »verlorenen Menschen« als schöpferische Liebe erkannt und geglaubt wird.

Jesus von Nazareth ist das Angesicht Gottes in der Welt. Daran, ob Menschen dies erkennen und glauben, entscheidet sich, ob die Welt zu retten ist. Dabei hat die Sendung des Sohnes eschatologische Bedeutung: Nicht erst am Ende der Zeiten, sondern schon in der gegenwärtigen Begegnung mit dem inkarnierten Gottessohn entscheidet sich, ob Menschen im Glauben an die verwandelnde Macht der Liebe Gottes zur Fülle des Lebens gelangen oder sich davon abschneiden und »verloren« gehen. (Zumstein, 148)

Im letzten Teil des Monologs kommen ab V.19 die Auswirkungen der christologischen Sendung in den Blick. Das in die Welt kommende Licht – gemeint ist die Inkarnation, wie sie auch im Prolog 1,9 angekündigt wird – enthüllt den Unglauben. Die Menschen, so wird konstatiert, lieben im Allgemeinen die Finsternis mehr als das Licht. Das lässt sich an ihren Werken ablesen, die sich eben *nicht* am Licht orientieren. Ihre Taten geraten böse, weil sie das Licht, die Liebe und die Wahrheit Gottes ablehnen und dadurch ethisch verwirrt sind.

Den bösen Taten wird in V.21 abschließend das »Tun der Wahrheit« gegenübergestellt, wobei sich die »Wahrheit« auf die in Jesus offenbarte Wirklichkeit Gottes bezieht. Diejenigen, die an die Gegenwart Gottes als Liebe zum Leben glauben, wurzeln in der Wahrheit und kommen selbst zum Licht. Ihr Handeln und Reden geschieht »in Gott«, wie es denen gegeben ist, die – wie Jesus es Nikodemus zu Beginn des Gesprächs erklärte – das Geschenk der »neuen Geburt« empfangen haben.

III Impulse: Rettungszeichen

Der Mini-Katechismus Joh 3,14–31 verleitet Theologinnen und Theologen leicht dazu, katechetisch bzw dogmatisch zu predigen. Auf der Seite der Hörerinnen und Hörer hingegen verleitet er leicht dazu abzuschalten. Der theologische Eros der Predigenden und die Fragen der Gemeinde könnten sich in dem bildhaften Vergleich des erhöhten Menschensohnes mit der ehernen Schlange treffen. Der Vergleich ist merkwürdig, er lässt aufhorchen und weckt Emotionen. Wie ist das Zeichen des erhöhten Christus zu verstehen? Und warum brauchen wir solche Zeichen?

Der Predigttext entfaltet die Bedeutung des Kreuzes bzw der christologischen Sendung in großer theologischer Tiefe. Er thematisiert das Wesen des Vaters, den Auftrag des Sohnes, den eschatologischen Kairos, den Glauben und die Ethik. Welche dieser Themen in der Predigt zur Sprache kommen sollen, liegt bei den Predigenden. Es sollten nur nicht *alle* Aspekte zur Sprache kommen! Relevant ist für mich die Botschaft des heilvollen oder heilenden Zeichens Christi. Es kann denen, die sich ihm zuwenden bzw daran glauben, zum Rettungszeichen werden. Davon erzählt auf einer körperlichen, materiellen Ebene auch die Geschichte der ehernen Schlange.

Wenn ich mit meiner dreijährigen Enkelin durch die Straßen gehe, entdecke ich mit ihr die Magie der Zeichen. Die rote Figur auf der Ampel bedeutet stehenbleiben, die grüne Figur bedeutet gehen. Die Brezel auf der Glastür heißt, dass man hier Backwaren kaufen kann. Das R auf dem Autokennzeichen hängt irgendwie auch mit ihrem Namen zusammen. Die Tiefe oder Weite der Bedeutungen von Zeichen erschließt sich mit zunehmender Lebenserfahrung, Wissen und Phantasie. Zeichen helfen uns bei der Orientierung, aber manchmal führen sie auch zu Verwirrung. Nicht alle Zeichen sind verständlich.

Ich denke an die »unlesbaren Zeichen« des Künstlers Axel Malik (geb. 1953), der seit 1989 täglich schreibt, zuerst in Tagebüchern, dann auf Leinwänden. Seine Zeichen sind nicht lesbar wie konventionelle Zeichensysteme. Es geht ihm um die Schreibbewegung, den Prozess an sich, der »aus einzelnen, zeichenartigen, sich nicht wiederholenden Setzungen« besteht. (Malik)

Das Rettungszeichen des Kreuzes interessiert mich in der Spannung zwischen alltäglichen, verständlichen Zeichen und unverständlichen oder nur teilweise zugänglichen Zeichen *in actu*. Wir können seinen symbolischen Gehalt aufgrund von Erfahrung, Wissen und Phantasie erfassen. Dass Gott aber im Zeichen seines erhöhten Sohnes in der Welt »geschieht« und wir »in Gott« sein können, geht über die Lesbarkeit des Zeichens hinaus.

Dies könnte für die Gottesdienstgemeinde konkret werden im Nachdenken über profane Zeichen (Ampel, Schilder, Buchstaben) und religiöse Zeichen (Kreuz, Kelch, Farben des Kirchenjahres). Vor allem aber über die Frage, welche Zeichen Bedeutung für uns haben sollen: Woran wollen uns religiöse Zeichen erinnern? Welchen Wert messe ich welchen Zeichen oder symbolischen Gegenständen bei (Erinnerungsstücken, Tauf- und Konfirmationsgeschenken)? Zu welchen Gefühlen, Gedanken und Orientierungen kann uns das Zeichen Christi verhelfen?

Reminiszere wäre dann Anlass zum Nachdenken über die wichtigen Symbole in unserem Leben, verbunden mit der Bitte an Gott, uns sein Zeichen des erhöhten Christus immer wieder aufzuschließen.

Literatur: *Kathrin Müller*, Das Kreuz. Eine Objektgeschichte des bekanntesten Symbols von der Spätantike bis zur Neuzeit, Freiburg 2022; *Winfried Nöth*, Handbuch der Semiotik, Stuttgart/Weimar ²2000; *Hartwig Thyen*, Das Johannesevangelium (HNT 6), Tübingen ²2015; *Jean Zumstein*, Das Johannesevangelium (KEK 2), Göttingen 2016.

Internet: https://axel-malik.de (zuletzt abgerufen 15.03.2024).

Johannes Weidemann

IV Entgegnung

A betont zu Recht immer wieder die theologische Tiefe und Komplexität von Joh 3,14–21. Gekonnt führt A vor Augen: Das Kreuz ist ein Rettungszeichen! Wie die eherne Schlage, die Mose zur Rettung des Volks Israels in der Wüste aufrichtet, so richtet Gott zur Rettung der Welt das Kreuz auf, an dem niemand Geringeres hängt als sein geliebter Sohn.

Insofern widerspreche ich A nicht, sondern ich ergänze deren Perspektive, wenn ich darauf verweise, dass dieser Text in einer konkreten Situation geschrieben ist. Dem JohEv wurde (ob zu Recht oder nicht) ein dualistisches Weltbild vorgeworfen. A verweist darauf: Licht gegen Finsternis, Welt gegen Kirche, Gut gegen Böse, Wir gegen Die! Dieser Dualismus wird nur dann verständlich, wenn man sich die Situation, in der die Gemeinde des Johannes, aber mit ihr die ganze junge Christenheit, stand, klar macht: eine verschwindend kleine Zahl in einem gewaltigen Reich. Drei Generationen, nachdem Christus das Reich Gottes verkündigt hat, drei Generationen, nachdem Gott Christus auferweckt hat, ist noch immer nichts zu spüren von diesem Reich – im Gegenteil: Das Klima im Römischen Reich wird kälter.

Die Gemeinde, für die Johannes sein Evangelium schreibt, lebt in Todesangst. Da ist kein Platz für Triumphalismus gegenüber den verworfenen Heiden; für moralische Arroganz gegenüber deren Ausschweifungen. Ich höre aus diesem Text vor allem ein aufrichtiges Fragen und Zweifeln darüber, warum die Welt so ist, wie sie ist. Voller Verfolgung, voller Angst, voller Tod – eine Wüste voller giftiger Schlangen.

Warum lieben so viele die Finsternis mehr als das Licht? Warum tun so viele Böses und nichts Gutes? Warum glauben so wenige und so viele nicht? *Warum ist die Welt so, wie sie ist und nicht so, wie sie sein soll?* Diese Frage erklingt für mich in Joh 3,14–21 und es ist eine Frage – soweit meine Überzeugung – die sich viele Menschen stellen, wenn auch oft nicht explizit, sondern eher in Form eines stillen, fortschreitenden Verzweifelns an der Welt.

V Zur homiletischen Situation

Dem JohEv wurde Dualismus vorgeworfen. Draußen ist die böse Welt und drinnen ist die gute Gemeinschaft. Sich von der Welt mit ihren ganzen Widerständigkeiten, Zumutungen und Andersheiten abzukapseln, ist eine naheliegende Antwort auf die Zumutung, dass die Welt nicht so ist, wie sie sein soll. Die Flucht in die Arme der Gleichgesinnten, das sanfte Rauschen der digitalen oder kohlenstofflichen Echokammer, das Sonnen im Licht der eigenen Wahrheit ist süß und angenehm und – zugegeben! – ganz außerordentlich wichtig! Es ist wichtig, sich zu vergewissern. Es ist wichtig, Kraft zu tanken, an den Orten, wo man nicht ständig kämpfen muss. Aber genauso wichtig ist es, in der Welt mit ihrer Widerständigkeit präsent zu sein. Denn auch wenn die Konfrontation mit dem Anderen eine Zumutung ist – sie ist auch das, was menschliches Leben erst als solches auszeichnet. Nur durch diese Konfrontation werden die Grenzen meiner eigenen Welt ausgedehnt. Nur so kann Bildung und Wachstum geschehen.

Die Widerständigkeit des Anderen ist eine Zumutung. Wie können Menschen damit umgehen? Es ist zu einem allgemeinen, rhetorischen Topos geworden, die Streitkompetenz als Heilmittel darzustellen. Ich möchte an einen anderen möglichen Umgang erinnern. An den Weg, mit dem Anderen umzugehen, den auch Joh 3,14–21 vor Augen stellt – denn dieser Text ist sehr viel erwachsener und nachdenklicher als der platte Dualismus, der ihm unterstellt wird. Mein Vorschlag ist – und ich kann Ihr Augenrollen förmlich hören – die Liebe.

»Also hat Gott die Welt geliebt ...« Gott liebt nicht das Licht. Gott liebt nicht die Wahrheit. Gott liebt die *Welt* – in der Logik des Textes noch ganz ohne Licht. Was bedeutet es nun, etwas zu lieben? Die Philosophin Simone Weil stellt in ihrem Werk *Schwerkraft und Gnade* die Liebe als den Akt vor, einen Anderen als vollen Menschen anzuerkennen. Damit meint sie, dass Liebe, sofern sie reine und umfängliche Liebe sein soll, darin besteht, den Anderen, das Gegenüber in seiner besonderen Existenz anzuerkennen und zu achten. Das Andere als Anderes für schön und gut zu halten, ohne es sich aneignen, ohne es sich einverleiben und es unterwerfen zu wollen – das ist Liebe im Sinne Weils. Selbsthingabe und Zurückhaltung sind die Werke der Liebe, nicht Aneignung und Besitznahme. »Mit reiner Liebe lieben, heißt in den Abstand einwilligen, heißt den Abstand anbeten zwischen einem selber und dem, was man liebt« (Weil, 74) oder wie Weil mit ihrer unnachahmlichen Präzision schreiben kann: »Besitzen, heißt besudeln« (ebd.), aneignen, heißt entehren.

Wenn Gott die Welt liebt, dann liebt er sie in ihrer Andersheit, in ihrer Widerständigkeit und Freiheit gegenüber ihm selbst. Sonst würde Gott sie nicht lieben, sondern wollte sie nur besitzen. Sie sich gefügig machen. Sie seinem Willen unterwerfen. Deshalb konnte Gott die Welt nicht einfach verwandeln. Deshalb konnte Gott die Welt nicht einfach neuschaffen. Denn dann wäre Gott nicht mehr die Liebe, wie uns die johanneische Theologie lehrt (1Joh 4), sondern die Unterwerfung. Aber was Gott konnte, war, sich selbst hingeben; ein Zeichen setzen, dass er diese Welt liebt; ein Rettungszeichen, wie A es nennt. Im johanneischen Mythos gesprochen: Inkarnation, Kreuz und Auferstehung sind zu verstehen als das eine Werk der Selbsthingabe Gottes an die Welt. Als das eine Werk der Liebe zu einer Welt, die Gott als sein Anderes anerkennt, achtet und liebt.

Das Andere, den Anderen lieben heißt, die Zumutung, die die Existenz des Anderen für mich bedeutet, nicht nur aushalten, sondern genießen. Das Andere als das Andere zu fördern und wachsen zu lassen – in seiner Qualität zu steigern. Die Liebe überbrückt den Dualismus von Licht und Finsternis, von Selbst und Anderem ohne das eine oder das andere zu zerstören. Das ist die existenzielle Situation, die im Text deutlich wird. Dass Gott diese Brücke geschlagen hat durch seine reine Liebe zur Welt, wird sichtbar im Zeichen des Kreuzes und das ist für mich die theologische Essenz dieser Perikope.

VI Predigtschritte

A erzählt davon, wie sie mit ihrer dreijährigen Enkelin die Zeichen der Welt und mit ihr das Funktionieren der Welt entschlüsselt. Ich denke an meine zufälligerweise auch dreijährige Tochter, die die Zumutung, dass die Welt nicht so ist und so funktioniert, wie sie soll bzw wie sie es haben will, in den letzten Monaten massiv gespürt hat: »Ich will, dass es Kartoffelbrei gibt und keine Suppe!«. »Ich will, dass wir auf den Spielplatz gehen und nicht nachhause!« »Ich will, dass du die Mama bist!« Wer kleine Kinder kennt, kennt die Widerständigkeit des Anderen. Kennt das Gefühl mit einem unerfüllbaren Anspruch konfrontiert zu werden, kennt aber auch das Glück, die Freude und den Gewinn, die aus dieser Zumutung erwachsen.

Grundsätzlich lässt sich die Struktur wahrer Liebe aber an zahllosen Beispielen zeigen. Wie viele Konflikte wären doch zu vermeiden, wenn jeder einfach das tun würde, was ich will! Wie viele Tote könnten vermieden werden, wenn jeder einfach das tun würde, was gesund ist! Es ist die große Zumutung, dass der Kirchenvorstand immer erst überzeugt werden will und mein neues Gottesdienstkonzept nicht jubelnd in Empfang nimmt. Wie aus all diesen Konfliktsituationen durch anerkennendes Verstehen (d.i. liebevoller Umgang) herausgefunden wurde, das gilt es zu zeigen. So kann erlebbar gemacht werden, wie Gott die Welt veränderte, eben nicht durch Unterwerfung, sondern durch Liebe. Beispiele sollten sich in jeder Gemeinde zur Genüge finden. Schließlich ist recht verstandene Seelsorge von liebevollem Umgang in diesem Verständnis nicht zu unterscheiden.

Wenn von zwischenmenschlichen Beziehungen die Rede ist, ist es besonders wichtig, dass sich auch Pfarrerinnen und Pfarrer auf der Kanzel in Zurücknahme üben. Liebe kann nie eingefordert, sondern immer nur geschenkt und gezeigt werden. Es wäre völlig verfehlt, das Evangelium der Liebe Gottes in ein Gesetz zu verwandeln, sodass alles, was Andere uns antun können, hinzunehmen und am Ende sogar zu lieben sei! Es ist eine finstere Seite des Christentums und auch der evangelischen Kirchen, dass hier nicht selten Gewalt unter dem Deckmantel der Liebe verborgen wird (»Ich schlage dich nur, weil ich dich liebe!«). Es kann hilfreich sein, hier unterschiedliche Beispiele von echter und falscher Liebe nebeneinander zu stellen, um auch das Sensorium dafür zu schärfen, wann welche Form vorliegt.

Ich erinnere mich gut an einen Prädikanten aus Sachsen, den ich auf einer Fortbildung getroffen habe, den die Frage von Joh 3,14–21 massiv umgetrieben hat. Warum glauben so wenige Menschen an Jesus Christus? Natürlich kann man diese Frage als typisch ostdeutsch-pietistisch zurückweisen, aber die Kränkung, die daraus spricht, erlebe ich als mittelfränkischer Hochschuldozent ebenso und ich denke, auch Großstadtpfarrerinnen sind dagegen nicht immun. Auch und gerade für aktive Gemeindeglieder ist der Verlust von gesellschaftlicher Anerkennung für ihr Engagement in der Kirche oft eine herbe Kränkung, die zu Antagonismus oder Rückzug aus der Welt führen können. Auf Gottes Liebe zu einer Welt, die ihm widersteht, hinzuweisen, kann hier gleichzeitig helfen, diese Kränkung zu lindern und Handlungsoptionen zu zeigen, wie aus diesem erlebten Dualismus (Wir gegen Die) herausgefunden werden kann.

Literatur: *Simone Weil*, Schwerkraft und Gnade (neu hg. von Charlotte Bohn), Berlin 2021.

Jeremia 20,7–11a(11b–13)

So ist es – und das ist in Ordnung

Christina Weyerhäuser

I Eröffnung: Wir sind hier nicht bei »Wünsch' dir was«, sondern bei »So ist es«

In jedem Leben gibt es die Erfahrung, Dinge tun zu müssen, die jemand anderes einem vorgibt und die möglicherweise gegen den eigenen Willen oder die eigene Natur gehen. Das fängt schon im Kindesalter an: wenn die Eltern bestimmen, dass es zu kalt für ein T-Shirt ist und das Kind stattdessen einen Pullover anziehen muss. Wenn über den Kopf des Jugendlichen hinweg entschieden wird, dass er selbstverständlich mitkommen muss, weil die Familie umzieht, obwohl er sich im bisherigen Umfeld so wohlgefühlt hat.

Das Gefühl, fremdbestimmt und gesteuert zu sein, oftmals nicht selbst die Entscheidungen vollends in der Hand zu haben, die man für sich selbst und das eigene Leben als richtig erachtet, zieht sich durch menschliches Leben bis weit ins Erwachsenenalter hinein. Es kulminiert in dem gerne bemühten Bild vom Hamsterrad, das einerseits erschöpft und mürbe macht, aus dem es andererseits aber bedauerlicherweise scheinbar kein Entkommen gibt und das zugleich als unmöglich aufzugebender Lebensinhalt definiert wird. Der Volksmund spricht dann gerne davon, dass man im Leben ja schließlich nicht bei »Wünsch' dir was«, sondern bei »So ist es« sei.

Die Passions- bzw Fastenzeit lädt jedes Jahr aufs Neue dazu ein, den eingefahrenen Blickwinkel auf das eigene Dasein, das »So ist es« zu hinterfragen, sich selbst, seine Gewohnheiten, seine Prioritäten auf den Prüfstand zu stellen und auszuprobieren, wie es vielleicht auch anders aussehen könnte. Es gilt, sich in der Zeit vor Ostern ganz bewusst wieder neu auf Gott auszurichten und in den Blick zu nehmen, wie die befreiende Wirkung des Leidens, Sterbens und Auferstehens Jesu Christi die Sicht auf das Leben verändern kann.

Auch viele Menschen, die mit dem christlichen Glauben wenig zu tun haben, schätzen das besondere Gepräge der Fastenzeit und nutzen sie bisweilen als bewusste Phase der wenigstens zeitweisen Selbstoptimierung.

Der Sonntag *Okuli* – abgeleitet von der lateinischen Antiphon aus Ps 25,15: »Meine *Augen* sehen stets auf den Herrn, denn der Herr wird meine Füße aus dem Netz ziehen« –, richtet den Blick in der Mitte der Passionszeit zwischen Aschermittwoch und Palmsonntag auf die konsequente Nachfolge und deren mitunter unangenehme Konsequenzen.

Wer sich von Gott angetrieben weiß, wessen Augen stets auf den Herrn sehen, so der Grundtenor dieses Sonntags, kann gar nicht anders als dem nachzugeben und sein Leben auf Gott auszurichten, selbst wenn das bedeutet, Ungemach in Kauf nehmen zu müssen.

II Erschließung des Textes: Vom Passiv ins Aktiv

In der Predigtperikope Jer 20,7–11a(11b–13) beschreibt der Prophet Jeremia die Last seines Prophetenamts, das nicht er selbst sich aussucht, sondern ihn von Gott auferlegt wird. Jeremia empfindet seine Berufung durch Gott als große Herausforderung, die ihm vieles abverlangt und ihn in eine tiefe Krise, eine Situation der inneren und äußeren Anfechtung stürzt. Die Perikope ist Teil der fünf sog. *Confessiones*, deren Authentizität in der alttestamentlichen Forschung kontrovers diskutiert wird; es bleibt also offen, ob sich aus dem Perikopentext Anklänge an den historischen Jeremia herauslesen lassen. »Formal entsprechen die Texte [sc. die *Confessiones*; CW] den Klageliedern des Einzelnen im Psalter« (vgl. Schmitt, 346), denen nach Norbert Ittmann eine »Schlüsselfunktion für das Verständnis der gesamten Botschaft Jeremias« (zitiert nach Backhaus/Meyer, 559) zukommt. Der Psalmenvergleich, der die formelhafte Gestaltung der *Confessiones* in Sprache und Aufbau impliziert, sowie die Ähnlichkeit zu den Gottesknechtsliedern Deuterojesajas weisen eher darauf hin, dass es sich dabei um »Vergewisserungstexte« handelt, »die an die Person Jeremias angeschlossen worden sind«. (Schmid, 348)

Jeremias Bemühen, sich seiner Berufung ins Prophetenamt durch Gott zu entziehen, scheitert daran, dass er sich als zutiefst von Gott angetriebenen Menschen erlebt (vgl. Jer 20,8 f.), dem es trotz unbequemer und einschneidender Erlebnisse unmöglich ist, sich von Gott bzw dessen für ihn vorgesehener Berufung loszusagen. Er brennt sprichwörtlich für Gott, ob er will oder nicht. Jeremia klagt darüber, dass er zum Gespött der Leute geworden sei (V.7), dass hinter seinem Rücken über ihn geredet werde (V.10) und man nur darauf laure, dass er scheitere (V.10b). Er empfindet sich in eine Situation hineingedrängt, in der er selbst sich nicht sieht, und erkennt zugleich an, dass Gott der stärkere von beiden ist.

Interessant ist die inhaltliche Wendung, die die Perikope in V.11 nimmt. Jeremia wird vom Klagenden zum Lobenden, der Gott für seinen Beistand preist. Ab V.12 ändert sich zudem die Anrede. Jeremia spricht nicht mehr über Gott, sondern adressiert ihn direkt; weil er Gott seine Sache befohlen hat, will er dessen Vergeltung an jenen sehen, die ihm Schlechtes wollen. Schließlich mündet die Perikope in die Aufforderung Jeremias an die Leser- bzw Hörerschaft, Gott zu singen und ihn zu rühmen (V.13), denn in Gott sieht der Prophet (s)einen Retter.

III Impulse: Wir sind hier bei »So ist es«, also wünsch' dir was (und tu
    etwas dafür!)

Auch Menschen, die mit dem liturgischen Gehalt der Fasten- bzw Passionszeit wenig vertraut sind, haben bisweilen ein Gespür für die Sensibilität dieser Zeit im Jahr und schätzen die Gelegenheit, bewusst andere Akzente zu setzen als sonst.

Das Grundgefühl des Ausgeliefertseins bzw der Handlungsunfähigkeit an Gott vorbei, wie Jeremia es erlebt und wie es im ersten Teil der Perikope zur Darstellung kommt, ist anschlussfähig an das Empfinden vieler Menschen heute, die sich selbst als Getriebene und vom Leben Gelebte wahrnehmen.

In der Perikope steckt die Chance zu entfalten, wie sich neue Perspektiven einnehmen lassen, wenn aus dem passiven Jeremia, der sich gezwungenermaßen seinem von Gott für ihn vorgesehenen Schicksal ergibt, ein Mann wird, der ins Handeln kommt, indem er die Beziehung zu Gott festigt und beschwört (vgl. Jer 20,11) und indem er Gott in die Pflicht nimmt, sich seiner Sache anzunehmen (vgl. Jer 20,12).

In der Perikope spiegeln sich Jeremias ambivalente Gefühle gegenüber Gott; sie zeichnet in wenigen Versen seinen Weg vom Hadernden zum Handelnden nach. Entscheidend ist, dass sich im Verlauf der Perikope Jeremias Blickwinkel Gott gegenüber und seine Sichtweise auf die Situation ändern. Indem er Gott in die Pflicht nimmt und ihm seine Sache anbefiehlt, entkommt er dem bedrückenden Hamsterrad und der aussichtslosen Frage nach dem Warum: Warum hat Gott gerade mich für diese Aufgabe vorgesehen? Die Frage nach dem Warum stellen Menschen immer wieder im Leben: in Krankheit, wenn sie Schicksalsschläge erleben, wenn das Leben unbeabsichtigte Wendungen nimmt.

Auf diese Weise erfährt der Prophet Selbstwirksamkeit; er ist nicht länger das passive Objekt, an dem etwas geschieht, sondern wird zum aktiven Gegenüber Gottes. Dadurch tritt zugleich in den Hintergrund, was »die Leute« von ihm denken und wie sie auf ihn reagieren.

Diese neue Perspektive Jeremias eröffnet am Sonntag *Okuli* die Gelegenheit, mit den Predigthörenden ins Gespräch darüber zu kommen, mit welcher Haltung man aus christlich-theologischer Sicht auf die Erfahrung blicken kann, die wohl jeder Mensch im Leben irgendwann einmal macht, so wie Jeremia: Ich schaffe es nicht, Nein zu sagen und mich abzugrenzen, sondern lasse mich zu etwas überreden, das ich eigentlich gar nicht will. Dabei können Menschen zu so vielem im Leben gar nicht Nein sagen, weil sie schlicht keine Wahl haben. Das ist ein Zustand, der Menschen verzweifeln lassen kann, so wie Jeremia zu Beginn der Perikope. Und noch dazu kommen Schadenfreude, Hohn und Spott des Umfeldes; auch das eine Erfahrung, die viele Menschen kennen. Wie also damit umgehen? Wie kann es gelingen, in solchen Momenten vom Reagieren wieder ins Agieren zu kommen?

Jeremia und sein Perspektivwechsel bieten einen Anknüpfungspunkt, diese Fragen in der Predigt über Jer 20,7–13 zu entfalten. Das Leben ist kein Wunschkonzert und es stimmt, dass wir nicht bei »Wünsch dir was«, sondern bei »So ist es« sind; dennoch hat jeder Mensch an jedem Tag seines Lebens immer wieder neu die Chance, anders auf das eigene Leben zu blicken und seine Sache Gott anzubefehlen. Jeremia vertraut auf die Beziehung zwischen Gott und ihm und darauf, dass Gott den Menschen, die auf ihn vertrauen, wie ein starker Held zur Seite steht.

Auf diese Weise wird deutlich, dass der Mensch selbst sehr wohl etwas tun kann, nämlich Beziehungen stärken, Vertrauen schenken, vom Jammern ins Loben kommen und den Blick auf das Gute im Leben richten.

In diesem Sinne kann Nachfolge bedeuten, bisweilen auszuhalten, dass nicht der Mensch in letzter Konsequenz in der Hand hat, was ihm im Leben widerfährt, sondern dass es an Gott ist, »Nieren und Herz zu durchschauen« (vgl. Jer 20,12). Aufgabe des Menschen ist und bleibt es, den Blick auf Gott zu lenken und ihn dafür zu loben, dass er sich am Ende als Retter erweisen wird.

Literatur: *Franz Josef Backhaus / Ivo Meyer,* Das Buch Jeremia, in: E. Zenger, u. a., Einleitung in das Alte Testament, Stuttgart [8]2012, 548–577; *Konrad Schmid,* Das Jeremiabuch, in: J.Chr. Gertz (Hg.), Grundinformation Altes Testament, Göttingen 2006, 335–350; *Hans-Christoph Schmitt,* Arbeitsbuch zum Alten Testament, Göttingen [3]2011, 342–354.

Sonja Beckmayer

IV Entgegnung: »Auf das Mindset kommt es an«

»Dinge tun zu müssen, die jemand anderes einem vorgibt« ist wie A angibt, ein zentraler Aspekt der Predigtperikope. Anders als von A vorausgesetzt ist aber die beschriebene Nachfolgesituation heute kaum mehr vermittelbar. Nachfolge im Sinne des Aushaltens, »dass nicht der Mensch in letzter Konsequenz in der Hand hat, was ihm im Leben widerfährt« passt kaum in eine Zeit, in der alle Optimierung immer an der eigenen Person hängt. Den Job nicht bekommen – selbst schuld. Übergewicht – ach, deine mangelnde Selbstkontrolle. Trennung – du hättest ja nicht gehen müssen. Zugleich klingt bei A auch ein wenig Selbstaufgabe an, wenn es heißt, dass sich Jeremia »seinem von Gott für ihn vorgesehenen Schicksal ergibt«. Auch hier scheint ein für die Gegenwart schiefer Ton anzuklingen.

Andererseits beschreibt A auch eine Bewegung, die gut ins Heute passt. Wenn Jeremia »Selbstwirksamkeit« erfährt und »anders auf das eigene Leben« blickt, ist das (modern gesprochen) die Änderung des eignen Mindsets. Ändere nicht die äußeren Gegebenheiten, sondern deine Haltung dazu ... Wenn das nicht klappt, nun, selbst schuld.

V Zur homiletischen Situation: »Lass mich bloß in Ruhe!«

»Lass mich bloß in Ruhe! Ich habe keinen Bock mehr. Auf nichts von dem, was da auf mich einprasselt. Verschwinde!« Diese Predigtperikope kann, in komplizierter Sprache, aber dann doch recht deutlich an heutige Erfahrungen anschließen. Überredet werden und etwas zustimmen, das man *eigentlich* nicht möchte. Dieses »Eigentlich« signalisiert, dass die Person Nein sagen möchte, es aber, warum auch immer, nicht kann. »Eigentlich kann ich nicht, aber ...«. Und zack, ohne echtes Nein, ist es ein Ja – und man steckt in einer Situation, die man so nicht gewollt hat.

Der Satz »Nein heißt Nein« ist vielen jungen Menschen heute sehr wichtig. Bringt er doch auf den Punkt, dass jede klare Ablehnung auch ohne ihre Begründung eine berechtigte Ablehnung ist. Doch sowohl in der Predigtperikope als auch in vielen Lebenssituationen fehlt dieses klare Nein. Nicht einmal nur, weil das Gegenüber ein Nein nicht akzeptieren würde, sondern auch schon, weil der Sprecher oder die Sprecherin es gar nicht erst über die Lippen bekommt.

»Ich bin zwar eigentlich zu müde fürs Kino, aber vielleicht klappt es ja irgendwie.« Dann geht man also doch mit ins Kino, obwohl man nicht wollte, ist tatsächlich so müde, wie man dachte – und schläft ein. Mitten im Film schnarcht man. Die Freunde wecken einen zwar, die dummen Sprüche wird man aber nicht mehr los. »Hätte ich doch einfach Nein gesagt.« Zerknirschung, Verzweiflung, Scham, Ärger über sich selbst und Erschöpfung sind die Folgen. Es ist eine fürchterliche Situation. Keine Lust auf etwas zu haben und es trotzdem tun zu müssen, weil man sich hat überreden lassen. Entgegen der eigenen Intuition zu handeln und dann gesagt zu bekommen, es sei nicht gelungen oder falsch oder belächelnswert. Keine Motivation mehr für etwas zu finden, weil es nie wirklich die eigene Sache war; etwas durchziehen zu müssen, ohne Ausweg. Eine solche Belastung führt über kurz oder lang in eine Erschöpfungsdepression. »Ich mühte mich, es zu ertragen, aber konnte es nicht« (V. 9), formuliert Jeremia. »Ich kann nicht mehr«, würden wir heute sagen. »Ich halte das nicht mehr lange aus.«

Damit verbunden ist die Ratlosigkeit. Was kann man tun? Wie kommt man aus dieser Situation wieder heraus? Möglichst, ohne das Gesicht dabei zu verlieren. Die Frage nach dem »Was nun?« klammert der Kerntext der Predigtperikope (Jer 20,7–11a) weitgehend aus. Nicht umsonst sind die Verse Jer 20,11b–13 optional. Sie geben eine Antwort auf diese Frage, verändern damit aber den gesamten Charakter des Gesagten und drehen ihn in eine heute moralisch schwere Position: die Freude an der Rache. Der Wunsch zur Vernichtung derjenigen, die einem dies antun, oder doch zumindest deren sozialer Diffamierung. Ungeschoren sollen sie jedenfalls nicht davonkommen. Tätige Rache gibt es im Film, wenn beispielsweise John Wick in vier Kinofilmen blutigste Rache nimmt für den Tod seines Hundes oder für Verrat. Das Gefühl der Rache treibt aber auch noch heute Menschen in Attentate, wie beispielsweise bei den Schulmassakern in den USA. Rache dafür, von seinen Mitschülerinnen und Mitschülern niedergemacht worden zu sein, als anders abgestempelt worden zu sein, kein Teil ihrer Gemeinschaft gewesen zu sein. Doch sogar John Wick zweifelt nach vielen Kämpfen am Sinn seiner Rachefeldzüge. Rache geht nicht gut aus, selbst wenn man nur darüber nachdenkt. »So soll man nicht denken« ist einer der Sätze, den man heute als Antwort auf Rachegedanken zu hören bekommt, »man wünscht einem anderen nichts Schlimmes«. Aber was, wenn doch? Niemand soll gleich sterben, aber »mögen dir die Ärmel bei jedem Händewaschen ins Wasser rutschen«, das wäre doch schon was.

Durch die Einklammerung der V.11b–13 ermöglicht die Predigtperikope aber auch einen anderen Zielpunkt: den der Zuversicht. »Aber der HERR ist bei mir wie ein starker Held, darum werden meine Verfolger fallen und nicht gewinnen« (V.11a). Gott ist bei mir und deshalb werden die anderen keinen Erfolg haben. Mit dem Helden lässt sich durchs Leben gehen, aber eben mit einem richtigen Helden, nicht dem Anti-Helden John Wick, eher den Helden aus dem Marvel-Universum. Captain America, Iron Man, Black Panther, Black Widow, Hulk, Doctor Strange und viele mehr, sie sind Helden. Nicht alle sind strahlende Helden, die meisten haben dunkle Flecken in ihrer Lebensgeschichte und doch haben sie sich dem Guten verpflichtet. Sie retten die Welt vor ihrer Eroberung und Zerstörung. Zuletzt verändern sie mit ihrem Handeln Zeit und Raum, um die Vernichtung von Leben rückgängig zu machen – unter Aufbringungen des eigenen Lebens. Durch die Helden wird etwas möglich, das vorher unmöglich schien. Sie tun, was einen selbst untätig machen würde, sie handeln, wenn es hoffnungslos wird, sie geben nicht auf. Durch die Wendung des Teilverses 11a lässt sich anders als am Anfang also sagen: »Lass mich bloß in Ruhe! Ich habe keinen Bock mehr. Auf nichts von dem, was da auf mich einprasselt. Verschwinde! … Na gut. Dann los.«

VI Predigtschritte: »Warum es gut so ist, wie es ist«

»Aber der Herr ist bei mir, wie ein starker Held …« (Jer 20,11a). In der Predigt könnte man eine Heldengeschichte erzählen, von einem oder einer, der oder die auszog, alles recht zu machen. Einem Menschen, der loszog, weil das Nein nicht hörbar war. Weil er oder sie überredet wurde. Die Geschichte eines Menschen, der dann auch noch die Kritik dafür ertragen musste – und es kaum mehr ertragen kann: nicht die Kritik, nicht die Situation, sich selbst kaum noch. Das »hätte, könnte, würde und wollte«, die Konjunktive des Lebens, sind so stark, dass außer Verzweiflung und Erschöpfung wenig zu bleiben scheint. Mit der Predigtperikope und ihrem V.11a lässt sich dann aber auch in der Predigt fragen, warum die Situation so ist, wie sie ist. Nicht im Sinne einer Schuldzuweisung »Du wolltest doch, dass …« oder »Hätte ich doch einfach …«, sondern im Sinne dessen, was die Person dazu motiviert hat, das Nein undeutlich zu lassen. Was steckt in dem Ja, das zu hören war, auch wenn es ein Nein gewesen wäre?

Der alleinerziehende Kollege ist es einfach wert, dass man ihm beim Umzug hilft. Auch wenn man eigentlich keine Kraft hat. Aber mit dessen kleiner Tochter ein paar Stunden auf den Spielplatz zu gehen, das geht. Mit den Freunden, die man so selten trifft, ins Kino zu gehen, das ist es wert. Sich trotz der eigenen Müdigkeit aufzuraffen, um sie zu sehen. Das ist es wert. Ihre dummen Sprüche hinterher nicht, die sind unfair. Aber sie mit Humor und einem Schulterzucken zu nehmen, so dass man in einem Jahr in geselliger Runde eine lustige Geschichte darüber erzählen kann. Das ist es vielleicht auch wert.

Für Jeremia liegt der Grund, nicht aufzuhören, bei aller Beschwernis weiterzumachen, auch wenn er »Eigentlich« nicht mehr kann, in Gott. Jeremia weiß Gott bei sich, er ist der Held, der das ermöglicht.

In der Predigt könnte die Frage aufgeworfen werden, wer oder was der Held in den Überredungsgeschichten der Gemeindeglieder ist. Was war Ihr letzter Grund etwas zu tun, das Sie nicht wollten? Was hat Sie motiviert, Ihr Nein in ein »Eigentlich« zu verkleiden und ein Ja daraus zu machen? Was sind Ihre inneren Antreiber? Darüber nachzudenken, kann die Zuhörenden sich selbst auf die Spur bringen. War es reine Höflichkeit die Essenseinladung anzunehmen? Was bräuchte ich, um das nächste Mal abzusagen? Welches Bedürfnis spüre ich in mir, wenn ich ein Eigentlich ausspreche? Wer ist es wert, für ihn/sie aus einem Nein ein Ja zu machen?

Die Bewegung »Regretting Motherhood«, die sich als Diskussionsraum basierend auf einer Studie von Orna Donath entwickelte, thematisierte weltweit erstmals das Phänomen des »Bedauerns der Mutterschaft«. Hierbei wird von Frauen, die Kinder bekommen haben, die Zuordnung zur Rolle als Mutter bedauert, nicht jedoch die Liebe zum Kind negiert. Ein Kernsatz lautet: »*Ich bedaure es, Mutter geworden zu sein, aber ich liebe mein Kind.*« Dies könnte ein erster Satz der Predigt sein, denn er kennzeichnet das Hadern mit einer Situation und markiert stark, dass es einen guten Grund geben kann, trotzdem in dieser Situation zu bleiben.

Literatur: *Orna Donath*, Regretting Motherhood: A Sociopolitical Analysis. In: SIGNS: Journal of Women in Culture and Society, 40/2, 2015.

Internet: John Wick: https://de.wikipedia.org/wiki/John_Wick_(Filmreihe); Marvel Filme: https://de.wikipedia.org/wiki/Marvel_Cinematic_Universe#Filmreihe (beide zueltzt abgerufen am 17.04.2024).

Johannes 6,47–51

Das gibt im Leben Halt

Sabine Winkelmann

I Eröffnung: Von guten Mächten wunderbar geborgen

Wer gibt Halt in dieser Zeit? Was stärkt im Leben zum Leben? Wie kann erfahrbar werden, dass in, mit und unter dem Vorfindlichen Hoffnung bleibt und nachvollziehbar wird?

Der Sonntag Lätare (»Klein-Ostern«) lädt mit diesem Abschnitt aus der johanneischen Brotrede ein, Abendmahl zu feiern und – in aller Schlichtheit – bewusst zu gestalten, um sich gemeinsam stärken zu lassen, den Glauben als Lebensgewinn zu erneuern. Dabei geht es nicht nur um das, was im Alltag »den Kopf über Wasser halten« lässt. Es geht um ewiges Leben, unverbrüchlich, Trost auch über den (eigenen) Tod hinaus. Es geht um Unverlierbares in Zeiten, in denen uns so viel verloren zu gehen scheint.

Sich dabei auch der tragenden Gemeinschaft zu vergewissern und im Ritual des Abendmahls neuen Halt und Sicherheit geschenkt zu bekommen für die Herausforderungen einer immer stärker als vulnerabel empfundenen (Um-)Welt, ist einer sorgfältigen Inszenierung verpflichtet. Predigt und Ritus, Wort und Sakrament mögen sich an diesem Sonntag heilsam ergänzen und zu einem gestärkten Bewusstsein eschatologischer Hoffnung und Heilsgemeinschaft beitragen.

II Erschließung des Textes: Gemeinschaft und Ritual

Aus der insgesamt deutlich längeren Passage, die überschrieben ist mit »Das Brot des Lebens« sind es wenige, dafür verdichtete Verse, die zum Nachdenken anregen sollen. Der kleine Abschnitt dreht sich in vielfältiger Weise um *das* Brot, um Tod und Leben, um die Ewigkeit.

Der Duktus erinnert an die Einsetzungsworte, als Spendeformel bei der Austeilung des Abendmahls werden sie verwendet und bringen schon beim Hören Erinnerungen an das Abendmahl zum Klingen.

Aufgeschrieben in einer Zeit existentieller Not, in konkreter Bedrängnis der ersten christlichen Glaubensgemeinschaft wollen die verheißungsvollen Worte trösten und ermutigen, wollen Halt und Orientierung geben in einer unübersichtlichen, heil-losen, feindlichen Welt. In die Verletzlichkeit der frühen Gemeinde werden tröstliche Zusagen laut gesprochen, die antworten auf die Frage: Wovon lebt der Mensch? Es soll deutlich werden: Im Vertrauen auf Gott wird dem Leben eine neue Dimension geschenkt: Im Glauben sind wir dem Tod als der absoluten Nichtigkeit enthoben. Wenn wir uns mit hineinnehmen lassen, dann haben wir schon jetzt Anteil am ewigen Leben.

An zwei Punkten bleiben die Gedanken hängen:

Die Perikope schließt an den Bericht von Menschen an, die Gott suchen. Diese Menschen fahren Jesus mit Booten nach und stellen ihm vielfältige Fragen. Sie fordern Zeichen, an denen sie Jesu Legitimität erkennen können. Und in der Auseinandersetzung verweisen sie auf die Ur-Erfahrung der Fürsorge Gottes durch das Manna in der Wüste.

Genau diese Wüstenerfahrung des Volkes Israel wird jedoch in der Gegenrede Jesu kontrastiert mit der Erfahrung der Sterblichkeit. Das wunderhafte Manna hat zur Lebenserhaltung beigetragen – doch im physischen Sinn haben die Menschen, die davon gegessen haben, das verheißene Land nicht erreicht.

Insofern erfährt eine in jeder Hinsicht besondere Speise eine Relativierung: Letztlich war auch das Manna vom Himmel nur eine (außergewöhnliche) Nahrung, die das Leben vorübergehend erhalten hat. Die Menschen, die davon kosten durften, sind doch gestorben. Auch die kostbarste Nahrung, die sich auf Erden finden lässt, hat nichts, was zur Ewigkeit verhilft. Dies vermag nur Jesus selbst, der sich im Abendmahl als das lebendige Brot erweist. Wer davon kostet, wird leben in Ewigkeit.

»Schmecket und sehet, wie freundlich der Herr ist!« – Wer sich in der heutigen Abendmahlspraxis die Schlichtheit der Zeichen vergegenwärtigt (eine Oblate aus Mehl und Wasser, beinah geschmackslos, dazu wenige Tropfen Wein), kann nicht umhin, das Paradoxe von Symbol und seiner Bedeutung (»ewiges Leben«) wahrzunehmen. So waren die Abendmahlsfeiern der frühchristlichen Gemeinde eher gekennzeichnet als besondere, reiche und üppige Mahlzeiten.

Im Abendmahl wird Glaube nachvollziehbar, physisch, haptisch, olfaktorisch. Die heute erfahrene Reduktion auf das absolut Wesentliche – aus weniger als Wasser und Mehl lässt sich kein Brot backen! – öffnet dabei den Raum für das ganz Andere. Nicht der ferne Abglanz des Himmlischen, der in der Üppigkeit des besonders Festlichen nahbar wird, kommt in der gegenwärtigen Abendmahlspraxis ritualisiert zum Ausdruck, sondern in der irritierenden Gegensätzlichkeit findet das klare Bekenntnis Ausdruck: Ewiges Leben im Glauben hat eine grundsätzlich andere Qualität.

Als zweites klingen die letzten Worte dieser Perikope nach: »für das Leben der Welt.« Diese Redewendung ist im Neuen Testament einzigartig. (vgl. Klaiber, 184) Sie ist Ausdruck der »universale[n] Linie im 4. Evangelium, die festhält, dass Gottes rettendes Handeln in Christus der ganzen Welt gilt«. (ebd.)

Es klingt mit, dass die Feier des Abendmahls auch darin besonders ist, dass sie ihre Kraft in und durch die Gemeinschaft entfaltet. Das Ritual als solches entfaltet seine kommunikative Kraft durch die erlebte und die »gewusste« Gemeinschaft über alle Zeiten und Räume hinweg. Die »eucharistische Dimension«, die »Kommunikation durch Kommunion« (Wengst, 260), ist zentrales Thema dieser Verse. Gott und Gottes Heilshandeln werden erfahrbar (vertikale Kommunikation) und die Verbundenheit mit allen, die im Abendmahl verbunden sind (horizontale Kommunikation), kann über die individuelle Situation hinausweisen und dadurch trösten und stärken.

III Impulse: Mehr als Alltagsglück – ein Stück Lebensgrund

Die Trennung von Südafrika fiel mir schwer … Etwa ein Jahr zuvor war ich mit nicht mehr als einem Koffer in der Hand und einem kleinen Rucksack in Pietermaritzburg gelandet. Familie, Partner, Freunde – 12 Flugstunden entfernt. In den folgenden Wochen und Monaten habe ich in der Fremde neue Heimat gefunden, Beziehungen geknüpft, Gastfreundschaft erfahren und neue Welten kennengelernt. Als ich wieder ging, war klar: Die allermeisten, denen ich am Gottesdienstausgang die Hand schüttle, werde ich nicht wiedersehen … Der sehnsuchtsvolle Nachrichtenaustausch war anfangs intensiv – und als ich nur wenige Wochen später, zurück in Deutschland, im Gottesdienst war und wir Abendmahl feierten, wurde es mir plötzlich bewusst: Zeitgleich fand auch der Abendmahlsgottesdienst in der »Church of the Cross« statt! Die Freude über diese Erkenntnis war anders als andere Freuden, tröstlich und sehnsuchtsstillend. Es wird ein Wiedersehen geben!

Dass dieses schlichte Ritual mit seinen einfachen Symbolen wie einer Oblate und einem kleinen Schluck Traubensaft so viel Kraft entfalten kann, war eine Erkenntnis, die ich mit dem Kopf nicht fassen konnte. Auch hatte ich in meinem Leben gewiss schon etliche hundert Mal Abendmahl mit mehr oder weniger fremden Menschen gefeiert, ohne dass es mich so ergriffen hätte. Es war ein Geschenk, in diesem Augenblick den qualitativen Unterschied zwischen einem Stück Alltagsglück und dem nachvollziehbaren, geglaubten Lebensgrund zu erahnen.

Alltagsglück – das finden wir, wenn wir an besonderen Fest- oder Feiertagen den liebevoll gedeckten Tisch und die besonderen Genüsse in der Fülle miteinander teilen – dann kann uns das eine willkommene Stärkung für die Herausforderungen des Alltäglichen sein. Eine Freude, die uns mit unseren Lieblingsmenschen verbindet. Wir zehren lange davon und schwelgen in gemeinsamer Erinnerung: »Weißt du noch …?«

Als Lebensgrund verbindet uns das Abendmahl darüber hinaus mit Menschen über Raum und Zeit hinweg – und bindet uns ins ewige Leben ein. Wir erfahren ein Stück Himmel, können nachvollziehen, dass der

Tod nicht das letzte Wort haben wird. Das gemeinsame Ritual hat eine Trotzkraft, die zerbrochene Herzen heilt, die wankenden Knie wieder festmacht und die müden Hände stärkt.

Diese Stärkung braucht es, immer wieder, ganz besonders in unserer Zeit: Die Herausforderungen, die seit einigen Monaten und Jahren spürbar sind, scheinen ständig größer und komplexer zu werden. Die eigenen Kräfte hingegen schwinden. Die »Gemeinschaft der Heiligen« wird allerorten kleiner, menschengemachte Bedrohungen rücken immer näher, die Gesundheit bleibt gefährdet. Das Gefühl von Verletzlichkeit, die eigene Kraftlosigkeit nehmen zu. Doch auch in dieser Zeit lässt sich durch die symbolische Erinnerung an die Verheißung Gottes Tröstliches teilen.

Miteinander Abendmahl zu feiern, braucht nicht viel: Ein paar Stücke Brot oder Oblaten, eine kleine Menge Wein oder Traubensaft … Das lässt sich sogar bereitstellen, wenn man nur über die Videokonferenz verbunden sein darf. Kein aufwändiger Kuchen, kein 4-Gänge-Menü. Und doch steckt darin die Vergewisserung: Ewiges Leben! Leben in Fülle! Aufgehoben- Heil-Sein bei Gott. Wenn zwei oder drei zusammen sind, ist es genug. Meistens sind es dann ja sogar doch mehr, die sich im Kreis um den Altar versammeln. Gott mittendrin. Auferstehung in der Mitte der Passion, ein kleiner Vorgeschmack auf das große Ereignis: Hoffnung scheint auf und trägt weiter.

Lätare – sich freuen – »Klein-Ostern« gibt uns einen Vorgeschmack auf das, was da noch kommt, und auf das, was schon da ist: mitten unter uns. Brot des ewigen Lebens für die Welt, Brot für das Leben der Welt.

Literatur: *Walter Klaiber*, Das Johannesevangelium. Teilband 1: Joh 1,1 – 10,42 (BNT), Göttingen 2017; *Klaus Wengst*, Das Johannesevangelium. 1. Teilband: Kapitel 1-10 (ThKNT4/1, Stuttgart ²2004).

Ricarda Schnelle

IV Entgegnung: Was den Menschen im Innersten bewegt

A stellt die eucharistische Perspektive des Textes in den Mittelpunkt, die im letzten Vers der Perikope beginnt und dann vor allem in der darauffolgenden Perikope entfaltet wird. Dabei stellt sie das eschatologisch verstandene Ritual in seiner schlichten Gestaltung ins Verhältnis zu einem »Stück Alltagsglück«, das etwa in einer Festtafel erlebbar wird. Im Abendmahl – so A – haben die Gottesdienstbesucher Anteil an der Heilsgemeinschaft. Diese Konzentration auf das Ritual im Gottesdienst will ich erweitern um eine Sicht auf den Menschen und auf das, was ihn oder sie im Innersten bewegt. Denn genau darum geht es hier in Jesu Worten: Um das Zentrum seiner Theologie, die ihn selbst zum Gegenstand hat. Der Glaube an Jesus, der von sich sagt, »Ich bin das Brot«, bringt das ewige Leben. Diese Selbstaussage wird durch das einleitende »Amen, Amen« verstärkt und spiegelt den folgenden Inhalt. Diese Form greifen wir in der Predigt auf, wenn wir fragen: Was ist dein Amen, Amen?

V Zur homiletischen Situation: Pass ma uff

»Pass ma uff!«, sagt der Berliner. Und wenn man als Zugereiste nicht aufpasst, fängt man auch irgendwann an, so zu sprechen. »Pass ma uff!« Das signalisiert: Hör mir zu! Denn das, was jetzt kommt, ist mir besonders wichtig. Jetzt kommt kein sachlicher Vortrag, sondern jetzt folgen Worte, die der Sprecherin persönlich am Herzen liegen, die mit ihr als Person zu tun haben. Umso wichtiger ist es in solchen Momenten für den Sprecher, gehört zu werden.

Jesus kam nicht aus Berlin. Er hat es anders gesagt: »Amen, Amen«, ich sage euch. Luther übersetzt: »Wahrlich, wahrlich, ich sage euch« (Joh 6,47). Das Amen ist uns als Abschluss oder Antwort aus dem liturgischen Kontext vertraut. So begegnet es auch primär in den Texten des Alten und auch Neuen Testaments: als Antwort, Bestätigung und Anerkennung, dass etwas feststeht und gilt. Amen: So sei es. Im Neuen Testament wird Jesus selbst zum Amen, da er es ist, der die Verheißung Gottes in Persona erfüllt. Dieser Gedanke wird in den Synoptikern und vor allem im Johannesevangelium sogar noch verstärkt, indem die Verfasser den »Ich-bin-Worten« ein Amen vorausschicken: Jesus beansprucht die Wahrheit seines Wortes, bekennt sich zugleich dazu und bindet diese Wahrheit an seine Person und sein Leben. Indem er diesen Wahrheitsanspruch in seiner Person erfüllt, fordert er zugleich dessen Anerkennung von den Menschen. (vgl. Schlier, 341 f.)

Inhalt und Form verschränken sich in unserer Perikope: Jesus ist das lebendige Brot. An ihn zu glauben und von diesem Brot zu essen, verspricht das ewige Leben. Dieser grundlegende Gedanke johanneischer Christologie wird durch die gewählte Form verstärkt, indem der, um den es geht, ihn selbst ausspricht und damit dessen Wahrheitsanspruch und Legitimität unterstreicht. Der folgende Inhalt illustriert quasi das eröffnende Amen, Amen. Man kann die kleinen Wörter auch als Kurzform johanneischer Christologie verstehen.

Das Amen, Amen signalisiert zudem noch einmal ausdrücklich: Hör mir zu, jetzt wird es wichtig. Und auch hier korrespondiert die Form mit dem Inhalt: Der Inhalt ist existentiell – das ewige Leben hängt an diesem Wort Jesu Christi. Umso wichtiger, dass die Zuhörerin jetzt auch innerlich dabei ist.

Zurück nach Berlin: Dort und überall auf der Welt sprechen Menschen miteinander. Sie signalisieren sprachlich, wenn ihnen etwas wichtig ist. Ob im flapsigen »Pass ma uff« auf der Straße, im akademisch-rhetorischen »und das ist, möchte ich betonen« oder ganz direkt: »Mir ist wichtig, dass ...« Oft folgt etwas, was der Sprecherin wichtig ist, was mit ihr als Person zu tun hat. Vielleicht auch wirklich in einem für sie existentiellen Sinn. In solchen Situationen zuzuhören, zu verstehen, einander Glauben zu schenken, kann wahrhaftige Begegnung ermöglichen und für den, der erhört wurde, eine lebensspendende Quelle sein – lebendiges Brot.

Die unterschiedlichen Stimmen, die in unserer Gesellschaft Aufmerksamkeit und Wahrheit beanspruchen, werden immer lauter und sie erreichen uns in der digitalen Welt in immer kürzeren Abständen. Dabei das Amen, Amen, der Menschen rauszuhören, wird immer schwieriger. Wo lohnt es sich, hinzuhören? Ein Kriterium kann sein: Welche Stimme dient dem Amen Jesu, also dem Leben in seinem allumfassenden – auch eschatologischen Sinne? Oder anders formuliert: Welche Selbstaussagen sehnen sich nach dem Leben in seiner existentiellen Dimension?

Hör mir zu! Gehört und anerkannt zu werden sind eine der grundlegendsten Bedürfnisse des Menschen. Gehört und anerkannt zu werden, erhält Menschen am Leben. Dort, wo Menschen diese Erfahrung nicht machen, entsteht unter Umständen das Gefühl, die eigene Stimme und damit die Person habe keinen Wert. Das, was Menschen existentiell betrifft, also ihre Wahrheit, muss gehört und anerkannt werden. Denn in dem, was sie sagen, zeigen sie sich mit ihrem Leben und ihrer Person. Es sind ihre persönlichen »Ich-bin-Worte«.

Je länger ich das Johannesevangelium lese, gewissermaßen als Zugereiste, desto mehr sage ich es auch: »Amen, Amen.« Da steckt eigentlich alles drin.

VI Predigtschritte: Im Amen steckt eigentlich alles drin

Im Gottesdienst und in der Predigt konzentrieren wir uns auf die beiden kleinen Worte »Amen, Amen« und entfalten ihre christologische Lebens-Kraft. Zunächst das zustimmende, einfache Amen im Gottesdienst und im Leben. Und das eröffnende doppelte Amen – wiederum im Gottesdienst und im Leben.

Wir spielen mit dem vertrauten Vorkommen des Amen im Gottesdienst und in der Bibel als zustimmende Bestätigung: Gerade in seinem rituellen Gebrauch sagen wir oft automatisch »Amen«, ohne darüber nachzudenken. Wie oft war das heute bereits im Gottesdienst der Fall? Genau darin drückt sich der unbedingte Glaube an Jesus Christus aus, den er in unserem Text fordert. Wir glauben daran, dass er das Brot unseres Lebens ist. Das bestätigen wir, wenn wir im Gottesdienst mit »Amen« antworten. Oft ganz automatisch und fast schon beiläufig, so fest ist der Glaube mit unserer Person und unserem Leben verbunden.

Wie das täglich Brot, das uns am Leben erhält. Amen. Da steckt alles drin. Das kann explizit im Gottesdienst oder in der Predigt thematisiert werden. Vielleicht reicht aber sogar die bewusste Vorbereitung und das Gestalten der liturgischen Stücke, in denen das Amen und der sich darin ausdrückende zustimmende Glaube sich selbst entfalten.

In unserem Leben steht nicht mehr alles fest. Manchmal sind wir unsicher, was überhaupt noch gilt. Wir überlegen genau, zu wem und was wir »Amen« sagen. Was will ich anerkennen, wo kann ich zustimmen? Welche Menschen begegnen mir wahrhaftig, wenn sie von sich erzählen? Wo muss ich hinterfragen oder sogar anzweifeln? Wann sage ich mit leichtem Herzen »Amen«? Dieses mit Bedacht gewählte und eher zaghaft genutzte Amen ist wertvoll. Diese fragende Haltung kann zu Beginn im Gottesdienst und in der Eingangsliturgie ihren Ort finden.

In unserem Predigttext tritt das Amen noch einmal anders auf: doppelt und nicht am Ende, sondern zu Beginn. Im Gottesdienst begegnete dieses doppelte Amen vermutlich bereits zwei Mal. Im Wochenspruch: »Amen, Amen, ich sage euch: Wenn das Weizenkorn nicht in die Erde fällt und erstirbt, bleibt es allein; wenn es aber erstirbt, bringt es viel Frucht« (Joh 12,24). Er ist Teil des Evangeliums (Joh 12,20–24), das ebenfalls im Gottesdienst gelesen werden sollte. In beiden Texten kann Luthers »Wahrlich, wahrlich« durch das Amen ersetzt werden. Jesus ist es, der hier jeweils das sagt, was für ihn ganz zentral ist, was ihn zu dem Jesus macht, an den wir glauben: Er schenkt uns das ewige Leben. Mit seinem »Amen, Amen« zu Beginn markiert er die Wichtigkeit seiner Worte und zeigt sich darin mit seiner ganzen Person. Mitten in der Passionszeit begegnen wir Jesus in dieser Predigt, mit dem, was ihm am Herzen lag. Die Predigerin kann hier den johanneischen Jesus auf ihre Weise zu Wort kommen lassen. Was war sein Amen, Amen?

Amen, Amen, das ist auch in unserem Leben das Signal: Da sehnt sich jemand nach einem erfüllten Leben, nach dem ewigen Leben. Jetzt wird es also wichtig. Da höre ich mal besser hin. Und das entspricht unserer christlichen Grundhaltung: Wir wenden uns den Menschen zu, horchen auf das persönliche Amen und darin auf das, was diesen Menschen in seinem Innersten bewegt. Wo ich das erkenne und raushöre, fällt es mir leicht, das Gesagte wiederum mit meinem Amen zu bestätigen. Menschen wollen gehört werden, mit dem, was sie in ihrem Leben betrifft, denn in diesen Worten stecken sie mit Leib und Seele. Das Amen, Amen ist das Signal dafür – auch wenn wir im Leben andere Worte dafür benutzen. Der Prediger lässt Menschen mit ihrem »Amen, Amen« zu Wort kommen, mit Vorbereitung erzählen Mutige live im Gottesdienst. Alternativ wählt die Predigerin Beispiele in Form von Zitaten, Erlebtem, Musik oder einem Filmausschnitt. Vor allem in der deutschsprachigen Pop-Musik lässt sich passendes Material finden. Wichtig ist in den Beispielen die Form, die den Gottesdienstbesuchern aus ihrem Leben vertraut ist: Sie haben ein Gespür dafür, wann es beim Gegenüber um die Sehnsucht nach dem Leben geht, wann die anderen sinnbildlich sagen: »Amen, Amen«.

Amen, Amen. Da steckt eigentlich alles drin. Bei Jesus. Im Gottesdienst. Und in unserem Leben.

Literatur: *Heinrich Schlier*, Art. *amēn*, ThWNT 1 (1966 = 1933), 339–342.

5. Sonntag der Passionszeit (Judika) – 06.04.2025

Johannes 18,28–19,5

Zwischen Identität und Menschlichkeit

Michael Kösling

I Eröffnung: Tiefenbohrung

Wenn sich die Gottesdienstbesucher am Sonntag Judika versammelt haben werden, hat der Morgendämmer längst unerbittlich zart den Tag ins Licht gezogen. Nur wenige Stunden früher wird das passiert sein. Im Zwielicht, in der sich die biblische Szene abspielt. Die Umrisse und Konturen: unscharf und verschwommen. Nichts ist klar und eindeutig. Niemand! Zwielichtige Gestalten im Grenzland zwischen Nacht und Tag, zwischen Leben und Tod. Erkundungen. Bist du? Bin ich? Was ist? Licht muss ins Dunkel gebracht werden. Während Kaiphas sich seiner Sache sicher ist, sich über Jesus sicher ist, weiß Pilatus nicht so recht. Der muss aber ein Urteil fällen. Recht sprechen. Judika. Das ist schließlich auch der Name dieses Sonntags. Urteile über mich. Richte mich. Tu mir Recht! Hinter verschlossenen Türen und dicken Mauern dringt Pilatus tiefer in Jesus. Er will's jetzt wissen, von ihm selbst, aus seinem Mund will er's hören: »Bist du der König der Juden?« fragt er. »Sagst du das, oder haben es dir andere über mich gesagt?«, fragt Jesus. Pilatus und Jesus verhören sich ineinander. Bin ich denn etwa ein Jude? Es geht um Identitäten an diesem Sonntag und wie man über sie richtet. Wie sie bewertet werden. Und es geht darum, was wahrer, was hinter diesen Identitäten verborgen ist. Was ist Wahrheit? Wer? Die Fragen verbinden die biblische Szene mit dem konkreten Sonntagmorgen und dem Leben derjenigen, die dem Gespräch zwischen Jesus und Pilatus im Morgendämmer lauschen, die sich hineinhören. Wer bin ich? Was sagen die anderen über mich, wer ich sei? Und was ist denn nun wahr? Die Erfahrungen von Bewertung und Urteil. Aufrecht bleiben. Bei sich bleiben. Vielleicht auch: selbst herausfinden, wer man nun ist in den Zusammenhängen des Lebens, welche Rolle man spielt. Es sind immer mehrere, wissen wir längst. Sich selbst, dem eigenen Leben und seinem Sinn muss auf den Grund gegangen werden.

II Erschließung des Textes: Die Wahrheit ist ein Mensch

Mit dem Königreich Gottes, der *basileia tou theou*, wird im Johannesevangelium sehr sparsam umgegangen. Öffentlich wird über sie gar nicht gesprochen. Nur zweimal kommt die Sprache auf sie: In der nächtlichen Unterredung mit Nikodemus und hier hinter den Mauern des Palastes, kurz bevor die Nacht verweht. Johannes verbirgt das Königreich Gottes im Dunkel und im Gespräch. Es geht ums Hören. Das Hören ist der Augenblick, neugeboren zu werden. In der Undurchsichtigkeit scheint die Wahrheit auf. Wenn man gemeinsam (!) im Dunklen tappt, ein schwacher Schein. Woher? In der Zwischenzeit, im Grenzland, wo die Welt noch schweigt, niemand dazwischen schreit, in der alles um einen herum vage bleibt. Hier kommt man sich gegenseitig (?) auf die Spur. Nur wer aus der Wahrheit ist, hört Wesentliches, hört das Wesen dessen heraus, mit dem er spricht. Man hört sich miteinander ins Licht. Nur ist Pilatus dafür nicht gemacht. Er ist hin- und hergerissen zwischen Jesus und denen, die ihn zu ihm brachten, denen er ein Urteil zu verkünden hat. Er geht raus. Er geht rein. Unterbricht so immer wieder den Fluss des Gespräches. Er kommt der Wahrheit so nicht auf die Spur, verliert immer wieder den Faden. Er hört nicht, versteht nicht, dass er der Wahrheit gegenübersteht. Die Wahrheit ist kein Was. Die Wahrheit ist ein Mensch. Und weil dieser Mensch das Fleisch gewordene Wort Gottes ist, ist diese Wahrheit nicht von dieser Welt. So wehrt sie sich gegen alle Zuschreibungen. Das Wesen der Wahrheit, ihr Kern verbirgt sich hinter den Identitäten und ist so ihr Grund. Gott. Lebensgrund! Bist du der König der Juden? Ich bin die Wahrheit und das Leben (Joh 14,6). Die Leserin und der Leser des Johannesevangeliums hat, so jedenfalls die Intention des Verfassers, immer und stets den Prolog im Ohr. Der Anfang ist sozusagen das Grundrauschen des Evangeliums. So wird die Wahrheit niedergeschrien von denen vor den Mauern des Palastes: Barabbas! Barabbas! Kreuzige! Kreuzige! Ja, wirklich: Die Welt hat's nicht erkannt (Joh 1,10). Interessanterweise spricht Pilatus dann selbst die Wahrheit aus. Er merkt es gar nicht, als er den an dieser Stelle längst nur noch so genannten König der Juden als Spottkönig und Karikatur dem Mob präsentiert: Seht, welch ein Mensch! Genau darum geht's. Es geht jenseits der Identitäten um den Menschen. Seht den Menschen! möchte man so verstehen, als Aufruf zur Vernunft zu kommen und vom Wahn zu lassen, Urteile mit Todesfolge zu fällen, das Recht der Vernichtung zu verhängen. So gehört, geht es um die Pflicht zum Leben, um die Pflicht, das Leben zu schützen, radikal und universal. Das ist die Wahrheit, die sich hier zeigt, die sich im Gespräch zwischen Jesus und Pilatus Gehör zu verschaffen versucht, niedergeschrien wird und dann sprachlos, elend und gequält dasteht: Seht den Menschen. Eine Macht, die gegen jede Konvention, gegen alle Gesetze und Interessen Autorität besitzt.

III Impulse: Sehnsucht nach Gott und Mensch

Als in den Tagesthemen wieder einmal über die Bildungsmisere berichtet wurde, stand der Generalsekretär der Bundesschülerkonferenz, Florian Fabricius, Ingo Zamperoni Rede und Antwort. Ein Abiturient. Als man ihm so zuhörte, hätte man auf die Idee kommen können, dass er schon als Politiker zur Welt gekommen ist. Geschliffene Sätze, schlagende Argumente, geschickte Antworten auf nicht gestellte Fragen. Kaum auszuhalten. Man hätte gerne einmal erkennbar einen Menschen gehört, der unter dem kaputten Bildungssystem leidet und kämpft für eine Verbesserung. Stattdessen hört man einen 18-jährigen Generalsekretär. Was für ein bekloppter Titel ist das überhaupt?

Vor zwei Tagen hat Christian Streich in einer Videobotschaft verkündet, er würde im Sommer als Trainer des FC Freiburg aufhören. Seine Pressekonferenzen waren legendär. Dieser Trainer war ein Mensch. Seine Haltung. Seine Worte. Wenn man ihm zuhörte, hörte man nach Siegen und nach Niederlagen immer einen Menschen. Sein Statement nach den Recherchen von Correctiv über das Treffen hochrangiger AFD-Politiker, Neonazis und Unternehmer zur so genannten Remigration war eine Lehrstunde in Sachen humanitärer Bürger:innenpflicht. Es ist die Sehnsucht nach Erkennbarkeit. Den Menschen aus seinen Rollen herauszusehen und zu hören, ist es, was die Menschen fasziniert und berührt. Und gleichzeitig ist es die Sehnsucht, als Mensch selbst erkannt und verstanden zu werden. Dass es da jemanden gibt, der hinter meine Fassade blickt, der mich hinter meiner Rolle sieht. In meiner Not, in meiner Wut, in meiner Niedergeschlagenheit, in Ratlosigkeit, Schmerz und Trauer. Dass es Gott da gibt. Seht den Menschen!

Literatur: *Hartwig Thyen*, Das Johannesevangelium (HNT 6), Tübingen 2005; *Omri Boehm*, Radikaler Universalismus. Jenseits von Identität, Berlin 2023.

Internet: *Christian Streich*: https://www.youtube.com/watch?v=23dE-AwpMwc0; *Florian Fabricius*: https://www.tagesschau.de/multimedia/video/video-1316534.html (beide zuletzt abgerufen am 20.03.2024).

Claas Cordemann

IV Entgegnung: Der realpräsente Mensch

Der frühe Morgen bringt allmählich Licht in die Sache. Wenn Johannes von den Zeiten spricht, an denen etwas passiert, dann geht es ihm immer um mehr. »Frühmorgens« will mehr sein als die Ansage einer Tageszeit. Dasselbe Wort taucht dann am Ostermorgen wieder auf, als Maria von Magdala sah, dass der Stein vom Grab weggerollt war (Joh 20,1). Der frühe Morgen ist eine symbolische Zeit. Die Offenbarung des »Menschen«, der das fleischgewordene Wort ist (Joh 1), beginnt. Wenn ich die Perikope lese, geht es mir wie A. Es geht um die Fragen von Identität, Menschlichkeit und Wahrheit. Der Text scheint wie von selbst in unsere Zeit zu sprechen. Die Menschheit war scheinbar immer schon so, wie sie heute ist: Da ist ein wankelmütiger Machtpolitiker. Da sind Strippenzieher im Hintergrund. Immer gibt es irgendwelche Schergen, die die unseligsten Befehle ausführen, ohne auch nur mit der Wimper zu zucken – manch einer braucht nicht einmal den Befehl dazu. Abgründig. Fehlen darf natürlich auch nicht die Masse, die gestern noch »Hosianna« und heute schon »Kreuzigt ihn« ruft. So ist der »Mensch«. Immer schon. *Ecce homo.*

Und wenn ich da so hinschaue, merke ich, dass ich die Gewichte etwas anders setzen würde als A schreibt: »Es geht jenseits der Identitäten um den Menschen.« Meine Frage wäre: Gibt es den Menschen jenseits der Identitäten? Meine Vermutung: Es gibt den Menschen nur in, mit und unter den Identitäten. Den realpräsenten Menschen gibt es nur in den Identitäten. Wenn dem so ist, wäre meine Frage: Um was für Identitäten handelt es sich? Ist es eine Identität, die der Menschlichkeit dient? Ist es eine Identität, die Achtung vor der Wahrheit hat und diese nicht dem eigenen Machtkalkül etwa mittels Fake News beugt? Denn auch darum geht es hier: um Identität und Macht und um die Frage, wer hier wen definieren darf.

Ach, und noch eine Kleinigkeit: Mir ging es mit dem Interview mit Florian Fabricius anders. Mein Eindruck war, dass er sehr präzise, ohne auszuweichen, auf die Fragen von Ingo Zamperoni klug und pointiert geantwortet hat. In meinen Augen war das ein gelungenes Interview. Vielleicht gehört das auch zur Identität: Je nachdem, wo ich gerade stehe und wer ich gerade bin, sehe und höre ich Dinge unterschiedlich. Zur Wahrheit kann auch gehören, Differenz nebeneinander bestehen zu lassen.

V Zur homiletischen Situation: Weltförmigkeit und Christusförmigkeit

Wie gerade schon gesagt: Diese Perikope scheint mir fast wie von selbst in unsere Zeit zu sprechen. Besonders das Agieren des Machtpolitikers Pontius Pilatus zieht meine Aufmerksamkeit auf sich. Sieben Mal wechselt die Szene hin und her zwischen Jesus drinnen im Prätorium und »den Juden« draußen vorm Prätorium. »Die Juden« repräsentieren für Johannes überhaupt die »ungläubige Welt«. Pilatus läuft immer hin und her zwischen Jesus und der Welt. Versucht Ansprüche auszugleichen, versucht seine Autorität zu behalten und nicht selbst unter die Räder zukommen. Ein Lavieren der Macht. Obwohl Pilatus mehrfach betont, dass er Jesus für unschuldig hält, lässt er ihn zunächst geißeln und dann hinrichten. Was ihn schließlich »überzeugt«, Jesus hinzurichten, ist die implizite Drohung, dass er selbst angezeigt werden könnte, wenn er Jesus freigibt. Der habe schließlich den Herrschaftsanspruch des Kaisers in Frage gestellt (Joh 19,12–16). Will sich Pilatus etwa auf seine Seite stellen?

Kein Wunder, dass aus Pilatus' Mund die Frage kommt: Was ist Wahrheit? Das ist der machtpolitisch zynische Umgang mit Wahrheit, wie wir ihn bis heute kennen. Die aktuellen Schlachtfelder und Krisen der Welt zeigen es. Die Wahrheit wäre einfach: Einen Unschuldigen lässt man nicht hinrichten. Hungernden gibt man Essen. Reichtum behält man nicht für sich. Menschen lässt man nicht ertrinken. Schutzbefohlene missbraucht man nicht. Man überfällt, mordet, verschleppt und vergewaltigt keine Menschen. Zivilbevölkerung bombardiert man nicht. Der Mensch tut es aber. Und er tut es anderen Menschen an. *Ecce Homo*.

So wie Johannes diese Szene komponiert, stellt er an seine Leserinnen und Leser eine Frage. Es ist weniger die Frage: »Wer bist du?« Diese Frage – das hat uns die moderne Psychologie gelehrt – wäre zu statisch-substantiell gestellt. Als sei Identität ein fest umrissenes Ding. Identität ist, recht verstanden, eine hoch dynamische Kategorie. Treffender wäre die Frage: Wodurch lässt du dich je und je bestimmen und wer bist du dann jeweils? Denn konkrete Identität ist immer eine sozial vermittelte Größe. Identität ist nicht nur das, was ich sein will, sondern immer auch das, wodurch ich mich bestimmen lasse. Aber auch das geht vermutlich nicht tief genug. Denn Identität hat immer auch die Dimension eines Selbstentwurfs. Dann könnte die Frage, die Johannes mir stellt, lauten: Welcher Mensch willst du sein? Gehörst du auf die Seite »der Welt« oder auf die Seite Jesu? Mit anderen Worten: Willst du weltförmig oder christusförmig sein? Und man ahnt es schon: Auch das wäre noch zu einfach. Identität lässt sich nicht in ein schlichtes Entweder-Oder auflösen – schon gar nicht in einer lutherischen Perspektive von *simul iustus et peccator*. Die Weltförmigkeit mit ihren Logiken des Rechtbehaltenwollens, des Sich-um-sich-selbst-Drehens und ihren Kränkbarkeiten bleiben dem Menschen auch in seinem kleinen Alltag eingeschrieben.

Die Humanität der Christusförmigkeit will immer wieder neu eingeübt werden. Und das wäre nun wirklich eine Frage nach der Identität *meines* Menschseins.

VI Predigtschritte: Durchsichtig machen

Ich schreibe diese Predigtstudie im April 2024, fast genau ein Jahr vor Judika 2025. Wie die Welt dann aussehen wird, kann niemand sagen. Aktuell tobt immer noch der Krieg in der Ukraine. Ich hatte gehofft, er sei längst vorbei. Auch der Gaza-Krieg fordert noch täglich Opfer. Und es steht zu befürchten, dass der Konflikt zwischen Israel und dem Iran sich weiter zuspitzen wird. Ich hoffe, dass sich die Weltlage bis dahin beruhigt hat. Vielleicht wird sie aber auch nach den US-Wahlen im November 2024 noch unübersichtlicher werden. Vor dem Hintergrund dieser unsicheren Aussichten möchte ich in der Predigt eine Bewegung vollziehen: von der politischen Dimension zu einer persönlichen Aneignung.

Sie soll, wie oben angedeutet, die Weltlage mit der Perikope »versprechen«. Das Schicksal Jesu soll durchsichtig werden auf das Schicksal der Verfolgten, Verschleppten, Misshandelten, Ertrinkenden und Getöteten. Und ihr Schicksal soll durchsichtig werden auf die zeitlose Passion Christi. Verspottet und gegeißelt mit Dornenkorne und Purpurmantel. »Was ihr dem Geringsten getan habt …« (vgl. Mt 25,40) Seht den Menschen, der das fleischgewordene Wort ist. *Hier* ist Gott gegenwärtig. Gott ist immer auf der Seite der Opfer. Ausnahmslos. Unabhängig von Geschlecht, Religion oder Herkunft. Das ist die Identität der Menschwerdung Gottes – deshalb wird auch der Auferstandene, obwohl er in geschlossenen Räumen erscheinen kann, immer noch die Wundmale an sich tragen (Joh 20,19–28). Im Leben und Sterben Jesu erscheint das Menschsein, wie es sein soll. Jetzt wirklich: *Ecce Homo.*

Wenn sie allein hierbei stehen bliebe, wäre die Gefahr einer solchen Predigt, dass sie Betroffenheit erzeugt, aber den Gottesdienstbesucherinnen und -besuchern zugleich fernbleibt. Daher müsste sich die Auslegung zugleich in Richtung einer persönlichen Aneignung bewegen. Es gibt ja nicht nur die großen Konflikte. Es gibt auch die alltäglichen Konflikte – auf der Arbeit, im Freundeskreis, in der Familie. Und es gibt mein eigenes Leiden, meinen eigenen Schmerz. Wie kann ich selbst christusförmiger werden? Wovon lasse ich mich leiten und bestimmen – anderen gegenüber und zugleich im Hinblick auf mich selbst? Auch hier gibt es die Möglichkeit, das eigene Erleben auf die Passion Christi und die Passion auf das eigene Leben durchsichtig werden zu lassen. In der Kunst gibt es vielfach die Technik der Überblendung, die die Wirklichkeiten in ein Schweben bringt und verflüssigt. Ein eindrückliches Beispiel einer solchen Überblendung ist die Zeichnung »*Ecce* …« von Paul Klee, die kurz vor seinem Tod 1940 entstand. In diesem stilisierten Selbstporträt identifiziert sich Klee mit dem dornengekrönten Christus. Abgemagert, ausgemergelt, scharfkantig zeichnet sich der todkranke Klee in die Passion Christi hinein. Die dürre Dornenkrone zeugt von einem Reich, das nicht von dieser Welt ist. Auch so wird Gott Mensch: Wo ich mich in das Leben, die Haltung und das Leiden Christi einschreibe oder wo ich die Gnade erfahre, dass Christus sich mir einschreibt.

Literatur: *Peter Köster*, Lebensorientierung am Johannes-Evangelium. Eine geistliche Auslegung auf fachexegetischer Grundlage, Regensburg 2013; *Joachim Ringleben*, Dornenkrone und Purpurmantel. Zu Bildern von Grünwald bis Paul Klee, Frankfurt am Main und Leipzig 1996; *Christopher Zarnow*, Identität und Religion. Philosophische, soziologische, religionspsychologische und theologische Dimensionen des Religionsbegriffs, Tübingen 2010.

Internet: *Paul Klee*, »Ecce…«: https://www.researchgate.net/figure/Paul-Klee-ecce-1940-138-Zentrum-Paul-Klee-Bern-Livia-Klee-Donation_fig4_262734345 (zuletzt abgerufen am 19.042024).

6. Sonntag der Passionszeit (Palmarum) – 13.04.2025

Jesaja 50,4–9

Gottesknecht, »anderer« König – widerständige Hoffnung für Gestern, Heute, Morgen

Lars Heinemann

I Eröffnung: Fremdes »Ich«

Es gibt Geschichten, die sprechen unmittelbar an, eine Predigtintuition stellt sich direkt ein. Es gibt Texte, die mich richtiggehend ärgern. Auch hier fällt das Predigen, sind die Bretter erst mal gebohrt, halbwegs leicht. Und es gibt Texte, die zunächst weder im Positiven noch im Negativen berühren, die einfach durchrauschen. Jes 50,4–9 fällt für mich im ersten Zugriff in diese Kategorie.

Dabei ist das natürlich ein prominenter Text, Gottesknechtslied, »Deuterojesaja«, der Rest ist (Wirkungs-)Geschichte. Die Bilder evozieren je für sich Assoziationen: Jünger, Zunge, Ohr, »Er weckt mich alle Morgen« – Jochen Klepper, na klar. Dargebotener Rücken, geraufte Wangen, kieselsteinhartes Gesicht – Passion, *O Haupt voll Blut und Wunden*. Und über allem »Gott der Herr«, Adonai JHWH, der gibt, öffnet, hilft, Theozentrik pur. – Warum also die Distanz?

Im Kern lässt mich eine Frage zögern: Wer ist dieses »Ich«, das hier spricht? Wie von dem angemessen predigen?

II Erschließung des Textes: Superprophet – so nah, so fern

Seit Bernhard Duhms klassischem Kommentar von 1892 gilt der Text als drittes der vier sog. Gottesknechtslieder (= GKL; neben Jes 42,1–4; Jes 49,1–6; Jes 52,13–53,12), und also als Teil einer dem Jesaja-Buch im Rücken liegenden, ursprünglich eigenständigen Textsammlung. Die Predigtperikope steht somit in zwei Kontexten, dem der GKL wie dem der letztlichen Textgestalt des Buches, Jes 50,1–3.10 f. Als Textgattung wird weithin die des »prophetischen Vertrauenspsalms« (Karl Elliger) bzw darauf aufbauend der »prophetischen Konfession« angenommen. (vgl. Hermisson, 112) Der Text gibt sich in strenger Ich-Perspektive autobiographisch. In der Spannung von Unrechts- und Leiderfahrung einerseits und Gewissheit der Gottesnähe andererseits erinnert er an die prophetischen Berichte bei Jeremia (bes. an die »Konfessionen«) und Ezechiel, es legen sich aber auch Querverbindungen zu Mose (GKL als »Gedächtnis des Mose«, vgl. Baltzer, 44–47.426–433), Hiob oder den Psalmen nahe. Gliedern lässt sich das Ganze in drei Teile, formal am vierfachen, als Klammer fungierenden Adonai JHWH orientiert (vgl. Hermisson, 109–111), inhaltlich nach den Themenfeldern Berufung an »Ohr« und »Zunge« (V.4–5a), Gehorsam und Leidensschilderung (V.5b–7) sowie Recht/Gerichtsthematik (V.8 f.). So weit, so unspektakulär.

Interessanter ist der Blick auf die Spezifika der sich hier vorstellenden Prophetengestalt. Anders als Mose und Jeremia weicht der anonyme Gottesknecht nicht in erster Reaktion vor Berufung und damit verbundener Aufgabe zurück, sondern ist unmittelbar gehorsam (V.5b). (vgl. Grimm/Dittert, 361) Im Unterschied zu Jeremia und Ezechiel empfängt er kontinuierliche Offenbarungen – nicht die Tageszeit, sondern das Tagtägliche ist bei »alle Morgen« entscheidend –, er steht also in ungebrochenem Kontakt mit Gott (V.4c). (vgl. Hermisson, 116; Zapff, 310) Das Leiden um der Botschaft willen gehört zwar fest zum prophetischen Setting, hier aber folgen physische Gewalt und psychische Demütigung keiner Unheilsandrohung, sondern einer Heilszusage. (vgl. Hermisson, 120 f.) Schließlich und vor allem klagt diese Gestalt im Gegensatz etwa zu Jeremia nicht ob der erlittenen Gewalt, sondern hier findet sich »in [der] Geschichte Gottes mit seinem Volk [...] zum erstenmal das bejahende Annehmen dieses Leides.« (Westermann, 186) In der Summe: Mit dem Gottesknecht präsentiert sich nicht weniger als ein »Idealprophet und -israelit« (Zapff, 310), gewissermaßen ein »Superprophet«. Entsprechend legt sich eine messianisierende Rezeption nahe – und natürlich auch die christologische Interpretation angesichts von Jesu Geschick (bis hin zu der These, Jesus selbst habe die GKL gelesen und messianisch interpretiert; vgl. Grimm/Dittert, 37).

Von hierher erklärt sich das eingangs skizzierte Zögern: Mir fällt es schwer, das vom Idealpropheten Geschilderte einfach auf mein Leben und die Leben der Gottesdienstbesucher:innen abzubilden. Das gilt mit Blick auf das Negative, das Leiden: Gewalterfahrungen in dieser physischen Massivität von Schlägen bis hin zum Angespucktwerden gibt es sicherlich auch hier, gerade als häusliche Gewalt – vermutlich aber nicht als mehrheitlich geteilte. Den in der körperlichen Gewalt sich Bahn brechenden Angriff auf die Personenwürde kann ich mit den Niederlagen und Kränkungen meines Lebens nur durch deren Überzeichnung zusammenbringen. Und es gilt mit Blick auf das Positive, das Vorbildhafte: Vom klaglosen Hinhalten des Rückens bzw der anderen Wange bis hin zum (Kieselstein)Härten des Gesichts, an dem dann alle Angriffe abprallen, sind hier eher nicht meine durchschnittlichen Reaktionen benannt. Die ungebrochene Gewissheit, im Recht zu sein – und das in Gottes Namen – kenne ich bestenfalls punktuell, und auch dann doch sehr viel gedämpfter, weniger laut und expressiv als hier.

Vermutlich steht Religion immer in der Gefahr, das eigentliche, »echte« Erleben durch Pathos zu verfehlen, wenn nicht sogar zu verzerren. Das vom idealen Gottesknecht entworfene Selbstbild scheint mir diese Grundproblematik eher noch zu verschärfen. Daher mein Zögern mit Kleppers »Er weckt *mich* alle Morgen« und also der allzu umstandslosen Identifikation. Daher mein Zögern, zum »Ich« dieses Textes – wie sonst bevorzugt – seelsorgerlich-existenziell, unmittelbar auf den Alltag der Gottesdienstbesucher:innen bezogen zu predigen.

III Impulse: »Anderer« König

Näherliegend scheint mir, anhand des dritten GKL zur Figur Jesus als des Christus zu predigen, und dabei aus dem Predigttext heraus eine doppelte Brücke zu schlagen. Einmal zum Kasus des Sonntags, Palmsonntag. Und einmal zum unmittelbaren Kontext im Jesaja-Buch, hier dem einleitenden Jes 50,2 f.

Denn der Kasus ist stark. Die Karwoche nehme ich im kirchengemeindlichen Rhythmus noch einmal als eigene Größe gegenüber der Passionszeit wahr, jetzt läuft alles ganz auf Karfreitag und Ostern zu. Der »Einzug in Jerusalem« (Joh 12,12–19) als Evangelium des Sonntags mit grünen Palmzweigen, vorgestellten Menschenmengen und natürlich dem Esel ist weithin präsent. Damit verbunden im Zentrum das Bild des »Königs« – aber eben eines »anderen« Königs, ohne klassische Insignien der Macht: Esel statt Pferd oder Streitwagen, Jüngergrüppchen statt bewaffneter Truppen, keine Krone, kein Zepter, kein Schwert. Die Spannung von Ohnmacht und Macht, Macht in der Ohnmacht, Kraft, die in der Schwäche mächtig ist, um die es mit Karfreitag und Ostern gehen wird – um die es im Christentum als Religion im Kern geht –, diese

Spannung findet im Bild des »anderen« Königs einen so anschaulichen wie prägnanten Ausdruck.

Dabei stellt das GKL natürlich nicht die Verheißung dar, auf die Jesu Erscheinen die Erfüllung geben würde, derlei geschichtstheologische Konstruktionen sind Vergangenheit. Aber es bereitet mit der Gestalt des leidenden Gerechten, der noch im Leid nicht aus der Nähe Gottes fällt und darum Gewalt, Demütigung und letztlich den Tod bejahend annehmen kann, einer Messiasvorstellung den Weg, die die sich formierende Jesusbewegung aufnehmen und weiter ausbauen konnte – noch über das hinaus, was in Jerusalem am Ende jener Tage zu stehen kommt, deren Auftakt eben mit dem Palmsonntag begangen wird.

Die Spannung zwischen einem klassischen, durch Macht gekennzeichneten Gottesbild und dessen vertiefender Brechung durch Ohnmachtselemente findet sich nun nicht nur im GKL selbst, sondern auch in dessen nachträglicher Einleitung, genauer den V.2 f. Die dortigen Motive – Wasser zu Wüste qua Wort, Himmelsverdunklung – erinnern an klassische göttliche Machterweise. Unvermittelt daneben stehen gleichsam göttliche Selbstzweifel über die Kraft der eigenen Stimme und die Reichweite des Erlösungshandelns. Man könnte sagen: Hier kommen traditionelle Gottesvorstellungen an ihre Grenze – um dann mit dem GKL gebrochen und entscheidend erweitert zu werden. Die Figur Jesu, der in dieser Fluchtlinie gerade in der Andersheit seines Königssein zum Christus wird, sehe ich im Mittelpunkt der Predigt. Daher kann ich mir gut vorstellen, Jes 50,2 f. in den Predigttext hineinzunehmen.

Für die Predigt selbst scheint mir entscheidend, jene konstitutive Spannung von Macht und Ohnmacht im Bild des »anderen« Königs zu halten und nicht einseitig zu verkürzen. Also weder auf der Ohnmachtsseite herunterzufallen – der da auf dem Esel in Richtung Kreuzestod reitet, *ist* ein König, »zunächst und vor allem ein[es] geistliche[n] Reich[es]«. (Trillhaas, 326; vgl. 323–338) Der Königstitel hat hier eine Nähe zum Herrentitel, teilt dessen problematische Implikationen, hinsichtlich der Asymmetrie der Gottesbeziehung aber auch seine religiöse Präzision. Genauso wenig darf das Ohnmachtsmoment doch wieder in weltliche Machtphantasien umgebogen werden – eine Gefahr, der eine theokratische Zuspitzung des Bildes der »Königsherrschaft Christi« unterliegen kann. (vgl. aaO., 329 f.) Entscheidend ist: Der »andere« König thront nicht irgendwo fern dieser Welt, die er ab und an mit Machterweisen erschüttern würde. Sondern er kann in der Welt deinem und meinem Leid nahekommen, selbst niedrig und erniedrigt – aber nur scheinbar gebrochen.

Um die Kontur dieses besonderen, »anderen« Königs in der Fluchtlinie des Jesaja-Textes zu schärfen, könnte etwa *Jesus Christus herrscht als König* (EG 123) als Gegenbild vor der Predigt gesungen werden. Auch *Er weckt mich alle Morgen* (EG 452) wäre ein Kandidat als Eingangslied – um dann in der Predigt eben zugleich mit dem Kontrast zu arbeiten.

Literatur: *Klaus Baltzer,* Deutero-Jesaja (KAT X/2), Gütersloh 1999; *Bernhard Duhm,* Das Buch Jesaja, Göttingen 1892; *Werner Grimm/Kurt Dittert,* Deuterojesaja. Deutung – Wirkung – Gegenwart, Stuttgart 1990; *Hans-Jürgen Hermisson,* Deuterojesaja. Jesaja 49,14–55,13 (BK.AT XI/3), Neukirchen-Vluyn 2017; *Wolfgang Trillhaas,* Dogmatik, Berlin ²1966; *Claus Westermann,* Das Buch Jesaja. Kapitel 40-66 (ATD 19), Göttingen ⁵1986; *Burkard M. Zapff,* Jesaja 40–55 (NEB), Würzburg 2001.

Henriette Crüwell

B

IV Entgegnung: Ein Mensch den Menschen

»Wer ist dieses »Ich«, das hier spricht?« fragt A und warnt davor, den Text des zu predigenden Gottesknechtslieds auf das Leben der Gottesdienstgemeinde hin auszudeuten, und entscheidet sich für eine christologische Auslegung. Dem kann ich gut folgen, möchte aber die Rezeptionsgeschichte nicht wie A nonchalant überlesen. Sie ist eine Fährte, wie der Predigttext auch lebensweltlich zum Sprechen kommen kann. Gerade das von A zitierte Lied von Jochen Klepper – »Er weckt mich alle Morgen« – zeigt, dass sich Menschen in dunklen Zeiten dieses »dritte Gottesknechtslied« buchstäblich zu eigen gemacht haben, um sich daran aufzurichten. Jes 50 ist eine Schule widerständiger Hoffnung. Ich schreibe das im März 2024, wenige Wochen nach der Ermordung des russischen Regimekritikers Alexej Nawalny, der für seine Landsleute über den Tod hinaus zum Symbol eines aufrechten Menschseins und widerständiger Hoffnung wurde.

V Zur homiletischen Situation: Ein Fest widerständiger Hoffnung

Der Palmsonntag ist ein Fest widerständiger Hoffnung. Die Palmen, die dem Sonntag seinen Namen geben, erinnern an den Auszug aus Ägypten. Für die Menschen der Bibel ist der Palmzweig das Symbol der Hoffnung und der Freiheit. Der Einzug Jesu in Jerusalem ist eine heitere und zugleich lebensgefährliche Parodie auf die Inszenierung königlicher Herrschaft. Während der römische Machthaber mit Ross und Reiter, heutzutage wären das Panzer und Kampfjets, vom Westen in die Stadt einrückt, zieht Jesus auf einem Esel reitend aus der entgegengesetzten Richtung nach Jerusalem ein. Nach den Weissagungen des Propheten Sacharja wird das Volk Israel den endzeitlichen Friedenskönig daran erkennen: Dieser andere König wird auf einem jungen Esel reiten! Das Reittier, die grünen Zweige, und der Hosianna-Ruf sind inmitten eines Terrorregimes kleine Zeichen des Widerstands und der inneren Freiheit, mit der die Unterdrückten sich ihrer Solidarität versichern: »Du bist nicht allein!«

Denn ein totalitärer Machtapparat zielt darauf ab, Menschen zu vereinzeln, um sie noch besser kontrollieren zu können, so der russische Regimekritiker Alexej Nawalny in seinem Schlusswort am 20.02.2021 vor dem Moskauer Stadtgericht: »*Das ist das Wichtigste, was […] unser ganzes System solchen Menschen sagen will: ›Du bist allein. Du bist ein Einzelgänger.‹ Übrigens hat die großartige Philosophin Luna Lovegood es ausgezeichnet auf den Punkt gebracht. Wissen Sie noch, die aus Harry Potter? Als sie sich in einer schwierigen Zeit mit Harry Potter unterhält, sagt sie: ›Es ist wichtig, sich nicht einsam zu fühlen. Denn an Voldemorts Stelle würde ich sehr wollen, dass du dich einsam fühlst.‹ Unser Voldemort in seinem Palast will das natürlich auch.*«

Zu allen Zeiten gab es diese gewaltlosen Proteste. Heute sind es die weißen Rosen in Belarus, die roten Kleidungsstücke in Russland oder die Regenschirme in Hongkong, die Symbole der Solidarität, der Freiheit und damit der Hoffnung sind. Unter Bedingungen extremer Gewalt erscheint Widerstand kaum vorstellbar. Und doch wagen ihn Menschen auch heute in den ausweglosesten Situationen. Oft in Form passiven Widerstands, der nicht am Erfolg, sondern nur daran gemessen werden kann, dass er sich ereignet hat. Denn »noch der unscheinbarste und geringste Widerstand hat eine diagnostische Wirkung in Bezug auf die Ungebrochenheit und Absolutheit von Macht und Gegenmacht«, so die Kulturwissenschaftlerin Iris Därmann in ihrem Essay »Widerstände«.

Der Predigttext aus Jesaja 50 ist eine Schule dieser widerständigen Hoffnung: »Jeden Morgen öffnet Gott mir die Ohren. So kann ich auf ihn hören, wie ein Schüler auf seinen Lehrer hört.« A ist für den Hinweis zu danken, dass nicht die Tageszeit, sondern das Tagtägliche dabei entscheidend ist. Denn diese Hoffnung wird im alltäglichen Hören und Wachsamsein eingeübt.

»*Die Sache ist nämlich die*«, so Alexej Nawalny in seinem schon zitierten Schlusswort, »*Ich bin ein gläubiger Mensch. Bei der Anti-Korruptions-Stiftung und in meinem Umfeld werde ich eher damit aufgezogen, die Leute sind da meist Atheisten, und ich war auch mal einer, sogar ein ziemlich militanter. Aber jetzt bin ich ein gläubiger Mensch, und das hilft mir sehr bei dem, was ich tue. […] – denn es gibt da so ein Buch, das mehr oder weniger genau beschreibt, was man in welcher Situation zu tun hat. Es ist natürlich nicht immer einfach, sich daran zu halten, aber ich versuche es im Großen und Ganzen.*«

Der Schüler, der bei Gott Tag für Tag in die Lehre geht, übt sich im Widerstand gegen jene, die ihm die Würde absprechen und ihn zum Objekt ihrer Willkür machen wollen. Er macht sein Gesicht hart wie ein Kieselstein. Und er tut es im festen Vertrauen darauf, dass er diesen Streit nicht allein bestehen muss, sondern dass jener, der ihm Gerechtigkeit verschaffen wird, an seiner Seite ist. Damit entzieht er sich den Gewalttätigen, die ihm seine Würde nehmen wollen. Sein entschlossenes Stirnbieten scheint auf den ersten Blick im Kontrast zu seinen vorhergehenden Worten zu stehen. »Als sie mich schlugen, hielt ich ihnen meinen Rücken hin. [...] Ich habe mein Gesicht nicht verhüllt, als sie mich beschimpften und anspuckten.« Aber auch diese Ohnmacht kann zum Widerstand werden, wie Därmann in ihrem Essay aufzeigt. Denn die Ausübung von Gewalt zielt darauf ab, jemanden zu ›etwas‹ zu machen. Indem der Ohnmächtige sein Gesicht hinhält, kann er nicht mehr auf das Objektsein reduziert werden. Sie beruft sich dabei auf den französisch-litauischen Philosophen Emmanuel Levinas, dessen Familie von den Nazis erschossen wurde. »*Im Mittelpunkt steht der ›ethische Widerstand‹ desjenigen, der angesichts der Waffe, die unmittelbar auf ihn gerichtet ist, keine Widerstandskraft mehr besitzt, allenfalls die ›Unvorhersehbarkeit seiner Reaktion‹. Der ›ethische Widerstand‹ geht vom Anderen als Anderen, genauer von der vollkommenen Blöße seiner schutzlosen Augen aus, die den Mordwillen in Frage stellt, der auf die Vernichtung seiner Andersheit zielt. ›Der Widerstand dessen, der keinen Widerstand leistet‹, zerreißt die Macht des Befehls und des Gesagten durch das Ereignis eines Sagens, das besagt: Du wirst keinen Mord begehen!*«

VI Predigtschritte: Hier ist er, der Mensch!

Jesaja 50,4–9 erklingt, worauf auch A aufmerksam macht, im Resonanzraum des Palmsonntags und der Karwoche. Es bietet sich daher an, den Prophetentext mit dem Kasus zu verschränken, um so die christologische mit der lebensweltlichen Perspektive enger zusammenzubringen.

»Hier ist er, der Mensch!«, sagt Pilatus im Johannesevangelium (19,5), als er den Gefolterten der Menge präsentiert. Als König verhöhnt steht er ohnmächtig und stumm den Blicken der anderen preisgegeben, und doch von Angesicht zu Angesicht als ein Mensch unter Menschen. Und in diesem Menschsein geraten auch die Gewalttätigen, die Lügner, die Mitläufer und jene, die wegschauen, in den Blick: »Hier ist er, der Mensch!« Es ist unsere Wirklichkeit, dass wir zu alldem in der Lage sind. Es ist die Stärke des Glaubens, dass wir davor nicht die Augen verschließen. Unsere Wahrheit aber steht mittendrin mit einer Dornenkrone auf dem Kopf als jener andere König, der Pilatus und die Machthaber dieser Welt der Lüge überführt. Ihr habt keine Macht über mich. »Er, der mich freispricht, ist nahe« (Jes 50,8).

»Mein Königreich ist nicht von dieser Welt«, sagt der Mensch unter Menschen (Joh 18,36). Wo immer Menschen im Tagtäglichen ihr Gesicht zeigen, den Mächten des Todes mit Palmzweigen, Rosen, Regenschirmen und anderen kleinen und großen Zeichen die Stirn bieten, ist der andere König nahe und schöpfen Hoffnungslose Mut: »Wahrlich, dieser Mensch ist Gottes Sohn.« (Mt 27,54)

In seinem Schlusswort fasst Alexej Nawalny seine widerständige Hoffnung folgendermaßen in Worte: »[...] meine Wächter im Gefängnis [...] reden nicht mit mir. Es wurde ihnen wohl verboten. [...] Und das ist eben auch so eine Sache, damit ich mich ständig einsam fühle. Aber das wirkt bei mir nicht. Und ich kann sagen, warum. Dieses ›Selig sind, die da hungert und dürstet nach Gerechtigkeit, denn sie sollen satt werden‹ – das mag ja exotisch oder komisch klingen, aber in Wirklichkeit ist das aktuell die bedeutendste politische Idee in Russland. [...] Kraft liegt in Gerechtigkeit. Das ist ein Satz, den alle zitieren. Und es ist ja genau das Gleiche – das gleiche Gebot, nur ohne diesen altmodischen Schnickschnack. Die gleiche Essenz, auf Twitter-Länge komprimiert. Und das ganze Land wiederholt es: Kraft liegt in Gerechtigkeit. Wer Wahrheit und Gerechtigkeit hinter sich hat, wird siegen.«

In der Predigt über Jesaja 50,4–9 am Palmsonntag 2025 kann es um diese widerständige Hoffnung heute gehen. Wo zeigen wir in unserer Gesellschaft Gesicht? Wem bieten wir die Stirn? Wovon müssten wir reden, um die österliche Wahrheit des Kreuzes zu bezeugen? Und wer sind heute die Erschöpften, die Gottes und unser Wort brauchen: »Du bist nicht allein!«? »Kleine Ermutigung« heißt eins der wohl bekanntesten Lieder von Wolf Biermann, der 1981 in einem Spiegel-Interview dazu sagte: »Dieses rote Kirchenlied schrieb ich, als ich selbst in der Gefahr war zu verhärten. Ich hatte es in der DDR zu Anfang eben noch nicht gelernt, unter dem Hammer des absoluten Verbotenseins trotz alledem die lebensnotwendige Heiterkeit im Leiden mir zu erobern.« Am Palmsonntag 2025 könnte es – mit grünen Zweigen in den Händen – neu gehört werden: »[...] Wir wolln es nicht verschweigen in dieser Schweigezeit. Das Grün bricht aus den Zweigen, Wir wolln das allen zeigen, dann wissen sie Bescheid!«

Literatur: *Alexej Nawalny*, Schweigt nicht! Reden vor Gericht, 2021; *Iris Därmann*, Widerstände, Gewaltenteilung in statu nascendi, Berlin 2021.

Internet: *Wolf Biermann*, Ermutigung: https://www.songtexte.com/songtext/wolf-biermann/ermutigung-6bfa2656.html (zuletzt abgerufen am 31.03.2024).

1Korinther 11,(17–22)23–26(27–29.33–34a)

Irritiert und Eingeladen

Albrecht Grözinger

I Eröffnung: Wer sind wir? Was wollen wir sein?

Was hält eine Gemeinschaft zusammen? Was hält eine Gesellschaft zusammen? Diese Frage steht in den verschiedensten Kontexten unserer gegenwärtigen Lebenswelt im Raum. Das »Unbehagen« an der entwickelten und hoch ausdifferenzierten Moderne, von dem der Philosoph Zygmunt Bauman gesprochen hat, rührt mit daher, dass diese Moderne ihre Mitte verloren zu haben scheint. Im Dschungel der Lebenswelt droht Heimatlosigkeit. Hin und her gerissen sind wir zwischen Heimatsehnsucht und Versagung selbstverständlicher heimatlicher Gefühle. Wer bin ich in dieser Unübersichtlichkeit? Wohin gehöre ich? Wohin will ich gehören? Es ist kein Zufall, dass sich gegenwärtig Fragen der Identitätspolitik in den Vordergrund drängen. Identitätspolitik führt uns jedoch – wie wir gegenwärtig auf vielfältige Weise sehen können – in eine Dialektik hinein. Identitätspolitik kann heimatliche Geborgenheit bedeuten, aber auch Abgrenzung gegen alles, was »anders« ist als man selbst. Konkret gewendet: Die Suche nach Heimat, nach Identität kann friedensstiftend sein, aber auch ungeheure Potentiale der Gewalt schaffen. Für beides finden wir gegenwärtig genug Beispiele in unserem Nahbereich ebenso wie im Welthorizont. Deshalb wird die Frage, wie finde ich meine Identität, wie finde ich meinen Ort, zur Frage, an der sich die Zukunft einer offenen und pluralen Gesellschaft mit entscheiden wird.

Das Abendmahl ist ein zentraler Ort der Identität der christlichen Gemeinschaft. Das gilt für die frühe Christenheit ebenso wie für die heutige bunte Welt christlicher Kirchen und Kulturen im Weltzusammenhang. Wie vielfältig und oft auch kontrovers die theologischen, die ethischen, die politischen Horizonte der weltweiten Christenheit heute auch sein mögen – überall wird auf die eine oder andere Weise das Abendmahl gefeiert. Es gehört zu den »pièces de résistance« christlicher Identität. Deshalb sollten wir hoch aufmerksam werden, wenn in einem biblischen Text nach den Grundlagen dieser »pièces de résistance« christlicher Identität gefragt wird. Ich schlage vor, diese von mir hier formulierte Perspektive zum Ausgangspunkt der Predigtarbeit zu machen.

II Erschließung des Textes:»Exzentrische Identität«

Die Vorgabe der Perikopenordnung empfiehlt eine Kürzung des gesamten Textzusammenhanges. Grundsätzlich bin ich skeptisch, bei der Predigt den biblischen Text durch Auslassungen zu kürzen. In diesem Falle aber schlage auch ich eine Kürzung des Textes vor, und zwar auf die Verse 1Kor 11,17–26, diesen Zusammenhang dann aber ungekürzt. Die folgenden V.26–34 sind theologie- und frömmigkeitsgeschichtlich derart belastet (»das Abendmahl zum Gericht essen und trinken«), dass sie nur durch eine längere, ausführliche Erklärung vergegenwärtigt werden könnten. Solche Erklärungen sprengen aber den Rahmen des gottesdienstlichen Feierns. Die V.17–26 enthalten die Quintessenz der theologischen Überlegungen des Paulus.

Der konkrete Zusammenhang, der Anlass zur Intervention des Paulus gibt, ist von der Exegese gründlich erarbeitet und durchleuchtet worden. Offensichtlich sind die sozialen Unterschiede in der korinthischen Gemeinde bis in den konkreten Ablauf des Abendmahles hinein spürbar. Die»Reichen«der Gemeinde bringen reichlich Essen (und offensichtlich auch reichlich Alkohol!) zum gemeinsamen Mahl mit, während die»Armen«sich auf ihr kärgliches Maß beschränken müssen.

Und jetzt bekommen wir einen Einblick in – wenn ich so sagen darf – das theologische Handwerk des Paulus. Er argumentiert nämlich pragmatisch und grundsätzlich zugleich. Die pragmatische Lösung, die Paulus anbietet, ist so einfach wie für die Christenheit geschichtsbildend geworden. Er trennt das Sättigungsmahl vom eigentlichen liturgischen Essen und Trinken. Man kann darüber streiten, ob diese Entscheidung des Paulus richtig war oder nicht. Und bei der gegenwärtigen Abendmahlspraxis sind ja auch respektable Versuche zu beobachten, diese paulinische Trennung wieder rückgängig zu machen. Und auch dafür gibt es gute theologische Gründe. Ich rate jedoch dazu, diese Frage nicht zum Gegenstand der Predigt zu machen. Dieser homiletische Rat ist meines Erachtens im biblischen Text selbst begründet. Denn die pragmatische Lösung, die Paulus vorschlägt, ist in einer grundsätzlichen theologischen Reflexion begründet. Paulus richtet den Blick auf den Ursprung des Abendmahls.

Schon rein argumentativ wechselt Paulus die Ebene. Es sind nun nicht die Worte des Paulus, die er in die Mitte rückt, sondern die ihm vorgegebene Überlieferung. Diese Worte sind schlicht und einfach, aber gerade in ihrer Schlichtheit konzentrierte Theologie: Jesu Tod ist der Grund des Lebens für die Christinnen und Christen. Das Leben derer, die an Jesus Christus glauben, ist nicht in sich selbst begründet, sondern hat seinen Grund im Leben und Sterben eines Anderen – Jesus Christus.

Dieses Motiv zieht sich dann durch die gesamte Geschichte der Christenheit. Wenn etwa Augustinus in seinen Confessiones sagt,»Gott sei mir näher, als ich mir selbst nahe zu sein vermag«, dann verweist er auf einen Lebensgrund außerhalb von mir. Wenn Luther Sünde als die Existenz des »in sich selbst verkrümmten Menschen« versteht, dann sieht er ein Leben, das exklusiv auf sich selbst bezogen ist, als ein Leben, das sich selbst verfehlt.

Paulus sieht in der Erinnerung an den Ursprung des Abendmahls zugleich eine Erinnerung an ein lebenswertes Leben, das aber seinen Grund nicht in sich selbst hat. Wer nur auf sich selbst sieht, sieht sich selbst gerade nicht. Das reicht dann für Paulus bis in eine Ethik des Alltags hinein, die aber gerade kein moralischer Appell ist, der mir nur etwas abverlangt. Ein auf Andere und Anderes bezogenes Leben ist nicht weniger, sondern mehr Leben. Er beschenkt mich mit »Beziehungsreichtum«, wie Eberhard Jüngel wohl gesagt hätte.

Und deshalb steht am Ende der von Paulus aufgenommenen Überlieferung der Ausblick auf ein Ende, das noch aussteht: Das Abendmahl ist die Erinnerung an den Tod dessen, der »kommen wird«. So wie jedem einzelnen Leben, so steht auch der Welt ein Kommen bevor, das die Fülle des Lebens bringen wird. Das Abendmahl selbst ist nicht exklusiv selbstbezüglich – es ist der Vorschein des gelingenden und erfüllten Lebens.

III Impulse: Das Leben in Fülle

Elemente einer möglichen Predigt: a) Das Gefühl, nicht dazu zu gehören; das Gefühl nicht willkommen zu sein. Ich nehme an, dass die meisten der Predigthörer/innen solche Erfahrungen gemacht haben. Sei es in einer kleinen Gruppe oder auch in größerem Zusammenhang. Paulus weist die Gemeinde in Korinth auf einen solchen Missstand hin. Und er schlägt Lösungen vor. Es ist eigentlich ein ganz kleiner Schritt. Pragmatik des Alltags, die sehr wohltuend sein kann.

b) Aber gerade in seinem praktisch-theologischen Pragmatismus macht Paulus deutlich, dass die kleinen Schritte des Alltags sich aus einem größeren Lebenszusammenhang speisen. Paulus zitiert eines der ersten Bekenntnisse der frühen Christenheit: die Erinnerung an das letzte Mahl Jesu mit seinen Jüngern als die Erinnerung an den Grund des Lebens. Dieser Grund hat einen Namen und ein Gesicht Jesus von Nazareth – also kein Abstraktum, kein Prinzip, sondern die Erinnerung an eine konkrete Lebensgeschichte, die an ihr (vorläufiges) Ende gekommen ist.

c) Jesus Christus als der Grund des Lebens: Der Jude Jesus von Nazareth hat in seinem Leben der Hoffnungsgeschichte Israels eine neue konkrete Gestalt gegeben: in seiner Hinwendung zu den Ausgestoßenen; in seinen Heilungen von Kranken; in seinen Mahlfeiern mit den Hunger stillenden gedeckten Tischen; in seinen Gleichnissen, wo er Gott in den Geschichten unseres Alltags eine konkrete Gestalt gegeben hat; im Unerhörten der Zumutungen der Bergpredigt, die zugleich die Verheißung einer besseren Welt ist.

d) Deshalb steht am Ende der von Paulus zitierten Worte der Blick in ein offenes Ende, das aber alles andere als beliebig ist. Es ist dieser humane Jesus, der kommen wird. Jedes Mal, wenn wir das Abendmahl feiern, ist dies ein Vorschein auf dieses Kommen, ein Feiern an jeweils konkretem Ort,»wo Gottes Ehre auf Erden wohnen, wo nämlich die Humanität, die Menschlichkeit Gottes schon in der Zeit und hier auf Erden greifbare Gestalt annehmen will«. (Barth, 27)

Literatur: *Karl Barth*, Die Menschlichkeit Gottes, Zollikon-Zürich 1956.

Elisabeth Grözinger

IV Entgegnung: Weisungsberechtigt

Gern beschränke ich mich, wie A vorschlägt, auf die V.17–26. Auch inspiriert mich der Gedanke, es handle sich insbesondere bei den V.23–26 um das Kernstück christlicher Identität, die von A als »exzentrische« gezeichnet wird.

Was mich wundert, ist, dass A sich nicht am autoritären Ton des Autors Paulus von Tarsos stört. Obwohl mir klar ist, dass die Rolle des Gründers in der Antike anders als heute akzeptiert war, dass Paulus sich also als durchaus legitimiert verstehen konnte, zu »gebieten« (*paraggellō*) wusste, so fällt mir mit meiner zeitgenössischen Sozialisation dies doch negativ auf. Paulus schreibt mit dem Anspruch der Weisungshoheit.

Experten und Vorgesetzte können sich zwar auch heute gezwungen sehen, Machtwörter zu sprechen. Diese können durchaus Orientierung geben, etwa wenn sie gut begründet und mit Verständnis für die Betroffenen vermittelt werden. Dann ähneln sie eher Leitfäden, die Sinn machen.

Paulus will zweifellos eine für alle akzeptable Lösung für den Konflikt in Korinth anbieten. Deshalb zeigt er auf, worum es geht, wenn das Abendmahl gefeiert wird: Um die schwer zu schluckende Geschichte vom Tod Jesu als Geschichte eines erneuerten Mit-Menschlich-Sein-Könnens.

Herausfordernder noch als in der Antike scheint es mir, heute einen Ton zu finden, der Verständnis für dieses ritualisierte Zentrum des christlichen Mythos weckt.

V Zur homiletischen Situation: Kommunikation – Konsum – Eucharistie

Aktuelle Konflikte in Kirchengemeinden entzünden sich heute wohl weniger an der Gestaltung des Abendmahls. Sicher mag es Debatten geben, wenn die Abendmahlsfeier bis zur Unkenntlichkeit modernisiert werden sollte. Die Corona-Pandemie könnte zu neuer Zurückhaltung in puncto Abendmahl geführt haben. Dies mag schmerzhaft sein, aber da, wo über ein Ritual kontrovers diskutiert wird, kann auch ein neues Bewusstsein für die Bedeutung dieses Rituals entstehen. »Kommt, reden wir zusammen. Wer redet, ist nicht tot.« (Benn) Gottfried Benns Gedichtzeile mag für Paarbeziehungen gelten, stimmt aber auch für Kirchengemeinden.

Das Mit-Einander-Reden ist jedoch oft nicht mehr möglich, weil politische Krisen Kirchengemeinden und andere gesellschaftliche Gruppen spalten. Das ist nicht neu. Ich erinnere mich an Diskussionen in den frühen 1980er Jahren, als es um die Frage ging, ob Gegner der nuklearen Aufrüstung und deren Befürworterinnen miteinander Abendmahl feiern könnten. Ich war damals überzeugt, dass dies möglich sein müsste, weil ich in der Abendmahlsfeier – ähnlich wie von A skizziert – eine Chance sah, einander als Menschen zu begegnen, für die nicht nur politische Differenzen zählten, sondern die gemeinsame Basis als bedürftiger Mensch. Nicht aus professionellen oder dogmatischen Motiven heraus, sondern wegen meines eigenen Interesses an einem Ort, an dem wir uns schlicht als Menschen erleben können, lag mir an Abendmahlsfeiern auch mit Menschen, deren Meinung ich nicht teilte. Gerade in aktuellen Konflikten könnte die gemeinsame Abendmahlsfeier wieder bedeutsam werden, weil sie in Erinnerung rufen könnte, dass es eine Chance ist, sich als Menschen zu begegnen und Verbundenheit zu erleben.

Ich konnte selbstbestimmt für ein menschlich verbindendes Abendmahl plädieren. Selbstbestimmung hat heute etwas von einem heiligen, einem unantastbaren Gut. Souveränität wird insbesondere über den eigenen Körper gesucht, indem z.B. individuell passende Diäten gewählt und gehütet werden. Paulus nun stellt ›Ernährungsidiosynkrasien« nicht in Frage. Er gibt aber die Regeln für das liturgische Mahl sogar warnend (1Kor 11,29) durch. Auch der Jesus, den Paulus tradiert, gibt eindeutige Anweisung (1Kor 11,23–26). Die Selbstbestimmung wird doppelt in Frage gestellt. Das kann Widerstände provozieren. Zunächst mag der Widerstand gegen die archaische Zeremonie auftauchen. Manfred Josuttis erinnert daran, dass religiöse Mahlgemeinschaften in der Geschichte der Menschheit tief verwurzelt sind: »Die Leib-Seele-Einheit der menschlichen Existenz kommt [...] am Phänomen des hl. Mahls zum Vorschein, sei's nun, dass es sich nur um eine hierophagische Tischgemeinschaft mit dem Gotte oder geradezu um eine theophagisch-konsubstantiierende Communio handelt.« (F. Bammel, zitiert nach Josuttis, 257) Josuttis zeigt, dass es sich beim Essen im religiösen Kontext um »Existenzsteigerung durch Vereinigung mit einer höheren Macht« handeln kann (ebd.) und dass das Ingredienzium Brot als »Unsterblichkeitsarznei, als Gegengift, das den Tod verhindert« interpretiert wurde. (aaO., 259)

Ein derart aufgeladener theo-/anthropophagischer Ritus mag heute Ekel auslösen oder als intellektuelle Zumutung empfunden werden. Problematisch ist zudem das Engagement Jesu (1Kor 11,23–26). Die »Christus-Anamnese« (vgl. P. Brunner, zitiert nach Roth, 139) mag in unseren sensiblen Zeiten noch Empathie auslösen, aber dass Jesus hier als der entscheidende Akteur dargestellt wird, während alle anderen nur passiv, aktiv allenfalls als in der Erinnerung auf ihn dargestellt werden, ist eine Herausforderung. Die Frage mag aufkommen, ob man sich nicht sehr wohl in der Lage sieht, selbst für das eigene Wohl zu sorgen.

Die Fremdheit des Narrativs vom Abendmahl, die Fremdheit des liturgischen Essens kann nicht verwischt werden. Sie kann von Vorteil sein, wird mit diesem Ritus, verstanden als »vergegenwärtigende Anamnese des Heilgeschehens« (ebd.), doch ein Leben jenseits des Stresses der Selbstbestimmung und der Selbstwirksamkeit gezeigt. Es geht dabei zunächst wohl nur darum, spürbar werden zu lassen, dass es im menschlichen Leben nicht allein um Kampf, Rivalität und Sorge geht, sondern dass man sich mitten in diesem Leben auch ganz anders erleben kann: nämlich beschenkt, verbunden und geborgen.

VI Predigtschritte: Leben als Zumutung und Überraschung

Ziel der Predigt sind die Verse 1Kor 11,23–26, wobei ich im ersten Teil auf den biblischen Realismus eingehen möchte. Die V.17–23 verweisen auf den ja nach wie vor bestehenden Mangel an Empathie und Solidarität, auf Verrat, Leid und Tod. Erst V.23–26 bilden die Basis des Abendmahlsrituals, das zwar anstößig sein mag, das aber gerade deswegen aus der gewohnten Realität herausführt und die Chance für das Erleben einer Utopie der Friedlichkeit bietet.

1. Die Mühen des Paulus: Paulus sieht sich gezwungen, direktiv zu werden und Kritik zu üben, obwohl er vermutlich lieber lobende Worte gefunden hätte, die ihm die Zuneigung der Adressaten gesichert hätten. Paulus wird direktiv aus Verantwortung. Verantwortung kann auch heute noch zu einer solchen Haltung nötigen. Was sich autoritär anhört, zeugt vom Mut des Paulus, denen Schutz zu geben, die durch die Rücksichtslosigkeit verletzt werden. Paulus beißt in den sauren Apfel, indem er unerschrocken kritisiert, aber zugleich an die Ressourcen der Kritisierten erinnert. Mit seinen rhetorischen Fragen (V.22) versucht er, die Defensivität der Angesprochenen zu mildern, so dass sie sich selbstbestimmt rücksichtsvoller verhalten.

2. Der Gründonnerstag ist der Tag der Klage. Jesus wird in der Passionsgeschichte als einer gezeigt, der nicht vergessen werden will. Das kann auch als Aufruf gelesen werden, anderer Gewaltopfer zu gedenken etwa der Geiseln der Hamas von 2023/2024 oder der Opfer der jüngsten Kriege. Gedenken sowie die Entschlossenheit zum »Nie wieder!« sind das, was bis heute als Aufgaben bleiben.

Jesu Vermächtnis ist aber mit einem »für euch«, mit der Verheißung eines neuen Bundes gekoppelt. Das Bild vom Osterlamm drängt sich auf: »Christe, du Lamm Gottes, der du trägst die Sünd der Welt« (EG 190.2). Sünde als Entfernung von jenem Gott, der Liebe ist (vgl. 1Joh 4,8), realisiert sich in Lieblosigkeit. In unserer Self-made-Gesellschaft sind wir nun gewohnt, selber wiedergutzumachen, was wir verursacht haben. Dieses »Selber-machen, wenn's gut werden soll«, führt zu Selbstvertrauen, aber auch in allgegenwärtigen Stress. Zudem haben uns die Pandemie und die politischen Verhältnisse nachhaltig mit den Grenzen unserer Selbstwirksamkeit konfrontiert.

3. Die Sehnsucht, einer Verantwortung zu entkommen, die überfordert, fährt wohl in jeden Urlaub mit. Die Erinnerung an Jesu Abendmahl vor der Kreuzigung aber führt in eine Zeit, die mit keiner Pause vergleichbar ist, die wir uns selber ermöglichen. Die Abendmahlsfeier mag zwar Scheu und Ablehnung auslösen, auch weil sie an unendlich ferne Zeiten erinnert. An Zeiten mit gänzlich anderen Konsumgewohnheiten als in unserer biophilen Gegenwart. Das Abendmahl erinnert aber nicht nur an die Vergangenheit, nicht nur an die Leidensgeschichte Jesu.

Das Abendmahl fällt komplett aus unserer Zeit. Es bietet die Chance eines begrenzten Eintauchens in die Utopie des friedlichen Lebens miteinander: Wir müssen für nichts selber sorgen, wenn wir Brot und Wein empfangen. Wir erleben es in der Regel in einer Gemeinschaft und müssen keine Angst haben vor anderen. Beschenkt und – wenn es gut geht – mit einem Gefühl der Geborgenheit können wir danach wieder in den Alltag zurückkehren.

Dietrich Bonhoeffer wurde von diesem Gefühl wohl bis vor seiner Hinrichtung getragen, schrieb er doch kurz zuvor, was mittlerweile zu einem identitätsstiftenden Text des deutschsprachigen Protestantismus wurde: »Von guten Mächten treu und still geborgen, [...] so will ich mit euch gehen in ein neues Jahr [...] Ach Herr, gib unseren aufgeschreckten Seelen das Heil, für das du uns geschaffen hast« (EG 65). 80 Jahre nach Bonhoeffers Hinrichtung, 2000 Jahre nach Jesu Kreuzigung sind wir noch immer aufgeschreckt. Aber die Chance, uns der Friedlichkeit zu öffnen, ist auch erhalten geblieben. Wir sind eingeladen, uns aufrichten zu lassen von der Erfahrung des Abendmahls. Gerade am Gründonnerstag, dem Tag klagender Erinnerung, dem Tag der Hoffnung auf eine Zeit jenseits der Klage.

Literatur: *Manfred Josuttis*, Der Weg in das Leben, München 1991; *Ursula Roth*, Die Theatralität des Gottesdienstes, Gütersloh 2006.

Internet: *Gottfried Benn*, KOMMT: https://www.lyrikline.org/en/poems/kommt-51 (zuletzt abgerufen am 25.04.2024).

Lichtstrahl in der Dunkelheit

Thomas Schlag

I Eröffnung: Ultimative Irritation

Der Evangelist Johannes hätte es doch – wie die drei anderen Evangelien übrigens auch – bei einer kurzen, prägnanten Notiz über den Tod Jesu belassen können. Vermutlich wäre dann auch seiner Passionserzählung manche kritische Rückfrage über deren Wahrheitsgehalt, der Vorwurf literarischer Inkonsistenz, die Klage über antijudaistische Tendenzen sowie das Verdikt unsachgemäßer Ausschmückung im Geist antiker Weltweisheit erspart geblieben. Hätten er und die anderen Evangelisten sich doch beim Bericht über die Kreuzigung besser darauf berufen, was man mit einigermaßen großer Sicherheit historisch wissen konnte, zu wissen glaubte und verstehen wollte: Nämlich – so der apologieunverdächtige Tacitus – dass ein »Christus unter der Regierung des Tiberius durch den Prokurator Pontius Pilatus hingerichtet worden war«. (Tac., Ann. XV 44,2 f.) Eine solche prägnante Kurzversion hätte der Erinnerung an Leiden, Sterben und Tod Jesu von vorneherein Eindeutigkeit und Klarheit geben können. Die Evangelisten und allen voran Johannes wollten es aber besser und tiefgründiger glauben, wissen, verstehen und zeitgemäß ihren Zeitgenossinnen und -genossen weitergeben.

Dabei hat sich schon bei Johannes manches Gutgemeinte von Beginn an in fataler und höchst irritierender Weise verkehrt: So hält natürlich die Beschuldigungsrhetorik, wonach die jüdischen Obrigkeiten auf den Tod Christi gedrängt hätten, den historischen Tatsachen nicht stand. Jesu Exekution war – um es einmal mehr zu sagen – ein Justizmord, der einzig allein durch die römische Staatsmacht verantwortet und ausgeführt wurde. Bei Johannes klingt es – übrigens bis in die entsprechende Bach-Passion hinein anders: »Beim Singen der Passagen ›Nicht diesen, sondern Barrabam!‹ oder ›Weg, weg mit dem! Kreuzige ihn!‹ [...] ist aggressive Schärfe von den Sängern verlangt. Angemessen wäre es auch, wenn der Chor die Ironie in den Worten ›Sei gegrüßet, lieber Judenkönig‹ nachvollzieht, so dass aus dem schwingenden Gang des Dreivierteltakts die hämischen Verbeugungen heraus zu hören sind. Die angebliche Hinterhältigkeit der Juden – hört man sie nicht ganz deutlich aus dieser Musik heraus?« (Lehming, 2016)

Zwar ist darauf zu verweisen, dass Johannes in seinen kategorischen Aussagen über »die Juden« vor allem auf die damalige jüdische Führungsschicht am Tempel abzielte und erst spätere Generationen daraus einen jüdisch-christlichen Gegensatz konstruiert haben. Aber der antisemitische Schatten, den nicht zuletzt die destruktiv irritierende, ab- und ausgrenzende Passionsüberlieferung des Johannes und seine Zeichnung des Kreuzesgeschehens zu werfen begann, ist angesichts der bedrängenden politischen Gegenwart auch und gerade an Karfreitag nicht zu ignorieren.

Gott sei's gedankt, dass Johannes über dieses Schattenspiel hinaus seine Leserschaften durch die Zeiten hindurch aber auch in lichtvollem Sinn, sozusagen produktiv-ultimativ irritiert hat: Indem er durch seine Karfreitagsdarstellung und insbesondere durch den konzentrativen Blick auf den Gottessohn zum Vorschein brachte, was er zu wissen glaubte, verstehen wollte und zeitgemäß zu überliefern gedachte, hat er eine nachhaltige Dynamik ultimativer Irritation begründet. In christologischem Tiefgang hat Johannes glaubensbezogen interpretiert und literarisch nach allen Regeln der Kunst reformuliert, was trotz aller Grenz- und Todeserfahrungen am Ende und über das Ende hinaus für menschliche Lebenshoffnung spricht.

Weil also die literarisch-theologischen Überzeugungsgründe des Johannes einen mindestens zwiespältigen Charakter tragen, steht jede gepredigte Karfreitagserinnerung vor der Aufgabe, das destruktive und das produktive Irritationspotenzial des Kreuzes als Zeichen unheiliger Ab- und Ausgrenzung, menschlicher Todesangst und menschlicher Lebenshoffnung zur Sprache zu bringen.

II Erschließung des Textes: Alles bleibt anders

Schon die ganze Szenerie ist eigenartig irritierend gestaltet. Johannes hält sich im Vergleich zu den anderen Evangelien bei fast Nebensächlichem auf und lässt etwa die dramatischen Bekehrungserlebnisse eines der Mitgekreuzigten (Lk 23,42 f.) oder des römischen Hauptmanns (Lk 23,47) schlichtweg aus. Hingegen erfahren wir exklusiv bei ihm von einem Streit zwischen den – einmal mehr als griffelspitzerisch gezeichneten – Hohepriestern der Juden und Pontius Pilatus über den Text der Kreuzesinschrift »König der Juden« (19,19 ff.), über die Unversehrtheit des jesuanischen Untergewandes (19,23 f.) und schließlich die Übergabe des Lieblingsjüngers Johannes an Jesu Mutter (19,25 ff.). Indem Johannes »seine« Kreuzigungsszene mit einer ganzen Reihe von alttestamentlichen Bezügen und Belegen verknüpft, werden die theologisch-literarische Intention und der produktive Irritationscharakter seiner Szene umso deutlicher. Durch diesen Verweis auf den Urgrund messianischer Verheißung setzt Johannes das Erkennungszeichen, dass dieses Geschehen als »Erfüllung der Schrift und damit als eschatologisches Erfüllungsgeschehen« (Frey, 583) in einen sehr viel größeren Zusammenhang ein-zuordnen ist. Dieser Jesus stirbt als Sohn Gottes sowohl personen- wie traditionsbezogen nicht »für sich allein«. Und zugleich erfüllt sich nun, was von Beginn an bleibender Auftrag des Gottessohnes war: Licht der Welt gegen die Finsternis zu sein. So mag man selbst das »ungeteilte Untergewand« so verstehen: »Das Kleid wird zum Symbol der Existenz. Die Integrität Jesu ist unzerstörbar.« (Klaiber, 217)

Johannes macht somit einen irritierend-orientierenden Weg vom Wortanfang (1,1) bis zur finalen Kreuzesmoment des »Es ist vollbracht« (19,30) auf. Dieser Jesus irritiert, weil er sich gerade in dieser wort-gewal-tigen Souveränität außerordentlich vom gezeichneten leidenden Schmer-zensmann der anderen Evangelien unterscheidet. Was etwa bei Markus und Lukas Schreien und Klage sind, erweckt zugleich den lebensorien-tierten Moment, nun nicht mehr mitten im Leben vom Tod umfangen, sondern bereits mitten im Tod vom Leben umfangen zu sein. Diese Form der Vollmacht irritiert und orientiert also gleichermaßen. Deshalb wird nun durch Jesu Tod auch nicht alles anders, sondern – um es dialektisch oder auch mit den Lyrics von Herbert Grönemeyer zu sagen – es »bleibt alles anders«. Bei aller Deutungsvielfalt des johanneischen Kreuzigungs-geschehens gewinnt doch die Hoffnung schon gerade hier und in diesem Moment ihren ersten sichtbaren Ausdruck: »Wie ein Blitz schlägt das göttliche, ungeschaffene Licht im Herz der Finsternis ein.« (Moltmann, 104) Von dieser Hoffnung kann in existenziellem Sinn gesagt werden: »Ihre Klarheit rührt daher, dass man das Unmögliche durchquert und das Leid erfahren hat, was kennzeichnend für die Hoffnung ist.« (Pellu-chon, 61) Als ähnlich leidenssensibel und transzendenzoffen mag man die Bestimmung von Hoffnung verstehen, wonach diese »den Sinn fürs Mögliche verschärft und die Leidenschaft für das Neue, für das ganz Andere entfacht«. (Han, 102)

III Impulse: Einmalig und alltäglich

Was Johannes »zu wissen glaubte und verstehen wollte« und in seiner Überlieferung zum Vorschein brachte, ist an Karfreitag prägnant und differenziert und immer wieder neu zur Sprache zu bringen. Dabei ist die von Johannes gezeichnete Souveränität Jesu am Kreuz sowie sein Tod in seiner »Einzigartigkeit« wie in seiner »Allgemeinheit«, in seiner »tiefen Diesseitigkeit« und in seiner »hohe[n] Jenseitigkeit« (Moltmann, 66) irritierend.

Dieser *eine* Tod des menschlich-göttlichen Jesus Christus ist theo-logisch *outstanding* und liegt damit ganz in der Linie des *einmaligen, unwiederholbaren* göttlichen Geschehens *für uns*. Im Karfreitagsereignis und der gesamten Trauerszenerie kollabiert damit auf singulär-drama-tische Weise ein einzelnes, besonderes, von Gott her erschaffenes und gewolltes Leben, das nun seinen Geist auf- und dahingibt.

Zugleich ist dieser eine Tod Ausdruck für die *unzählbar vielen* alltäglichen, weltweiten Folter- und Sterbemomente und Kreuzestode, die in diesen Zeiten erlitten und zugefügt werden. Im Karfreitagsereignis spiegeln sich somit immer auch die vielen einzelnen und kollektiven Auslöschungen menschlichen Lebens *mitten unter uns* und längst vor dem Ende erhoffter langer Lebenswege wider – und leuchten uns heim. Das einmalige Kreuz des Einen ist in seiner Reichweite nur mit dem gleichzeitigen Blick auf die alltäglichen Kreuzigungen der Vielen und die weltweiten Szenerien von Folter, Tod und Trauer zu verstehen.

Zugleich kann diese existenzielle, ultimative Irritation im eigenen Verstehen- und Zur-Sprache-Bringen von Seiten des Menschen aus nicht endgültig erklärt oder geklärt werden. Vielmehr bleibt alle Deutung des Kreuzesgeschehens und auch aller solidarische Blick auf das gegenwärtige Leiden in der Welt auf das »Von-Woanders-Her« göttlicher Gegenwart ultimativ angewiesen: »Der auferweckte Gekreuzigte ist der erste Freigelassene der Schöpfung, der Menschlichkeit nicht nur postuliert, sondern lebt, indem er in Gottes Gegenwart ganz aus der Gegenwart Gottes lebt und damit anderen den Weg bahnt, auch so leben zu können: ganz aus Gott (Auferweckung) und ganz für andere (Solidarität)«. (Dalferth, 174) Von *dort und hier aus* kann dann die ganze Kreuzigungsszenerie des Johannes in produktiv-ultimativ irritierendem Sinn als zugleich fremd und vertraut, dunkel und lichtvoll, abgründig und hoffnungsstark, göttlich und menschlich erscheinen. Gut, dass es der Evangelist Johannes nicht bei einer kurzen, prägnanten Notiz über den Tod Jesu belassen hat.

Literatur: *Ingolf U. Dalferth,* Auferweckung. Plädoyer für ein anderes Paradigma der Christologie, Leipzig 2023; *Jörg Frey,* Edler Tod – wirksamer Tod – stellvertretender Tod – heilschaffender Tod. Zur narrativen und theologischen Deutung des Todes Jesu im Johannesevangelium, in: *ders.,* Die Herrlichkeit des Gekreuzigten, Tübingen 2013, 555–584; *Byung-Chul Han,* Der Geist der Hoffnung. Wider die Gesellschaft der Angst, Berlin 2024; *Walter Klaiber,* Das Johannesevangelium. Teilband 2: Joh 11,1–21,25 (BNT), Göttingen 2018; *Jürgen Moltmann,* Auferstanden in das ewige Leben. Über das Sterben und Erwachen einer lebendigen Seele, Gütersloh ³2021; *Corine Pelluchon,* Die Durchquerung des Unmöglichen. Hoffnung in Zeiten der Klimakatastrophe, München 2023.

Internet: *Hanna Lehming,* Antijudaismus in J.S. Bachs Matthäus- und Johannespassion?, in: Sich besser verstehen. Christsein im Angesicht des Judentums. Impulse für Gottesdienst, Gemeindearbeit und Konfirmandenunterricht, Hannover 2016, 153 ff., online unter http://www.arbeitshilfe-christen-juden.de/themen/gemeindearbeit/antijudaismus_bach (zuletzt abgerufen am 28.04.2024).

Weiteres: *Herbert Grönemeyer,* Bleibt alles anders: Album 1998.

Ralph Kunz

IV Entgegnung: Oder Schatten und Licht

A hätte es doch – wie die meisten Karfreitagsprediger auf der Kanzel – bei einer kurzen, prägnanten Notiz über die Schatten der Johannespassion belassen können, um schneller das ewige Licht anzuzünden. Klar, man kann Joh 19,16–30 antijudaistisch missverstehen. Aber braucht die Karfreitagsgemeinde wirklich noch einmal diese Schlaufe auf der hermeneutischen Via Dolorosa? Wer kommt heute noch auf die Idee, zum hämischen Dreivierteltakt Walzer zu tanzen? Wieviel Schattenspiel und wieviel Warnung ist nötig, um das Licht aufstrahlen zu lassen, das A mit erhellenden Zitaten von Jürgen Moltmann und Ingolf Dalferth zum Leuchten bringt? Geht es im Letzten »nur« um »den konzentrativen Blick auf den Gottessohn«, darum, dass »dieser *eine* Tod des menschlich-göttlichen Jesus Christus [...] ganz in der Linie des *einmaligen, unwiederholbaren* göttlichen Geschehens *für uns* liegt«?

A hat selbstverständlich Recht – in der Predigt von »den Juden« als den Gegnern der Jesusanhänger zu reden, wäre verantwortungslos! Und legt man wie er das Gewicht auf die ersten Szenen der Perikope, liegt es nahe, die *politische Relevanz* der unheimlichen Auslegungsgeschichte aufzuzeigen. Ganz d'accord! Für mein Empfinden bleibt nach der Dekonstruktion des *destruktiven Irritationspotenzials* des Kreuzes »als Zeichen unheiliger Ab- und Ausgrenzung, menschlicher Todesangst und menschlicher Lebenshoffnung« zu wenig Raum für das Konstruktive, das Johannes ins Licht stellt.

Folgt man dem Erzählbogen und setzt dort ein, wo alles vollbracht ist, rückt die Szene ins Bild, die alles Politische, Ideologische oder Religiöse überstrahlt. Es ist das zutiefst Menschliche, das berührt in dieser Szenerie, die Mathias Grünewald in dem sicher bekanntesten Kreuzigungsbild des westlichen Christentums so eindringlich darstellt. Auf der Tafel des Isenheimer Alters sieht man zur Rechten die Gruppe, die für ihn und mit ihm leidet. Es ist das Bild, das die Augen Jesu sehen: »Als nun Jesus seine Mutter und den Jünger dabeistehen sah, den er liebte, sagte er zur Mutter: ›Frau, siehe, dein Sohn!‹ Danach sprach er zum Jünger: ›Siehe, deine Mutter!‹ Und von Stunde an nahm sie der Jünger zu sich« (Joh 30,26 f.).

Johannes erzählt die Karfreitagsgeschichte anders als die Synoptiker – aus einem anderen Blickwinkel und mit einem anderen Augenmerk. Er bezeugt zwar auch die Tradition der allgemeinen Jüngerflucht (Joh 16,32), aber sieht im *Lieblingsjünger* die große Ausnahme von der Regel (Joh 19,26 f.). Die Hervorhebung dieses einen Jüngers kommt im Evangelium nicht von ungefähr. Im Anschluss an den Bericht von Jesu Tod heißt es: »Und der es gesehen hat, hat es bezeugt, und sein Zeugnis ist wahr, und jener weiß, dass er die Wahrheit sagt« (Joh 19,35). In der Nahaufnahme ist die »Kamera« auf die Personen gerichtet, die sich um Jesus kümmern, die zu ihm stehen und zu ihm halten bis zum bitteren Ende und darüber hinaus. Das ist die entscheidende Differenz zu den Synoptikern, wo die Anhänger Jesu die Kreuzigung nur aus der Ferne betrachten. Blicken diese dort auf ein Geschehen, in dem ihr Meister mit der Art seines Sterbens sogar seine Feinde beeindruckt, bietet Johannes eine Nahaufnahme, die etwas Neues sehen lässt: Jesus stirbt nicht einsam. Seine Liebsten sind da. *Sie* leiden für, *sie* leiden mit ihm.

V Zur homiletischen Situation: Einsamkeit überwinden

Warum ist das relevant? Weil Einsamkeit (nicht nur) in Deutschland epidemisch ist. Ergebnisse neuer Studien zeigen, dass vor der Covid-19 Pandemie 14,2% der in Deutschland lebenden Menschen einsam waren. Während der Covid-19 Pandemie stieg die Einsamkeit signifikant an: 2021 waren 42,3% der in Deutschland lebenden Menschen einsam. Studien identifizieren unterschiedliche Risikogruppen für Einsamkeit: Vor Beginn der Covid-19 Pandemie sind in erster Linie Menschen mit niedriger Bildung, geringem Einkommen und arbeitssuchende Menschen von Einsamkeit betroffen. Während der Covid-Krise litten insbesondere Frauen und jüngere Menschen unter Einsamkeit. (kompetenznetz)
Am Karfreitag ist deshalb nicht nur davon zu reden, dass Gottes Sohn für uns gestorben ist. Unter dem Kreuz standen Frauen und ein junger Mann – damit *er* nicht einsam sterben musste. Die Symbolik der Szene steht außer Frage. Worin sie genau besteht, ist durchaus strittig. Klar ist aber, »dass Jesus vom Kreuz herab Maria und den Lieblingsjünger zusammenführt: Zu einer neuen Familie im Zeichen des Kreuzes, das bei Johannes auch schon für die Auferstehung steht. In dieser Familie sind die Rollen klar verteilt: Maria ist die Mutter, der Lieblingsjünger der Sohn. Mutter und Sohn bilden die Keimzelle der Kirche. Damit kommt ein marianischer Zug in die johanneische Ekklesiologie.« (Söding, 107)
Das Wort Jesu hat eine vielschichtige Bedeutung. Es stiftet, so Söding, nicht nur ein sozial-funktionales, es ist auch ein spirituelles Mutter-Sohn-Verhältnis. Die Mutter Jesu wird zur Mutter der Kirche. (Wilckens, 259) Das erfährt zuerst der Lieblingsjünger. Dass er zu ihrem »Sohn« wird, ist prägend für die gesamte Gemeinschaft der Glaubenden. Die johanneische Kreuzigungsszene spielte so gesehen eine wichtige Rolle in der Psychohistorie des christlichen Mitleids. »Das heidnische Pathos wird zum christlichen Ethos, zur zweiten Tugend nach der Gottesliebe transformiert.« (Rombach/Seiler, 264)
Was braucht eine Gesellschaft, in der Einsamkeit eine Krankheit ist? Der Jesus, der heroisch seinen Tod erleidet, heilt sie jedenfalls nicht allein. Er braucht auch uns dazu. Und das schaffen wir nicht – jedenfalls nicht

allein. Ist es verwegen zu sagen, dass im göttlich-menschlichen Miteinander, das wir Kirche nennen, unsere und seine Einsamkeit überwunden werden kann?

VI Predigtschritte: »Ich will dir helfen, Gott«

An Jesus wird nicht nur das Urbild neuer Lebensmöglichkeiten erkennbar, an dem sich die Glaubenden orientieren können. Der Evangelist, der Jesu Freund war, insistiert darauf, dass sein Tod eine reale Veränderung bewirkt, die über das Muster von Nachahmung hinausgeht. A hat das treffend auf den Punkt gebracht: Sein Tod ist ein Geschehen *für uns*. Aber es ist auch ein Geschehen, das *uns* involviert. Wer das Johannesevangelium liest und glaubt, was der Evangelist erzählt, weiß, dass man dem Volk nicht trauen darf. Es sieht, was es sehen will, und glaubt, was es glauben will. Einmal rufen sie Jesus »Hosanna« zu (Joh 12,13) und bei der nächsten Gelegenheit schreien sie zu Pilatus »kreuzige ihn!« (Joh 19,15). Wer das Evangelium liest und glaubt, lernt mit den Augen Jesu zu sehen. Und sieht seinen Freund, sieht Maria Magdalena, die Mutter und Maria, die Frau des Klopas beim Kreuz (Joh 19,25). Die Johannespassion schaut konzentriert auf das Mitleid im engsten Kreis. Sie bleiben und wachen bei ihm, um seine Einsamkeit zu lindern. Sie können es, weil seine Freundschaft eine Gemeinschaft stiftet, die stärker ist als der Tod. Die 1914 in den Niederlanden geborene Jüdin Etty Hillesum wurde 1943 in Auschwitz ermordet. Ihr Tagebuch aus der Baracke ist wie ein Lichtstrahl in der Dunkelheit. Das Denken ihres Herzens erhellt, was an Karfreitag für uns geschehen ist. Ihre Gedanken sind gewagt. »Sonntagmorgengebet« vom 12. Juli 1942 heißt es:

»Es sind schlimme Zeiten, mein Gott. Heute Nacht geschah es zum ersten Mal, daß ich mit brennenden Augen schlaflos im Dunkeln lag und viele Bilder menschlichen Leidens an mir vorbeizogen. Ich verspreche dir etwas, Gott, nur eine Kleinigkeit: Ich will meine Sorgen um die Zukunft nicht als beschwerende Gewichte an den jeweiligen Tag hängen, aber dazu braucht man eine gewisse Übung. Jeder Tag ist für sich selbst genug. Ich will dir helfen, Gott, daß du mich nicht verlässt, aber ich kann mich von vornherein für nichts verbürgen. Nur dies eine wird mir immer deutlicher: daß du uns nicht helfen kannst, sondern daß wir dir helfen müssen, und dadurch helfen wir uns letzten Endes selbst. Es ist das einzige, auf das es ankommt: ein Stück von dir in uns selbst zu retten, Gott. Und vielleicht können wir mithelfen, dich in den gequälten Herzen der anderen Menschen auferstehen zu lassen.« (Gaarlandt, 200)

Literatur: *Thomas Söding*, Jesus und die Kirche, Was sagt das Neue Testament?, Freiburg u. a. 2007; *Jan G. Gaarlandt*, Das denkende Herz. Die Tagebücher von Etty Hillesum 1941–1943. Aus dem Niederländischen von Maria Csollány, Reinbek 1985; *Ursula Rombach/Peter Seiler*, Eleos –

misericordia – compassio, in: M. Harbsmeier/S. Möckel (Hg.), Pathos, Affekt, Emotion. Transformationen der Antike (stw 1908), Frankfurt/M. 2009; *Thomas Söding*, »Er hat es gesehen« (Joh 19,35). Der Lieblingsjünger im Johannesevangelium, in: *ders.*, Freunde und Feinde – Vertraute und Verräter, München 2009, 97–113; *Ulrich Wilckens*, Maria, Mutter der Kirche (Joh 19,26), in: R. Kampling/Th. Söding (Hg.), Ekklesiologie des Neuen Testaments (FS K. Kertelge), Freiburg u. a. 1996, 247–266.

Internet: Untersuchungen und Zahlen zur Einsamkeit: https:// kompetenznetz-einsamkeit.de/publikationen/kne-expertisen/kne-expertise-04-entringer (zuletzt abgerufen am 28.04.2024)

Osternacht – 19.04.2025

1Thessalonicher 4,13–18

Auferstehung als Beweggrund der Lebenden

Wilfried Engemann

I Eröffnung: Wandlungen des Glaubens angesichts irritierender Zeiterfahrungen

»Jetzt ist schon wieder was passiert.« Mit diesem Satz beginnt Wolf Haas jeden seiner Kriminalromane (vgl. z.B. Haas, 5) und liefert damit eine Art Erklärung dafür, schon wieder eine Geschichte erzählen zu müssen. »Was veranlasst zu einer Predigt mit diesem Text?« – so wird im Leitfaden zur Ausarbeitung der Predigtstudien beharrlich gefragt. Dahinter steht die Einsicht, dass wir nicht predigen, weil Sonntag ist und irgendein Text an die Reihe kommt, sondern *weil unser Leben Anlass dazu gibt*, über die damit verbundenen Erfahrungen, Irritationen und Erwartungen zu sprechen. In der Gemeinde wird nicht zuletzt deshalb gepredigt, »weil Dinge passieren«, die wir irgendwie einordnen möchten.

Was veranlasst zu einer Predigt mit diesem Text? Wenn man unter »Anlass« einen situativ ausgelösten Beweggrund versteht, also einen Vorfall, der dringender Aufarbeitung harrt (weil er vor ein offensichtliches, die Christen damals und heute gleichermaßen verbindendes Problem stellt), gerät man beim 1Thess in Verlegenheit. In diesem frühesten aller Paulinischen Gemeindebriefe (Berger, 758) stoßen wir nämlich auf einen Anlass und eine daraus resultierende Sorge, die in der Erfahrungswelt der meisten Christen heute keinen Anhalt findet. (Wir gehen – anders als die Thessalonicher z.B. davon aus, dass wir sterben werden.) Was man aber bereits an diesem frühen Glaubenszeugnis der Christenheit beobachten kann, ist die Unausweichlichkeit, den Begriff des Glaubens angesichts irritierender Zeiterfahrungen je neu füllen zu müssen.

Zudem stoßen wir auf die Erfahrung der Spannung zwischen Verheißung und Wirklichkeit, die mit einem Riss in der Gruppenidentität (u. a. zwischen lebenden und toten Christen) einhergeht. Dieser Riss schlägt den Gemeindegliedern auf die Stimmung. Mit dem Repetieren der Tradition – die Lehre von der Wiederkunft Christi, der Auferstehung und vom Gericht war den Thessalonichern bekannt – ist es nicht getan. Religiöse Praxis bzw was und wie Menschen glauben ist nur hilfreich, wenn es der Bewältigung ihres Lebens dient.

Wer mit diesem Text predigt, sollte den Blick auf irritierende Zeiterfahrungen und offenkundige Risse in der Gruppenidentität des heutigen Christentums, ausgelöst durch das, was gerade »passiert«, nicht scheuen. Das Fazit könnte ähnlich ausfallen wie im Text: Die einen haben keinen Heilsvorteil gegenüber den anderen. Aber für das Lebensgefühl (»traurig wie die Heiden«) ist es schon entscheidend, *welche* Überzeugungen die Glaubenskultur einer Gemeinde prägen und für die Gestaltung des eigenen Lebens leitend sind.

Doch fragen wir zunächst: Was ist in Thessaloniki passiert, dass sich Paulus herausgefordert sieht, zu schreiben? Was veranlasst *ihn* zu predigen?

II Erschließung des Textes: Argumente gegen Traurigsein ohne Trauerfall

1. *Eine Irritation:* Die junge Gemeinde der ersten Christengeneration, geprägt von einer großen Anzahl Neubekehrter, erwartet (wie Paulus) die Wiederkunft Christi und ihre damit einhergehende Entrückung noch zu Lebzeiten, und zwar bald. In dieser Erwartungshaltung werden die Gläubigen damit konfrontiert, dass hier und da einer von ihnen stirbt; sie erleben das jeweils als schwer verständliche, ja verstörende »Ausnahmefälle«. (Haufe, 82)

2. *Grund der Beunruhigung und Trauer:* Die Unruhe der (gegenüber den »Entschlafenen«) »Übriggebliebenen« – dieser Hilfsbegriff taucht im Neuen Testament nur an dieser Stelle auf – resultiert aus der Vorstellung, dass es eine Auferstehung der Toten erst zum Gericht am Ende des messianischen Reichs geben würde (Röcker, 248), so dass die Toten die Ankunft ihres Herrn (und damit den Eintritt in die völlige Seinsgemeinschaft mit Christus) verpassen könnten. Die Sorge um die Auferstehung ihrer geliebten Verstorbenen, nicht die Sorge um die ja gar nicht erwartete eigene Auferstehung (!), stürzt die Gemeindeglieder in tiefe Trauer. Was sollen sie »beim Herrn« ohne ihre geliebten Freunde und Angehörigen? Ein zutiefst menschlicher Zug markiert die religiöse Unruhe der Gemeinde.

3. *Eine kühne Vision:* Wirksamer Trost bedarf u. a. verlässlicher Informationen. Dem entspricht es, dass Paulus mit einem überraschenden Detailwissen aufwartet, über das die Gemeinde nicht verfügt (vgl. V.13) und von dem offensichtlich noch nie die Rede war: Er bedient sich der mündlichen Tradition (»ein Wort des Herrn«) und baut sie zu einer kühnen dogmatischen Erklärung aus (vgl. Röcker, 241 f.), aus der hervorgeht, dass die Entschlafenen bei der Parusie den Lebenden gegenüber keinerlei Nachteil haben werden (vgl. den vorgestellten Ablauf der Parusie in V.16 f.).

4. *Der Rest der Welt:* »Die Auferstehung von Nicht-Christen ist nicht im Blick und offenbar grundsätzlich nicht vorgesehen«. (Haufe, 85) Sie haben Paulus zufolge keinen Grund, mit einer Auferstehung zu rechnen, da sie sich den Glauben an die Auferweckung Jesu (und deren Reichweite für jeden Glaubenden) nicht zu eigen gemacht haben. (Röcker, 229) Die Hoffnungslosigkeit der Heiden, die nicht durch den Auferstandenen Zugang zu Gott gefunden haben, ist durch deren Glauben an tote Götter(statuen) besiegelt. (Berger, 771)

5. *Drohender Zorn:* Der »Zorn Gottes« ist ein eigenständiger Faktor des Erzählzusammenhangs von Tod–Auferstehung–Gericht–Heilsgemeinschaft. Da die Heiden »grundsätzlich nicht« an der christlichen Hoffnung teilhaben (Haufe, 83), sind sie dem Zorn Gottes ausgeliefert (vgl. 1,10). Diese Konsequenz ist auch der Anlass, die Warnung auszusprechen, nicht wieder in heidnische Verhaltensmuster zu verfallen (4,5).

6. *Stärkung der Gruppenidentität:* In soziologischer Hinsicht lässt sich in diesem Text die Absicht zur »Stärkung der Gruppenidentität« (Röcker, 261) der Christen wahrnehmen. Sie leben in einer Umwelt, die sie nicht versteht und in der sie zu Außenseitern werden; Paulus stärkt ihre Identität, indem er aufzeigt, worin sie einander verbunden sind: In der weit ausgreifenden Hoffnung auf eine radikale Veränderung der Welt, in der sie einerseits schon leben und zu der sie andererseits noch unterwegs sind.

7. *Faszinierender Enthusiasmus:* Die junge Gemeinde der Thessalonicher ist von einem enormen Enthusiasmus geprägt, der so stark ist, dass selbst beim Thema Tod noch nicht einmal die eigene Vergänglichkeit im Vordergrund steht, sondern das persönliche Heil der verstorbenen Freunde und Angehörigen. Dem entspricht die Gewissheit, Zeuge ebenso notwendiger wie weitreichender Veränderungen zu sein, die schon im Gange sind.

III Impulse: Leben im Rückblick auf die Auferstehung

Zeiterfahrung und Vorstellungswelt der Thessalonicher und bei uns heute können unterschiedlicher kaum gedacht werden. Der Respekt sowohl vor dem Zeugnis von 1Thess 4 als auch vor der Gemeinde heute nötigt dazu, von direkten Aktualisierungen oder Übertragungen abzusehen. Das bedeutet aber nicht, darüber hinwegzugehen, dass das Christentum im Kern eine enthusiastische Religion ist, ganz darauf ausgerichtet, Menschen aus einer drohenden Lethargie immer wieder an ihr Leben heranzuführen.

Dazu bedarf es allerdings, wie bei den Thessalonichern, wiederum der Argumentation, nur dass wir heute aufgrund einer veränderten Situation und mit Bezug auf andere Erfahrungen und Erwartungen argumentieren. Es ist beeindruckend zu lesen, in welchem Maße sich die Thessalonicher um die Zukunft und den Verbleib ihrer Verstorbenen sorgen und dabei den eigenen Tod gar nicht erst in den Blick nehmen. Nach 2000 Jahren Parusieverzögerung gehört aber die Unausweichlichkeit des Todes des Einzelnen in die Prämissen einer Osterpredigt mit hinein, und es wäre töricht, sie ausgerechnet in der Osternacht auszublenden. Die exegetisch und homiletisch auf breiter Front geführte wortreiche Abkanzlung des menschlichen Todes in verkrusteten Phrasen ist M. E. nicht der gebotene Weg. »Die Auferstehung Jesu hat unserem Tod die Macht genommen« (Internetpredigt). Ach ja? Und wie zeigt sich das? – Statt solcher Bagatellisierungen des Todes und damit einhergehender Erfahrungen sollte eine Osterpredigt die Versöhnung mit dem eigenen biologischen Tod einschließen, zumal es christlich ist, *im Rückblick auf die eigene Auferstehung zu leben* und so von der schleichenden Entfremdung dem eigenen Leben gegenüber abgehalten zu werden, die mit dem Ersterben jenes Enthusiasmus, jener Überschwänglichkeit einhergeht, die ihre Kraft aus der Vision einer Zeitenwende schöpft.

In eine Predigt mit diesem Text gehört m. E. auch der Abschied vom Topos der (auch in 1Thess 4 aufscheinenden) permanent bedrohten Gottesbeziehung des Menschen sowie vom Motiv des drohenden, sich in »Gottes Zorn« manifestierenden Heilsverlusts. Aus der Erfahrung der Gegenwart des Gekreuzigten wissen wir, woran wir mit Gott sind. Jede Taufe ist eine rituelle Erinnerung an diesen Aspekt der christlichen Vorstellungswelt.

Auch wenn die »Erwartung der Wiederkunft Christi in naher Zukunft« nicht das Wichtigste am Christentum war und ist (Berger, 772), ist die Vorstellung einer heilvollen Gegenwart Gottes, die vielfältig erfahren wird und notwendige Veränderungen nach sich zieht, unabdingbar für die Aneignung eines in die Zukunft gerichteten Glaubens. In einer so ausgerichteten Predigt käme es darauf an, die Gemeinde an ihre eigenen Erfahrungen eines Lebens aus Glauben heranzuführen und sie darin zu unterstützen, ihr eigenes Credo zu artikulieren.

Schließlich: Weil die mit Ostern verbundene »Ankunft im eigenen Leben« ihrem Wesen nach kein konfessioneller Bekenntnisakt ist, sondern eher eine durch das Christentum kommunizierte Einübung in eine bestimmte Haltung, ist zu erwarten, dass auch anders Glaubende von diesem »Modell« profitieren.

Angesichts der vielen bis in die Gegenwart von fundamentalistischen Gruppen aufgestellten Terminpläne rund um den Jüngsten Tag erscheint mir einer der Lebenskunde-Sätze Jesu beherzigenswert: »Darum sorgt nicht für morgen, denn der morgige Tag wird für das Seine sorgen« (Mt 6,34a). Ein trefflicher Satz für die Osternacht – und erst recht für den letzten Tag unseres Lebens.

Literatur: *Klaus Berger*, Kommentar zum Neuen Testament, München ⁴2023; *Wolf Haas*, Der Knochenmann. Ein Roman, Hamburg ¹²2006; *Günter Haufe*, Der erste Brief des Paulus an die Thessalonicher (ThHK 12/1), Leipzig 1999; *Fritz W. Röcker*, Der erste Brief des Paulus an die Thessalonicher (HTA), Witten/Gießen 2021.

Christian Grethlein

IV Entgegnung: Verschiedene Wirklichkeiten

Klar weist A auf die Diskrepanz in den Weltsichten des Paulus im 1Thess und heutiger Zeitgenossen hin. Sowohl die »kühne dogmatische Erklärung« des Apostels als auch die von A notierte, schroffe Ausgrenzung der »Nicht-Christen«, für die offenkundig keine Auferstehung vorgesehen war, sind wohl nicht in die Gegenwart übersetzbar. Zu pluralistisch erscheinen die Daseins- und Wertorientierungen vieler Menschen, als dass sie eindimensional in das Schema Christ*in – Nichtchrist*in eingeordnet werden könnten. Das zeigen die aktuellen Diskussionen um das Kirchenmitgliedschaftsrecht. Von daher kann ich dem Rat von A nur zustimmen, beim vorliegenden Predigttext »von direkten Aktualisierungen oder Übertragungen abzusehen«. Weiterführend erscheint mir die von ihm geäußerte Auffassung, das Christentum diene der Einübung einer »Haltung«.

Nachdrücklich stimme ich der Kritik von A an »Bagatellisierungen« des Todes in der Osterpredigt zu. Sterben und Tod sind nicht nur unausweichlich, sondern – wie bereits die zweite Schöpfungserzählung in ihrer Rede vom »Staub« als Material des Menschen (Gen 2,7) weiß – gottgewollte Teile des Lebens. (s. Grethlein, 35) Inwieweit hier der interessante Hinweis auf den »Rückblick auf die eigene Auferstehung« weiterhilft, müsste noch genauer geklärt werden. Auf jeden Fall wird einem exklusiv dem linearen Zeittakt verpflichteten Zeitgenossen dies nicht ohne Erklärung verständlich sein.

Insgesamt gilt es also, den Osterglauben in der Spannung zwischen damaliger und heutiger Zeit- und Weltsicht auszulegen. Direkte inhaltliche Übertragungen dürften wohl nicht möglich sein.

V Zur homiletischen Situation: Ostern in einer alternden Gesellschaft

Der Predigttext spricht in eine Situation, die – wie auch A betont – in mehrfacher Weise heute nicht (mehr) zutrifft. Die knapp zwanzig Jahre nach Jesu Tod offenkundig herrschende Naherwartung der Parusie Christi hat sich inzwischen – fast zweitausend Jahren später – aufgelöst. Paulus, der im 1Thess noch davon ausgeht, als Lebender die Wiederkehr Christi zu erleben, hat sich offensichtlich getäuscht. Und auch die in der letzten Perikopenreform zum Predigttext hinzugenommenen V.15–18 enthalten mythologische Vorstellungen, die (den meisten) heutigen Menschen nicht mehr zugänglich sind.

Vielleicht noch gravierender dürfte sein, dass mittlerweile die Mehrheit der Menschen in Deutschland den Glauben an ein Leben nach dem Tod nicht mehr teilt. Nach einer Umfrage im September 2021 glauben 55% aller Deutschen (über 18 Jahren) nicht an ein Leben nach dem Tod, 38% dagegen schon – der Rest enthielt sich (Sonntagsblatt vom 25.11.2022). Besonders auffällig ist hierbei, dass die Älteren besonders zurückhaltend sind. Aktuell konstatiert die erste Auswertung der 6. Kirchenmitgliedschaftsuntersuchung: »Mit steigendem Lebensalter lässt der Glaube an ein Leben nach dem Tod tendenziell nach – es kann unterstellt werden, dass dies mit zunehmend ernsthafter Konfrontation und Auseinandersetzung mit dem Tod korreliert.« (EKD, 82) Begegnet sonst hinsichtlich religiöser Einstellungen eine sog. kohortenbezogene Säkularisierung, also der Rückgang von Kirchlichkeit und religiösen Einstellungen bei Jüngeren, so ist es hinsichtlich des Glaubens an ein Leben nach dem Tod – und damit auch an eine Auferstehung – umgekehrt. Der Soziologe Peter Groß vermutet, »die überkommene jenseitsorientierte Religion war ein Trost für die Zumutung eines frühen und plötzlichen Todes [...] während dem Tod in der Moderne, der spät kommt und der, man wagt es kaum zu sagen, häufig erwartet und herbeigebetet wird, eher ein Freund ist, den man nicht besiegen, sondern höflich empfangen muss.« (Gross, 29) – Kann man da noch mit 1Thess 4,13–18 Osternacht feiern? Und das in einer Gemeinschaft, in der in der Regel die Älteren dominieren?

Ein Blick in die Geschichte der Liturgie der Osternacht bzw Oster-Vigil hilft hier weiter. Egal ob in der vor Mitternacht einsetzenden Lang- oder der im Morgengrauen beginnenden Kurzform: »Die Osternacht ist [...] eine spannungsreiche Prozess- und Transitusliturgie. Sie inszeniert die Spannungen von Licht und Dunkel, von Tod und Leben, von Durchgängen und Gefährdungen (Schöpfung, Sintflut, Exodus, Tauftod).« (Schwier, 141) Sie bezieht sich seit jeher auf Spannungen: Im 1Thess auf die Spannung zwischen Naherwartung und dem Sterben von Gemeindegliedern. Heute ist die Spannung zwischen immer noch wachsender Lebenserwartung und dem Glauben an die Auferstehung unübersehbar. Dies sollte in der Predigt klar benannt werden. Nach meiner Erfahrung – in einem Krankenhaus-Besuchsdienst – sind die meisten hochaltrigen Patient*innen primär daran interessiert, ohne zu große Schmerzen und Leiden aus diesem Leben her-auszukommen – ein eventuelles Leben nach dem Tod kommt nur selten in den Blick. Bei den meisten Menschen scheint die einseitig auf Lebensver-längerung fixierte kurative Medizin diesen Nebeneffekt zu haben. Und doch begegnen bei Älteren Tendenzen, die mit »Gerotranszen-denz« beschrieben werden können, also »eine im Alter gesteigerte natür-liche Sensibilität für das Spirituelle«. (Kunz, 152) Sie zeigt sich nicht zu-letzt in einer »Veränderung des Zeiterlebens, indem Grenzen zwischen jetzt und früher transzendiert werden«. (ebd.) Diese Beobachtung macht auf eine Öffnung für das Oster-Evangelium aufmerksam, das – wie sich bereits bei Paulus zeigt – uns nur in Fragmenten und unterschiedlichen Vorstellungen zugänglich ist. Die bei jüngeren Menschen dominierende Zuwendung zur Zukunft wird hier in eine Gegenwarts- und Vergan-genheitssicht transformiert, für die aber Hoffnung ebenfalls wichtig ist. Deren entscheidende Gemeinsamkeit ist nach Paulus die Verbundenheit mit Christus. Wenn in der Osternacht das Abendmahl gefeiert und/oder Menschen getauft werden, werden grundlegende Ausdrucksformen die-ser über den Tod hinausreichenden Verbundenheit mit Jesus Christus kommuniziert. Dies sollte in der Predigt aufgenommen und gedeutet werden.

Dabei kann die Predigerin/der Prediger auch der eben skizzierten Generationendifferenz gerecht werden. Denn sowohl die Mahlfeier als auch die Taufe umfassen Deutungen, die gleichermaßen gegenwarts-und zukunftsbezogen ausgelegt werden können. So enthält die von Pau-lus im Predigttext verheißene Gemeinschaft mit Jesus Christus über die dort verwendeten, heutigen Menschen meist nicht mehr zugänglichen Vorstellungen hinaus für alle Menschen einen lebensbezogenen Hoff-nungsimpuls, sei er eher auf Zukunft oder Gegenwart bzw Vergangen-heit ausgerichtet.

VI Predigtschritte: Osterhoffnung inszenieren

Grundsätzlich ist angesichts der genannten exegetischen Spannungen zu überlegen, ob bei der Verlesung des Predigttextes nicht wieder zu der bis zur letzten Perikopenreform üblichen Kurzfassung des Predigttextes – 1Thess 4,13–15 – zurückgekehrt werden sollte. Die antiken Jenseitsvor-stellungen in den folgenden V.16–18 könnten Zuhörer*innen verwirren.

Demgegenüber gilt es, die Hoffnung in und auf die Gemeinschaft mit Jesus Christus und ihren Gewinn für die Lebensgestaltung heute anschaulich zu machen. Da Hoffnung mehr ist als eine kognitive An-nahme, wird es im Umfeld der Predigt wichtig sein, liturgisch Räume für entsprechende Gefühle zu schaffen. Gemeinsamer Gesang kann dem ebenso Ausdruck verleihen, wie eine Lichtfeier, bei der das Dunkel lang-sam dem Hellen weicht. Das so Erlebte ist dann – wie auch eine eventu-elle Taufe und Abendmahlfeier – in der Predigt aufzunehmen.

Einen besonderen Akzent kann dies dadurch gewinnen, dass positiv zu Beginn am Beispiel des Überholt-Seins der paulinischen Bilder auf die Pluralität von Vorstellungen hingewiesen wird, die bleibende Gemeinschaft mit Jesus Christus zu veranschaulichen. Im Mittelteil der Predigt wäre dann das im Vorgehenden Erlebte und im Folgenden Geplante aufzunehmen. Je nach konkreter Feierform kann im Mittelteil der Predigt – neben dem Evangelium (Mt 28,1–10) und der Epistel (Kol 3,1–4) – auch auf eventuelle weitere, in der Liturgie der Osternacht vorgeschlagene Lesungen im Gottesdienst Bezug genommen werden wie: Röm 6,3–11; Gen 1,1–2,4 (in Auswahl); Gen 6,5–9,17 (in Auswahl); Gen 22,1–19; Ex 12 (in Auswahl); Ex 14 (in Auswahl); Jes 25,6–9; Jes 54,5b–14; Jes 55,1–5; Ez 36,16–28; Ez 37,1–14; Dan 3,1–29 (in Auswahl); Mi 4,1–5. Den Abschluss könnte dann ein Hinweis auf den Trost bilden, den die Äußerungen des Apostels beabsichtigen. Diese Intention erfordert ein Sich-Hineinversetzen in den Anderen/die Andere und ist nach wie vor grundlegend für die Kommunikation des Evangeliums.

Literatur: *Evangelische Kirche in Deutschland (EKD) (Hg.)*, Wie hältst du's mit der Kirche? Zur Bedeutung der Kirche in der Gesellschaft. Erste Ergebnisse der 6. Kirchenmitgliedschaftsuntersuchung, Leipzig 2023; *Christian Grethlein*, Sterben und Tod – Teil des Lebens, Leipzig 2022; *Peter Gross*, Wiederkehr der Religion? Verlängerte Lebenszeit – Verlust der Ewigkeit, in: Helmut Bachmaier/Bern Seeberger (Hg.), Religiosität im Alter, Göttingen 2022, 23–32; *Ralph Kunz*, Spirituelle und religiöse Begleitung im Alter, in: Helmut Bachmaier/Bern Seeberger (Hg.), a.a.O., 145–160; *Helmut Schwier*, Österlich feiern, denken und leben. Praktisch-theologische Aspekte zur Osternacht, in: Ders., Gottes Menschenfreundlichkeit und das Fest des Lebens. Beiträge zur liturgischen und homiletischen Kommunikation des Evangeliums, Leipzig 2019, 139–148.

Johannes 20,11–18

Berührender Gott

Doris Hiller

I Eröffnung

»Der Herr ist auferstanden! – Er ist wahrhaftig auferstanden!« Der alte Ostergruß, auf der Straße schon lange nicht mehr gebräuchlich, wird auch in unseren Gottesdiensten kaum mehr hörbar respondiert. In den Liedern und Gesängen klingen tänzerische Rhythmen und glaubensstarke Gewissheit. Wie mag sich das angehört haben, als das noch vielen präsent war und volle Kirchen nicht nur zu Weihnachten, sondern eben auch zu Ostern das blühende Leben feierten: Christ ist erstanden! Heute – nach den Jahren, in denen uns das Virus stillgestellt hatte – scheint es, als hielte immer noch einer Wache vor unseren Kirchentüren, an denen warnend ein Schild angebracht ist: Bitte Abstand halten! Bitte nicht berühren! Dazu passt, dass die Perikope mit Tränen beginnt: Maria aber weinte.

II Erschließung des Textes: Wie man es dreht und wendet

Maria sieht tränenschwer verschwommen. Kann man denn seinen Augen trauen, wenn es um die Auferstehung geht? Oster-Klärungen sind nötig, nicht nur für Maria.

a) Ein Name mit Fragezeichen. – Was in manchen Übersetzungen als Doppelname daherkommt – Maria Magdalena – lässt sich im griechischen Text und in der aramäischen Sprache nicht halten. Dort findet sich der einfache Vorname: Miriam bzw Maria. Die Bezüge zu den anderen Erzählungen im Umfeld der Kreuzigungsszene lassen eine Identifikation mit jener Maria zu, die aus Magdala stammt. Jesus war – ganz selbstverständlich und doch zu dieser Zeit außergewöhnlich – mit Frauen und Männern unterwegs. Allerdings: Erst als die Männer flohen, erhielten die Frauen Namen. Der Evangelist hebt die Frauen bedeutsam hervor. So kam Maria, die auch beim Kreuz stand (Joh 19,25), zu ihrem Namen. Auffällig ist es dann aber schon, dass hier alle Frauen Maria genannt werden. Sie begeben sich mutig in Gefahr, weil sich unter einem Kreuz für gewöhnlich nur Sympathisant*innen versammelten, denen so dasselbe Schicksal drohte.

Unter dem Kreuz stehend, trägt die Magdalenen-Maria – wie alle Marias – den Geruch des Todes an sich. Maria steht dem Irdischen nahe, hat möglicherweise sogar seine Füße berührt. In der Traditionsgeschichte, die vom Textbefund nicht gedeckt ist, wird sie auch mit der Frau identifiziert, von der es in Lk 8 heißt, dass Jesus ihre Dämonen ausgetrieben hat und die deshalb zu jener Sünderin wurde, die Jesus die Füße gesalbt hat (Lk 7). Die Frau, die im JohEv die Füße salbt (Joh 12), heißt auch Maria, allerdings dürfte es sich dort um die Schwester des Lazarus handeln. Jede und jeder kann Maria sein. Maria trägt alle Facetten des Menschlichen: vor dem Kreuz ebenso wie nach der Auferstehung. Wo steht sie heute?

b) Jubel-Vorbereitungen. – Der Osterjubel braucht nicht nur klare Augen, sondern auch mehrere Anläufe. Wer das Evangelium kursorisch liest, hat die Auferstehung schon hinter sich. Vor Maria waren schon Petrus und Johannes da. Es wäre falsch, hier patriarchal und binär zu denken. Hier ist es einmal gut, stereotyp zu verfahren. Petrus, der glaubensstarke Lügner, und Johannes, der Lieblingsjünger, und Maria mit ihrem Allerweltsnamen. Sie stellen die Menschheit nach Ostern dar. Thomas, der Ungläubige und Zweifler, komplettiert später noch dieses *corpus permixtum*. *Simul iustus et peccator* bereiten den Osterjubel der Kirche vor.

In den Ostergeschichten geraten Singular und Plural augenfällig durcheinander. Es ist nicht Aufgabe einer Predigt, die diversen und manchmal auch divergenten redaktionellen Schichtungen heraus zu präparieren. Maria, die im JohEv alleine im Garten zu sein scheint, konstatiert: Wir wissen nicht, wo sie ihn hingelegt haben. Das mag eine redaktionelle Unsauberkeit sein. Allerdings ist sie auch ein Ausweis der theologischen Durchdringung des JohEv. Der Evangelist zielt auf den Glauben der Lesenden, deren Situation mit denen übereinstimmt, die eben nicht dabei waren: Der Plural nimmt auch uns mitten hinein in die Szene: Wir wissen nicht. Glaube lässt sich vom Unfasslichen berühren. Oder nicht?

c) *Noli me tangere.* – Der Himmel hat zum wiederholten Mal die Erde berührt. Die beiden Engel stehen bzw sitzen dafür. Dass, was da im Grab geschehen ist, ist göttlich. Menschlich kann es nicht sein, denn Menschen wird Diebstahl zugetraut. Aber die Kategorien der alten Welt lassen das Geschehene nicht mehr erfassen. Alles, was der Mensch anfasst, führt in Begreifliches. Aber: Auch wenn es um das Göttliche geht, begreift der Mensch nichts. Also Finger davon, noch einmal die tränenschweren Augen reiben und nicht begreifen, sondern verstehen: Ostern erfasst nicht Gott, sondern den Menschen. Nicht das Göttliche wird festgehalten, sondern der Mensch wird ins Lebendige gelassen. Das nachösterliche Berührungsverbot wird damit begründet, dass Maria und mit ihr alle lernen müssen, dass die Gegenwart des Auferstandenen eine andere ist als zu Zeiten des irdischen Jesus. Man kann sie nicht festhalten, sich nicht im Zugreifen der Sache vergewissern; so die wörtliche Übersetzung an dieser Stelle: Halte mich nicht fest. Als verneinte Präsens-Konstruktion einfacher ausgedrückt: Lass mich los. (Wengst, 554) Damit muss aber Berührung nicht ausgeschlossen sein. Luther übersetzt theologisch und damit ist eine weitere Interpretation möglich, im Sinne eines wiederum gewendeten Verständnisses der Begegnungsszene. Nicht die menschlich zupackende Art, die auch immer mal wieder danebengreift, ist das Primäre. Zuerst berührt Gott den Menschen und haucht ihm das Leben ein. Zuerst packt Gott zu und stellt auf die Füße: Maria sucht einen Leichnam, der unbeweglich liegt. Die Engel deuten in ihren Sitzpositionen schon die Veränderung an. Der Auferstandene steht und kann wieder in Beziehung treten. So wird der Auferstandene gegenwärtig und gehört nicht – einem historischen Faktum gleich – der Vergangenheit an.

Dass zur Auferstehung die Himmelfahrt gehört, macht das JohEv in der Szene deutlich. Das widerspricht zunächst der Annahme, dass das Berühren von Gott her gedacht werden muss, denn der Auferstandene ist dann nicht mehr mit dem Gärtner verwechselbar, sondern allem Irdischen entzogen – wie es den synoptischen Erzählungen entspricht (Lk 24). Das JohEv gibt aber erst recht Grund zur Annahme einer Intensivierung der berührenden Beziehung, die mit Jesu Erhöhung von der Erde einhergeht (Joh 12,32).

Maria wird aus ihrer trauerverkrümmten Haltung aufgerichtet, als sie angesprochen wird. So emporgezogen kann sie losgehen und bis in unsere Gegenwart ihrem Auftrag gerecht werden: Ich habe den Herrn gesehen. Auch da gibt es eine Kollektiv-Bestätigung in Joh 20,25: Wir haben den Herrn gesehen. So geht wahrhafter Osterglaube. Eine sieht ... und alle sehen mit.

III Impulse

a) Wendungen: Maria! – Maria wendet sich weg vom Kreuz. Nicht nur, weil sie nicht mehr hinsehen kann, sondern weil sie sich um den Leichnam kümmern will. Das ist das Mindeste, was Menschen tun können. Wenn schon der Tod unausweichlich ist, ist es nur recht und oft nicht billig, den Toten ein ordentliches Begräbnis zu gewähren. Maria wendet sich zum Grab. Das entspricht dem Sein zum Tode. Noch dazu bückt sich Maria, um ins Grab zu sehen. Sie krümmt sich selbst und ihr Blick bleibt gesenkt. Todverfallenheit und In-sich-Verkrümmtsein – das JohEv zeichnet erneut die Sünde in den Garten und trübt die paradiesischen Aussichten. Maria, die den Tod nicht findet, dreht sich um und sieht – immer noch verschleiert und mit ihren Tränen beschäftigt den (Paradies-)Gärtner. Erst als dieser sie anspricht, wagt sie den aufrechten Gang und den klaren Blick. So geht Buße: sich ansprechen lassen von Gott, ihn erkennen und darin die Wende zum Leben erfahren. Nicht von ungefähr ist die Osternacht der Tauftermin schlechthin. Auch wenn wir weiter Gräber sehen, hören wir Gottes Zuspruch – Maria! Mensch!

b) Inszenierte Gartenarbeit. – Ostern geht uns an. Dass in den Erzählungen der Bibel immer wieder Menschen in Szene gesetzt werden, dient nicht nur dem Zeugnisgeben einer Gotteserfahrung. Gerade die so unglaubliche Auferstehung von den Toten braucht nicht nur Zeug*innen, die der Nachwelt davon berichten können. Es braucht Menschen, weil es nicht nur Gottes Sache ist, die – einem Mysterienspiel gleich – nur himmlische Szenen abbildet. An dieser Stelle sei auch noch die merkwürdige Inaktivität der beiden Engel erwähnt. Sie deuten zwar die sich verändernde Situation an, bringen keine Bewegung in die Szene. Sie sitzen nur und stellen eine Frage, die keine weiterführende Antwort ermöglicht. Ostern aber ist keine Himmelsszene, die uns höchstens andächtig verharren lässt. Ostern macht im Wortsinne lebendig. Darum braucht es Menschen, damit deutlich wird: Ostern geht in erster Linie die Menschen an, mit allen ihren Unzulänglichkeiten, die meist harmlos scheinen, aber dennoch zum Weinen und Klagen sind, weil sie irdisch an Gräber führen. Ostern berührt dieses dem Tod verfallene Leben. Menschen wie du und ich werden berührt – vom Leben schaffenden Gott.

Wenn jemand im Kirchgarten um die verschlossenen und leeren Kirchen herum einen Gärtner sieht, dann reibe sich der Mensch die Augen und erinnere sich daran, dass alles seinen Anfang in einem Garten (Gen 2) nahm und via Joh 20 in endzeitlicher Neuschöpfung mündet (1Kor 15).

Literatur: *Jörg Frey*,»Ich habe den Herrn gesehen« (Joh 20,18), in: Ders., Vom Ende zum Anfang (hg. von R.A. Bühner), Tübingen 2022, 563–581; *Silke Petersen*, Maria aus Magdala. Die Jüngerin, die Jesus liebte (BG 23), Leipzig 2011; *Klaus Wengst*, Das Johannesevangelium (ThKNT 4), Stuttgart 2019.

Bernd Kuschnerus

IV Entgegnung: Unfassbar nahe

Zu Recht betont A, dass es in der Perikope um den Glauben der Lesenden (und Hörenden) geht. Dieser Clou zeigt sich deutlich im erzählerischen Arrangement am Ende der Perikope. Zwar entzieht der Auferweckte sich einer greifbaren Begegnung. Doch ist er gerade so in der Gemeinde gegenwärtig. In Joh 20 werden die erzählerischen Elemente der Ostertraditionen genutzt. Sie treten aber ganz hinter dem Verkündigungsauftrag zurück (Joh 20,17.18). Nachdem Jesus Maria beauftragt hat (Joh 20,17), wird von ihm in dieser Perikope nicht mehr erzählt. Es scheint nicht nötig zu sein. Maria und ihre Botschaft stehen übergangslos im Fokus (Joh 20,18). Ostern vergegenwärtigt sich in dieser Botschaft. (Lindemann, 84 f.) Der Sinn des Erzählten erschöpft sich also nicht in der Erzählung. Hier scheint die johanneische Pointe dieser Ostergeschichte zu liegen. Der Auferweckte ist in seiner Gemeinde unfassbar nahe. Zu Ostern geht es nicht um wundersame vergangene Geschehnisse, sondern um die Gegenwart. A hebt die Berührung Gottes hervor, die Menschen aus dem In-sich-Verkrümmtsein aufrichtet. Diese göttliche Berührung wird kritisch allen menschlichen Zugriffsversuchen gegenübergestellt. Sie befreit von der Sünde und ermöglicht Buße als Weg in das Leben. Dem von A vollzogenen Auslegungsweg kann ich gut folgen, insofern es dabei um das neue Gottesverhältnis geht, das ein verändertes, menschliches Miteinander beinhaltet. (Dalferth, 416–418) Denn das österliche Sehen der Maria beinhaltet eine Wendung in der Beziehung zu Gott. (Lindemann, 83; Zumstein, 754 f.) So scheint sich Jesus, kaum, dass er von Maria erkannt wird (Joh 20,16), wieder unerreichbar zu machen. Doch Jesus verbindet die Aussage über seine Erhöhung mit dem Zuspruch, dass seine Anhänger seine Geschwister sind und Gott auch ihr Vater (Joh 20,17). Maria verkündet:»Ich habe den Herrn gesehen« (Joh 20,18b). Was das für die Angesprochenen bedeutet, erläutert fortan die mitgegebene Botschaft (Joh 20,17.18c). Gott wird für sie zugänglich. Unter ihnen will sich der Gekreuzigte als höchst lebendig erweisen. Er lässt sie Gottes Kinder und seine Geschwister sein. »Jede und jeder kann Maria sein«, schreibt A. Zugleich gilt: Maria ist die unverwechselbare Person, die von Jesus bei ihrem eigenen Namen gerufen wird. Gerade daran erkennt sie den Auferweckten. Maria kann in dieser Hinsicht eine Identifikationsfigur sein. Wir werden nicht in allgemeiner Weise angesprochen, sondern als die Personen, die wir jeweils sind. (Lindemann, 83; Zumstein, 752 f.) Für das Johannesevangelium ist Maria aus Magdala offenbar eine bedeutsame Gestalt. Sie verkündet den Jüngern, sie habe den Herrn gesehen (Joh 20,9). In gleicher Weise legitimiert Paulus sich gegenüber der Gemeinde in Korinth als Apostel (1Kor 9,1). Maria ist nach Johannes die erste Osterzeugin. (Lindemann, 84)

V Erschließung der Hörersituation: Mit dem Leben verbunden

»Christus ist auferstanden! Er ist wahrhaftig auferstanden!« Ich habe den Ostergruß noch nie so eindrucksvoll gehört wie bei einem Gottesdienst, den wir in einer Gemeinde gemeinsam mit Menschen gefeiert haben, die vor dem Krieg aus der Ukraine geflohen sind. Es waren vor allem Frauen und ihre Kinder und einige alte Menschen. Aus ihren Augen sprachen Erschöpfung und Trauer. Als wir der Angehörigen in der Ukraine gedachten, flossen Tränen. Nicht von allen war klar, was aus ihnen geworden und wo sie geblieben waren. »Wen suchst du?« (Joh 20,15), diese Frage rückte auf einmal bedrängend nahe. Öfter erklang in diesem Gottesdienst der Ostergruß in ukrainischer und in deutscher Sprache. Aufgerichtet, mit festen Stimmen, fast trotzig wurde der Auferweckte bekannt. Ich habe diesen Gruß als ein Aufleuchten des Lebens erlebt. Der Auferweckte vergegenwärtigt sich in der Verkündigung der Gemeinde. (Bultmann, 469) Auch wenn Menschen weiterhin in Gräber schauen müssen, sollen sie Gottes Zuspruch hören und werden bei ihrem Namen gerufen. Sie werden zu Gottes Kindern und Geschwistern des auferweckten Jesus.

Die Gottesdienstfeiernden erzählten beim Osterfrühstück ihre jeweils eigenen Geschichten, berichteten von ihren Lieben hier und daheim. Sie deuteten an, was ihnen Angst macht. Darüber zu sprechen, fällt schwer. Zu nahe ist der Schrecken. Ostern kann es möglich machen, dass wir uns gegenseitig unserer Belastungen annehmen und aufmerksam für die Gründe unserer Schmerzen sind. (Zumstein, 752) An den einfühlsamen Fragen Jesu können wir diese Haltung ablesen (Joh 20, 15).

Beim Osterfrühstück sprachen die Gäste auch davon, was sie ermutigt, von der Verbundenheit, die sie erleben, vom gemeinsamen Singen, das ihnen Kraft gibt, und von der Hoffnung auf Gott, der Jesus von den Toten auferweckt hat. Sie waren nicht mehr nur Geflüchtete oder Einheimische oder auch Mitmenschen im Allgemeinen, sondern mit jeweils eigenem Namen angesprochene Geschwister. Diejenigen, die den Gottesdienst miteinander gefeiert hatten, waren miteinander verbunden, nicht durch Herkunft oder Sprache, sondern dadurch, dass sie als Gottes Kinder angesprochen wurden. Verbunden waren sie auch mit den Lieben, bei denen sie nicht sein konnten.

Das Weinen der Maria findet sein Echo in unseren Trauererfahrungen. Es wird uns auch nach Ostern nicht erspart bleiben, dass wir enttäuscht werden, vergeblich suchen, auch nicht, dass unser eigenes Leben einmal ein Ende haben wird. Die von Maria ausgerichtete Botschaft des Auferweckten verbindet uns jedoch mit der Quelle des Lebens, über Tod und Grab hinaus. (Martin, 88) Sie macht uns zu Geschwistern Jesu. Wir können ausprobieren, was es heißen kann, als Gottes Kinder einander beizustehen und menschlich miteinander zu leben.

VI Predigtschritte: Österliche Sehhilfen.

»Eine sieht […] und alle sehen mit« – so fasst A den Osterglauben zusammen. Am Ostersonntag ist der liturgische Ostergruß schon vor der Predigt erklungen, wurden bereits Texte von der Auferstehung gelesen und Osterlieder gesungen. Sie alle sind österliche Sehhilfen. So können auch unsere Tränen und unsere Sehnsucht behutsam in der Predigt angesprochen werden. Denn vor allem ist die Perikope eine Sehhilfe für die

Predigt. Sie verwickelt uns als Hörende rasch in die Geschichte der Maria mit dem Auferweckten. Wir lassen uns vielleicht berühren von den Tränen der Maria aus Magdala. Sie ist tief verwundet, denn sie musste mit ansehen, wie ihr Lehrer gekreuzigt wurde. Durch den Verlust seines Leichnams wird sie noch um den Gegenstand ihrer Trauer betrogen. Maria ist auf verzweifelter Suche nach dem Toten, bis sie sich bei ihrem Namen gerufen hört.

Wir können uns einzeichnen in diese tiefsitzende Trauer als Menschen, die wie Maria schon in ein Grab geblickt haben (Joh 20,11b). Wer kennt nicht die Erfahrung eigener Unzulänglichkeit und das Gefühl von Vergeblichkeit angesichts des Todes? Wir können vom Todesschatten auf unserm Leben erzählen, der durch Krisen und Kriege genährt wird. A spielt auf den Rückzug und die Erschöpfung in der Post-Corona-Zeit an. Doch wir haben auch schon Osterlieder gesungen und wir wissen durch die Erzählstimme mehr als die erzählte Figur der Maria (Joh 20,14). Es ist spannend: Wird Maria entdecken, um wen es sich bei dem Gärtner handelt? Vor allem: Werden *wir* den Auferweckten in unserer Gegenwart entdecken? Darauf kommt es an!

Ob sich die Begegnung mit dem Auferweckten einstellt, haben wir nicht in der Hand. Aber wir können darauf aufmerksam werden, ob wir seine Stimme hören. Womöglich ist er näher, als wir denken, in Hörweite. Möglicherweise kommt er uns in der Taufe am Ostersonntag nahe, wenn die zu taufende Person bei ihrem eigenen Namen genannt und dieser Name mit dem Namen Jesu Christi zusammen gesprochen wird. Wir können dabei auch derjenigen gedenken, die diese Taufe gern mit uns gefeiert hätten, die aber durch Krankheit oder Tod von uns getrennt sind. Durch Christus bleiben wir mit ihnen verbunden. Oder der Auferweckte lässt sich von uns im Ostergruß der Gemeinde vernehmen. Er ist möglicherweise gegenwärtig, wenn die Gemeindeglieder einander aufmerksam zuhören, von sich erzählen und einander tatkräftig beistehen. Vielleicht zeigt er sich im gemeinsamen Spiel von ukrainischen und russischen Kindern in einem unserer Kindergärten. Eltern oder Großeltern sitzen dabei. Niemand lässt sich anstecken vom Hass. Auch die jeweils anderen sind doch Gottes Kinder.

Dass wir »Auferstehung sehen lernen« (Baldermann), können wir nicht machen und nicht festhalten. Doch wir können uns Sehhilfen geben lassen, die die Wahrnehmung unserer selbst und der anderen verändern. Vielleicht begegnet uns der Auferweckte dann sogar im Gärtner auf dem Kirchhof, von dem A spricht. Während wir noch auf Gräber blicken, trifft uns unverhofft die Anrede Gottes. Und auf einmal ist nichts mehr wie zuvor.

Literatur: *Ingo Baldermann*, Auferstehung sehen lernen. Entdeckendes Lernen an biblischen Hoffnungstexten (WdL 10), Neukirchen-Vluyn

1999; *Rudolf Bultmann*, Das Verhältnis der urchristlichen Christusbotschaft zum historischen Jesus, in: *ders.*, Exegetica. Aufsätze zur Erforschung des Neuen Testaments, ausgewählt, eingeleitet und herausgegeben von Erich Dinkler, Tübingen 1967, 445–469; *Ingolf U. Dalferth*, Sünde. Die Entdeckung der Menschlichkeit, Leipzig 2020; *Andreas Lindemann*, Auferstehung. Gedanken zur biblischen Überlieferung, Göttingen 2009; *Gerhard Marcel Martin*, Vogelfrei. Drehmomente der Christus-Begegnung, Stuttgart 1992; *Jean Zumstein*, Das Johannesevangelium (KEK 2), Göttingen 2016.

Ostermontag – 21.04.2025

Jesaja 25,6–9

Gerettet und getröstet – Gottes Feier des Lebens

Joel-Pascal Klenk

I Eröffnung: Leben: Mehr als die Abwesenheit von Tod

Am Montag geht Ostern weiter. Unabhängig davon, ob bewusst die Osteroktav gefeiert oder der Übergang in den Alltag zelebriert wird, kann am Ostermontag, gerade weil der Feiertag liturgisch recht offen gestaltet werden kann, deutlich werden, wie die Osterfreude in die Vielfalt des Lebens hineinführt.

Ein gemeinsames, interkulturelles Festmahl mit allen Menschen, verortet auf dem Zionsberg, mit Weinen und Ölen. Das Verschlingen und Vernichten von Stoffen, Verhüllungen, Textilien und des Todes. Der intime Gestus, der Tränen vom Gesicht wischt. Das alles sind ausdrucksstarke – vielleicht auch ein wenig fremde – Bilder, mit denen Jes 25,6–9 die Überwindung der Schmach Israels und den Grund für die Freude und das Frohlocken über das Heilshandeln Gottes ausdrückt.

Die offene Semantik dieser Sprachbilder ist zentral, um überhaupt anzudeuten, worin eigentlich das Heil besteht und wie es vorstellbar ist. In dieser offenen Überlappung der Bildervielfalt kann das entscheidende Sprachpotential von Jes 25,6–9 als Predigttext am Ostermontag entdeckt werden. Der Text genügt sich gerade nicht darin, nur vom für immer verschlungenen Tod zu sprechen (vgl. Jes 25,8aα).

II Erschließung des Textes: Das Rettungshandeln JHWHs in Bildern

In Jes 25,6–9 addieren und überlagern sich verschiedene Bilder und Konzepte so, dass sie offen das eschatologische Heil darstellen. Dabei ist die Überwindung des Todes zwar der Höhepunkt des Abschnitts, erst aus der Bildervielfalt wird aber verstehbar, was qualitativ damit gemeint ist. *V.6*: Gott selbst bereitet – wohl aufgrund seines endgültigen, ungebrochenen Regierungsantritts – das Freudenmahl für alle Menschen. Es ist sein »*Krönungsmahl*«. (Wildberger, 376) Während in der Umwelt des Alten Testaments immerhin das ganze Pantheon an solchen Inthronisationsmählern teilnimmt, sind es hier nicht weniger als alle Menschen. Der Machtantritt bzw die öffentliche Proklamation der Macht JHWHs vor aller Welt und mit allen Menschen kristallisiert sich als Ziel und Endpunkt eines Kampfes heraus. Alle Feinde Gottes bis hin zum Tod selbst müssen besiegt und verschlungen werden. Die Fremdvölker, die im Kontext des Predigttexts als Unterdrücker, Verschlepper und Bedroher Israels auftreten (vgl. nur Jes 25,3 f.10b), sind nun nach JHWHs Sieg seine geladenen Gäste. Der Chaoskampf, in dem sich mythologisch vielleicht noch die Gegenwart des Autors ausdrückt, liegt für die Szene des Mahls schon in der Vergangenheit. Der Begriff für das freudige Festessen (*mischteh*) bezeichnet sonst häufig das Fest aus einem konkreten Anlass bzw Kasus im Leben von Menschen (vgl. Gen 21,8; 29,22; 40,20). Gott richtet kein kultisches, sondern ein »gewöhnliches« Fest des Lebens aus und tischt als Gastgeber die feinsten in Olivenöl gebratenen (und so vegetarischen) Speisen und für Sommeliers dekantierte Weine auf. Die Völker bringen, anders als es in Kontexten der huldigenden Unterwerfung aller Menschen unter den Gott Israels bei der Völkerwallfahrt üblich ist, keine Gaben bei.

V.7f.: Der nächste Gedankenschritt drückt das vollkommene Heil in Bildern *via negationis* aus: Der Topos der Trauerüberwindung bildet mit dem Verschlingen der Trauerverhüllung (V.7) und dem Abwischen der Tränen (V.8b) einen Rahmen um das zentrale Thema, das Verschlingen des Todes (V.8a). Durch die anaphorische Verbindung des Verschlingens sind Tod und Trauer miteinander verknüpft. Beide, Tod und Trauer, trennen von der unmittelbaren Gemeinschaft untereinander und mit Gott, sie trennen vom Leben. Der Unterschied liegt im Ausmaß bzw der Endgültigkeit: Der Tod verschlingt alles unerbittlich. Gerade deshalb muss er für eine beständige Rettungshoffnung selbst verschlungen werden. Der Zusammenhang von Trauer, Tod und Tränen (vgl. Ps 116,8) wird zur Grundlage dafür, das Bild vom Wegwischen der Tränen aus dem Gesicht in den Kontext einzuführen, der für mich im höchsten Maß Intimität und Unmittelbarkeit als Heilsform auszudrücken vermag. Hier wird nicht nur negativ die Überwindung des Leids verheißen, sondern aktiv auf das nahekommende und persönliche Liebeshandeln Gottes abgehoben. Auch beim nächsten Bild des Abschnitts, das durch einen Tempuswechsel hervorgehoben wird, bleibt Gott der rettend Handelnde. Er nimmt die Schmach Israels weg.

V.8f.: Die Bilder haben also im mächtigen Rettungshandeln Gottes, das gewiss eintreten wird (V.8d), ihren Zusammenhang, von dem in V.9 ein preisender Hymnus gesungen wird. Als Chor dieses Lobgesangs sind alle Menschen oder das errettete Volk denkbar. Bei allem Universalismus ist die starke Israel- und Zionsperspektive im Abschnitt nie preisgegeben: Das universale Völkerheil und die umfassende Zerstörung des Todes werden als Heilshoffnung *Israels* und seines Gottes vorgebracht. Es ist eben das Heil des Gottes vom Zion, der sich gegenwärtig ein Volk erwählt hat, auf das unser Text für alle unabhängig von menschlichen Wesenszuschreibungen, Identitäts- und Unterscheidungsmerkmalen hofft.

Die unterschiedlichen Heilsbilder lassen vieles im Text offen – ich möchte sagen: beruhigend offen. Der Verfasser weiß nichts von Auferstehung, von schon Verstorbenen oder von kommenden Generationen. Er fragt nicht, wie die ganze Menschheit gemeinsam auf den Zionshügel passen soll. Solche Fragen gehen ganz an der reichen Bilderwelt des Heils vorbei, die uns der Verfasser zeichnet. Umgekehrt eignet sich die heilvoll bestimmte Offenheit dieser Bilder auch dazu, unserer eigenen Hoffnung einen Denkraum zu geben.

III Impulse: Die Osterfreude bebildern

Die Osterfreude muss bebildert werden. Dazu nehmen schon die Autoren des Neuen Testaments an unterschiedlichen Stellen eigene Aktualisierungen der Bilder aus Jes 25,6–9 vor (Mt 8,11; 22,2–14; Lk 13,29; 14,15; 1Kor 15,54f.; Offb 7,17; 21,3f.). Die Predigt könnte so in Aufnahme und Abwandlung der Bilder des Predigttexts der eigenen Osterfreude Ausdruck verleihen. Dabei sind für jedes Bild nicht nur Gemeinsamkeiten in der Gegenwart und der eigenen Existenz herauszustellen, sondern gerade auch die Grenzen der Bildsprache:

1. *Das Krönungsmahl.* Zwar sind Feierlichkeiten beim Wechsel auf dem Thron in Monarchien bei uns in Demokratien eher unüblich geworden, die Krönung von Charles III. am 06.05.2023 als globales Medienereignis, an dem die ganze Welt partizipierte und für das keine Kosten und Mühen gescheut wurden, gibt aber eine Ahnung des Bildes. Ein egalitäres Mahl für alle, das der König selbst vorbereitet hätte, gab es freilich nicht. Das löst bei mir auch ein wenig Unbehagen aus, wenn ich über solche Feierlichkeiten für einzelne Menschen nachdenke.

2. *Die Zerstörung der Feinde Gottes und das Verschlingen des Todes.* Der Herrschaftswechsel vom Tod zum Leben vollzieht sich nicht reibungslos. Dass es zu den Privilegien freiheitlich-demokratischer Rechtsstaaten gehört, wenn ein Macht, bzw Herrschaftswechsel ohne harte

Auseinandersetzungen und Unruhen herbeigeführt wird, ist spätestens seit dem sogenannten Sturm auf das Kapitol in Washington am 6. Januar 2021 klar geworden.

3. *Ein Stuhl am Tisch.* Deutlicher als durch das Bild des Mahls der Fülle und des Luxus kann die Egalität aller Menschen nicht ausgedrückt werden. Alle sitzen »Gemeinsam am Tisch des Herrn«. (vgl. Leppin/ Sattler) Die aberwitzige, aber in der Christentumsgeschichte wirklich gewordene Gefahr, dass die Völker Israel den Platz am Tisch streitig machen wollen, hat das Bild nicht vor Augen. Für mich steht eher die Übergangs- und Inklusionserfahrung im Zentrum, die bei Essenseinladungen in Erinnerung bleibt, etwa wenn der Ehemann des Sohnes zum ersten Mal zum Familienfest eingeladen wird oder wenn spontan eine Freundin zum gemeinsamen Pastaessen in die WG dazustößt.

4. *Das fette und alkoholreiche Festmahl.* Viele meiner Freundinnen und Bekannten haben unterschiedliche Unverträglichkeiten, verbinden Weltsichten, Moralvorstellungen, ihren Standeshabitus, ihr Wissen um Fitness und Gesundheit und anderes mehr mit ihrem Essverhalten. Das fette und alkoholreiche Festmahl entspricht jedenfalls kaum den Empfehlungen der Deutschen Gesellschaft für Ernährung e.V.

5. »*Für immer Frühling*«. Über die Social-Media-Plattform TikTok wurde der Song »Für immer Frühling« von Sofie Aspacher (Soffie) seit seinem Upload am 8. Januar 2024 millionenfach gehört und zu einer zentralen Hymne auf den deutschlandweiten Demonstrationen gegen Rechtsextremismus. Dieses Lied drückt die Utopie eines gelingenden Lebens in Gemeinschaft und in einem heilvollen Zustand durch Bilder aus: Soffie hofft auf mehr als genug an guten Speisen an einem gemütlichen Ort, an dem alle Menschen aus allen Gegenden willkommen sind. Flucht, Vertreibung, Krieg und Tod sollten dort keine Rolle mehr spielen. Über das Lied hinaus geht die Hoffnung der Christinnen und Christen auf das Handeln Gottes, das all das herausführt und das uns in der Jesus-Christus-Geschichte greifbar geworden ist.

Literatur: *Hans Wildberger,* Das Freudenmahl auf dem Zion. Erwägungen zu Jes 25,6–8, in: TZ 33,6 (1977), 371–383; *Volker Leppin /Dorothea Sattler (Hg.),* Gemeinsam am Tisch des Herrn: ein Votum des Ökumenischen Arbeitskreises evangelischer und katholischer Theologen, Freiburg i.Br./Göttingen 2020;

Internet: *Soffie,* Für immer Frühling: https://www.youtube.com/ watch?v=M-klKqj-7Lo (zuletzt abgerufen am 27.03.2024).

Dirk Vanhauer

IV Entgegnung: Die homiletische Situation des Ostermontags

Zurzeit feiern wir in unserer kleineren Kirchengemeinde in Köln-Porz mit den beiden Predigtstätten den Ostermontag im Wechsel in jeweils einer Kirche für die ganze Gemeinde. Trotz der kleineren Besucherzahl konnte immer wieder Neugier geweckt werden auf ein fröhliches, vertrautes Zusammenkommen mit den gut vorbereiteten liturgischen Elementen. Das Lebensgefühl in unserer Gemeinde ist – wie sicher an allen Orten ähnlich – geprägt von einer gewissen Unsicherheit. Die Inflation und schwierige Wohnungssuche wirken sich in unserem sozialen Umfeld deutlich aus. Auch wird die Sorge um den Frieden stärker verbalisiert. Dies – im Mai 2024 – so wahrgenommen, wird sicher für Ostern 2025 ähnlich bleiben.

V Zur homiletischen Situation

Unser Predigttext bietet herausragend schöne Bilder. Im engeren Kontext brechen sie in das Unheilvolle hinein. Gegensätzlicher könnten Jes 24 und 25 nicht sein. Da reicht es bereits, die Überschriften der Lutherbibel miteinander zu vergleichen:»Die Zerstörung der Erde« (Jes 24) mit dem»Danklied der Erlösten« und»Das große Freudenmahl« (Jes 25).

Das»Rettungshandeln Gottes in Bildern« finde ich eine sehr gute und konzentriert ausgedrückte Zusammenfassung der Vielfalt unseres Textes durch A. Mir fällt es schwer, mich für eins der Bilder zu entscheiden. Vielleicht ist dies auch gar nicht nötig. Denn sie sind gerade in ihrer Zusammenstellung – so habe ich A verstanden – Ausdruck der Offenheit der großartigen Zukunft Gottes für Israel und alle Völker.

V.6 bringt die Feier ins Spiel. Das»fette Mahl«, das der Gott Israels »auf diesem Berge« allen Völkern zubereitet und sie dazu einlädt, wäre etwas viel für den Ostermontag. Dennoch mag dieses Bild anregen, dass Wort und Musik mit der Einladung zu»Speis und Trank« einhergehen.

Die Predigt wird Anlässe genügend vor Augen halten können. Das Krönungsmahl-Bild kann doch sehr gut mit den besonderen, freudigen Feiern in den Familien wie Trauung, Taufe und Konfirmation heruntergebrochen werden. Jede Feier durchbricht die Langweiligkeit und Ödnis des Alltags. Jedes Gemeindefest wird dies ermöglichen – und hier ist Offenheit ja umso größer als bei Familienfesten.

Sind die Anlässe Dank für befreiendes Handeln Gottes? Zumindest kann die Predigt an verschiedene Kasualien erinnern, die erfahrenen Situationen der Liebe (Trauung), der Freude über das Kind (Taufe) und das Würdigen des Heranwachsens zum Erwachsenen (Konfirmation) auf Gottes Handeln hin zu beziehen.

Ja, das Leben ist mehr als die »Abwesenheit von Tod« (so A) und muss gefeiert werden als Gottes Einladung der Welt. Doch der Tod ist dann doch immer dabei. Unser Predigttext bringt mit den folgenden V.7–8 eine Ernsthaftigkeit hinein, welche doch etwas mit V.6 in einer gewissen Spannung steht. In V.6 wird das sieghaft Erlebte vorausgesetzt. Das erscheint mir in V.7 f. anders: Die bedrückende Trauer, die »Decke« – sie ist existentiell übergreifend in allen Nationen Realität. Sie ist eben noch nicht überwunden. V.8: Der Tod bleibt wirkmächtig – er muss von Gott »verschlungen« werden. Das Weinen aller Menschen wird erst aufhören, wenn Gott die Tränen abwischt.

Die Verachtung Israels bleibt wohl ständige Situation als Leidenssituation, bis Gott sie selbst aufhebt.

Wir haben hier schwergewichtige Bilder für das Gesamtbild der gefährdeten Existenz vor Augen. Jedes einzelne würde für eine Predigt ausreichen. Die Trauer als »Decke« und dem dann möglichen freien Aufblicken legt den seelsorgerischen Aspekt für den Gottesdienst nahe. – Der Tod mit seiner umfassenden Realität, die wir verdrängen oder es schaffen, mit ihm als Hoffende zu leben. – Das Trocknen der Tränen ist das besonders vertrauensvolle tröstende Handeln. – Die Predigt ermutigt, sich eigene Erfahrungen vor Augen zu halten.

Auch die Suche nach Trost. So könnte die Predigt dialogisch vorbereitet werden – die Gemeinde wird eingeladen, sich ihren Bedrückungen hoffnungsvoll zu vergewissern.

Israels »Schmach« (Lutherbibel) kann dazu anregen, wachsamer gegenüber dem nicht enden wollenden Antisemitismus zu sein – und eigene Denkmuster zu erkennen.

In V.9 wird gesungen. Musik tröstet. Hier kann an vertraute Choräle erinnert werden oder an andere Songs aus allen Stilrichtungen der Musik. Choräle erinnern an erlebte Situationen und Feiern. Glauben von Ostern her ist freudiges, singendes Sich-Vergewissern der Zuwendung Gottes.

VI Predigtschritte: Gottesdienst am Ostermontag – Anlass, etwas auszuprobieren

Aus den Impulsen bei A finde ich das Bild des »Stuhls am Tisch« auch methodisch für die Gottesdienstgestaltung einladend. Sind wir offen für eine neue Begegnung, für andere Gespräche als vorher im vertrauten Kreis gedacht? Könnte es hier eine neue Möglichkeit geben, von sich und seinen befreienden Erlebnissen zu erzählen?

Ostern feiert Christus als Gastgeber. Das Abendmahl hat in der Osterzeit einen besonderen Stellenwert. Am Ostermontag könnte es als Mahl Gottes mit uns Menschen in lockerer Weise umgesetzt werden – ohne liturgisch festgelegte Vorgaben. Eine Einladung zur Gottes-Feier, bei der es sich gelöst auch von ernsten Dingen sprechen ließe.

Das Evangelium für den Ostermontag in Lk 24,36–45 mag hier sehr geeignet sein, mit unserem Predigttext zu korrespondieren, sozusagen ein christologischer Gesprächspartner für den so anmutigen Text im gewaltigen Prophetenbuch Jesaja zu werden.

Die Struktur der Festerzählung in Jesaja 25,6 erfährt hier eine Korrespondenz in Lk 24,41: Der Auferstandene ist kein Geist, sondern zeigt sich mit »Händen und Füßen« und hat Hunger und fragt: »Habt ihr etwas zu essen?« Der gebratene Fisch der gastgebenden Jünger ist ein Festmahl. Einladen oder Gast sein – wir finden es hier also wechselseitig, so wie an den vielen anderen Stellen, in den es um das Mahl geht.

Methodische Vorschläge: Der Gottesdienst sollte mit möglichst viel Beteiligung vorbereitet werden. Der zeitliche Vorlauf kann oder sollte im Januar liegen. Für das Werben für die Beteiligung kann ich in unserer Gemeinde auf einen seit einem halben Jahr gegründeten Gottesdienstvorbereitungskreis zurückgreifen.

Erstmalig war die Feier des 50jährigen Bestehens der Friedenskirche in Köln-Porz-Urbach im November 2023 der Anlass, dass Interessierte dafür gewonnen werden konnten, ihre Ideen beizutragen bei der Vorbereitung – und auch im Vortragen der Gebete und Texte im Festgottesdienst. So wird hier jede Gemeinde unterschiedliche Voraussetzungen haben.

Für den Ostermontag würde ich den Gottesdienst mit der Einladung zum größeren »zweiten Frühstück« verbinden. Dabei ist die Reihenfolge von Gottesdienst und Frühstück offen. Es kann auch ausprobiert werden, nach einer gewissen Zeit beim Frühstück an den Tischen eine Gesprächs-Predigt anzuregen. Also kurze Gedankenabschnitte lesen oder frei vortragen mit Liedern und Gebeten ermutigen zum Gedankenaustausch.

Das Thema wird vom Vorbereitungskreis in der gemeinsamen Beschäftigung mit dem Predigttext erarbeitet. Meine Aufgabe ist die theologische Begleitung und der Erläuterung des Zugangs zum Text. Ein oder zwei Treffen für die Erschließung des Textes müssten reichen für die Festlegung des Themas jeweils nach den homiletischen Anknüpfungen in Abschnitt V. Bei den weiteren zwei oder mehreren Treffen werden die eigenen Texte festgelegt, Lieder ausgesucht, der Ablauf besprochen, alles eingeübt und dann begleitend über die Werbung für den Gottesdienst gesprochen.

Die Treffen selbst sind natürlich freundlich und locker zu gestalten – einladend eben!

1Petrus 1,3–9

Ostern im normalen Leben

Samuel Lacher

I Eröffnung: Auf der Suche nach relevanter Theologie

Wann haben Sie zuletzt Probleme und Fragen so sehr gequält, dass Sie mit ihnen in die Kirche, in einen Gottesdienst oder in eine Predigt gegangen sind? Wann hat sich Ihr Welt- und Selbstverständnis zuletzt danach gesehnt, theologischen Input zu bekommen? Und wie meinen Sie, steht es bei diesen Fragen um Ihre Predigthörer:innen? Wann und warum sind zuletzt Hörer:innen in den Gottesdienst und in Ihrer Predigt gesessen, weil sie theologische Antworten auf ihre Lebenssituation gesucht haben? Was war in den letzten Wochen, Monaten und Jahren so drängend im Leben von Menschen, dass sie sich Meinungen, Interpretationen und Weisungen aus Theologie und Kirche gewünscht haben? Mir zumindest fällt an dieser Stelle nicht allzu viel ein. Grund genug, dem auf den Grund zu gehen. Denn die Predigtperikope aus dem 1Petr legt nahe, dass der vielbesungene Relevanzverlust von Kirche auch ein Produkt theologischer Gewohnheiten sein könnte.

II Erschließung des Textes: Zwischen Gegenwart und Zukunft

Der 1Petr wendet sich am Ausgang des 1. Jh. an Glaubende, die in der Diaspora leben. Der Brief ist Zeugnis vom »grundlegenden Konflikt zwischen dem christologischen Monotheismus des entstehenden Christentums und der sich sakral begründeten antiken römischen Gesellschaft«. (Schnelle, 564) Gemeint ist damit, dass die Christ:innen als religiöse Minderheit von der vorherrschenden Mehrheit massiv angefeindet, unterdrückt und ausgegrenzt wurden. Und da, anders als heute, Religion nicht als vorrangig private Angelegenheit, sondern als staatliches Programm verstanden wurde, das alle Bereiche von Kultur über Politik bis ins soziale Miteinander bestimmte, waren die Konsequenzen erheblich bis existenziell. Der vom römischen Götterkult abweichende Christusglaube führte zu sozialer Ausgrenzung, verbalen und körperlichen Verunglimpfungen und konnte in Strafprozessen enden. (vgl. Rese, 73) Dieser Hintergrund ist wichtig, um den Perikopentext, der den theologischen Auftakt des 1Petr ausmacht, angemessen zu deuten. Die aus unserer Sicht oftmals etwas irritierende Verknüpfung von Glauben und Leiden in der Figur der (Feuer-)Probe erscheint dann in anderem Licht. Hier aber nun Schritt für Schritt.

Charakteristisch für unsere Perikope wie auch den gesamten 1Petr ist das Muster von Dualität: Traurigkeit und Freude, Anfechtung und Barmherzigkeit, Bewährung und Bewahrung, Läuterung und Seligkeit. Zunächst entwirft die Perikope eine seelsorgliche Theologie des Zuspruchs. Die Angesprochenen sind Wiedergeborene und teilen die familiären Beziehungen der Trinität. (vgl. Rese, 65) Es ist *unser* Herr Jesus Christus, durch den die Glaubenden Anteil an den eschatologischen Gaben haben werden. Die Wahl der Adjektive *unvergänglich, unbefleckt* und *unverwelklich* (V.4) zeigen deutlich an, dass die Glaubenden die menschliche Realität mit diesem Glauben verlassen und Teil einer Realität werden, die gerade auch im kulturellen Umfeld allein den Göttern bzw Gott vorbehalten ist. (vgl. Feldmeier, 48 f.) Das Eigentliche ist schon geschehen und es fällt den Angeredeten als Geschenk zu. Sie *wurden* wiedergeboren. Die Aktivität Gottes und die Passivität der Glaubenden bildet den Auftakt Gottes. In diesem Zuspruch liegt das Fundament alles Folgenden.

Bevor die Perikope aber den Anspruch formuliert, wird mit der Metapher des Erbes ein theologisches Scharnier installiert. Es beantwortet mit Blick auf den formulierten eschatologischen Heilszustand vor der Situation der Glaubenden (damals!) zwei Fragen: Warum entspricht die Lebenssituation heute dem noch nicht? Und: Wie können die Glaubenden sicher sein, dass diese Situation dennoch ganz sicher eintreten wird? In der Figur des Erbes werden Gegenwart und Zukunft miteinander verschränkt. Die Glaubenden sind bereits heute erbberechtigt, die Einlösung des Erbes steht aber noch aus. Der Verfasser des 1Petr nimmt mit der Erb-Metapher eine reiche Tradition auf, die schon in den Erzvätergeschichten augenfällig ist. Das Versprochene wird ganz gewiss eingelöst, es lässt aber auf sich warten. (vgl. Feldmeier, 47) Das Erbe besteht bereits und es steht bereit. Und es führt zum zweiten theologischen Scharnier: der für die Glaubenden zentral stehenden Hoffnung.

Auch die Hoffnung steht in einem Spannungsfeld doppelter Bezugnahme. Sie ist Motivation für ein Festhalten im und ein Vertiefen des Glaubens. In der Hoffnung auf das versprochene und zugesagte Heil wird die Gottesbeziehung intensiviert. Gleichzeitig wirkt sich die Hoffnung aber auch auf das Leben in der Gegenwart aus. Der zukünftige Jubel ist schon in der Gegenwart hörbar. »Die lebendige Hoffnung ist lebendig machende Hoffnung.« (Feldmeier, 47; vgl. 53 f.) Als solche kann sie sogar den Glauben insgesamt beschreiben. Sie vermittelt als Hingabe und Vertrauen zwischen Gott und der glaubenden Person.

So weit, so klassisch. Theologisch aufreibend wird die Perikope nun aber vor allem durch die Perspektive des Leidens und der Anfechtung, die hier dazu tritt. Denn die bisher entfaltete Theologie trifft das Leben der Angeredeten nur bedingt und läuft Gefahr, irrelevant zu werden. Deren Leid und Not müssen Teil der Theologie sein, soll sich diese als lebenswirksam und lebensverändernd erweisen. Der Verfasser des 1Petr führt dazu die lebensweltlich verankerte Metapher der Läuterung ein. In ihr werden Metalle, in unserem Kontext Gold, geprüft und von anderen Stoffen geschieden. Es wird also zunächst festgestellt, ob überhaupt Gold vorliegt, und anschließend fremde Bestandteile entfernt. (vgl. Rese, 74) Bezogen auf den Glauben heißt dies zunächst wenig romantisch: Erst in Situationen der Bedrängnis und Anfechtung zeigt sich, ob die im Glauben erworbenen Überzeugungen und Perspektiven tragfähig sind. Ob hält, was Halt verspricht, wird erst durch Belastung deutlich. Hinter dieser Aussage steht aber keine Verklärung erlittener Übel. Der Text zielt nicht auf den Grundsatz, nur wer wirklich gelitten hat, kann (oder darf?) die Freuden des Lebens bzw Glaubens genießen. Stattdessen geht es dem Verfasser um eine Aktivitätsumkehr. Das Leiden ist für die Angesprochenen Realität. Und es will nicht recht zu dem passen, was ihnen als Christ:innen verheißen und versprochen wurde. Daraus entsteht das ohnmächtige Gefühl des Geworfenseins. Schlechtes muss erduldet werden, obwohl doch eigentlich Heil versprochen wurde. Das Bild von der Probe»befreit die Adressaten aus der deprimierenden Rolle bloßer Opfer von Verleumdungen und Nachstellungen. [...] Als Treue kann dieser Glaube auch auf die Probe gestellt und bei Bestehen der Probe durch Gottes Anerkennung belohnt werden«. (Feldmeier, 56) Entsprechend nahe liegt auch hier die Verheißung. Kann sich die christliche Deutung von Selbst- und Weltverständnis bewähren, ist sie weit wertvoller als Gold, weil die Hoffnung an das Versprochene (und damit auch deren Einlösung) fest-steht. So verstanden legt sich auch ein zweiter Perspektivwechsel nahe. Hier werden nicht nur – und vielleicht sogar weit weniger – Menschen in ihrem Durchhaltevermögen geprüft, als die christliche Botschaft daraufhin, wie tragfähig sie in Situationen ist, die das Leben im Kleinen und Großen bedrohen und verändern.

Aus meiner heutigen Sicht bleibt die Metapher dennoch sperrig. Aus soteriologischer Perspektive möchte die Prüfung nicht ganz zur heilsentscheidenden Wiedergeburt passen. Ist nun alles Entscheidende schon geschehen oder entscheide ich mit meinem Verhalten am Ende doch mit? Vielleicht ist es aber auch gut, diese Spannung im Modus einer Ambiguitätstoleranz auszuhalten: ihr nachzuspüren und sie gleichzeitig nicht zwanghaft auflösen zu wollen.

III Impulse: Relevante Theologie

Denn der Perikope gelingt augenscheinlich, was Kirche(n) und Predigt heute nur noch selten gelingt: Eine Antwort auf drängende Fragen »da draußen« zu formulieren. Der Bibeltext zeigt, dass relevante Theologie nur funktioniert, wenn sie die Bedingungen des Glaubens mitbedenkt und sich nicht (nur) in abstrakte Kategorien und Glaubenssätze flüchtet. Sie funktioniert nur, wenn sie nicht ein ideales Menschenbild entwirft, sondern tatsächlich das ernst nimmt, was die Menschen und allen voran die Glaubenden umtreibt. Die drängenden Fragen und Probleme müssen sich auch in die Theologie drängen, ja sie zu neuen Bewegungen und Veränderungen drängen können. Denn so entstehen theologische Entwürfe, die auch wieder im Leben der Glaubenden Veränderungen bewirken können, die relevant sind, weil neue Perspektiven aus dem Evangelium heraus entwickelt und erprobt werden.

In der Predigtperikope trifft emotionale Gegenwartsdeutung auf theologisierende Seelsorge und Unterweisung. Die Lebenswelt lässt sich aus und mit den Glaubenssätzen deuten. Daraus folgen ein verändertes Selbstverständnis und neue Möglichkeiten der Weltgestaltung. Die instruktive Verbindung – oder mit Ernst Lange gesprochen: die Verschränkung – von Glauben und Alltag scheint mir im Zentrum der Perikope zu liegen. Abstrakte Glaubenssätze sind zu Gunsten produktiver und konkreter theologischer Lebensdeutung abzubauen. Als Frage an B könnte nun formuliert werden, ob die Perikope eher darin aufgehen soll, dieses Anliegen werbend deutlich zu machen: Konfrontiert uns mit euren Fragen! Nehmt eure Probleme im Alltag auch als Probleme des Glaubens wahr! Oder soll die Predigt selbst einen Versuch wagen, genau dies zu tun – so wie die Predigtperikope selbst es ja auch getan hat. Die Fragen und Aufgaben scheinen kaum kleiner geworden zu sein. Zeit für B, sich einzuschalten.

Literatur: *Reinhard Feldmeier,* Der erste Brief des Petrus (ThHK 15/I), Leipzig 2005; *Ruth Anne Rese,* 1 Peter (NCBC), Cambridge 2022; *Udo Schnelle,* Theologie des Neuen Testaments, Göttingen ²2014; *Gerald Wagner/François Vouga,* Der erste Brief des Petrus (HNT 15/II), Tübingen 2020.

 Gerald Kretzschmar

IV Entgegnung: Die Osterpredigt ist noch nicht zu Ende

Noch-Nicht und Jetzt-Schon: Die Perikope thematisiert sowohl einen in der Zukunft liegenden Optimalzustand als auch gegenwärtige Lebensumstände, die alles andere als optimal sind. Auch wenn A nicht explizit von einer eschatologischen Spannung spricht, arbeitet er diese de facto als Strukturmuster des Textes heraus. Er stellt klar, wie mit dem Nebeneinander von Optimal- und Nichtoptimalzustand theologisch sachgerecht umzugehen ist. A unterstreicht ganz kräftig: Das Noch-Nicht, der

Optimalzustand liegt zwar in seiner Reinform in der Zukunft, aber er entfaltet schon im Hier und Jetzt eine Wirksamkeit. Wie sich die Hoffnung auf den künftigen Optimalzustand in der Lesart der Perikope schon in der Gegenwart auswirken kann, beschreibt A mit Worten wie »Aktivitätsumkehr« oder auch der Eröffnung neuer »Möglichkeiten der Weltgestaltung«. Den Fokus auf das Moment der Aktivität beziehungsweise der Aktivierung bringt A für mein Empfinden zu schnell in die Poleposition. Ich möchte noch einmal einen Schritt davor schalten. Dieser Schritt hat am Sonntag nach Ostern, am Sonntag Quasimodogeniti, mit Leiden, Tod, Auferstehung – und natürlich auch mit der Glaubenshoffnung eines neuen Himmels und einer neuen Erde zu tun. Die Predigt über Ostern geht weiter – am Sonntag Quasimodogeniti und den noch folgenden Sonntagen des Osterfestkreises.

V Zur homiletischen Situation: Auferstehung? Ein paar Nummern zu groß

»Wenn es doch immer so bleiben würde ...« Das denken Menschen, wenn es ihnen gut geht. »Augenblick, verweile doch, du bist so schön«, schreibt Ernst Bloch im »Prinzip Hoffnung« über solche Momente. Aber: Das normale Leben, Alltagsroutinen, Pflichten, Probleme, Herausforderungen und Belastungen, womöglich sogar existentiell Bedrohliches oder Schicksalsschläge lösen den Zustand ab, von dem man sagt: »Wenn es doch immer so bleiben würde ...« Gefragt wird: »Warum konnte es nicht so bleiben? Warum passiert ausgerechnet mir so etwas? Womit habe ich das verdient? Warum?«

Diese Fragen drängen in unser Leben. Die Perikope spricht die Lebenserfahrung des Mit- und Ineinanders von Schönem und Bedrückendem an. Das allerdings auf eine besondere Weise. Regelrecht überschwänglich wird ein künftiger, aber jetzt schon wirksamer Optimalzustand ins Zentrum gerückt: die Zeit der Barmherzigkeit Gottes, der Wiedergeburt, der Teilhabe an Jesu Auferstehung, die damit verbundene unaussprechliche und herrliche Freude. Nur ganz knapp wird dagegen der – de facto – Normalzustand menschlicher Existenz thematisiert. Von einer »kleinen Zeit« ist die Rede, die durch Traurigsein in »mancherlei Anfechtungen« (V.6) geprägt ist.

Ich bleibe an diesem Ungleichgewicht hängen. »Mancherlei Anfechtungen« ... na, prima! Sorgen, Befürchtungen, Druck, Last, Trauer, Schicksalsschläge – das sind doch keine Kleinigkeiten! Sie sind groß und machen das Leben schwer. Der Verweis der Perikope auf eine wie auch immer geartete unaussprechliche und herrliche Freude, die zwar irgendwie schon da ist, aber richtig vollendet erst in der Zukunft liegen wird, ist da nüchtern betrachtet ein schwacher Trost. Doch mit dieser Feststellung kommt man für die Predigt nicht weiter.

Also noch einmal: Was hat es mit den vielen Worten zu dem Optimalzustand auf sich? Literarisch, in funktionaler Hinsicht, kann man diese überstarke Betonung als Hinweis auf etwas verstehen, das durch die Perikope ganz besonders betont werden soll. Das neue Leben, der »Seelen Seligkeit« (V.9), hat mit der Auferstehung Jesu bereits begonnen. Das Bild des »Erbes« (V.4 f.) drückt aus, dass Menschen schon jetzt Anteil daran haben. Der Glaube an den auferstandenen Jesus Christus konkretisiert die Anteilhabe: Das Ziel des Glaubens, der Seelen Seligkeit, der Sieg des Lebens über den Tod, ist bereits real. Das Erbe, die Wiedergeburt, die Auferstehung am Ende der Zeit sind durch den Glauben schon jetzt wirkmächtig.

Diese Hoffnungsbilder werden von der Perikope als Kraftquelle in Szene gesetzt. Sie soll Menschen stärken, um das Leben gerade mit seinen dunklen Seiten leben zu können. Darum die vielen Worte zu dem Optimalzustand. In dieser Lesart beschreibt die Perikope die Theologie des Osterfestes, die Manfred Josuttis im Anschluss an Jürgen Moltmanns Theologie der Hoffnung so auf den Punkt bringt: »Das Reich Gottes, das in der Auferweckung Jesu irdische Wirklichkeit wird, ermutigt zur befreienden Praxis, weil seine Transzendenz nicht einfach in lokaler Abständigkeit, nicht in einer überirdischen Himmelswelt, sondern in temporaler Vorläufigkeit besteht.« (Josuttis, 90)

Wie kann diese von der Perikope so stark gemachte Kraftquelle, wie kann letztlich die Osterbotschaft in der Predigt so thematisiert werden, dass ihr befreiendes Potential im gelebten Alltag der Menschen mit all seinen Herausforderungen greifbar wird? Nicht nur Menschen, die mit Religion und Kirche nichts am Hut haben, sondern auch Menschen, für die Glaube und Religion eine Größe im Leben sind, können einwenden: ›Das mit der Auferstehung und dem Reich Gottes ist mir alles ein paar Nummern zu groß. Ich bringe mein eigenes Leben mit allem, was so im Alltag und im Laufe der Zeit dazu gehört, nicht damit zusammen. Ich muss schauen, wie ich hier und jetzt alles meistere. Was irgendwann einmal sein wird, wenn ich nicht mehr bin, wenn die Welt nicht mehr ist, das wird sich zeigen.‹ Mit dieser Sichtweise ist unter den Hörerinnen und Hörern sicher zu rechnen. Die Predigt, will sie es nicht beim Modus eines sturen Postulierens belassen, sollte das berücksichtigen.

Ein Ansatzpunkt dafür können zwei anthropologische Grundgegebenheiten sein, die ganz unabhängig von der Religiosität eines Menschen nahezu weltweit anzutreffen sind. Es handelt sich dabei um den Lebenswillen und den Unsterblichkeitsdrang. (vgl. Josuttis, 91) Diese beiden Gegebenheiten sind der Grund dafür, warum Hoffnungsvorstellungen auf ein Jenseits so weit verbreitet sind. Aber auch ganz unabhängig von einem Jenseits oder Ähnlichem kann im Lebenswillen und im Unsterblichkeitsdrang so etwas wie die Kraftquelle und der Motor dafür gesehen werden, dass Menschen bei Belastungen, in einschränkenden Situationen, in Schmerz und Trauer in der Regel nicht verzweifeln, sondern immer und immer weiter nach Wegen suchen, mit der jeweiligen Lebenssituation so umzugehen, dass das Leben weitergeht. Bilder, Vorstellungen von einer besseren Welt, von heilvollen Lebensbedingungen, von einer idealen Zukunft spielen dabei im kleinen, aber auch im großen Maßstab eine Rolle.

Im Kosmos solcher Vorstellungen ist übrigens auch die Osterbotschaft und die christliche Auferstehungshoffnung verortet. Indem die Predigt den Lebenswillen der Menschen und den Unsterblichkeitsdrang als anthropologische Grundgegebenheiten zugrunde legt, bietet sie auch dem »modernen Menschen« (Niebergall, 17 ff.64 ff.) eine Anschlussstelle, die es ermöglicht nachzuvollziehen, auf welche lebensweltlichen Erfahrungen und Verhaltensweisen die christliche Osterbotschaft grundsätzlich reagiert. Natürlich geht es in letzter Konsequenz um den Kampf Gottes gegen den Tod.

Dieser Kampf beginnt aber nicht erst im Angesicht des Todes und mit Gott als dem Sieger über den Tod. Er beginnt bereits im Alltag eines jeden Menschen in ganz unterschiedlichen Varianten: wo Menschen bedrückt sind, Schmerzen haben, leiden, trauern, keine Perspektiven sehen. In solchen Situationen ringen Menschen darum, dass das Leben weitergeht. Hier sollte die Predigt am Sonntag Quasimodogeniti ansetzen. Die Osterbotschaft wird sie auf dieser Basis so einspielen können, dass ihr Sinn und Zweck nicht nur an Ostern, sondern auch im gewöhnlichen Alltag stärkend aufscheinen kann.

VI Predigtschritte: Nachdenken über Kraftquellen im Alltag mit einem Ausblick auf die Auferstehung Jesu

Was gibt Menschen die Kraft, angesichts all dessen, was das Leben mühsam und schwer macht, nicht zu sagen:»Ich werf alles hin!« Das ist das Thema meiner Predigt. Ich erinnere an die Predigten der Ostertage und stelle fest: Die Botschaft von der Auferstehung Jesu ist sehr, sehr groß. Zusammen mit den Themen der Passionszeit steht die Frage im Raum: Kann die Auferstehung Jesu für mich eine Relevanz haben? Ich zeichne die ungleiche Spannung der Perikope zwischen übermächtigem Optimalzustand und beiläufiger Thematisierung des alltäglichen Lebens nach. Ungeachtet des ungleichen Verhältnisses zwischen der Illustration des Optimalzustands und dem Normalzustand im Alltag schlage ich vor, das eigentliche Bezugsproblem des Textes in der Frage zu sehen, was uns Menschen helfen kann, im Leben trotz allem Beschwerenden immer weiterzugehen. Ich erzähle von alltäglichen Situationen, die uns Sorgen bereiten und Kraft kosten, aber auch von Hoffnungen und Vorstellungen über bessere Umstände. Diese Ideal- und Zielvorstellungen präsentiere ich als Kraftquellen, derer wir uns alle bedienen, egal, ob wir religiös sind, gläubig, kirchlich oder nicht. Mir geht es sozusagen um alltagstaugliche Kraftquellen, die uns tagtäglich bestärken, nicht zu resignieren, sondern die Dinge tendenziell zum Besseren zu wenden. Ich bitte die Hörerinnen und Hörer, einmal an die Hoffnungen, Wunschbilder und Vorstellungen einer besseren Welt zu denken, die sie persönlich in die Lage versetzen, nicht aufzugeben. Ich berichte davon, dass diese Idealvorstellungen geradezu darauf drängen, ausgesprochen zu werden. Ausgesprochen und weitererzählt werden sie noch wirkmächtiger und entfalten weitere Kraft. Jetzt komme ich auf Ostern zu sprechen. Ich reihe die Ostererzählung ein in das große Spektrum der Geschichten von einer besseren Welt und einer besseren Zukunft. Ich stelle die These in den Raum, dass die Ostergeschichte im christlichen Glauben gleichsam die Topvariante aus dem großen Spektrum möglicher Hoffnungsgeschichten ist. Ich unterstreiche, dass die Ostergeschichte so gesehen ein ganz normales Kulturphänomen ist. In je eigenen großen und kleinen Formen ist es in allen möglichen Kulturen und Religionen anzutreffen – und damit gar nicht mehr so irrelevant für das eigene alltägliche Leben. Ich empfehle den Hörerinnen und Hörern, Ostern und die Wochen danach als Zeit zu begreifen, einmal ganz bewusst daran zu denken, welche Geschichten und Vorstellungen einer besseren Welt ihnen Kraft im Alltag des gewöhnlichen Lebens geben. Ich ermutige dazu, mit anderen darüber zu reden. Zum anderen frage ich noch im Modus eines Denkanstoßes: Welche Kräfte würden in uns freigesetzt, wenn wir, der Ostererzählung folgend, wüssten, dass der Tod nicht das letzte Wort im Leben von uns Menschen hat. Mehr zu dieser Frage würde ich dann allerdings in einer Predigt an einem der folgenden Sonntage des Osterfestkreises sagen. Denn das wäre ein weiteres Thema zur Vertiefung des Osterevangeliums.

Literatur: *Manfred Josuttis*, Texte und Feste in der Predigtarbeit. Homiletische Studien 3, Gütersloh 2002; *Friedrich Niebergall*, Die moderne Predigt, in: G. Hummel (Hg.), Aufgabe der Predigt (WdF 234), Darmstadt 1971, 9–74.

Johannes 10,11–16(27–30)

Hingabe als Aufgabe?

Helmut Aßmann

I Eröffnung

Zweiter Sonntag nach Ostern, Miserikordias Domini: »Hirtensonntag«, Psalm 23 mit vielfältigen, damit verbundenen Erinnerungen und Gefühlslagen, von der eigenen Konfirmandenzeit und einem der wenigen immer noch greifbaren Traditionsstücke bis zu den Trauerfeiern und Gebeten am Sterbebett. Das Evangelium vom Guten Hirten aus Joh 10, reduziert um die Konfliktszene mit den »Juden« in V.17–26, ist Gegenstand der Predigt. Textlich platziert zwischen der Heilung des Blindgeborenen in Kap. 9 und der Auferweckung des Lazarus in Kap. 11 als Auferstehungs- und Verlebendigungserzählungen. Der Hirte und seine Schafe lösen – als Metapher – bei aller Vertrautheit und österlichen Grundierung des Sonntags, ein dissonantes Reaktionsmuster aus.

Auf der einen Seite eine Sehnsucht: Es wäre wunderbar, in einer aus den vertrauten Fassungen geratenen Welt jemanden zu haben, auf dessen orientierende, bergende und helfende Kraft man setzen kann. Sei es im individuellen Lebensgang, sei es im großen Weltpanorama. Wir haben es in dieser Hinsicht mit allen möglichen (und unmöglichen) Führungsgestalten zu tun, aber kaum je mit vertrauensvollen Hirtenfiguren. Da mag man in die alte prophetische Klage über schlechte Hirten umstandslos einstimmen.

Auf der anderen Seite stehen im aktuellen Hintergrund all die Szenarien übergriffiger Leitungs- und Machtszenarien, in denen das angetragene Vertrauen entweder vorsätzlich missbraucht oder inkompetent vergeudet wird. Sogar der Hinweis auf das selbstlose Engagement des Hirten hat in dieser Perspektive fragwürdige Züge: Wer einem anderen zu viel Gutes tun will, führt möglicherweise anderes als nur Gutes im Schilde. Das bezieht sich nicht nur auf die Missbrauchsereignisse, in deren Schatten kirchliche Arbeit neuerdings stattzufinden hat, sondern auch auf die geradezu neuzeitlich-epochale Frage, inwiefern pastorale Arbeit als Hirtenamt nicht als solche schon eine regressive und entwicklungshemmende Ambition sein könnte.

Aus dem Widerstreit dieser beiden Reaktionen gibt es keinen Königsweg heraus. Die biblische Zuschreibung der Verantwortlichkeit als

Kennzeichen menschlichen Lebens diagnostiziert diese Spannung als ursprünglich: Ein Mensch, der wie Gott, aber nicht Gott ist, muss sich zwischen Autonomie und Angewiesenheit zurechtfinden. Er ist mal Hirte, mal Schaf. Was gerade der Fall ist, weiß er oder sie selbst meist (*sic!*) am besten.

Unser Evangeliumstext thematisiert unzweideutig die Rolle des Auferstandenen als Neuinterpretation des Bildes vom Guten Hirten, der in der jüdischen Bibel eine breite Aufnahme gefunden hat und zu den Grundbestimmungen dafür gehört, was vom lebendigen Gott Israels, dem Gott Abrahams, Isaaks und Jakobs, für sein erwähltes Volk, aber auch für die ganze Menschheit erwartet werden darf. Dabei wird eine These aufgestellt, die es zu betrachten gilt: Jesus knüpft die Bonität seines Hirtenamtes an seine Lebenshingabe. Der Nachweis, dass der Hirte diesen Namen verdient, wird in der Reichweite seiner Hingabe geführt. Dass er vor dem letzten Schritt nicht zurückweicht, beglaubigt ihn als *guten* Hirten. Jegliches andere Verhalten würde sein Amt als Geschäft entlarven und ihn als »Mietling« kompromittieren. Ohne die zahlreichen Debatten über das Verständnis und die Zukunft des Pfarramtes beiseite lassen zu wollen, halte ich diese Frage für die theologisch bedeutsamste.

II Erschließung des Textes

Der Predigttext kreist um zwei zentrale Aspekte: um den Mietling als Negativfolie für den wahren guten Hirten und die Einheit der Herde, die aus verschiedenen »Ställen« kommt.

Der Evangelist unterscheidet zunächst in den V.11–13 den »Mietling« vom »guten« Hirten. Der Unterschied besteht zum einen in der gegenseitigen Vertrautheit zwischen Herde und Hirt: Die Schafe kennen die Stimme dessen, der ihnen wohl ist. Es ist ein gegenseitiges Wissen umeinander, wie V.14 betont. Zum anderen liegt der Unterschied in der Einsatzbereitschaft des Hirten gegenüber der anvertrauten Herde. Das meint ganz konkret Bereitschaft, im Ernst- und Gefahrenfall umstandslos und ohne Rücksicht auf eigene Gefährdung das Anvertraute zu schützen. Dem nur gedungenen Mietling wird vorgeworfen, er würde Reißaus nehmen, wenn die Gefahrenlage ein bestimmtes Maß überschreitet. Der *gute* Hirte indes hält stand, und koste es ihn das Leben. Diese Bereitschaft hebt ihn über das Niveau seines minder engagierten Kollegen. Das hat weniger mit seinem exzeptionellen Mut oder seiner Kühnheit zu tun als vielmehr mit der Qualität der Beziehung zwischen Hirt und Herde.

In diesen Überlegungen klingen die prophetischen Hirtenworte aus Jes 40,11 und Ez 34,11 ff. in starken Tönen an. Auch hier wird jeweils in Aussicht gestellt, dass sich JHWH angesichts der vielen schlechten Hirten, die das Volk an seiner Spitze erleiden muss, nun selbst um die Seinen kümmern werde. Indem Johannes Jesus diese Worte in den Mund legt, ruft er die Hirtenmetapher nicht nur als traditionelles Stück in Erinnerung, sondern führt vor allem die Gottessohnschaft Jesu als Verstärkung ins Feld: Auf diesen Hirten müssen wir nicht mehr warten, der steht uns vielmehr vor Augen. Die Feststellung der Einheit von Vater und Sohn in dem legendären Diktum von Joh 10,30 ist insofern weniger eine Spitzenaussage als die Einlösung der prophetischen Verheißungen.

Die kurze Bemerkung über die Einheit der Herde, die sich aus verschiedenen Teilen zusammensetzt, trägt, anders als etwa in Eph 2,11 ff. nicht den Ton der ausgesuchten Perikope, da der Textteil V.17–26 herausgenommen ist. Sie muss deswegen in der Predigt nicht stark gemacht werden, auch wenn die gegenwärtigen Debatten über offenen und strukturellen Antisemitismus in den Kirchengemeinden durchaus Anlass dazu gäben.

Interessanter ist der Begründungszusammenhang zwischen der Zuschreibung des *guten* Hirten und seiner Opferbereitschaft. Davon war in den prophetischen Texten nicht die Rede. Die hatten eher die Auslöschung des falschen Führungspersonals auf der Vorhabensliste. Hier nun ist der Hirte deswegen gut, weil er selbst sein Leben lässt, wenn es darauf ankommt. Das Geschick Jesu wird in diesen Überlegungen tiefer qualifiziert als »nur« im rechten Leitungshandeln. Der »eigentlich« gute Hirte handelt nicht im Auftrag, sondern als Betroffener. Er verbindet sich mit dem ihm Anvertrauten, als wäre er es selbst.

Das Interessante an dieser Haltung wird erkennbar, wenn man die aktuellen Pfarrbilddebatten darüberlegt. Nicht als Anmaßung, sondern im Gefolge der schon im Namen »Pastor« festgeschriebenen Aufgabe. Das ist gewiss nicht leicht vermittelbar in einer Umgebung, die Abgrenzung zu einer Standardtugend pastoraler, seelsorglicher und allgemein karitativer Professionalität erhebt. Die im Predigttext als Einheit formulierte Zusammengehörigkeit von Hirt und Herde, die eine Hingabebereitschaft auch bis zum Äußersten nicht nur erwägt, sondern vorbildhaft darstellt, dürfte in derzeitigen Debatten um Autonomie, Grenzziehung und Distanzvermögen wenig Freunde finden. Für pastoraltheologische Praxis dürfte dieser Text eher sperrig wirken, es sei denn, man nähme eine ausschließlich christologische Pointe dieser Passage als gegeben an. Ich lese es mit Bedacht und Vorsatz ekklesiologisch,

Wie immer die exegetische Feinbestimmung auch ausfällt: Für die heutigen Auseinandersetzungen lässt sich aus den johanneischen Versen die virulente Frage ableiten, wie wir es denn halten mit der Hingabebereitschaft im »pastoralen« Dienst. Und zwar nicht als Aufruf zu unbegrenzter Leistungsbereitschaft, sondern als Ausdruck von Zugehörigkeits- und Verantwortungsverpflichtung. Keine unbegrenzten Ladenöffnungszeiten als Nachweis von Kundenorientierung, sondern das Geschick der anvertrauten Menschen als eigenes erkennen und auf sich nehmen. Im Guten wie im Schwierigen. Identifikation nicht als Fehlverhalten, sondern als Aufgabe.

III Impulse

In der Predigt möchte ich mit der Gemeinde über das Thema Hingabe sprechen. Es wird in der Predigtperikope nicht ausdrücklich genannt, aber die Lebenshingabe Jesu wird vorgestellt als das entscheidende Differenzkriterium, das ihn von den anderen, den schlechten Hirten trennt. Es ist also ausdrücklich kein Bezug auf irgendwelche »Hirtentechniken« zu sehen, die die Zuschreibung »gut« rechtfertigen. Es ist die Hingabebereitschaft, die am Ende entscheidet.

Hingabe ereignet sich, wenn ein Mensch sein Leben mit etwas anderem verbindet als sich selbst. Das Weggeben eigener Lebensenergie verwandelt stets beide: den, der sie weggibt, und den, der sie empfängt. Es geht ja nicht nur um Kompensationsleistungen, die ausgetauscht werden, es werden nicht Defizite ausgeglichen. Vielmehr werden Identitäten miteinander in Verbindung gebracht. Teile des je eigenen Lebens werden aufeinander übertragen und ergeben eine neue Verbindung.

Dieser Zusammenhang steht auch im Hintergrund dessen, was Luthers Formel vom »fröhlichen Wechsel« ausdrückt. Die christlich propagierte Einheit von Gott und Mensch (vgl. EG 66), ist kein familiärer Klüngel, sondern das Ergebnis von Hingabe und Vertrauen: Hingabe Jesu und Vertrauen seiner Jüngerinnen und Jünger.

Ich halte dafür, dass in der christlichen Gemeinde diese Praxis als lebensstiftender und glaubenskräftigender Impuls eingeübt werden kann – und möglicherweise wird, wenn die Entwicklung unserer Kirche christliches Leben aus einem Dienstleistungs- und Kulturträgercharakter in ein nachbarschaftliches und weggemeinschaftliches Handeln treibt. Einander nicht nur Geld, sondern Leben geben.

Sven Petry

IV Entgegnung: Zwischen dem Hirten und dem Mietling liegt viel Welt

In der Tat ein bekannter Text bzw ein vertrautes Bild, das da aufgerufen wird. Seit jeher ein ambivalentes Bild, ist der bereitete Tisch in Psalm 23 doch nicht ohne das Angesicht der Feinde zu haben. Der Hirte schützt nicht nur, er führt auch. Die Kehrseite der Hingabe ist die Hinnahme. Das Schaf muss hinnehmen, es wird geführt bzw lässt sich führen. Da muss es sich dann eventuell anhören, es sei ein Schlafschaf. Schafsein ist mitunter anstrengend. In der Welt gibt es immer wieder gute Gründe, weder Schaf noch Hirte sein zu wollen. Schafe werden geschoren, Hirten sind an allem schuld.

Die Sehnsucht nach vertrauenswürdigen und die Klage über die inkompetenten Hirten sind verständlich, doch hat sich gerade bei Letzterem eine gewisse Maßlosigkeit breit gemacht. Auch redlich bemühte Mandats- und Verantwortungsträgerinnen und -träger werden mit Spott und Hohn und Hass und Hetze überzogen. Manche Bürgermeisterin hätte eine Gefahrenzulage verdient. Es gibt Landräte, die zeitweise nicht mehr im eigenen Haus übernachten. Und Personenschutz beschränkt sich längst nicht mehr auf Bundes- und Landesminister. Obwohl es die Mietlinge und die schlechten Hirten, über die bereits die alttestamentlichen Propheten klagten, zweifellos auch heute gibt, mag ich darum nicht »umstandslos« in die prophetische Klage einstimmen. Zwischen den Extremen »Guter Hirte« und »Mietling« ist in der Welt ganz schön viel Platz.

Das Thema der Einheit der Herde muss in der Predigt tatsächlich nicht unbedingt stark gemacht werden, darf es aber, wenn es die konkrete Situation nahelegt. Angesichts der Auslassung der Konfliktszene mit den »Juden« wäre der Predigttext neben Fragen des Antisemitismus in Kirchgemeinden auch für innerkirchliche und innergemeindliche Streitfragen offen, die sich – regional sicher unterschiedlich – entlang der großen gesellschaftlichen Konfliktlinien entzünden. Ich denke an Gemeinden, durch die der Streit um den Umgang mit der Coronapandemie, mit Flucht und Migration und ihren Folgen oder um die Positionierung zum Rechtspopulismus oder zur Unterstützung der Ukraine im Krieg gegen Russland tiefe Gräben gezogen hat. Immer wieder erlebe ich, dass »Christus« dann als der einigende Faktor geradezu beschworen wird. Wenn es aber im Dialog konkret werden soll, wird dann oft übersehen oder ausgeblendet, dass der Gute Hirte nicht nur zur bedingungslosen Hingabe bereit, sondern sein Ruf in die eine Herde auch der Ruf in die Nachfolge ist – und die kann für die Herde bedeuten, auch den Weg durchs finstere Tal hinnehmen zu müssen.

V Zur homiletischen Situation: Sehnsucht nach Hingabe

A ruft den Aspekt der sich in Hingabe verwirklichenden besonderen Qualität der Beziehung zwischen dem guten Hirten und seiner Herde auf. Das nehme ich gerne auf. Er führt vom Text in den Alltag in unterschiedlichen Kontexten in verschiedenen Gestalten, meist in Form von Anfragen.

Im Politisch-Gesellschaftlichen ist die Anfrage (jedenfalls in meinem eher ländlichen Lebensraum) an »die da oben« gerichtet, wahlweise beim Landkreis, in der Landeshauptstadt, im »Raumschiff Berlin« oder in Brüssel, bisweilen selbst im Rathaus, denn »der Bürgermeister, der aus der Nachbarstadt kommt und immer noch dort wohnt kann ja gar nicht wissen, was bei uns los ist«. »Die da oben« verstehen »uns« nicht – weil sie nicht wissen, wie »wir« eigentlich leben. Was einen guten Hirten ausmacht, die enge Verbindung, ja die Identifikation mit der Herde, die im Falle des Guten Hirten bis zur Selbsthingabe geht, wird als fehlend oder zumindest nicht ausreichend vorhanden erlebt. Die Klage über die Verhältnisse, von Populisten aufgenommen und angefeuert, geht dann oft ins Maßlose: Alles Mietlinge, nur auf den eigenen Vorteil bedacht.

Wie wichtig wäre der Perspektivwechsel: Wenn du in den Spiegel schaust, siehst du ein Schaf oder einen Hirten? Siehst du einen Hirten, wie würdest du es konkret besser machen? Siehst du ein Schaf, welchem Hirten wärst du denn zu folgen bereit? Oder wärst du gerne beides in einer Person? Jeder sein eigener Hirte? Bist du nicht beides, mal Schaf mal Hirte, je nach Ort, Aufgabe und Rolle? Oder wünschst du Dir insgeheim, weder Schaf noch Hirte zu sein? Weder einem Hirten folgen noch Führungsverantwortung übernehmen zu müssen?

Im Kirchlichen richtet sich die Anfrage (wahlweise) an »die Kirche«, »die Gemeinde« oder »die Pfarrperson« und ihr jeweiliges Tun und Lassen. Der Kern der Anfrage ist jeweils ähnlich und zielt auf Beziehungsqualität und Hingabe: Wo und wie ist »die Kirche« eigentlich für mich da?

Der Kirchenvorsteher, der seit Jahrzehnten die Geschicke der Kirchgemeinde mit lenkt, ist vom Pfarrer enttäuscht. Der könnte doch mehr Besuche machen. Näher an den Menschen sein, sich mehr ins Dorfleben einbringen und dort Präsenz zeigen. Mehr am Leben der Gemeinde teilnehmen, statt strikt zwischen Dienst und Privatem zu trennen. Früher war das anders. Nein, nicht alle Pfarrer (»früher« waren es halt immer Männer) haben alles richtig gemacht, aber es waren trotzdem mehr Leute da und man wusste, wann der Pfarrer kommt. Man fühle sich heute oft alleingelassen. Wäre er, der Kirchenvorsteher, denn bereit, sein Haus und sich zu öffnen, oder kranke Nachbarn zu besuchen, wirft der Tischnachbar ein. Ich täte es schon gerne, kommt die Antwort, aber ich arbeite im Schichtdienst.

Die Konfirmandengruppe, die mit Kirchenvorsteherinnen und Kirchenvorstehern anstelle der zu anderen Zeiten oder an anderen Orten üblichen Prüfungsstunde über eine selbstgewählte Frage diskutieren durfte, formulierte negativ: »Warum hat sich die Kirche von den Menschen entfernt?« Im Gespräch geht es um weite Wege, um Vereinzelung, um das Erleben von Wenigerwerden und die Frage, wo denn »die Kirche« in meiner Lebenswelt ist. Was könnte, was müsste sie tun, um mir nahe zu sein? Sich auf unsere Welt einlassen, sagten die Jugendlichen, sehen, was wir brauchen, hören, was uns umtreibt. Sichtbar sein, wo wir unterwegs sind: TikTok, Snapchat, Insta. Und ab und an Räume schaffen, wo wir uns treffen können. Regelmäßig, gemütlich, geheizt, verlässlich. Aber jede Woche müsse das gar nicht sein.

Welche Qualität haben unsere Beziehungen? Wer versteht mich? Auf wen ist unbedingt Verlass? Wie weit bist du bereit, für mich zu gehen?

Das wird wahrscheinlich zu allen Zeiten gefragt, aber diese und ähnliche Fragen drängen in den Vordergrund in einer Welt, der die Selbstverständlichkeiten verloren gehen und deren Unübersichtlichkeit viele Menschen überfordert. Die Frage nach klarer Orientierung und guter Führung, nach der Unterscheidung zwischen guten Hirten und schlechten Mietlingen liegt obenauf. Die Rede Jesu von sich selbst als dem Guten Hirten weckt Sehnsüchte. Sehnsüchte, die auch der beste Hirte, der nicht selbst der Gute Hirte ist, nicht vollkommen zufriedenstellen kann. Denn selbst er (oder sie) bleibt zwischen Himmel und Erde ganz Mensch, mal Hirte, mal Schaf, vielleicht wissend (bzw meinend), was er gerade ist, aber nicht immer frei in ihren Entscheidungen. Anders der Gute Hirte. Wenn er ganz bei den Schafen ist und »wie ein Lamm, das zur Schlachtbank geführt wird« (Jes 53,7), bleibt er dabei doch völlig frei, denn er (und nur er) kann sagen »Ich und der Vater sind eins«. Die Predigt wird darauf zu achten haben, dass die tröstende Zusage der unbedingten Hingabe des Hirten nicht zur unerfüllbaren Forderung an die nachfolgenden Schafe wird. Mögliche Lieder zur Predigt: »Es kennt der Herr die Seinen« (EG 358), »Du bist der Weg« (SvH 088) oder »Ich bin bei euch alle Tage« (SvH 094). Wird im Gottesdienst Abendmahl gefeiert, könnte dazu auch »Das sollt ihr, Jesu Jünger, nie vergessen« (EG 221) angestimmt werden.

VI Predigtschritte: Der Maßstab des Hirten und die Welt der Schafe

Der Predigttext zeichnet den Guten Hirten im Kontrast zum Mietling. Das Bild ist stark, die damit verbundene Sehnsucht nach guten Hirten, besserer Führung und klarer Orientierung von der Predigt nicht zu umgehen, sie will angesprochen sein. Gleichwohl möchte ich vermeiden, von der Rede vom Guten Hirten in die allfällige Klage über »die da oben« abzugleiten. Die Welt ist komplizierter und der Maßstab des Guten Hirten ragt so weit über sie hinaus, dass sich nichts in ihr mit ihm messen kann. Die Verbundenheit und Vertrautheit des Hirten mit seiner Herde, seine Verlässlichkeit, seine grenzen- und bedingungslose Hingabe – alles das ist weit mehr als von dieser Welt.

Dies gesagt bleibt gleichwohl festzuhalten, dass die Hingabe des Guten Hirten grenzenlos, er selbst darum aber nicht anspruchslos ist. Die Schafe müssen das hinnehmen. So wie sie, auch wenn das ein anderer Text ist, hinnehmen müssen, dass die Hingabe des Hirten kein 24/7-Umsorgungspaket ist. Ist ein Schaf verloren gegangen, lässt der Herr schon mal 99 andere Schafe zurück, um das eine zu suchen. Die Herde gehört ihm, die Schafe hören auf ihn, dass sie ihm folgen, setzt er voraus. Es scheint, als wolle auch die Hingabe weitergegeben werden. Ich möchte fragen, wie das aussehen kann.

Literatur: *Evangelisch-Lutherische Landeskirche Sachsen (Hrsg.)*, Singt von Hoffnung. Neue Lieder für die Gemeinde, Leipzig ^{6}2008 (= SvH).

Perikopenverzeichnis

Anschriften

Herausgeberinnen und Herausgeber

Claussen, Johann Hinrich, PD Dr., geb. 1964, Kulturbeauftragter, Kulturbüro des Rates der EKD, Abendrothsweg 34, 20251 Hamburg, E-Mail: j_h_claussen@hotmail.com

Engemann, Wilfried, Prof. Dr., geb. 1959, Universitätsprofessor, Schenkenstr. 8-10, A-1010 Wien, E-Mail: wilfried.engemann@univie.ac.at

Hiller, Doris, OKR Dr., geb. 1968, Pfarrerin der Evangelischen Landeskirche in Baden und Privatdozentin für Systematische Theologie an der Theologischen Fakultät der Ruprecht-Karls-Universität Heidelberg, derzeit als Referentin für Glaube und Dialog in der Abteilung Kirchliche Handlungsfelder bei der EKD, Seitzstr.1, 69120 Heidelberg, E-Mail: Doris.Hiller@ekd.de

Spehr, Christopher, Prof. Dr., geb. 1971, Universitätsprofessor, Lehrstuhl für Kirchengeschichte II, Evangelisch-Theologische Fakultät der Ludwig-Maximilians-Universität München, Geschwister-Scholl-Platz 1, 80539 München, E-Mail: christopher.spehr@lmu.de

Stäblein, Christian, Dr., geb. 1967, Bischof der Evangelischen Kirche Berlin-Brandenburg-schlesische Oberlausitz, Georgenkirchstr. 69–70, 10249 Berlin, E-Mail: c.staeblein@ekbo.de

Stetter, Manuel, Prof. Dr., geb. 1981, Lehrstuhl für Praktische Theologie, Theologische Fakultät, Universität Rostock, Universitätsplatz 1, 18055 Rostock, E-Mail: manuel.stetter@uni-rostock.de

Weyel, Birgit, Prof. Dr. (Geschäftsführung), geb. 1964, Lehrstuhl für Praktische Theologie, Evangelisch-Theologische Fakultät der Universität Tübingen, Liebermeisterstr. 12, 72076 Tübingen, E-Mail: birgit.weyel@uni-tuebingen.de

Redakteur

Röcker, Fritz, Dr., geb. 1964, Pfarrer, Riegeläckerstr. 61/1, 75365 Calw, E-Mail: fritz.roecker@t-online.de

Autorinnen und Autoren

Aßmann, Helmut, Oberkirchenrat, geb. 1958, Rote Reihe 6, 30169 Hannover, E-Mail: helmut.assmann@evlka.de

Beese, Dieter, Prof. Dr., geb. 1955, Oberkirchenrat i.R., Waldring 53, 44789 Bochum, E-Mail: dr.beese@t-online.de

Beckmayer, Sonja, Dr., geb. 1981, Am Gossenheimer Spieß 107, 55122 Mainz, E-Mail: beckmayer@uni-mainz.de

Behnke, Angelika, geb. 1973, Pfarrerin an der Dresdner Frauenkirche, Stiftung Frauenkirche Dresden, Georg-Treu-Platz 3, 01067 Dresden, E-Mail: abehnke@frauenkirche-dresden.de

Böger, Martin, Dr., geb. 1987, Pfarrer, Evangelische Eberhardsgemeinde Tübingen, Johannesweg 12, 72072 Tübingen, E-Mail: Martin.Boeger@elkw.de

Brinkmann, Frank Thomas, Prof. Dr., geb. 1961, Universitätsprofessor, Karl-Glöckner-Str. 21H, 45394 Gießen, E-Mail: DrFTB@aol.com

Bronk, Kay-Ulrich, Dr., geb. 1957, Pastor i.R., Am Lohberg 9, 23966 Wismar,
E-Mail: mail@kay-710.de

Claussen, Johann Hinrich, PD Dr., geb. 1964, Kulturbeauftragter, Kulturbüro des
Rates der EKD, Abendrothsweg 34, 20251 Hamburg,
E-Mail: j_h_claussen@hotmail.com

Coenen-Marx, Cornelia, geb. 1952, Pastorin, OKR a. D., Robert-Koch-Str. 113D,
30826 Garbsen, E-Mail: Coenen-Marx@seele-und-sorge.de

Cordemann, Claas, geb. 1971, Pastor Dr., Münchehänger Str. 6, 31547 Loccum,
E-Mail: claas.cordemann@evlka.de

Crüwell, Henriette, geb. 1971, Pröpstin für Rheinhessen und dem Nassauer Land,
Am Gonsenheimer Spieß 1, 55122 Mainz, E-Mail: Henriette.cruewell@ekhn.de

Decke, Carolyn, geb. 1961, Pröpstin im Kirchenkreis Hamburg-Ost, Steindamm 55,
20099 Hamburg, E-Mail: c.decke@kirche-hamburg-ost.de

Egger, Sara, geb. 1992, M. Theol. und VDM, wissenschaftliche Mitarbeiterin im
Fachgebiet Praktische Theologie, Fachbereich Evangelische Theologie, Philipps-
Universität Marburg, Lahntor 3, 35032 Marburg,
E-Mail: sara.egger@uni-marburg.de

Eichener, Elias, Dr., Wissenschaftlicher Mitarbeiter Ruhr-Universität Bochum
Evangelisch-theologische Fakultät, Institut für Religion und Gesellschaft,
Universitätsstraße 150, 44780 Bochum,
E-Mail: Elis.Eichener@ruhr-uni-bochum.de

Engemann, Wilfried, Prof. Dr., geb. 1959, Universitätsprofessor, Schenkenstr. 8-10,
A-1010 Wien, E-Mail: wilfried.engemann@univie.ac.at

Fenner, Katharina, geb. 1974, Pastorin Hauptkirche St. Katharinen, Tinsdaler
Kirchenweg 216, 22559 Hamburg,
E-Mail: katharina.fenner@katharinen-hamburg.de

Feydt, Sebastian, geb. 1965, Superintendent des Kirchenbezirks Leipzig,
Burgstr. 1-5, 04109 Leipzig, E-Mail: sebastian.feydt@evlks.de

Grethlein, Christian, Prof. Dr., geb. 1954, Universitätsprofessor, Im Drostebusch 14,
48155 Münster, E-Mail: grethle@uni-muenster.de

Grevel, Jan Peter, Kirchenrat PD Dr., geb. 1968, Leiter des Bischofsbüros und
persönlicher Referent des Landesbischofs der Württembergischen Landeskirche,
Rotebühlplatz 10, 70173 Stuttgart, E-Mail: jan.peter.grevel@elk-wue.de

Grill, Lukas, Dr. geb. 1986, wissenschaftlicher Mitarbeiter am Institut für
Praktische Theologie der Friedrich-Alexander-Universität Erlangen-Nürnberg,
Kochstr. 6, 91054 Erlangen, E-Mail: lukas.grill@fau.de

Grözinger, Albrecht, Prof. Dr. em., geb. 1949, Universitätsprofessor, Theologisches
Seminar, Nadelberg 10, CH-4051 Basel, E-Mail: albrecht.groezinger@unibas.ch

Grözinger, Elisabeth, Dr., geb. 1953, Pfarrerin und Psychotherapeutin,
Thiersteinerrain 134, CH-4059 Basel, E-Mail: elisabeth.groezinger@bluewin.ch

Gutmann, Martin, Prof. Dr. (em.), geb. 1953, FB Ev. Theologie, Universität
Hamburg, Gorch-Fock-Wall 7, #6, 20354 Hamburg,
E-Mail: martin.gutmann@uni-hamburg.de

Heinemann, Lars Christian, Dr., geb. 1975, Pfarrer an der Ev.-luth. St.
Katharinengemeinde, Frankfurt/ M., Glauburgstr. 76, 60318 Frankfurt /M.,
E-Mail: lars.heinemann@gmx.de

Hiller, Doris, OKR Dr., geb. 1968, Pfarrerin der Evangelischen Landeskirche in Baden und Privatdozentin für Systematische Theologie an der Theologischen Fakultät der Ruprecht-Karls-Universität Heidelberg, derzeit als Referentin für Glaube und Dialog in der Abteilung Kirchliche Handlungsfelder bei der EKD, Seitztstr.1, 69120 Heidelberg, E-Mail: Doris.Hiller@ekd.de

Hinz, Andreas, Dr. M.A., geb. 1962, Ev. Schuldekan, Theaterpädagoge (©BUT), Pfarrstrasse 14, 71229 Leonberg, E-Mail: Andreas.Hinz@elkw.de

Hoffmann, Daniel, Pfarrer und wissenschaftlicher Assistent am Lehrstuhl für Neues Testament, Augustana-Hochschule, Waldstr. 11, 91564 Neuendettelsau, E-Mail: daniel.hoffmann@augustana.de

Horn, Friedrich-Wilhelm, Prof. em. Dr., geb. 1953, Professur für Neues Testament, Stefan-Zweig-Str. 8, 55122 Mainz, E-Mail: fhorn@uni-mainz.de

Jaeger, Christof, geb. 1971, Pastor und Psych. Psychotherapeut, Krankenhausseelsorger im Bundeswehrkrankenhaus Hamburg, Lesserstr. 180, 22049 Hamburg, E-Mail: cjaeger.kkvhh@kirche-hamburg.de

Karle, Christoph, geb. 1983, Pfarrer, Amselweg 12, 72280 Dornstetten, E-Mail: Christoph.karle@elkw.de

Karle, Marie-Luise, geb. 1985, Pfarrerin, Amselweg 12, 72280 Dornstetten, E-Mail: marie-luise.karle@elkw.de

Klenk, Joel, geb. 1994, wissenschaftlicher Mitarbeiter am Lehrstuhl für Neues Testament III an der Evangelisch-Theologischen Fakultät der Universität Tübingen, Charlottenstraße 9, 72070 Tübingen, E-Mail: joel-pascal.klenk@uni-tuebingen.de

Köhler, Wiebke, Dr., geb. 1963, Pastorin, Langer Wall 16A, 37574 Einbeck, E-Mail: wiebke.koehler@evlka.de

Kösling, Michael, geb. 1976, Pfarrer und Stellv. Superintendent, Rats- und Bischofskirche St. Marien, Evangelische Kirchengemeinde St. Marien-Friedrichswerder, Klosterstraße 66, 10179 Berlin, E-Mail: michael.koesling@marienkirche-berlin.de

Kretzschmar, Gerald, Prof. Dr., geb. 1971, Lehrstuhl für Praktische Theologie, Evangelisch-theologische Fakultät der Universität Tübingen, Liebermeisterstr. 12, 72076 Tübingen, E-Mail: gerald.kretzschmar@uni-tuebingen.de

Kreusch, Inga, Dr., geb. 1990, Pfarrerin, Moltkestraße 1, 55118 Mainz, E-Mail: inga.kreusch@ekhn.de

Kubik-Boltres, Andreas, Prof. Dr., geb. 1973, Neuer Graben/Schloss Gebäude 11, 49074 Osnabrück, E-Mail: akubikboltre@uni-osnabrueck.de.

Kücherer, Heiner, Dr., geb. 1969, Pfarrer und Kulturmanager, Tottenheimer Str. 13, 97944 Boxberg, E-Mail: heinrich.kuecherer@kbz.ekiba.de

Kunz, Ralph, Prof. Dr., geb. 1964, Universitätsprofessor, Theologische Fakultät der Universität Zürich, Kirchgasse 9, CH-8001 Zürich, E-Mail: ralph.kunz@theol.uzh.ch

Kuschnerus, Bernd, Dr., geb. 1962, Pastor, Bremische Evangelische Kirche, Franziuseck 2/4, 28199 Bremen, E-Mail: bernd.kuschnerus@kirche-bremen.de

Lacher, Samuel, geb. 1992, Dipl. Theologe, Wissenschaftlicher Mitarbeiter am Lehrstuhl für Praktische Theologie I, Universität Tübingen, Liebermeisterstr. 12, 72076 Tübingen, E-Mail: samuel.lacher@uni-tuebingen.de

Lehmann, Roland M., PD Dr., geb.: 1973, Platz der Göttinger Sieben 2, 37073 Göttingen, E-Mail: roland.lehmann@theologie.uni-goettingen.de

Lobe, Matthias, Dr., geb. 1962, Pastor, Bei der Flottbeker Kirche 4a, 22607 Hamburg, E-Maul: matthias_lobe@yahoo.de

Loerbroks, Matthias, Dr., geb. 1956, Pfarrer i.r., Ringstraße 28, 12205 Berlin, E:Mail: matthias.loerbroks@posteo.de

Magaard, Friedemann, geb. 1965, Pastor in der Kirchengemeinde Husum, Osterhusumer Str. 26, 25813 Husum, E-Mail: Friedemann.magaard@kirche-husum.de

Marcen, Jennifer, geb. 1986, Pfarrerin i.e., Klostergasse 4, 93133 Burglengenfeld, E-Mail: jennifer.marcen@elkb.de

Martens, Helge, Pastor, geb. 1957, Johannes-Böse-Weg 1, 22419 Hamburg, E-Mail: helge.martens@gmail.com

Neef, Heinz-Dieter, Prof. Dr., geb. 1955, apl. Professor für Altes Testament, Evangelisch-theologische Fakultät der Universität Tübingen, Liebermeisterstr. 12, 72076 Tübingen, E-Mail: Heinz-Dieter.Neef@gmx.de

Obert, Angelika, Pfarrerin i.R., geb. 1948, Dernburgstr. 37, 14057 Berlin, E-Mail: mail@angelika-obert.de

Petry, Sven, Dr., geb. 1976, Superintendent für den Ev.-Luth. Kirchenbezirk Leisnig-Oschatz, Kirchplatz 3, 04703 Leisnig, E-Mail: sven.petry@evlks.de

Plüss, David, Dr. theol., geb. 1964, Professor für Homiletik, Liturgik und Kirchentheorie an der Theologischen Fakultät der Universität Bern, Länggassstr. 51, 3012 Bern, E-Mail: david.pluess@unibe.ch

Raatz, Georg, Dr., Jg.1976, Oberkirchenrat, Wallmodenstraße.47, 30625 Hannover, E-Mail:georg.raatz@freenet.de

Renner, Christiane, Dr., geb. 1987, Pfarrerin, Sulzer-Belchen-Weg 30, 81825 München, E-Mail: christiane.renner@elkb.de

Roth, Ursula, Dr. theol., geb. 1967, Professorin für Praktische Theologie am Fachbereich Theologie, Friedrich-Alexander-Universität Erlangen-Nürnberg, Kochstr. 6, 91054 Erlangen, E-Mail: ursula.roth@fau.de

Sarx, Tobias, Dr., geb. 1975, Pastor, Domhof 33, 23909 Ratzeburg, E-Mail: t.sarx@predigerseminar-rz.de

Schlag, Thomas, Prof. Dr., geb. 1965, Universitätsprofessor, Theologische Fakultät der Uni Zürich, Kirchgasse 9, CH-8001 Zürich, E-Mail: thomas.schlag@theol.uzh.ch

Schnelle, Ricarda, Dr., geb. 1985, Pastorin, Mittelstr. 54, 31319 Sehnde, E-Mail: ricarda.schnelle@evlka.de

Schwarz, Norbert, Dr., Pfarrer, Wehlstr. 31, 29223 Celle, E-Mail: norbert.schwarz@evlka.de

Stäblein, Christian, Dr., geb. 1967, Bischof der Evangelischen Kirche Berlin-Brandenburg-schlesische Oberlausitz, Georgenkirchstr. 69–70, 10249 Berlin, E-Mail: c.staeblein@ekbo.de

Stetter, Manuel, Prof. Dr., geb. 1981, Lehrstuhl für Praktische Theologie, Theologische Fakultät, Universität Rostock, Universitätsplatz 1, 18055 Rostock, E-Mail: manuel.stetter@uni-rostock.de

Stiller, Lisa, geb. 1993, Vikarin der Evangelischen Kirche von Westfalen, Bachstr. 41, 45770 Marl, E-Mail: Lisa.Stiller@ekvw.de

Tietz, Claudia, Pfr.in Dr., geb. 1965, Heimhuder Str. 83, 20148 Hamburg, E-Mail: tietz@stjohannis.hamburg

Vanhauer, Dirk, geb. 1961, Pfarrer, Kastanienweg 12, 51145 Köln,
E-Mail: dirk.vanhauer@ekir.de

Vorländer, Martin, geb. 1972, Pfarrer und evangelischer Senderbeauftragter für
Deutschlandradio und Deutsche Welle, Gemeinschaftswerk der Evangelischen
Publizistik gGmbH, Emil-von-Behring-Straße 3, 60439 Frankfurt am Main,
E-Mail: Martin.Vorlaender@gep.de

Wegner, Margrit, geb. 1974, Pastorin, Mühlendamm 2-6, 23552 Lübeck,
E-Mail: wegner@domzuluebeck.de

Weidemann, Johannes, geb. 1991, Pastor, Calvinstr. 4, 90453 Nürnberg,
E-Mail: johannes.weidemann@augustana.de

Weyel, Birgit, Prof. Dr., geb. 1964, Lehrstuhl für Praktische Theologie, Evangelisch-
Theologische Fakultät der Universität Tübingen, Liebermeisterstr. 12,
72076 Tübingen, E-Mail: birgit.weyel@uni-tuebingen.de

Weyerhäuser, Christina, geb. 1987, Pfarrerin, Schiessersgarten 3, 55291 Saulheim,
E-Mail: christinaweyerhaeuser@web.de

Winkelmann, Sabine, geb. 1977, OKRin Dr., Paulusplatz 1, 64285 Darmstadt,
E-Mail: sabine.winkelmann@ekhn.de

Zerrath, Martin, geb. 1974, Pastor, Studienleiter am Pastoralkolleg der Nordkirche,
Domhof 33, 23909 Ratzeburg, E-Mail: m.zerrath@patoralkolleg-rz.de

Zürn, Senta, geb. 1974, Pfarrerin, Nürtinger Str. 31/2, 72663 Großbettlingen,
E-Mail: Senta-Zuern@elk-wue.de